Dietrich Höllhuber • Werner Schäfke

Der Spanische Jakobsweg

Landschaft, Geschichte und Kunst auf dem Weg nach Santiago de Compostela

In der vorderen Umschlagklappe:
Nordspanien

In der hinteren Umschlagklappe:
Santiago de Compostela

Die wichtigsten Orte auf einen Blick

A Coruña ☆ (B4) . . . 236
Altamira / Kantabrische Höhlen ☆☆ (G3) . . . 273
Astorga ☆ (D2) 174
Bilbao ☆☆ (H3) 279
Burgos ☆☆ (G2) 110
Cabo Fisterra ☆ (A3) . 233
Carrión de los Condes (F2) . . 151
Cebreiro ☆ (C3) 186
Costa da Morte ☆ (A4) 234
Covadonga (F3) . . . 262
Donostia / San Sebastián ☆ (I3) . 291
Estella ☆ (I2) 91
Frómista ☆ (F2) 144
Hio (A1) 229
Jaca ☆ (K2) 59
Las Medulas ☆ (D2) . 184
Leire ☆ (J2) 68
León ☆☆ (E2) 157
Llanes (F4) 266
Loarre (K2) 65
Logroño (I2) 99
Lugo ☆ (C3) 189
Nájera (H2) 101
Olite ☆ (J2) 77
Ourense ☆ (B2) 222
Oviedo / Asturische Kirchen ☆☆ (E4) . . . 246

Palencia ☆ (F1) 146
Pamplona ☆ (J2) 82
Picos de Europa ☆☆ (F3) . . . 264
Pontevedra (A3) . . . 229
Puente la Reina (J2) . . 88
Quintanilla de las Viñas (G1) . . . 134
Rabanalpaß ☆ (D2) . . 179
Roncesvalles (J3) 80
Samos (C3) 187
San Juan de la Peña ☆ (K2) . . . 63
San Miguel de Escalada ☆ (E2) 155
San Millán ☆ (H2) . . 103
Sangüesa (J1) 73
Santander (G4) 277
Santiago de Compostela ☆☆ (B3) . 195
Santiago de Peñalba ☆ (D2) 184
Santillana del Mar ☆ (G3) 275
Santo Domingo de Silos ☆☆ (G/H1) . 135
Torres del Río (I1) . . . 96
Villafranca del Bierzo (D3) 185
Vitoria / Gasteiz (I2) . 288

ohne Stern
sehenswert

☆
Umweg lohnt

☆☆
keinesfalls versäumen

Inhalt

Die Jakobspilgerschaft

Vom Mythos des Apostelgrabes am Ende der Welt	10
Jakobsweg und Atlantikküste: Achsen gegen den Strom der Geschichte	15
Daten zur Geschichte	27
Kunst am Jakobsweg	31
Kastilier, Galicier, Basken – allesamt Spanier? Sprache, Brauchtum, Feste, Küche und Keller	36
Galerie bedeutender Persönlichkeiten	47

Pilgerrouten auf dem Spanischen Jakobsweg

Von den Pyrenäen bis San Juan de Ortega — 56

Der Aragonische Weg	57
Somport: Durch Pyrenäentäler hinunter nach Jaca	57
Zwischen Aragón und Navarra	62
Mittelnavarra südlich Sangüesa	71
Der Navarrische Weg	80
Roncesvalles und Pyrenäentäler	80
Pamplona/Iruña	82
Camino Francés:	
Die erste Etappe auf dem Jakobsweg	88
Die Brücke der ungenannten Königin: Puente la Reina	88
Der Stern des Jakobsgrabes: Terra de Estella	91
Von Logroño bis San Juan de Ortega: Nicht nur Rioja-Weine	98

Burgos 110
Die Kathedrale 112
Der Burgberg oder:
vom Cid und einem heiligen König 118
San Esteban: Museum der Altarwände 122
Die östliche Altstadt 123
Südlich des Arlanzón 127
Die Kartause Miraflores –
Königsgrab im Kloster der
schweigenden Mönche 128
Las Huelgas Reales:
Eine Äbtissin als gute Partie 131
Abstecher zum heiligen Domingo von Silos 134

Altkastilien zwischen Burgos und León 140
Campos Góticos,
im Land der verlassenen Dörfer 142
Frómista 144
Abstecher nach Palencia 146
Tierra de Campos: Von Frómista bis León 150

Von León nach Lugo 156
León 157
San Isidoro 158
Die Kathedrale 163
Die Altstadt und San Marcos 168
Über den Rabanalpaß ins grüne Bierzo 170
Astorga 174
Über den Rabanalpaß 179
Templerburg und Wallfahrtskirche
in Ponferrada 180
Villafranca del Bierzo 185
Galicien! Die letzte Etappe
des Camino Francés 186
Über den windigen Bergkamm
von Cebreiro 186
Lugo 189
Von Portomarín nach Santiago 192

Santiago de Compostela 194
Die Erfolgsgeschichte des Jakobsgrabes 195
Die Kathedrale 199
Die Westfassade 199
Das Innere 205
Die Stadt 215

Galicische Jakobswege 220
Ourense: Die Vía de la Plata 221
Der Camino Portugués 227
Cabo Fisterra: Auf Umwegen
zum Ende der Welt 232
Costa da Morte und A Coruña 234
   A Coruña 236
Die Rías Altas und Mondoñedo 240

Die atlantische Nordküste 244
Asturien: Küste, Kirchen und Cabrales 245
   Die Küste der Castros 245
   Oviedo 246
   Die Kirchen des asturischen Stils 254
   Gijón 258
   Im Land des Apfelweins 261
   Zum asturischen Nationalheiligtum:
   Covadonga 262
   Von Covadonga nach Colombres 266
Kantabrien 267
   Von Unquera nach Altamira –
   die kantabrischen Höhlen 267
   Santillana, Santander und Costa Smeralda 275
Die Baskische Küste 279
   Bilbo/Bilbao und Umgebung 279
   Vitoria/Gasteiz und Loiola 288
   San Sebastián: Paradies des txikiteo 291

Tips und Adressen

Hinweise für die Reiseplanung 300
Informationen für unterwegs – Von Ort zu Ort 302
National- und Naturparks 330
Urlaubsaktivitäten 331
Reiseinformationen von A bis Z 333

Literaturauswahl 339
Erläuterung der Fachbegriffe 342
Abbildungs- und Quellennachweis 343
Register 344
Impressum 352

Verzeichnis der Karten und Pläne

Pilgerwege von den Pyrenäen bis San Juan de Ortega	58
Altkastilien zwischen Burgos und Leon	142
Von Leon nach Lugo	172
Galicien: Rías Baixas	230
Galicien: Costa da Morte und Rás Altas	234
Asturien	260
Kantabrien und Pais Vasco	268

Citypläne

Pamplona	85
Estella	91
Burgos	119
Palencia	147
León	168
Lugo	191
A Coruña	238
Oviedo	246
Bilbao	280
Donostia	292

Blick auf Santo Domingo de Silos ▷

Bitte schreiben Sie uns, wenn sich etwas geändert hat!
Alle in diesem Buch enthaltenen Angaben wurden von den Autoren nach bestem Wissen erstellt und von ihnen und dem Verlag mit größtmöglicher Sorgfalt überprüft. Gleichwohl sind – wie wir im Sinne des Produkthaftungsrechts betonen müssen – inhaltliche Fehler nicht vollständig auszuschließen. Daher erfolgen die Angaben ohne jegliche Verpflichtung oder Garantie des Verlages oder den Autoren. Beide übernehmen keinerlei Verantwortung und Haftung für etwaige inhaltliche Unstimmigkeiten. Wir bitten dafür um Verständnis und werden Korrekturhinweise gerne aufgreifen:
DuMont Reiseverlag, Postfach 3151, 73751 Ostfildern
E-Mail: info@dumontreise.de

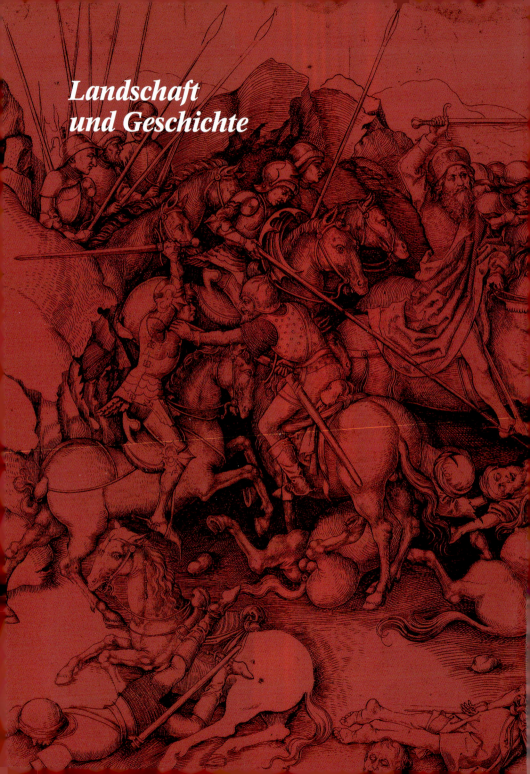

Landschaft und Geschichte

Die Jakobspilgerschaft

Vom Mythos des Apostelgrabes am Ende der Welt

Vielleicht wäre die Pilgerfahrt zum Jakobsgrab nicht zur europäischen Massenbewegung geworden, wenn das Grab in Mitteleuropa entdeckt worden wäre. Wenn der Weg zum Grab nicht Mühen, Kosten und Zeitaufwand bedeutet hätte, wenn man das Apostelgrab gewissermaßen nebenbei hätte aufsuchen können. Doch hätte dann die Jakobspilgerfahrt den Nimbus entwickelt, der ihr heute noch anhaftet? Dieses gewisse Tremolo, in das unser innerer Resonanzkörper versetzt wird, wenn wir von der Pilgerfahrt zum hl. Jakobus in Santiago de Compostela hören, würde es sich auch einstellen, wenn das Jakobusgrab bei Herne läge oder unweit des Frankfurter Kreuzes? Die Lage des wieder aufgefundenen Grabes ist aber am Ende der Welt, zumindest der bekannten Welt des Mittelalters; was dahinter kam, konnte nur noch Schrecken sein und das Nichts zwischen dem Rand der Erdscheibe und dem Sonnenuntergang. Wer sich auf die lange und mühevolle Reise nach Santiago begab, würde für ein oder zwei Jahre unterwegs sein, er mußte mit seinem bisherigen Leben abschließen, mußte sich von allen Freunden verabschieden, keineswegs sicher, sie jemals wiederzusehen, und sich einem Weg anvertrauen, von dem ihm nicht viel mehr bekannt war, als daß er ihn zum Ziel führen würde, dort draußen am Ende der bewohnten Welt. Diese Lage am Ende der Welt, am *finis terrae*, trägt ganz wesentlich bei zur Erfolgsgeschichte dieses Glaubensphänomens.

Die fast zwölfhundert Jahre in die graue Vergangenheit zurückreichende Tradition der Pilgerfahrt zum Jakobusgrab ist für uns heutige Pilger ein zwiespältiges Vermächtnis. Den Glauben an die Heilsgewinnung am Zielort, an die Wunder entlang des Weges, an den Ablaß aller Sünden beim Eintreffen am Grab des Apostels bringen nur wenige Reisende mit sich, Autofahrer wie Fußpilger. Die Motive der Reisenden auf dem Jakobsweg sind in den meisten Fällen ganz andere. Die Frage nach den Gründen für eine Reise nach Santiago ruft Antworten hervor, die auf alle menschlichen Aktivitäten passen, die über das Alltägliche hinausgehen. Millionen haben den Weg schon vorher betreten, sind uns mit ihren Beweggründen und Vorstellungen vorausgegangen. Gläubige Katholiken und sarkastische Zweifler, Kunstpilger und Mirakelgläubige, Frömmelnde und Fromme, Abenteuerlustige und Gelangweilte, gehetzte *See-Europe-in-a-Week*-Reisende und Fußpilger, die sich ein halbes Jahr Zeit lassen, Parador-Gäste mit gehobenen Einkommen und Bettler – und natürlich ein Bekannter von Tante Ilse, der schon in den Sechzigern dort war, »als da noch niemand hinfuhr«.

Die Geschichte der Pilgerfahrt zum Grab des ersten apostolischen Blutzeugen ist bei allem Auf und Ab, das in zwölfhundert Jahren unumgänglich ist, eine Erfolgsgeschichte, daran läßt sich nicht rütteln.

»Der heilige Jakobus in der Schlacht«, Kupferstich von ◁ Martin Schongauer

Vom Mythos des Apostelgrabes

Jakobspilger im traditionellen Pilgergewand im ehemaligen römischen Bergbaugebiet Las Medulas

Der Erfolg hat sich nicht von ungefähr eingestellt, er war zumindest anfänglich geplant. Schon daß das Grab des Apostels um 820 in Asturien gefunden wurde, ist kein Zufall. Das winzige christliche Königreich benötigte einen starken Beschützer gegen die Mauren, welchen besseren konnte es finden als einen Apostel? Mindestens zwei Generationen dauerte es, bis die Wiederauffindung des Grabes vorbereitet war, bis der Wunsch nach einer apostolischen Unterstützung der Wie-

Die Jakobspilgerschaft

»Ebenfalls als Sühnewallfahrten entwickelten sich die mittelalterlichen Großwallfahrten nach Santiago di Compostela, Rom und anderen Orten. Zwar war auch immer wieder die Suche nach dem Wunder, nach der Wunderheilung ein ausschlaggebender Faktor für Wallfahrten, aber die Lockung großer Ablässe dürfen wir mit Sicherheit als einen hauptsächlichen Beweggrund für diese Wallfahrten ansehen. Das mittelalterliche Weltbewußtsein trennt nicht zwischen kirchlichen und weltlichen Phänomenen, die weltliche Strafordnung ist genauso real und vorstellbar wie die kirchliche der ewigen Verdammnis. ... Die Entscheidung, wegen des ewigen Seelenheils eine unsichere und langwierige Wallfahrt zum heiligen Jakobus dem Älteren nach Compostela zu unternehmen, war also genauso realistisch und lebensnah wie jene, Grund und Boden zu erwerben oder Kinder zu zeugen.«
(Dietrich Höllhuber und Wolfgang Kaul)

dereroberung Spaniens zur Gewißheit wurde, man überzeugt war, daß der Apostel in Spanien missioniert und gelebt habe und dort begraben sei. Von dieser Überzeugung zur Auffindung des Grabes, zum Glauben an seine Echtheit und zu den Wundern, die diese Echtheit bewiesen, war es im Frühmittelalter nur ein kleiner Schritt.

Apostelgrab wiederaufgefunden! Sensation: Apostelleiche in Asturien entdeckt! Petrusgrab bekommt Konkurrenz, was wird aus Rom? Der Apostel, der am Rande der Welt missionierte, wurde dort auch begraben! Asturien beweist der Welt, daß es unter apostolischem Schutz steht, Mauren zittern! Solche Schlagzeilen erschienen damals nicht, weil es noch keine Zeitungen gab und die Leute sowieso nicht lesen konnten, aber die Mundpropaganda mag ähnlich gelautet haben. Der asturische König und die asturische Kirche, die Rom weit entfernt wußten (der erste Papst, der das Apostelgrab besuchte, war Johannes Paul II., er kam erst 1982), machten das Beste aus diesem Jahrtausendfund: Sie setzten den Apostel für ihre *reconquista* ein, die Wiedereroberung der 711 von muslimischen Truppen überrannten Halbinsel. In der (historisch nicht erwiesenen) Schlacht von Clavijo im Jahre 844 soll der Apostel hoch zu Roß an der Spitze der asturischen Truppen erschienen sein. Seither hat er seinen Beinamen »Maurentöter«, *Matamoros*.

Im 11. Jh. war die Zeit reif für einen europäischen Pilgerweg, der es besonders den französischen Pilgern leichter machen sollte, nach Santiago zu reisen. Unter Alfonso VI. von Kastilien und Sancho Ramírez I./V. von Aragón/Navarra wurden Straßen gebaut, Brücken und Pilgerhospize, Spitäler und Kirchen. Auch Einzelpersonen beteiligten sich an diesem Werk, so ließ der später heiliggesprochene Domingo de la Calzada (1019–1109) eine große Brücke errichten, über die heute noch der Ort Santo Domingo de la Calzada (s. S. 105) erreicht wird, und (San) Juán de Ortega kümmerte sich um den Bau einer neuen Ebrobrücke in Logroño (s. S. 99). Obwohl im 12./13. Jh. der Weg nach Jerusalem offenstand, kamen weiterhin viele Pilger nach Santiago. Doch nach dem Fall von Akko (1291) und der Sperrung des Heiligen Landes für christliche Pilger kam der Weg der französischen Jakobspilger, als welcher er mittlerweile bekannt war, der *Camino Francés*, erst so richtig in Mode. Die Päpste, die sich inzwischen mit der Verehrung des Jakobsgrabes abgefunden hatten, gaben Ablässe (so im Jahre 1300), die eine Jakobspilgerschaft mit der Teilnahme an einem Kreuzzug gleichsetzten. Wenn das kein Ansporn war!

Mit dem wundergläubigen Endzeitwallfahrts- und Pilgerwesen des Spätmittelalters blühte der Jakobsweg noch einmal auf, er wurde modischer Zeitvertreib des Adels, Anlaß für eine Geschäftsreise für Patrizier und Obdachlosentreff. Formalismen überwucherten und durchsetzten die metaphysischen Inhalte, Äußerlichkeiten ersetzten Glaubensstärke. Die lutherisch-calvinistischen »Irrlehren«, die spanische Inquisition, die Pilger wie jede andere Person überwachte und bespitzelte, das Mißtrauen gegenüber Pilgern in den hugenottischen Gebieten, die sich zwischen die katholischen Staaten Frankreich und

Spanien geschoben hatten, schließlich der Dreißigjährige Krieg machten der Pilgerschaft nach Santiago fast den Garaus. Als die glanzvolle spätbarocke Westfassade der Kathedrale von Santiago, der *Obradoiro*, vor den romanischen *Pórtico de la Gloria* gestellt wurde, war er eigentlich gar nicht mehr notwendig, es kamen nur noch wenige Pilger und praktisch nur Spanier. Aufklärung, päpstliche und allgemein kirchliche Verbote exzessiver Praktiken (wegen »Zeitverderb, Vernachlässigung des Gewerbes und des Hauswesens, regen Hang zur Faulheit und Müßiggang, zu Zech- und Raufgelagen« verbot z.B. der Salzburger Erzbischof Colloredo 1787 die sogenannten »Kreuzwallfahrten«), Französische Revolution sowie die Säkularisierung der Gesellschaft im 19. Jh. gaben den Rest. Um die Mitte des 19. Jh. war Santiago nur noch ein regionales Pilgerziel.

Der Aufschwung kam langsam und von innen. Es half, daß 1876 bei Ausgrabungen in der Kathedrale von Santiago die seit 1589 verschollenen Gebeine des Apostels wiedergefunden wurden. Die Bestätigung für die Echtheit erteilte Papst Leo XII. 1884 in einer Bulle. Es half, daß gleich im nächsten Jahr, 1885, ein *Año Santo*, ein Heiliges Jahr, gefeiert wurde, wie immer, wenn der Patronatstag des Apostels, der 25. Juli, auf einen Sonntag fällt (2010, 2021). Es half der Papstbesuch von 1982, vor allem aber war es die unvorhersehbare Massenbewegung, die seit Anfang der 70er Jahre des 20. Jh. das Pilgerwesen wieder aufleben ließ, in erster Linie die Fußwallfahrten. Unabhängig davon, aus welchen Motiven zum Apostelgrab gewandert wird: Es wird wieder gepilgert, und von Jahr zu Jahr von mehr Menschen unterschiedlichsten sozialen Hintergrunds.

Jährlich steigt die Zahl der Pilger um etwa 10 %. 75 000 Pilger kamen 2003 nach Santiago und 2004 – ein Heiliges Jahr – wurde diese Zahl erneut übertroffen. Der Großteil der Pilger geht zu Fuß zum Ziel, aber ein wachsender Anteil nimmt das Fahrrad, einige reiten, drei Personen machten ihre Pilgerschaft im Rollstuhl. Die größte nationale Gruppe sind die Spanier mit 60 %, die größte ausländische Gruppe stellen die Deutschen mit ca. 8 %, aber auch Österreicher, Schweizer, Belgier und Niederländer gehören ins Dutzend der am stärksten vertretenen Nationen. Nur etwa 10 % der Pilger beginnt die Reise in Roncesvalles oder in Jaca, den meisten genügen ein paar Tage Wanderung ab Astorga oder Cebreiro durch Galicien. Da die Pilgerurkunde erst ab 100 km Fußweg (200 km Radweg) ausgestellt wird, kommen weiter westlich liegende Startpunkte nicht in Frage.

Die Wege, auf denen man sich dem ersehnten Ziel nähert, sind streckenweise dieselben wie vor acht- oder neunhundert Jahren, seit dem hochmittelalterlichen Höhepunkt der Wallfahrt wurden sie nicht mehr erneuert. Der Weg von Cirauqui nach Lorca über den Río Salado (Navarra), die Strecke von Hontanas über das Kloster San Antón nach Castrojeriz (Kastilien), die Verbindung von Triacastela nach Sarria (Galicien) sind solche alten Strecken. Sie zu gehen und den Widerhall der Tritte tausender Menschen, die vorausgegangen sind, in sich zu spüren, ist das Privileg der Fußpilger. Kein Autofahrer, der auf dem

Die Pilger- oder Jakobsmuschel (in Galicien als »vieiro« bezeichnet) erinnert an die Überfahrt der Leiche des Apostels von Jaffa in Palästina nach Padrón in Galicien, begleitet von Engeln und zwei seiner Jünger. Das Zeichen der Jakobspilger wurde allmählich das Zeichen der Pilger schlechthin, ein klarer Hinweis auf die Bedeutung der Jakobspilgerschaft im mittelalterlichen Pilgerwesen.

Die Jakobspilgerschaft

> »Im Meer bei Santiago gibt es Fische, die gemeinhin vieiras genannt werden, sie haben auf beiden Seiten einen Schild, zwischen denen sich – gleichsam wie zwischen zwei Ziegeln – ein der Auster ähnlicher Fisch verbirgt. Die Muschelpanzer sind wie die Finger einer Hand geformt – die Provenzalen nennen sie nidulas, die Franzosen crusillas; die Pilger heften sie bei der Rückkehr vom Grab des hl. Jakobus an ihre Pilgermäntel zur Ehre des Apostels sowie zu dessen Gedächtnis und bringen sie als Zeichen der langen Reise mit großer Freude nach Hause zurück.«
> (Predigt des Papstes Calixtus zum Tag des Apostels Jakobus, Codex Calixtinus)

Spanischen Jakobsweg nach Santiago unterwegs ist, sollte versäumen, zumindest einen Tagesmarsch zu Fuß zurückzulegen, nur so erhält er eine Vorstellung von mittelalterlicher Pilgerschaft.

Während mehrere Wege von den Niederlanden, Deutschland, der Schweiz und Oberitalien an die spanische Grenze führen, gibt es südlich der Pyrenäen nur *einen* wichtigen Weg: den *Camino Francés*. Zwar gibt es zwei bedeutende Pyrenäenpässe, den Somport und den Paß von Roncesvalles, die vom sogenannten Aragonischen und Navarrischen Weg genutzt werden, aber in der Nähe von Puente la Reina in Navarra treffen diese aufeinander und führen dann einträchtig weiter durch Navarra, La Rioja, Kastilien, León und Galicien zum Ziel, dem Apostelgrab in Santiago. Der bedeutendste Nebenweg ist der älteste von allen, der Asturische Weg oder *Camino del Norte*. Er führt entlang der Atlantikküste durch das Baskenland, Kantabrien, Asturien und Galicien nach Santiago. Frühe asturische Pilger, die aus der Hauptstadt Oviedo kamen, folgten ihm, etwa ein Dutzend Kirchen des asturischen Stils erinnert an diese erste Phase der Pilgerfahrt (s. S. 253). Für Santiagofahrer, die auf dem Hinweg den *Camino Francés* kennengelernt haben, haben wir diesen *Camino del Norte* als möglichen Rückweg beschrieben, wenn auch mit etwas weniger Details und unter Beschränkung auf wichtige Höhepunkte.

Was gehört zur Ausstattung des Pilgers? Auch in Deutschland kann man auf vielen Altarblättern, Grabsteinen und Heiligenfiguren die typische Ausrüstung betrachten: breitkrempiger Pilgerhut als Schutz gegen Sonne und Regen, mit angehefteter Pilgermuschel; Pilgerstab, oft mit Eisen beschlagen, um als Waffe dienen zu können (noch heute sinnvoll, wie zeitgenössische Berichte von Fußpilgern zeigen, die damit die oft sehr unangenehmen spanischen Hunde abwehren); Flaschenkürbis für das nötige Wasser (die Obrigkeit hat schon im 11. Jh. in Abständen von ein paar Stunden Brunnen graben lassen, aber wer dazwischen etwas trinken will, was besonders im trocken-staubigen Kastilien-León wichtig sein kann, muß Wasser dabeihaben); Tasche für dies und jenes, oft ist auch darauf eine Muschel angebracht, wie auf dem Pilgermantel, einem Umhang, in den man sich nachts gegen die Kälte einrollen kann; unsere Regenpelerine hat ihren Namen daher (franz. *pèlerine* = Pilgermantel).

Das fünfte Buch des *Codex Calixtinus* (um 1150), der ältesten erhaltenen Zusammenstellung von Wundern des Apostels, ist ein Pilgerführer. Er gibt auch uns Nachgängern noch wertvolle Hilfe, 850 Jahre nachdem er zusammengestellt wurde. Manche der Herbergen, die er nennt, wurden in den letzten Jahrzehnten wieder eröffnet, und die beschriebene Strecke auf dem Spanischen Jakobsweg hat sich zumindest für Fußpilger kaum verändert. Es ist, als ob die Zeit stehengeblieben wäre, als ob man in den Kirchen, Klöstern, Einsiedeleien und Herbergen, vor den Wegkreuzen, Brücken, Brunnen und Heiligenfiguren entlang des Weges die Menschen des Mittelalters antreffen könne: wie wir auf dem Weg zu einem Ziel, das sich nicht so recht einschätzen läßt, dessen Charisma man sich aber nicht entziehen kann.

Geschichte

Jakobsweg und Atlantikküste: Achsen gegen den Strom der Geschichte

Die spanische Geschichte zwischen 711 und 1492 wird als Nord-Südbewegung beschrieben. Die Wiedereroberung der Halbinsel durch christliche Reiche, die in diesem Zeitraum stattfand, begann tatsächlich ganz im Norden und verlegte die Brennpunkte der Geschichte immer weiter nach Süden. Nach der Vernichtung des Westgotenreichs durch ein arabisch-berberisches Heer in der Schlacht von Jerez de la Frontera (711) fanden westgotische Gruppen im schwer zugänglichen Kantabrischen Küstengebirge Zuflucht und begannen den Kampf gegen die Eroberer, die *reconquista*, die Wiedereroberung, wie sie es sahen. Die Nervenzentren des Kampfs, zunächst nur kleine Widerstandsnester, wurden zunächst aus den Bergen von Covadonga ins Vorland verlegt, dann über das Kantabrische Gebirge hinweg nach Süden, nach León, dann 1085 nach Toledo, 1248 nach Sevilla und 1492 nach Granada, damit wurde der letzte Rest maurischer Präsenz auf der Halbinsel getilgt. Zwei weitere Entwicklungslinien liefen parallel: Aragon und Katalonien erweiterten ihren Herrschaftsbereich entlang der Ostküste Spaniens kontinuierlich nach Süden, nicht anders verlief die portugiesische Entwicklung von der Grafschaft Porto im Norden zur letzten großen Eroberung, der Küste der Algarve.

Diese Geschichtsbetrachtung hat einen gravierenden Nachteil: Sie bezieht die großen Ost-West-Achsen Nordspaniens nicht ein, die im Mittelalter mindestens so große Bedeutung hatten wie die Nord-Süd-Achsen. Die für die Kulturentwicklung Spaniens im Mittelalter bedeutungsvollste Achse war sicher der Jakobsweg. Auf dieser Achse kamen europäische Einflüsse von jenseits der Pyrenäen und jenseits des Mittelmeers ins Land. Die Kunststile der Romanik und Gotik wurden über diese internationale Verbindung genauso vermittelt wie die wirtschaftliche Entwicklung des Bürgertums in den Städten, letztere stark beeinflußt von den Erfahrungen französischer Neubürger, die Nordspaniens Herrscher ins Land riefen. Der Jakobsweg brachte über Jahrhunderte nicht nur Pilger, sondern auch Geld, Waren und Ideen ins Land. Die Städte entlang dieser hochfrequentierten mittelalterlichen Chaussee hatten einen enormen Wettbewerbsvorteil gegenüber ihrer Konkurrenz.

Während die Reconquista immer weiter nach Süden zog und die Sprache der Eroberer, das Kastilische, zur Sprache der eroberten Territorien wurde, gerieten die im Norden liegenden Landschaften, besonders die Berggebiete, immer mehr ins Abseits und retteten dadurch ihre Sprache und Tradition bis in die Gegenwart. Die keltische Kultur und die mit dem Portugiesischen enger als mit dem Kastilischen (Spanischen) verwandte Sprache Galiciens wurden durch diese Zentrumsferne genauso konserviert wie die Sprache und die Traditionen der Basken. Galicier, Asturier, Basken waren durch ihre

15

Geschichte

zentrumsferne Lage aber auch die ersten Empfänger von Impulsen, die übers Meer nach Spanien gelangten. Die Orte der Nordküste zwischen A Coruña und Donostia/San Sebastián blicken auf ein Meer, das ihnen die Mittel zum Überleben bietet: Fischfang und Handel mit den Häfen jenseits dieses Meers. Englische, schottische, skandinavische und flämische Jakobspilger landeten in A Coruña, anstatt den mühsamen Weg über Land zu beschreiten. Baskische Walfänger wagten sich bereits im 14. Jh. auf den hohen Atlantik, und der spanische Woll- und Tuchhandel des Hoch- und Spätmittelalters wäre ohne die Häfen der atlantischen Nordküste nicht möglich gewesen.

Erst mit der Hochzeit des Thronfolgers Fernando von Aragón mit Königin Isabella von Kastilien und der endgültigen Südverlegung des Kräftezentrums der Halbinsel nach der Eroberung von Granada (1492) wurde die Bedeutung des Jakobswegs als historische und Geschichte machende Achse geschmälert. Mit dem Ende des Wallfahrtswesens Mitte des 18. Jh. wurde der Jakobsweg endgültig zum Anachronismus. Nur die großen alten Orte überlebten, sie liegen ausnahmslos an den Kreuzungspunkten mit den Nord-Süd-Achsen. Die Orte an der Nordküste mußten sich darauf einstellen, daß sich der west- und nordeuropäische Handel auf den Nordatlantik verlagerte, die Verbindungen, die baskische und asturische Schiffe vorher betreut hatten, verloren so schnell an Bedeutung wie der Austausch mit den neuen Eroberungen in Lateinamerika zunahm. In den größeren Hafenorten der Nordküste hat die Industrialisierungswelle des 19. Jh. zwar die Bevölkerungszahlen anschwellen lassen, die Küste blieb aber weiterhin im Windschatten der Geschichte, aus dem sie sich derzeit vorsichtig herausbewegt. Reisen entlang des Jakobswegs sind trotz der Veränderungen der letzten Jahrzehnte immer noch eine Zeitreise ins Mittelalter.

Wisent, Höhlenmalerei in Altamira

Vorgeschichte, Altertum und Westgotenzeit

Funde aus der Frühzeit des Menschen sind meistens Zufallsfunde, ob die als *Homo antecessor* eingestuften Menschenknochen von Atapuerca bei Burgos also die ältesten Europas bleiben (800 000 Jahre) oder nicht, steht daher in den Sternen. Fest steht, daß unsere spätsteinzeitlichen Vorfahren in Karsthöhlen Asturiens und Kantabriens Felsmalereien und Ritzzeichnungen hinterlassen haben, die zum großen Kulturerbe der Menschheit gehören. Die ältesten von ihnen, wie in El Pendo, sind 18 000 bis 20 000 Jahre alt, die berühmtesten, in Altamira, 14 000 bis 16 000 Jahre.

Spanien wurde wahrscheinlich vor etwa 4000 Jahren durch die Iberer besiedelt, Nordwestspanien, vor allem das heutige Galicien und Asturien, 1000 bis 1500 Jahre später durch keltische Stämme, die keltisch überformte Mischkultur wird als kelt-iberisch bezeichnet. Daß die Basken, deren Sprache noch in der frühen Neuzeit in einem wesentlich größeren Raum gesprochen wurde als in der Gegenwart, mit den Iberern identisch sind, gilt heute als widerlegt (alternative Theorien sind aber keineswegs überzeugend).

In der späten Bronzezeit entwickelte sich im Nordwesten der Iberischen Halbinsel mit Zentrum im heutigen Galicien die Castro- (oder Castrexa-)Kultur, benannt nach den charakteristischen Castros, den befestigten Siedlungen, die meist auf Hügeln mit guter Sicht angelegt wurden. Die auf Ackerbau und Viehzucht basierende Castro-Kultur besaß eine bemerkenswerte Schmuckproduktion in Gold, wobei die typischen keltischen Torques (offene Halsringe) der Hallstatt- und Latène-Zeit die keltische Zugehörigkeit der Castro-Bevölkerung wahrscheinlich machen. Das größte bisher ausgegrabene befestigte Castro ist Viladonga in der Nähe von Lugo. Viele Element der Castro-Kultur haben sich bis in die römische Zeit hinüber gerettet.

Es versteht sich von selbst, daß sich die 600 Jahre römischer Präsenz auf der Halbinsel auf Sprache, Kultur und Wirtschaft ausgewirkt haben, die nivellierende Wirkung der römischen Kultur berührte aber die Berggebiete des Nordens und Nordwestens viel weniger als die Städte der großen Ebenen und des Südens. Die eindrucksvollen römischen Reste in A Coruña (Leuchtturm), Lugo und Astorga (Stadtmauern) kennzeichnen städtische Inseln der Romanisierung, draußen auf dem Lande blieben die Zeichen auf Tradition gestellt. Das riesige, mit Sklaven betriebene Goldabbaugebiet von Las Medulas, ein Hauptherkunftsgebiet des Goldes für römische Münzen, blieb ein Fremdkörper.

Ab 409 war die Iberische Halbinsel für mehr als ein Jahrhundert germanisches Transitland: Alanen, Sweben, Vandalen und Westgoten drangen ein, bekämpften einander, gründeten Reiche und zogen wieder ab. Die Sweben gründeten im Nordwesten ein Reich mit dem Hauptort Braga (in Portugal), das auch das heutige Galicien umfaßte, den Rest nahmen die Westgoten in Besitz. Hauptstadt ihres Reiches wurde unter König Leowgild (568–75) das zentral gelegene Toledo.

Geschichte

Die Westgoten behielten bis 711 die Herrschaft über die Halbinsel, bereits 575 eroberten sie das Swebenreich und gliederten es in ihr Herrschaftsgebiet ein. Doch die dünne westgotische Oberschicht hatte keinen nachhaltigen Einfluß auf das ibero-keltisch-romanische Volk, sie hielt sich für sich und vermischte sich nicht mit der Vorbevölkerung. Erst der *Liber Iudiciorum* des Königs Rekkeswind (653–72) stellte Romanen und Germanen rechtlich gleich. Daß die Westgoten dennoch große Bedeutung für die Entwicklung Spaniens haben, hängt mit zwei Faktoren zusammen. Einmal war unter ihrer Herrschaft die Iberische Halbinsel zum ersten Mal durch ein im Lande residierendes Herrscherhaus geeinigt worden, spätere Zeiten konnten auf das Westgotenreich als Modell für einen spanischen Einheitsstaat zurückgreifen. Und zum zweiten ging die Rückeroberung Spaniens nach der Katastrophe von 711, als arabisch-berberische Truppen in der Schlacht von Jerez de la Frontera die Westgoten besiegten und die Iberische Halbinsel eroberten, wieder von westgotischen Flüchtlingen aus. Schon in ihren Widerstandsnestern in den asturischen Bergen träumten sie von der Wiederherstellung ihrer Macht, der historische Zufall, daß sie und ihre legitimen Nachfolger es auch schafften, gab ihrem Traum rückwirkend die Berechtigung.

Die Reconquista: 711 bis 1085

Die Reconquista begann ganz bescheiden. Wenn die Araber zu diesem Zeitpunkt nur zugeschlagen hätten, sie hätten sich fast acht Jahrhunderte Gefechte erspart. Stattdessen ließen sie die Dinge im Norden schleifen, wo ein westgotischer Gaugraf namens Fávila samt seinem Sohn Pelayo Zuflucht gefunden hatte. Sicher, der hitzköpfige und unbotmäßige Pelayo wurde in den Süden verbannt, aber als er sich von dort in die asturischen Berge absetzte und andere Aufrührer um sich sammelte, kümmerte sich die maurische Verwaltung nur halbherzig darum. Einen Trupp Häscher, den der arabische Provinzgouverneur in die Berge nach Covadonga (s. S. 264) schickte, machten die Rebellen 722 nieder und riefen ihren Anführer Pelayo zum ersten König von Asturien (722–37) aus. Nun hätte eigentlich das Strafgericht einsetzen sollen. Aber nichts geschah. Pelayos Leute okkupierten das nahe Cangas de Onís, und einer seiner Nachfolger, Alfonso II., der Keusche, gründete gar mit Oviedo eine neue Hauptstadt. Das alles ließ Córdoba kalt, man hatte Wichtigeres zu tun: das Frankenreich erobern (732 bei Tours und Poitiers durch Karl Martell vereitelt), den Wechsel zwischen Umaiyaden und Abassiden verkraften (Köpfe rollten), sich mit einem umaiyadischen Usurpator auseinandersetzen (mißlungen; seine Nachfolger gründeten das Kalifat von Córdoba).

So blieb in Asturien dieser westgotische Fleck auf der arabischen Landkarte der Iberischen Halbinsel bestehen und konnte sich ausdehnen. Andere Widerstandsnester folgten nach, so versuchten die Basken, um ihren wichtigsten Ort Pamplona herum, die arabische Herrschaft abzuschütteln. Zur selben Zeit mischten sich die Franken in die Geschichte ein. Karl der Große führte seine Truppen 778 über die Pyrenäen und versuchte sich an einem iberischen Feldzug. Die Eroberung von Zaragoza mißlang, die fränkischen Heere zogen sich zurück. Um den Arabern einen festen Ort zu nehmen, zerstörten sie dabei Pamplona. Das sollte sich rächen. Als die Nachhut des Heeres unter dem Markgrafen Roland den Paß von Roncesvalles zu überschreiten versuchte, wurde sie von einem baskischen Kommando überfallen und ausgelöscht. Zum ersten Mal in der Geschichte zeigten die Basken, daß sie zur Verteidigung ihrer Freiheit auch zu den Waffen greifen würden – daran hat sich bis heute nichts geändert. 905 gründete dann Sancho Garcés ein unabhängiges Fürstentum im baskischen Südwesten der Pyrenäen. Sein Nachfolger García Sánchez machte bereits das Königreich Navarra daraus. Die Residenzstadt war Nájera, man bezog sie nach der (erneuten) Zerstörung von Pamplona (924) durch den umaiyadischen Emir und Kalifen von Córdoba, Abd er-Rahman III.

Zu diesem Zeitpunkt hatte sich das asturische Königreich bereits stark ausgedehnt. Galicien war eingegliedert worden. Die Araber hatten es nie wirklich besetzt, sondern dort nur ein paar Geldeintreiber stationiert. Im europäischen Maßstab war Asturien aber immer noch eine drittrangige Macht. Man brauchte einen starken, tatkräftigen Verbündeten gegen die als übermächtig angesehenen Mauren und fand ihn im Apostel Jakobus, dem man einen Aufenthalt in Spanien, und zwar auf dem asturischen Territorium Galiciens, nachsagte. Unter Alfonso II., dem Keuschen (791–842) wurde das Grab des Apostels in einem antiken Friedhof entdeckt, der Bischof von *Iria Flavia* (Padrón) segnete den Fund ab, und der König ließ eine erste Kirche errichten. Die Jakobswallfahrt nach Santiago de Compostela war geboren. Von Anfang an stand fest, daß das Apostelgrab ein staatspolitisches Instrument war, eine zwar hochreligiös verpackte, aber doch ganz realpolitische Bestätigung des Anspruchs der asturischen Monarchie auf das westgotisch-christliche Erbe ganz Spaniens. Bald begannen die Wallfahrten, europäisches Format anzunehmen. Dem jungen Königreich konnte das nur recht sein, denn mit den Pilgern kam das Geld. Bald mußten diese nicht mehr den anstrengenden Weg entlang der stark gegliederten asturisch-galicischen Küste nehmen, denn den asturischen Königen gelang es, auch jenseits der Kantabrischen Kordillere Fuß zu fassen. Gemeinsam mit Navarra und dem kleinen Aragón wurde eine zusammenhängende Wegverbindung von den Pyrenäen nach Santiago de Compostela gesichert: der Jakobsweg.

Die Eroberung von Territorien südlich des Küstengebirges wurde unter Alfonso III. (866–910) bis zum Duerofluß vorangetrieben, dort blieb sie für fast zwei Jahrhunderte stecken. Die Hauptstadt Oviedo lag nun plötzlich sehr ungünstig, und so bekam Asturien unter Ordoño II. (910–24) eine neue Hauptstadt und bald auch einen neuen Namen: León. Das Königreich war immer noch nur ein schmaler Streifen in Ost-West-Richtung, der sich auch von der neuen Hauptstadt aus schlecht verwalten ließ. Das Land im Westen mit Galicien

Geschichte

und dem heutigen nördlichen Portugal übertrug der regierende König daher gerne einem Sohn, daraus entwickelten sich das Königreich Galicien und das ab dem Ende des 11. Jh. selbständige Portugal.

Das Land im Osten, dessen zahlreiche Grenzburgen ihm den Namen Kastilien, »Burgenland«, eintrugen, wurde von einem umtriebigen Grafen namens Fernando González (923–70) 931 zu einem Reich im Reich zusammengefaßt. Bevor sich dieses Kastilien zur bedeutendsten Macht der Halbinsel emporkämpfen konnte, mußte es aber noch, wie die anderen christlichen Staaten auch, eine Reihe von Blitzkriegen überstehen, die ihnen al-Mansur (span. Almanzor), Wesir des Kalifen Hischam II., in den Jahren 977 bis 1001 ins Haus trug. Die berberisch-arabischen Truppen Almanzors zerstörten zielstrebig die bedeutendsten Ansiedlungen der christlichen Nationen, selbst entlegene Klöster wurden abgefackelt. Die zweite Apostelkirche in Santiago de Compostela, das gerade erst neu aufgebaute León und das Kloster San Millán de Suso wurden geplündert und zerstört.

Nach dieser Schreckensphase war das Aufatmen groß und der Wiederaufbauwille nicht zu bremsen. Dazu kam, daß sich das Kalifat von Córdoba in einer Phase interner Auseinandersetzungen aufgerieben und in einem Bürgerkrieg sein Ende gefunden hatte (1031). Das islamische Spanien zerfiel in kleine, unabhängige Herrschaften, die *taifas* (aus dem Arabischen für »Parteiung«). Kriege zwischen den Emiren der Taifas schwächten die islamische Position, was die christlichen Staaten für leichte Landgewinne ausnutzen konnten. Der Zufall wollte es, daß diese christlichen Staaten durch Erbgang alle in eine Hand gefallen waren: Sancho III., der Große, von Navarra (1000/1004–1035) war gleichzeitig König von León und Navarra sowie Graf von Kastilien. Aragón und die Grafschaften Barcelona und Gascuña (die heute französische Gascogne) waren von

Hufeisenbögen wie hier am Kloster San Miguel de Escalada demonstrieren den maurischen Einfluß auf die christliche Baukunst.

ihm abhängig. In diesem Staatsgebilde verschob sich das Machtzentrum wieder einmal: Burgos in Kastilien und Nájera in Navarra legten an Bedeutung zu.

Sancho III. teilte sein Reich noch zu Lebzeiten auf, indem er seinem unehelichen Sohn Ramiro Aragón verlieh, nach seinem Tod teilten sich zwei eheliche Söhne den Rest. García de Nájera (1035–54) wurde König von Navarra, das damals noch die Rioja und das baskische Küstenland umfaßte, Fernando I. (1035–65) wurde Herrscher des neugeschaffenen Königreichs Kastilien und hatte das Glück, mit der Erbin von León verheiratet zu sein, die ihm dieses Königreich einbrachte (1063). Es war ein ziemliches Hin und Her mit den Königreichen im 11./12. Jh.: Einen galicischen König gab es immer dann, wenn einem sohnesliebenden Vater danach zumute war (Fernando I. war es danach zumute), mal wurde Kastilien mit León vereinigt, dann wieder getrennt. Erst 1230 wurden die beiden endgültig in einer Hand vereinigt, es entstand das Königreich Kastilien-León.

Das Hauptereignis des 11. Jh. war die Eroberung von Toledo durch Alfonso VI. von Kastilien (1072–1109). Der Traum von der Wiedereroberung des gesamten Westgotenreiches rückte mit der Eroberung der alten Hauptstadt in greifbare Nähe. Ein kastilischer König hatte diese Tat vollbracht, Kastilien sollte in Zukunft die Hegemonialmacht sein. Der König nannte sich fortan *Imperator totius Hispaniae* (Kaiser des gesamten Spanien) und zog nach Toledo um, das alte Kastilien nördlich der Sierra de Guadarrama stand plötzlich im zweiten Glied.

Die Reconquista: 1085–1212

Derselbe König, Alfonso VI., sorgte aber auch für die Belebung der Städteachse Pamplona – Burgos – León – Santiago de Compostela, die er gerade abgewertet hatte. 1075 wurde der Grundstein für die neue große Kathedrale in Santiago de Compostela gelegt. Auf den durch die Südverlegung der Grenze sicherer gewordenen Wegen kamen immer mehr Pilger ins Land. Alfonsos Cousin Sancho Ramírez, der zu Aragón noch Navarra gewonnen hatte und dort als Sancho V. Ramírez (1076–94) herrschte, ging sogar noch weiter: Er rief fränkisch-französische Siedler ins Land und verlieh ihren Ansiedlungen Sonderrechte, die *fueros*, wie etwa in Estella. Mit diesen Siedlern und mit den vorwiegend französischen Pilgern auf dem Jakobsweg sickerte französischer Einfluß ins Land, was sich auf die großen Orte entlang des Jakobsweges verständlicherweise am stärksten auswirkte. Das Vorbild der südfranzösischen Romanik und später der nordfranzösischen Kathedralgotik, das sich in zahllosen Bauwerken niederschlug, macht diesen Einfluß noch heute greifbar deutlich.

Die Einnahme von Toledo versetzte die Taifa-Emire, die sich das untergegangene Kalifat von Córdoba geteilt hatten, in Alarmzustand. Die zu Hilfe gerufenen marokkanischen Almoraviden brachten aber nicht nur 1086 den überraschten christlichen Spaniern eine empfind-

Einen der wichtigsten Feldherrn Alfonsos VI. kennt man heute als El Cid, die Bezeichnung stammt vom arabischen Wort »sejid« für Herr, Gebieter. Der aus Burgos gebürtige Ritter war beim Sieg von Toledo dabei und stritt auch anderswo für den kastilischen König, war aber auch bereit, mit muslimischen Herrschern Allianzen einzugehen und gegen christliche Heere zu kämpfen. Längere Zeit hielt er mitten im muslimischen Ostspanien die Herrschaft Valencia, erst nach seinem Tod konnte sie von den Arabern zurückerobert werden. Sein lockerer Frontenwechsel ist typisch für die damalige Zeit, erst retrospektiv erscheint die spanische Reconquista als das Schwarz-Weiß-Bild, das wir heute immer noch gemalt bekommen.

Geschichte

Schlacht von Las Navas de Tolosa, Glasfenster im Kapitelsaal der Abtei Roncesvalles

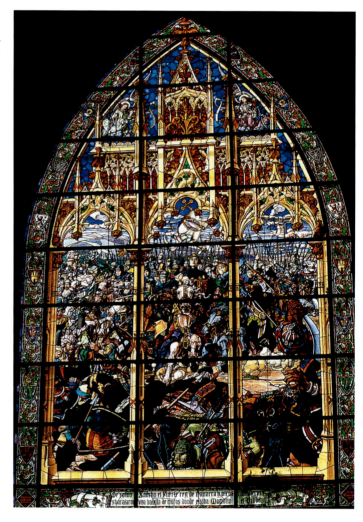

liche Niederlage bei, sondern schluckten auch gleich sämtliche Taifas. Die Grafen von Porto nützten die Ablenkung der Kastilier, um sich selbständig zu machen (1094). Erst 1118 wurde der Kampf wieder aufgenommen. Die Almoravidenmacht siechte allmählich dahin, da erreichte 1147 eine neue marokkanische Herrscherdynastie Südspanien: die Almohaden. Sie übte eine enorme Bedrohung aus, Kastilien, Navarra und Aragón wurden gezwungen, ihre Rivalitäten zu beenden und an eine gemeinsame Kriegsführung zu denken. Nach dem Vorbild der Johanniter und Templer wurden die drei iberischen Ritterorden von Calatrava (1164), Santiago (1170) und Alcántara

(1176) geschaffen, um den nun als Kreuzzug verstandenen Kampf voranzutreiben. Ein erster Kriegszug endete 1195 bei Alarcos für Alfonso VIII. von Kastilien (1158–1214) mit einer schweren Niederlage. Doch 1212 konnten die vereinten Heere Kastiliens, Navarras und Aragóns die Schlacht von Las Navas de Tolosa für sich entscheiden und den almohadischen Sultan an-Nasir so vernichtend schlagen, daß er sich Hals über Kopf nach Marokko zurückzog. Der Süden Spaniens lag offen für die christlichen Heere. Der nächste König, Ferdinand III., der Heilige, von León und Kastilien (1217–52) sollte sie nach Córdoba, Murcia, Jaén und Sevilla führen.

Von Las Navas bis Habsburg

Die Ritterorden und die altkastilischen Adeligen wurden in den neu eroberten Gebieten mit riesigem Landbesitz belehnt. Besonders die Ritterorden nutzten ihr Land in der Extremadura für die Schafzucht. Im trockenen Sommer ließen sie ihre Tiere in die grünen Berggebiete Leóns treiben – dies war der Beginn der bis heute stattfindenden *Trashumancia* (s. S. 170). Für Altkastilien bedeutete dies eine neue Einnahmequelle, da die Wolle dieser Schafe nicht nur im Lande verarbeitet, sondern zunehmend nach Flandern und England ausgeführt wurde. Sowohl die Verwaltungsstädte León und Burgos als auch die Atlantikhäfen der Nordküste profitierten davon. Mit Flandern und England hatte die Nordküste mittlerweile gute Beziehungen, englische und flämische Pilger kamen auf Handelsschiffen an die asturisch-galicische Küste und wanderten von dort aus an ihr Ziel.

Während in Neukastilien und Andalusien neue Vermögen gemacht wurden, kastilische Könige sich in die Weltpolitik einmischten wie Alfonso X. (der Weise; 1252–84), ein Enkel König Philipps von Schwaben, der sich 1257 zum deutschen König wählen ließ, kümmerte man sich in Altkastilien, Galicien und Navarra eher um die eigenen Belange. Alfonso X. war neben seinen außenpolitischen Aktivitäten vor allem an geistlicher Lyrik interessiert. Peter I., der Grausame, (1350–69) gab viel Geld für seinen neuen Palast in Sevilla aus, der Norden seines Herrschaftsbereiches interessierte ihn nicht. Die meisten großen Bauten in Burgos, León, Logroño, Santiago de Compostela, die aus dem 13. und 14. Jh. stammen, wurden von der Kirche, dem Adel und den Bürgern in Auftrag gegeben, nicht vom Königshaus. Der Pilgerstrom versiegte nicht, prominente Pilger kamen, wie die hl. Brigitta von Schweden (1340), das Konzil von Konstanz (1414–18) gab ihm sogar noch neue Impulse.

Unter Ferdinand (1479–1516) und Isabella (1474–1504), den »Katholischen Königen«, die ihre Königreiche Aragón und Kastilien zu Spanien verbanden, 1492 das letzte Emirat auf spanischem Boden, Granada, eroberten, im selben Jahr Christoph Kolumbus übers Meer nach Indien fahren ließen und den Startschuß für die Inquisition gaben, änderten sich einige wichtige Bedingungen. Die zentrale Verwaltung, die das Paar einsetzte, ließ den Städten weniger Spielraum als zuvor. Der Staat wurde praktisch vom Süden aus regiert (Sevilla, Granada), der Norden verlor nochmals an Bedeutung. Als nach Kolumbus' Entdeckungen die Wirtschaft des Landes durch Goldimporte aus Amerika endgültig zur Goldwährung (*excelentes de la granada*, 1497) übergehen konnte, waren es vor allem südspanische Banken, die profitierten: Von den zehn Banken, die um 1500 in Spanien existierten, hatte nur eine in Nordspanien ihren Sitz, in Burgos. Die Wallfahrt des Königspaars nach Santiago (1488) und die Stiftung von Spitälern durch sie und ihre Nachkommen dort und in Burgos, León und anderswo wirkte sich wirtschaftlich nicht aus. Von großer Bedeutung jedoch war die Entscheidung von 1492, die Juden zu vertreiben. Ganze Städte, ja Landstriche wie etwa das Miñotal westlich Ourense veödeten, gute Geschäftsverbindungen nach Flandern und England waren plötzlich versiegt.

1512 annektierte Spanien den südlich der Pyrenäen liegenden Teil Navarras, das bereits seit 1234 von einer französischen Herrscherlinie regiert worden war. Der jenseits der Pyrenäen liegende Teil des Landes wurde allmählich ein Teil Frankreichs, obwohl es bis zur Französischen Revolution zumindest formal unabhängig blieb (die französischen Könige nannten sich bis zur Revolution Könige von Frankreich *und Navarra*). Jetzt erst sah das Königshaus die Reconquista als abgeschlossen an, Ferdinands und Isabellas Enkel Carlos I. von Spanien (1516–56, als deutscher Kaiser Karl V.) konnte sich ins gemachte Bett legen.

Doch im Norden des Landes war die Situation alles andere als günstig, trotz des Golds aus Amerika, trotz der im Reich nicht untergehenden Sonne. Die Verschwendungssucht der Hofschranzen, die der junge König aus Flandern mitgebracht hatte, die neuen Steuern, der Geldwertverlust und die erkennbaren Tendenzen zur Beschneidung der Rechte des Adels brachten 1520 das Faß zum Überlaufen. Die *Comuneros*, die Anhänger des Kastilischen Städtebunds, erhoben sich gegen den Herrscher. Der zunächst noch vom Adel gestützte Aufstand wurde rasch zur sozialrevolutionären Bewegung, zum Aufstand der unterdrückten Bürger und Bauern, der 1521 nur mit großem militärischem Aufwand erstickt werden konnte. Träume von Selbstbestimmung waren ausgeträumt, ähnlich wie nach dem deutschen Bauernkrieg wenig später.

Dornröschenschlaf: 16.–18. Jahrhundert

Die Verschlechterung der wirtschaftlichen Situation Spaniens seit der Herrschaft Philipps II. (1556–98) wirkte sich auf Altkastilien als ein allmähliches Abstoppen der gesamten Entwicklung aus. Der Tuchhandel mit Flandern und England brachte zwar weiterhin Geld ein, aber die Überwachung durch eine königliche Behörde sorgte dafür, daß immer weniger Personen davon profitierten. Das Goldene Zeitalter der spanischen Kunst und Literatur, das erst mit dem Verfall der politischen Macht anbrach, fand auf einer anderen Bühne statt, in Sevilla, Madrid und Toledo, aber nicht in Burgos oder León. Die Bourbonen übernahmen 1701 ein Land, das einen Staatsbankrott hinter sich hatte, und dessen Wirtschaft durch die Loslösung der Niederlande einen der wichtigsten Handelspartner verloren hatte, was besonders in Altkastilien und in den atlantischen Küstenstädten zu harten Zeiten führte. Während ihrer Herrschaft wurde erstmals englische Merinowolle auf den Weltmarkt geworfen, die der spanischen gleichwertig war und bei dieser einen Preissturz auslöste. Die vielen Kriege, an denen die Bourbonen teilnahmen, machten durch ihre Kosten alle merkantilistischen Bemühungen zunichte und verhinderten den Durchzug von Pilgern. Der Geist der Aufklärung brachte das Pilgerwesen gegen Ende des 18. Jh. endgültig zum Stillstand.

Eineinhalb »dunkle« Jahrhunderte

Spaniens dunkelste Zeit begann mit dem Einmarsch Napoleons 1808, der einen blutigen, grausam geführten Guerillakrieg auslöste. Die Entwicklung der Nachkriegszeit wurde durch Thronstreitigkeiten unterbrochen. Don Carlos, Bruder des verstorbenen Königs Fernando VII. (1814–33), erhob für sich Thronansprüche gegen die Tochter des Verstorbenen, Isabella II. (1843–68), für die ihre Mutter regierte. Der erste Karlistenkrieg war die Folge, er spielte sich im wesentlichen in jenen Provinzen ab, die sich seit langem von der Zentralgewalt vernachlässigt fühlten, in Navarra, im Baskenland, in Aragón und in Katalonien. Der Gegensatz zwischen den industrialisierten Orten dieser Regionen mit ihrer Bevölkerung eigener Tradition und Sprache und den konservativen Regionen Kastiliens und Galiciens wurde am blutigsten im Spanischen Bürgerkrieg (1936–39) offenbar. Während die Arbeiterstädte Gijón, Bilbao und San Sebastián Hochburgen der legitimen linken Regierung waren, wurde Altkastilien praktisch ohne Widerstand Territorium der faschistischen Gegenregierung. Burgos wurde zum Sitz dieser Regierung, die durch Bombardierung und Artilleriefeuer das nördliche Küstengebiet bis zum Oktober 1937 erobern konnte. Im konservativ-bürgerlichen Oviedo hielt sich eine kleine Militärgarnison gegen die anstürmenden Republikaner, die sich der Stadt bemächtigt hatten. Es waren Galicier und – ausgerechnet – maurische Soldaten aus Spanisch-Marokko, die unter dem Befehl Francos die Stadt für die Faschisten eroberten. Im Baskenland halfen deutsche Bomber mit, die als Übung für den Zweiten Weltkrieg Gernika (Guernica), die ehrwürdigste Stadt der Basken, am 26. April 1937 in Schutt und Asche legten. Der Kampf gegen den katalanischen Widerstand dauerte noch bis zum März 1939, als die Volksfrontregierung ihre letzten Stützpunkte in Valencia und Madrid räumen mußte.

Geschichte

Jüngste Vergangenheit: die parlamentarische Monarchie

Die separatistischen Bewegungen der Basken und Katalanen wurden durch das Franco-Regime in den Untergrund gezwungen, aber sie wurden dadurch nicht schwächer. Der baskische Separatismus entwickelte vielmehr einen terroristischen Flügel, die ETA, die 1973, zwei Jahre vor Ende der Franco-Herrschaft, dessen designierten Nachfolger Ministerpräsident Luis Carrero Blanco ermordete. Nach dem Tode Francos war es eines der ersten Ziele des jungen Königs Juan Carlos I. (seit 1975), den unruhigen Regionen Autonomie zu geben und so die separatistischen Bestrebungen einzudämmen. Das gelang nur in Grenzen. Weder hat in Katalonien die Idee der Eigenstaatlichkeit an Brisanz verloren, noch ist das Baskenland zur Ruhe gekommen.

Die ETA hat den Höhepunkt ihrer Bedeutung hoffentlich überschritten: ihre Führungsclique wurde im Oktober 2004 in Frankreich und Spanien verhaftet. Bei einem Treffen zwischen Ministerpräsident Zapatero und dem baskischen Regierungschef Ibarretxe im Juli 2005 beschlossen die beiden Regierungen, gemeinsam gegen die ETA vorzugehen und sie zu entwaffnen. Der 2003 vom baskischen Regionalparlament verabschiedete »Plan Ibarretxe« sieht vor, das Baskenland zu einem mit Spanien nur noch ›assoziierten‹ Freistaat zu machen. Zwar musste Ibarretxes Parteienverbindung bei den baskischen Regionalwahlen im Frühjahr 2005 einen leichten Verlust hinnehmen, der Plan Ibarretxe ist damit aber noch nicht vom Tisch.

Seit 1983 die Autonomiestatute durch das Parlament abgesegnet wurden, haben sich die Autonomen Regionen relativ stark auseinanderentwickelt. Das hängt vor allem mit der Sprache zusammen, z. B. sind jetzt im Baskenland Baskisch und Castellano gleichberechtigt, nachdem das Baskische während der Franco-Zeit verboten gewesen war. Reine Castellano-Sprecher, die auch im Baskenland die Mehrheit der Bevölkerung ausmachen, fühlen sich an den Rand gedrückt. In Galicien wiederum spricht fast die gesamte Bevölkerung Galicisch, das Castellano wurde auf den Status einer Behördensprache beschränkt. Vom auswärtigen Gast wird zumindest auf dem Lande angenommen, daß er Galicisch versteht, was aber auch für Castellano-Sprecher nicht unbedingt zutrifft.

Der alte Jakobsweg hat als europäische Achse ausgedient, auch wenn er durch den wiedererwachenden Pilgertourismus etwas aufgewertet wurde. Santiago de Compostela hat mit den Heiligen Jahren 1999, 2004 und 2010 und nach seinem Auftritt als Europäische Kulturhauptstadt im Jahr 2000 die Chance, sich auf europäischem Niveau zu positionieren, den anderen Städten entlang des Wegs wird dies schwerlich gelingen. Aus eigener Kraft haben nur Bilbao und San Sebastián den Anschluß an die europäische Entwicklung gefunden. Aber erst mit der endgültigen Entspannung im Baskenland werden sie wirklich zeigen können, was in ihnen steckt.

»Eine schleichende Balkanisierung Spaniens verdient nicht nur passive Aufmerksamkeit des restlichen Europas. Allein jene nichtnationalistische Hälfte der Bevölkerung des Baskenlandes, die keinen ›Freistaat‹, sondern einen freiheitlicheren Status quo will, sollte auf aktiven Zuspruch zählen können. Das ist – wie in Nordirland, Korsika oder dem Kosovo – im europäischen Interesse.«
(Leo Wieland, »Die Basken und wir«, FAZ, 01.11.2003)

Daten zur Geschichte

Um 800 000 v. Chr.	Homo antecessor der Funde von Atapuerca
Ca. 18 000 –12 000 v. Chr.	Altsteinzeitliche Höhlenmalereien in Kantabrien und Asturien
Um 2000 v. Chr.	Iberische Stämme in Spanien
Um 600 v. Chr.	Einwanderung keltischer Stämme nach Nordwestspanien
147–19 v. Chr.	Römische Eroberung Nordwestspaniens (zuletzt unter Augustus die Stämme der *Asturi* und *Cantabri*)
409	Sweben erobern den Großteil Nordwestspaniens: Swebenreich mit Hauptstadt Braga (Nordportugal)
466–484	König Eurich
466	Westgoten erobern unter Eurich (466–484) Zentral-, Nordost- und Ostspanien: Westgotenreich mit Hauptstadt Toledo (ab ca. 560)
554–567	König Athanagild
575	Eroberung des Swebenreiches durch die Westgoten
586	Beim Tode König Leowigilds (seit 568) ist die gesamte Iberische Halbinsel unter westgotischer Herrschaft vereinigt.
711	Schlacht von Jerez de la Frontera: Arabisch-berberische Truppen besiegen Westgoten und erobern die Iberische Halbinsel (bis 715).
718–722	Widerstandsbewegung westgotischer Flüchtlinge gegen Araber geht von Asturien aus (Covadonga); Beginn der christlichen Reconquista.
722–737	König Pelayo (Asturien)
777/778	Spanienfeldzug Karls des Großen, beim Rückzug Gefecht von Roncesvalles (Rolandssage)
um 780	Eine unabhängige Herrschaft Navarra mit Hauptort Pamplona bildet sich.
794	Konzil von Köln, die asturische Kirche tritt als von Rom unabhängige Kirche auf.
791–842	König Alfonso II., der Keusche (Asturien)
810	Verlegung der Hauptstadt Asturiens nach Oviedo
um 810	Eine unabhängige Grafschaft Aragón bildet sich.
um 820	Fertigstellung der ersten Kirche über dem Apostelgrab in Santiago
866–910	König Alfonso III.
899	Weihe der ersten Kathedrale von Santiago
um 900	Asturien erreicht den Duero, der für eineinhalb Jahrhunderte die Grenze bildet.
910–914	König García I. (León)

Geschichte

910/920	Verlegung der Hauptstadt von Oviedo nach León
914–924	Ordoño II. (León)
923	Unter dem Grafen Fernando González (923–970) macht sich Kastilien allmählich von León selbständig.
929	Kalifat von Córdoba unter Abd er-Rahman III.
978–ca. 1000	Zerstörungen in Nordwestspanien durch Truppen al-Mansurs (Almanzors)
997	Zerstörung der Apostelkirche in Santiago durch Truppen des Kalifats von Córdoba
1000–1031	Bürgerkrieg und Untergang des Kalifats von Córdoba; Zerfall in Emirate (Taifas)
1000/1004–1035	König Sancho III. (Navarra, Kastilien und Aragón)
1004	Navarra wird mit León (das Kastilien und Galicien einschließt) und Aragón vereinigt. Noch zu Lebzeiten Sanchos Reichsteilung und neues Königreich Kastilien auf Kosten von León.
1035	Reichsteilung: Königreiche Navarra, Kastilien, Galicien und León
1035–1054	König Fernando I. (Kastilien, ab 1037 auch León)
1075	Baubeginn der (heutigen) Kathedrale von Santiago
1072–1109	König Alfonso VI. (Kastilien)
1085	Eroberung von Toledo, das Hauptstadt Kastiliens wird. Aufsiedelung des bisherigen Niemandslandes südlich des Duero
1086	Almoraviden erobern Südspanien, kastilische Neuerwerbungen werden teilweise zurückerobert.
1094–1104	El Cid erobert und hält die maurische Taifa Valencia.
1122	Papst Calixtus II. ruft ein Heiliges Jahr für Santiago de Compostela aus.
1126–1157	Alfonso VII. (Kastilien) hat als Kaiser die Oberhoheit aller christlichen Staaten der iberischen Halbinsel
1164–1176	Gründung der drei großen iberischen Ritterorden
1158–1214	König Alfonso VIII. (Kastilien).
1195	Niederlage der Kastilier gegen die Almohaden bei Alarcos, die Niederlage bewirkt eine Koalition aller christlichen Staaten.
1212	Schlacht von Las Navas de Tolosa, vernichtende Niederlage der Almohaden
1213	Hl. Franz von Assisi als Pilger in Santiago
1214–1252	König Fernando III., der Heilige (Kastilien)
1214–1249	Fernando III. von Kastilien erobert Córdoba und Sevilla, nur Granada bleibt maurisch.
1230	Endgültige Vereinigung Leóns mit Kastilien
1234–1253	König Thibault von Champagne (Navarra)
1234–1512	Navarra unter französischen Dynastien
1340	Kastilier und Portugiesen siegen über die Meriniden am Salado de Tarifa, Ende der letzten marokkanischen Invasion auf der Halbinsel

Daten zur Geschichte

1340	Hl. Brigitta von Schweden in Santiago
1407–1454	König Juan II. (Kastilien)
1463	In A Coruña landen 63 englische Schiffe mit 3000 Santiagopilgern an Bord.
1474–1504	Königin Isabella (Kastilien).
1492	Eroberung von Granada, Ende der Reconquista; Judenvertreibung
1512	Navarra südlich der Pyrenäen wird von Fernando erobert und in Kastilien eingegliedert.
1516–1556	Carlos I. (Spanien, als Karl V. Deutscher Kaiser)
1516	Mit der Thronbesteigung des Habsburgers Carlos I. werden Kastilien und Aragón endgültig zu Spanien zusammengelegt.
1521	Comuneros-Aufstand
1534	Gründung des Jesuitenordens
1554	Kronprinz Felipe (der spätere Philipp II.) besucht Santiago als Pilger.
1589	Francis Drake in Galicien, die Reliquien des Apostels Jakobus werden vor ihm versteckt, dann vergessen.
1556–1598	König Felipe II. (Philipp II.)
1598	Niedernavarra kommt endgültig an Frankreich.
1598–1700	Die Habsburger Felipe III., Felipe IV. sowie Carlos II. auf dem spanischen Thron.
1700–1808 und	
1813–1873	Bourbonen auf dem spanischen Thron
1808–1814	Napoleonische Kriege
1833/1840–1868	Königin Isabella II.
1833–1843	Erster Karlistenkrieg
1870–1873	König Amadeo (von Savoyen)
1873–1876	Zweiter Karlistenkrieg
1874–1885	Erste Republik
1879	Ausgrabungen in der Kathedrale von Santiago, Reliquien des Apostels werden wiedergefunden. Papst Leo XIII. bestätigt deren Authentizität.
1885–1902	María Cristina (als Regentin)
1886–1931	König Alfonso XIII.
1931–1939	Zweite Republik
1936–1939	Spanischer Bürgerkrieg
1937	Luftangriff auf Gernika (Guernica) durch die deutsche Legion Condor
1939–1975	Franco-Regime
seit 1975	König Juan Carlos I.
1982	Papst Johannes Paul II. besucht als erster Papst Santiago.
1983	Autonomiestatute im Parlament verabschiedet, Galicien, Kastilien-León, Rioja, Navarra, Aragón, Asturien, Kantabrien und Baskenland werden Autonome Regionen.

Königin Isabella I., die Katholische

Geschichte

ETA-Anhänger demonstrieren in San Sebastián für die baskische Unabhängigkeit

1985	EU-Beitritt Spaniens
2000	Santiago ist eine der Kulturhauptstädte Europas.
2002	Der Euro tritt die Nachfolge der Peseta an. Tod des Nobelpreisträgers für Literatur Camilo José Cela und des Bildhauers Eduardo Chillida. Am 19. November sinkt der Öltanker »Prestige« vor der galicischen Küste und verursacht im Golf von Biskaya eine gewaltige Umweltkatastrophe.
2003	Im Baskenland wird die der ETA nahe Partei Batasuna verboten. Bei den baskischen Regionalwahlen im Mai gibt es kaum Veränderungen, der baskische Ministerpräsident Ibarretxe bleibt im Amt. Der »Plan Ibarretxe« für ein souveränes (nicht nur autonomes) Baskenland wird auch im Baskenland selbst angegriffen.
2004	Heiliges Jahr in Santiago de Compostela, die Pilgerzahlen übertreffen bei weitem alle bisherigen Werte. Der konservative Ministerpräsident Aznar wird bei den Wahlen, die drei Tage nach dem schweren Al-Quaida-Attentat in Madrid stattfinden, im März von dem Sozialisten José Luis Zapatero abgelöst. Im Herbst werden in Frankreich und Spanien führende Mitglieder der ETA verhaftet.
2005	Die Regierung Zapatero setzt mehrere Gesetzesvorlagen in Richtung einer Zivilgesellschaft durch, u.a. wird ab Juli 2005 die Homo-Ehe legalisiert. Der Oberste Gerichtshof sieht bestätigt, dass der 2004 abgewählte Regierungschef Aznar die ETA für die Attentate in Madrid verantwortlich machte, wohl wissend, dass sich Al-Queida dazu bekannt hatte, um die Wahlen zu seinen Gunsten zu entscheiden. Zentralregierung und baskische Regionalregierung kommen bei einem Treffen Zapatero–Ibarretxe im Juli überein, bei der Entmachtung der ETA zusammenzuarbeiten.

Kunst am Jakobsweg

Da die große Zeit des Jakobswegs das Mittelalter war, ist die Kunst entlang des Pilgerwegs zwangsläufig den beiden Kunstströmungen dieser Epoche zuzurechnen: der Romanik und der Gotik. Renaissance und Barock haben geringere, wenn auch an einigen Stellen spektakuläre Spuren hinterlassen. Spätere Stile berühren den Jakobsweg allenfalls am Rand, die umgestaltete Fassade der Kathedrale in Burgos etwa ist klassizistisch, die Neustadt von León gehört dem spätgründerzeitlichen Historismus an. Das eine oder andere Gebäude der klassischen Moderne und der zeitgenössischen Architektur hat sich, wie der Bau des Museums Nelson Zumel in Lugo zeigt, hierher verirrt. Typisch für den Jakobsweg ist das alles nicht. An der atlantischen Nordküste Spaniens ist die Situation kaum anders, auch dort sind die Elemente neuerer Kunst von außen herangetragen, das Guggenheim-Museum in Bilbao so sehr wie der funktionalistische Club Nautico in San Sebastián von 1929. Einzelne Künstler dieser Region haben allerdings, wie Eduardo Chillida, zur Entwicklung von Malerei und Skulptur der Moderne beigetragen.

Zeugnisse mittelalterlicher Kunst sind fast ausschließlich Kirchen und Kapellen. Spanische Kirchen unterscheiden sich durch den im Mittelschiff *vor* der Vierung eingebauten Mönchschor, den **Coro** von den Kirchen anderer Länder. Um Verwechslungen zu vermeiden, wird im folgenden für diesen Bauteil die Bezeichnung *coro* verwendet, wogegen die deutsche Bezeichnung Chor ausschließlich für den *hinter* der Vierung liegenden Raum verwendet wird, in dem sich üblicherweise das namengebende Gestühl befindet. (Chor kommt vom Griechischen *choros*, »Tanz, Reigen«, und bezeichnet bereits im Althochdeutschen den Gesang der Geistlichen in der Kirche wie auch den Ort, an dem er stattfindet.) Dieser oft sehr hohe *Coro* verwehrt den Blick durch das Mittelschiff und ist für den Gesamteindruck einer Kirche ein ziemliches Ärgernis. Was nicht heißen soll, daß diese spanische Sonderentwicklung nicht künstlerische Höchstleistungen beflügeln konnte: Gerade die Außenseiten des *Coro*, der sogenannte **Trascoro,** wurden immer wieder reich ausgeschmückt. Für die Gläubigen waren sie häufig das einzige, was sie vom Ostteil der Kirche sahen, nicht einmal den Altar konnten sie sehen, weshalb man ihnen meist gnädigerweise einen *trascoro*-Altar einrichtete. In den großen Pilgerkirchen gab es zwar auch einen *Coro*, aber die Gläubigen mußten an ihm und dem Altarraum vorbei zum Chor der Kirche geführt werden, wo sie in einem Chorumgang mit Kapellenkranz den dort aufbewahrten heiligen Reliquien ihre Reverenz erweisen konnten. Der Chor wird auf Spanisch übrigens als *capilla mayor* bezeichnet, die Verwechslung *coro* – Chor bei der Lektüre eines vielleicht nur in spanischer Sprache erhältlichen Kirchenführers kann also zu verwirrenden Zuweisungen führen.

Kunst am Jakobsweg

Der Arco Santa María in Burgos, aufgebaut nach dem Vorbild der spanischen Altarwand

Die Entwicklung des Altars führte während der Gotik und insbesondere in der Spätgotik und späteren Kunstrichtungen zu hohen Altaraufsätzen, regelrechten Altarwänden. In mehrere horizontale und vertikale Register gegliedert, stellt die spanische **Altarwand** ein eigenständiges architektonisches Element vieler Kirchen dar. Das Sakrament wird üblicherweise in einem in der Mitte des untersten horizontalen Registers vorspringenden Schränkchen aufbewahrt, dem *sagrario*. Große Altarwände sind deutlich von der Mitte her gegliedert, der nach außen sich verringernden Bedeutung der Darstellung entspricht die Abstufung der Darstellungsweise von der Vollplastik über das Relief zum (zweidimensionalen) Gemälde.

Diese monumentale, reich gegliederte und üppig verzierte Altarwand wurde zum Vorbild für die Gestaltung der **Außenfassaden** genommen. So ist der Fassadendekor von Santa María la Real in Los Arcos oder Santa María in Viana (beide in Navarra; s. S. 96) als eine nach außen projizierte Altarwand zu verstehen, und auch im Stadttor Arco de Santa María in Burgos (s. S. 128) von 1535 werden die Figuren im Renaissancestil in die typischen gegliederten Elemente einer Altarwand hineingestellt. Selbst der mittlere Fassadenteil der barocken Westfassade der Kathedrale in Santiago de Compostela kann noch als nach außen projizierte Altarwand aufgefaßt werden.

Spanisches in der Kunst am Spanischen Jakobsweg?

Auch für einen Nicht-Kunsthistoriker ist auffällig, wie oft in Spanien Kunstströmungen und Stilphasen gleichzeitig existieren, die von der ordnenden und kategorisierenden Wissenschaft als nacheinander vorkommend und aufeinander aufbauend beschrieben werden. So entstanden etwa gleichzeitig die Zisterzienserabtei La Oliva (s. S. 77), die nach üblichen Kriterien als frühgotisch bezeichnet wird, und der Pórtico de la Gloria der Kathedrale von Santiago de Compostela (s. S. 202), den die meisten Publikationen als spätromanisch bezeichnen. Der sozusagen »ältere« romanische Stil des Meisters Mateo von Santiago wird aber dadurch relativiert, daß er in seinen architektonischen Arbeiten gotische Neuentwicklungen benutzt, so etwa das Kreuzrippengewölbe, das er in der sogenannten »Alten Kathedrale« einsetzt, dem Unterbau des Pórtico de la Gloria. Und in fast jedem Bau, der zwischen 1450 und 1550 entsteht, werden gleichzeitig und im selben Bauteil gotische Formen und Schmuckelemente der Renaissance verwendet, so etwa in der Capilla del Condestable der Kathedrale in Burgos (s. S. 117) oder im Kreuzgang des Hostal de San Marcos in León (s. S. 169) und jenem der Kathedrale dieser Stadt, der 1566 vollendet wurde. Daß gotische Sterngewölbe von Renaissancepilastern getragen werden, wie im Kreuzgang des Klosters Irache (s. S. 95), oder sich antikisierendes Ranken- und Blattwerk zwischen die gotischen Rippen des Gewölbes verirrt, wie im Kreuzgang von San Zoilo bei Carrión de los Condes (s. S. 153), ist in der spanischen Kunst eher die Regel als die Ausnahme.

Auffällig ist auch, welch langes Nachleben einmal gefundene künstlerische Lösungen haben: so z. B. wird der Pórtico de la Gloria der Kathedrale in Santiago de Compostela im zwei Generationen späteren Pórtico del Paraíso der Kathedrale von Ourense (s. S. 223) nachgestaltet, oder gotische Architekturnormen wie der von Netz- oder Kreuzrippen überwölbte Kreuzgang werden in die Renaissance

Kunst am Jakobsweg

Das Hospital de San Marcos in León schwelgt in plateresken Formen: Die Oberfläche der Fassade wirkt wie eine gehämmerte Goldschmiedearbeit.

und gar bis ins Barock übernommen. Dies trifft auch auf Elemente maurischer Herkunft zu, die eingelegte Decke vom *artesonado*-Typ wird noch in der Renaissance (San Francisco in Villafranca del Bierzo) und im Barock als Schmuckelement eingesetzt.

Oftmals ging es den Meistern, die eine Kirche, einen Kreuzgang oder eine Fassade errichteten, mehr um den potentiellen Schmuckwert eines Architekturelementes als um dessen architektonische Funktion. Ein Paradebeispiel dafür ist die agglutinierende, Schmuck-

Platereske Formen, Mudéjar-Stil

elemente anhäufende Gestaltung von Portalen besonders in der Spätgotik. Die Dekorfunktion überwuchert etwa im Südportal der Kathedrale von Palencia die architektonische.

Dieses Phänomen ist durchaus unabhängig von Zeiten und Stilen. In der Puerta de las Platerías der Kathedrale von Santiago aus dem frühen 12. Jh. wird genauso Dekoratives nebeneinander gestellt wie im Südportal von Santa María la Real in Sangüesa aus der Mitte des Jahrhunderts oder im frühgotischen Portal von Villalcázar de Sirga, in der Altarwand der Kartause von Miraflores aus der Zeit vor 1500 oder der Fassade der Kirche von San Marcos in León, deren Bau eine Generation später in Renaissanceformen begonnen wurde.

Gerade das letztgenannte Bauwerk ist ein gutes Beispiel für dieses Phänomen. Die flache Schmuckfassade, in der architektonische Elemente hinter dem Dekor fast verschwinden, wirkt wie aus Silber getrieben. Platersek, vom spanischen *platería*, »Silber-, Goldschmiedearbeit«, ist das für dieses Phänomen hervorragend passende Wort. Die besten Beispiele für **plateresken Formen** finden sich als Wandschmuck in Kirchen und Kathedralen, insbesondere die Trascoro-Bereiche waren ein idealer Schauplatz für diese Vorliebe der spanischen Kunst, Wandflächen dekorativ mit stukkiertem oder aus Stein geschnittenem Relief zu überziehen. Der Trascoro der Kathedrale von Palencia ist ein gutes Beispiel, ebenfalls die Überrieselung der Vierungspfeiler der Kathedrale von Burgos mit Halbreliefs. Eine der besten platersken Arbeiten ist die Kapelle del Santísimo Cristo in der Kathedrale von Ourense (s. S. 223), deren spätmanieristisches Dekor jeden Bauteil so dicht überzieht, daß die architektonische Grundstruktur darunter nur noch zu erahnen ist.

Ein durchgehender Zug spanischer Kunst des Mittelalters ist das sogenannte **Mudéjar-Element,** der Einfluß der gleichzeitigen maurischen Kunst auf der Halbinsel. Daß dieser Einfluß durch maurische Künstler und Handwerker in den christlichen Staaten verbreitet wurde, ist eine Fiktion. Die maurische Kunst war allgegenwärtig für die Künstler der christlichen Staaten, die auf diese Anregungen zurückgreifen konnten, wenn sie wollten, und dies auch bei Bauten, die einem ganz anderen Formenkanon entstammen, recht häufig taten. Die Backsteinkirchen von Sahagún (s. S. 153) sind ein gutes Beispiel dafür. Einerseits halten sie sich an das romanische Bauschema mit aneinandergereihten Raumkörpern, mit halbrunden Apsiden, die durch Lisenen und Blendbögen gegliedert und dekoriert sind, andererseits beziehen sie maurische Elemente wie dekorativ zu Zickzackbändern gelegte Ziegelreihen und Hufeisenbögen mit ein, und der Vierungsturm ist ohne das Vorbild almohadischer Minarette kaum denkbar. In ähnlicher Form wird in mozarabischen Bauten wie San Miguél de Escalada bei León das maurische Element der Arkade mit Hufeisenbögen aufgegriffen, die aber in einen dreischiffigen Raum mit drei Apsiden eingebunden werden, der frühchristlichem, vor allem aber asturischem Formengut entspricht. Der Einfluß maurischer Vorbilder zeigt sich besonders deutlich in der Kleinkunst, im

Peñalba de Santiago, Hufeisenbogen

Bereich der Textilien und in der Buchillustration, und niemand würde etwa bei den mozarabischen (unter maurischem Einfluß im christlichen Spanien geschaffenen) Handschriften der Apokalypse-Kommentare des Beatus von Liébana von maurischen Künstlern sprechen.

Für die spanische Kunst wird gern eine expressive Realitätsnähe konstatiert, die bis zur übertriebenen Gestik reichen kann, und auch vor der lebensechten Darstellung des Schmerzes, des Leidens, von Wunden und Tod nicht zurückschreckt. Diese Realitätsnähe gibt es durchaus auch in der Kunst am Jakobsweg, sie stellt aber nur den einen Pol des Ausdrucksspektrums dar. Die an die zeitlich und inhaltlich parallele Entwicklung der nordfranzösischen Gotik gemahnende Lebendigkeit der Figuren des Meisters Mateo vom Pórtico de la Gloria der Kathedrale in Santiago kommt jedoch ohne jede auch nur im Ansatz übertriebene Gestik, ohne jede mit dem Finger auf die Wunde zeigende Deutlichkeit aus. Dennoch ist dieser Christus ein Schmerzensmann, aber nur die Werkzeuge, mit dem ihm die Wunden zugefügt wurden, künden von seinem Leiden. Am anderen Ende der Skala raufen sich die Trauernden am Grabe des Don Martín Rodríguez in der Kathedrale von León die Haare, haben den Mund zu Schreien geöffnet und verdeutlichen mit den verzerrten Gesichtern und verrenkten Gliedern die Tiefe ihres Schmerzes. In der Mitte steht ein Werk, dessen riesiges Ausmaß es schwer macht, sich mit ihm auseinanderzusetzen: die Altarwand des Gaspar Becerra, die er für die Kathedrale von Astorga geschaffen hat (1588). Die am römischen Vorbild der Renaissance, an den Werken Michelangelos und speziell an Vasari geschulte Ausdrucksform Becerras strahlt in sich ruhende Würde aus, verzichtet auf pathetische Gesten und exaltierte Stellungen, stellt das Wichtige heraus und überläßt das große Gefühl dem Betrachter, wobei ein Hauch akademischer Selbstgefälligkeit nicht ausbleibt. Für den Nordwesten Spaniens und besonders für die Kunst am Jakobsweg ist dieses eher unterkühlte, statische und für viele ›unspanisch‹ wirkende Werk symptomatischer als irgendeines von Alonso de Berruguete, Pedro de Mena oder Juan de Juni.

Sprache, Brauchtum, Feste, Küche und Keller

Entlang des Spanischen Jakobswegs werden drei Sprachen gesprochen: Kastilisch-Spanisch, Galicisch-Portugiesisch und Baskisch. Zwar versteht jeder Bewohner des Landes Spanisch, *español*, aber in Galicien und im Baskenland wie auch in den dialektsprachigen Regionen Asturien und Kantabrien zieht man es vor, diese Sprache *castellano* zu nennen. Das ist verständlich: Spanien ist ein Staat, in dem mehrere Völker gemeinsam wohnen, die verschiedene Sprachen sprechen (auch das *Catalán* ist eine eigenständige Sprache), die dem Staat Spanien und ihrer gemeinsamen Vergangenheit und Kultur gegenüber loyal sind, die aber nicht in denselben Topf geworfen werden wollen. Ein Galicier aus Lugo ist genauso Spanier wie ein Neukastilier aus Toledo, aber er spricht als Muttersprache das Galicische. Kann man von ihm verlangen, daß er die Sprache der kastilischen Spanier als »Spanisch« bezeichnet, auch wenn sich dieser Begriff weltweit durchgesetzt hat?

Die Sprache ist nur ein Kürzel für Unterschiede der Alltagskultur, der Traditionen, des Lebensstils. Andalusier und Galicier leben auf zwei verschiedenen Planeten, wie Madrilenen und Dorfbewohner aus den asturischen Bergen. Gerade der Nordwesten der Halbinsel, lange im Windschatten der Entwicklung, hat viele alte Traditionen bewahrt, die nicht in den allgemeinen Strom der Modernisierung gerissen wurden. In Kastilien-León, Galicien, Asturien, Kantabrien, im Baskenland, in Navarra und der Rioja werden diese Traditionen nach den Jahrzehnten der Unterdrückung aller Sondertendenzen im faschistisch-zentralistischen Franco-Spanien besonders intensiv gepflegt.

Kastilien-León

Die Feste in Kastilien-León sind ernster und getragener als in Südspanien, was noch lange nicht heißt, daß sie – für mitteleuropäische Begriffe – ernst und getragen sind. Sicher, die Fröhlichkeit Altkastiliens ist meist unterkühlt. Noch vor einer Generation durften die jungen Mädchen nur in Begleitung von Matronen die eine Straßenseite der Hauptstraße rauf und runter spazieren, während Gruppen junger Männer auf der anderen Straßenseite sich durch gockelhaftes Auftreten bemühten, die Aufmerksamkeit der jungen Damen zu erregen. Blicke waren gestattet, ein Lächeln galt schon fast als Entblößung. Diese Zeiten sind vorbei, der Alltag ist lockerer geworden und die Feste wurden es auch. Die eng aneinandergeschmiegten jungen Pärchen werden inzwischen akzeptiert und gehören schon dazu.

Volksfeste ohne Musikbegleitung sind nicht denkbar. Traditionell spielen *flautas*, Flöten, und *tambores*, Handtrommeln, die Gitarre ist hier nicht bekannt, der Dudelsack, die *gaita*, nur im Westen, dem Bierzo. Fast alle Feste sind religiöse Feste, manche fest in den allgemeinen Kalender eingebaut wie der Dreikönigstag, die Karwoche oder Weihnachten. Andere sind als Patronatsfeste der einzelnen Kirchen an unterschiedlichen Tagen. Das trifft auch auf die Wallfahrten zu, die *romerías*, die vor allem an den Patronatstagen stattfinden, wie am Tag der Santa Marta in Astorga (meist am 1. Sonntag im August), wo man die schönen Trachten aus den Dörfern der Maragatería bewundern kann.

Mädchen in kastilischer Tracht

Sprache, Brauchtum, Küche

Die bedeutendste Festzeit ist wie überall in Spanien die Karwoche. In manchen Orten wird für diesen Zeitraum eigens ein Kreuzweg aufgebaut, in Burgos wird hierfür der Burgberg umfunktioniert. Die Bruderschaften, die *cofradías*, die für die Umzüge verantwortlich sind, und vor allem die mit Statuengruppen geschmückten Karren, die *pasos,* die dabei mitgezogen werden, existieren in einigen Fällen schon seit dem Spätmittelalter. In Palencia kümmern sich sieben Bruderschaften um eines der eindrucksvollsten und am wenigsten bekannten Umzugsprogramme der *semana santa.* In León sind die Prozessionen seit 1572 bezeugt, die Freitagsprozession, »La Ronda«, die mitten in der Nacht beginnt, ist eine der ältesten verbürgten Spaniens. Mitten in der Nacht werden die Leonesen von einem Trompetenstoß geweckt, dem ein Trommelwirbel folgt. Noch zweimal wird das Signal wiederholt, bis eine Stimme machtvoll ruft: »*Levantaos, hermanitos de Jesús, que ya es hora*« (Erhebt Euch, Brüder im Herrn, denn die Stunde ist gekommen). Die Bruderschaft *Cofradía del Dulce Nombre de Jesús Nazareno* bricht von der Kirche Santa Nonia auf, der Zug führt durch die ganze Altstadt, zwölf große Prozessionswagen werden mitgeführt. In Covarrubias sind die Karwochenprozessionen etwas anders: Dort tragen die Pasos lebende Bilder!

Manche Patronatsfeste haben ebenfalls uralte Wurzeln. Die Cofradía des hl. Antonius vom Kloster Huelgas bei Burgos wurde 1491 begründet, die desselben Heiligen in Gamonal 1502. Nach alter Tradition werden am Tag des hl. (Abtes) Antonius, dem 17. Januar, kostenlose Essen ausgegeben, die *titos.* In Las Huelgas findet eine populäre Tiersegnung statt.

Das Essen dieser Region hat die gesamte spanische Küche stark beeinflußt, schließlich kamen die Siedler der neu eroberten Gebiete der Reconquista vorwiegend von hier. Auf den Tisch kommt viel Schweinefleisch in Form von Braten und Würsten, keine Region produziert und konsumiert mehr Schweinefleisch als Castilla y León. Die mit Reis gestreckten Blutwürste *(morcilla de Burgos)* sind eine köstliche Delikatesse und der Landschinken vom Iberischen Schwein, *jamon ibérico,* ist hier so gut wie die besten auf dieser mit wunderbarem Schinken gesegneten Halbinsel, was etwas heißen soll. Lammfleisch kommt als Eintopf *(olla potrida)* auf den Tisch oder als duftender *lechazo al horno* aus dem Backofen, Rindfleisch ist selten, aber Kutteln *(tripas)* sind beliebt. Zum Fleisch ißt man geschmorte Bohnen, die es in verschiedenen Sorten gibt, so die *caparrones* aus dem Umland von Burgos. Fisch ist hier vornehmlich Forelle aus den Gebirgsbächen, aber ohne Meeresfrüchte, frisch von der galicischen oder kantabrischen Küste, kommt natürlich keine Bar und kein Restaurant aus.

Der Rotwein vom Ribera de Duero gehört heute zu den angesehensten Europas, es gibt aber auch kleinere, weniger bekannte Weinbaugebiete, besonders das Bierzo im Nordwesten von León mit außerhalb Spaniens unbekannten, aber ausgezeichneten Weinen, meist Roten *(tintos).* Als Käse bieten sich Schaf-, Kuh- und Ziegenkäse an.

Mehrere kleine Hersteller bringen zunehmend handwerklich hergestellte Käse auf den Markt, einige in Öko-Qualität. Am meisten werden Mischkäse in großen Laiben hergestellt, die im Stadium mittlerer Reife *(semicurado)* über ein besonders intensives Aroma verfügen.

Galicien

Galicisch ist eng mit dem Portugiesischen verwandt, wird aber anders ausgesprochen (für den Laien: ›spanischer‹). Die gemeinsame Geschichte reicht zwar nur bis zum 12. Jh., dann gingen Galicien und Portugal getrennte Wege und die Richtungen, aus denen Spracheinflüsse kamen, änderten sich gleichermaßen. Die Sprache Galiciens, im Mittelalter die Sprache von Volk, Adel und Klerus, wurde nach Beginn der zentral gesteuerten spanischen Verwaltung unter den Katholischen Königen die Sprache derjenigen, die den sozialen Aufstieg nicht geschafft hatten. Bauern in den Bergen, Fischer, Handwerker sprachen weiterhin *galego*, Bürger, Adel und Klerus lernten die Sprache der kastilischen Verwaltungsbeamten. Eine Frau, die Dichterin Rosalía de Castro, weckte 1863 mit der Publikation ihrer in der Volkssprache geschriebenen »*Cantares Galegos*« das Bewußtsein der Galicier, eine Kultur zu besitzen, die sich von der spanischen unterscheidet. Das *galego* wurde zum Medium der Regionalisten und ist es geblieben, es ist seit 1981 die offizielle Sprache der Autonomen Region Galicia. Den stärksten Schub für die Akzeptanz des Galego gab gerade jene Epoche, während der die Volkssprache verpönt und verboten war. Das faschistische Spanien Francos ließ neben dem Castellano keine anderen Sprachen zu, wertete sie als Dialekte ab und verbot sie, und dies, obwohl Franco selbst aus Galicien stammte (aus Ferrol) und die stockkonservativen Galicier das Regime begrüßt hatten.

Galicien ist nicht nur auf seine Sprache stolz, sondern vor allem auf das keltische Erbe, das sich übrigens auch im Vokabular nachweisen läßt. Der Dudelsack, die *gaita*, läßt nicht umsonst an Schottland denken, und die Steinkreuze wie die aus dem grauen Granit der Landschaft gemeißelten Kreuzigungsszenen, die *cruzeiros*, an die ebenfalls keltische Bretagne. Noch immer leben Menschen in den entlegenen Ancares-Bergen in den aus der Keltenzeit übernommenen ovalen *pallozas*, wie früher unter einem Dach mit ihren Tieren. Die Modelle für diesen urtümlichen Behausungstyp hat man am Vorgebirge Santa Tecla oberhalb der Miñomündung ausgegraben (s. S. 228).

Die Vergangenheit ist in Galiciens Bergen und an seinen Küsten vielfach Gegenwart. Noch immer werden die Maisspeicher, die *cabaceiros* oder *canastros* (spanisch *hórreos*, dieses Wort hat sich durchgesetzt) benutzt und die Frauen laufen in den *zuecas*, den wie kleine Stelzen wirkenden Holzschuhen, durch die Dörfer, deren Boden durch den reichlichen Regen meist recht tiefgründig ist. In einem Ort

Dudelsackspielerin

Sprache, Brauchtum, Küche

Hórreos in Combarro

Das ländliche Galicien in der Umbruchszeit der 50er und 60er Jahre ist in den lapidaren, inszenierten und doch abgründig einsichtigen Aufnahmen des Fotografen Virgilio Vieitez festgehalten, der erst 1998 »entdeckt« und auf einer Stufe mit August Sander, Paul Strand oder Diane Arbus gestellt wird.

bei Lugo und im Dorf Monforte wird noch die *zanfonía* hergestellt, eine Art Drehgeige auf einem Viola-Corpus. Deren Vorfahr ist auf den Portalen der Kathedralen von Santiago und Ourense zu bewundern, wo jeweils zwei der 24 Ältesten der Apokalypse das Organistrum genannte Instrument zur höheren Ehre (und hoffentlich auch zur akustischen Erbauung) des Weltherrschers bedienen. Sogar die geflochtenen Körbe, die man früher zur Heuernte verwendet hat, gibt es noch, aber heute stehen sie irgendwo unbeachtet im Hof und verrotten vor sich hin. Es gibt Korbwaren aus Weidenruten und Holzspänen zu kaufen (meist aus Chantada am Miño), aber die sind eher Touristenmitbringsel als praktisch eingesetztes Alltagsgerät. Die Ochsenkarren mit den starr auf die Achse montierten Scheibenrädern (der Effekt ist ein kreischender Ton, weshalb man sie *carro chillón* nennt, Kreischkarren) sind nur noch Staffage und Sammelobjekt von Bauernhausmuseen.

Die großen Volksfeste wurden mittlerweile vom innerspanischen Tourismus »entdeckt«, und die Vermarktung durch die Gemeinden schreitet immer weiter. Die Curros (von *curro*, Pferch, Kral) haben einen ganz und gar unfestlichen Ursprung, sie dienten dem Zählen, Scheren und Brandmarken der halbwilden galicischen Pferde, die das übrige Jahr in Freiheit verbringen. Die sich wehrenden und heftig ausschlagenden Pferde werden von jungen Männern als Beweis ihres Mutes gezähmt, dies ist heute das eigentliche Spektakel. Neben den beiden berühmtesten Curros in Viveiro und Baiona, die auch als

Galicien

»*Rapa das Bestas*« bekannt sind, das Scheren der Wildtiere, gibt es noch etwa zwanzig weitere, die nicht so überlaufen sind.

Auch in Galicien sind Karneval (der berühmteste in Laza bei Verín, die eleganten *peliqueiros* sind ein Fest fürs Auge und für die Kamera) und Karwoche (Ostersonntagsprozession in Fisterra!) wichtige Feste, dazu die vielen Romerías: Besonders eindrucksvoll sind die Bootswallfahrt von Camariñas über die Ría zur Virgen de Muxía zum Tag Mariä Himmelfahrt, die Wallfahrt nach Cebreiro zu seinem Wein- und Hostienwunder am 8./9. September, und jene am Tag der Santa Tecla, dem 23. September, zu ihrem Heiligtum an der Landspitze von A Garda nördlich der Miñomündung. Oder die Prozession zum Santiaguiño do Monte von Padrón am 25. Juli, nach der unfruchtbare Frauen durch Spalten im Fels neben dem Heiligtum kriechen, um den Segen dieses fruchtbaren Orts auf sich zu übertragen, wie es Frauen seit undenklichen Zeiten getan haben. An diesem Tag findet nicht nur in diesem kleinen Jakobsheiligtum das Patronatsfest statt, sondern auch in Santiago de Compostela. Eingeleitet durch das Apostelfeuer am Vortag, ein großes Feuerwerk mit Verbrennung einer vor der Obradoiro-Fassade der Kathedrale aufgebauten Barrikade, wird am eigentlichen Patronatstag nach der feierlichen Messe die Opfergabe des spanischen Königs an den Apostel zelebriert. In Lugo wird seit 1669 zu Fronleichnam (von den Spaniern *Corpus* genannt) die *Ofrenda del Antiguo Reino de Galicia al Santísimo Sacramento* gefeiert, die Opfergabe des früheren galicischen Königs an das Heilige Sakrament.

Immer populärer werden die »Freßfeste«. Es gibt das Fest der Glasaale in Tui, das Cocidofest (Eintopf) in Lalín, Weinfeste und Tintenfischfeste, ein Lachsfest (A Estrada) und sogar ein Neunaugenfest (Arbo). Da muß einem ja der Mund wässrig werden. Die galicische Küche ist eine bäuerliche Küche der Berge und eine der einfachen Fischer an der Meeresküste. Während die bäuerliche Küche der Berge mit Stielkohl, Rüben, Brot und Speck hantiert, kann sich auch der einfache Fischer an unterschiedlichsten Meeresfrüchten laben. Zum Teil kommen sie ihm in den Flußmündungen entgegengeschwommen wie die Aale und Lachse. Oder er sammelt sie von den Felsen wie Muscheln aller Art, was heute große schwimmende Zuchtanlagen in den breiteren Teilen der Rías zumindest bei den Miesmuscheln ersetzt haben. Ein Stück sauer eingelegter Tintenfisch als *pincho* ist ein typischer kleiner Happen zum Wein. Die Zubereitungen sind meist einfach: Kochen, Einlegen in saure Marinaden, Schmoren mit Zwiebeln, Knoblauch, Paprika und schwarzem Pfeffer oder Grillen. *Caldo*, der heiße Kohleintopf, gehört auch an der Küste dazu. *Lacón con grelos*, Schinken mit Steckrüben, ist ein anderes Gericht der Berge, das auch am Meer populär wurde.

Tetillas, die kleinen Pyramiden aus zartem, samtigem Weichkäse mit fester Rinde sind wohl das Beste, was Galicien diesbezüglich anzubieten hat. Wenn anderswo als Nachtisch zum *membrillo*, der Quittenpaste, ein Semicurado verzehrt wird, nimmt man hier den

> »*Am nächsten Morgen, oder eigentlich noch in der Nacht, steigen wir besteiros (Hirten) in die Berge … nachdem unsere Pferde gefressen, getrunken und sich ausgeruht haben. Das Geheimnis ist, sie in Ruhe zusammenzutreiben (acurrar) und mit viel Geduld, damit die Tiere nicht verschreckt werden und sich zerstreuen. Im wesentlichen muß man die Tiere zuerst suchen, sie vorsichtig ansprechen, ihnen Gelassenheit anbieten und geben: He, Pferd! Ruhig, Wildpferdchen! Still, Aufgeregter!, damit man sie später an Pflöcke oder Pfähle binden kann und dann, wenn es Abend wird, die Tiere zum Laufgang gebracht werden können, der sie in den Pferch (curro) leitet.«* (Camillo José Cela, »*Mazurca para dos muertos*«)

Karneval in Laza

Sprache, Brauchtum, Küche

Tetilla (und das paßt hervorragend!). Der Wein dazu sollte auch aus Galicien stammen, die Ribeira vom unteren Miño sind hervorragende, die Ribeira Sacra sehr fruchtige Rotweine mit zurückhaltender Säure, die zum Tetilla besonders gut passen.

Ein ganzes Kapitel würde der galicische *aguardiente* verdienen, der Tresterschnaps oder *orujo*. Die Destillationsverfahren kamen wahrscheinlich im Mittelalter auf dem Jakobsweg nach Galicien, wo sich genügend Holz und Wasser fanden, um dieses Geschäft rentabel zu machen. Das im 19. Jh. auf wenige Lizenznehmer beschränkte Gewerbe produzierte 1880 ca. 500 000 l, von denen nur ein Drittel legal waren. Für 1997 schätzte man eine Produktion von 3 Mio. l, wieder war nur ein Drittel legal, diesmal eher aus ›sportlichen‹ Gründen als wegen staatlicher Verbote. Immer noch hat Aguardiente einen etwas anrüchigen Ruf, und obwohl »*xa hai moitos paisanos que toman un cubata co café*«, viele Bauern ihr Glas Tresterschnaps zum Kaffee trinken, wird der Fremde auf Unverständnis stoßen, wenn er einen Schnaps bestellt. Den Traum von der internationalen Vermarktung, wie sie den italienischen Grappa zu kulinarischen Ehren gespült hat, wird man wohl noch ein Weilchen träumen müssen, auch wenn einige Produzenten den Sprung in spanische Gourmetlokale bereits geschafft haben, wie die Bodegas Vilariño-Cambados in Cambados.

Asturien und Kantabrien

Asturien und Kantabrien – das bis ins 18. Jh. ein Teil Asturiens war – gelten als Rückzugsgebiet alter Traditionen. Besonders den Bewohnern der blind endenden Bergtäler wird nachgesagt, sie gehörten zu den konservativsten der Iberischen Halbinsel. So wird in den Bergen der beiden Regionen immer noch die zwei- bis dreiseitige Spießgeige hergestellt, der *rabel*. Dieses Instrument wird aus einem einzigen Stück Holz geschnitzt, ganz wie das auch in Marokko oder Algerien heute noch der Fall ist, wo es sich *rabab* nennt. Ist es nicht seltsam, daß sich dieses Instrument der maurischen Feinde des christlichen Spanien ausgerechnet dort gehalten hat, wo es eine maurische Besetzung nie gegeben hat und von wo die Reconquista ihren Ausgang nahm? Das Instrument bildet mit dem *bígaro*, dem Ziegenbockshorn, der Trommel und der Hirtenflöte die Begleitung für den Gesang der Hirten auf den Almen und die Tänze bei den Patronatsfesten der Sommerzeit. Diese *vaqueiros* oder Kuhhirten sind Bauern, die mit der ganzen Familie im Sommer auf die Alm ziehen. Die Bauten dort oben sind traditionell Pallozas. Das Almleben war ein fester Bestandteil des bäuerlichen Jahreszyklus, ganz wie in den Alpen, aber im Gegensatz zu Mitteleuropa, wo das Almwesen sich in einigen Gebieten gut gehalten hat, ist es in Asturien und Kantabrien im Begriff, ausgelöscht zu werden. Ein Hauch dieses asturischen Almwesens ist noch beim Fest von Aristébano zu entdecken, wo sich am letzten

Asturisches Doppel: Cabrales und Sidra

Sonntag im Juli Almbauern und Neugierige treffen, und zu den Klängen der alten Instrumente getanzt wird.

Verbreitete Musikinstrumente sind die auch hier geschätzte Gaita, die Klarinette, die Querflöte, das Akkordeon und die oft schön geschnitzten hölzernen Kastagnetten, die *castañuelas*. Während die kastilische (spanische) Musik fast immer rein instrumental ist, wird in Asturien und Kantabrien zur Musikbegleitung gesungen. In den letzten Jahrzehnten hat sich eine auf der Volksmusik aufbauende Musik zwischen Klassik und Folklore entwickelt, die etwa vom Gaitero (Gaitaspieler) José Ángel Hevia und dem Komponisten Xuacu Amieva getragen wird oder von Carlos Núñez (der für Pedro Almodovars Film »Mar adentro« von 2004 die Musik komponierte).

Das farbenfrohste Fest Asturiens ist sicher das der bunten Eier, das am Dienstag nach Ostern in Pola de Siero gefeiert wird. Zur Ausstellung und dem Verkauf tausender handkolorierter Eier kommen Volkstanz- und Volksmusikvorführungen. Ähnlich bunt geht es während des *antroxu* zu, des Karnevals, der etwa in Gijón eine lange Tradition hat und ein buntes, lustiges Maskenfest ist. Alle Feste sind Anlaß zu Schmausereien, keine Romería, keine Prozession kommt ohne sie aus. Was wäre die Meereswallfahrt von San Vicente de la Barquera, wo die Jungfrau Maria auf einer Barke übers Meer geschaukelt wird, damit sie den hl. Vinzenz besuchen (und das Meer segnen) kann, ohne die nachfolgenden Genüsse aus Meeresfrüchten? Oder die Prozession der Virgen de la Luz von Aniezo über 25 km nach Santo Toribio de Liébana ohne einen abschließenden *cocido montañés*, den Eintopf nach Art der Bergbauern? Die wunderbaren Käse der beiden Regionen dürfen dabei genausowenig fehlen wie *sidra*, Apfelmost und Wein.

Käse, Cocido montañés, Sidra, das sind *die* Stichworte zur asturisch-kantabrischen Küche. Der Eintopf nach Art der Bergbauern ist nur eines von mehreren ähnlichen Eintopfgerichten, ein weiterer ist der *pote asturiano*, eine dicke Bohnensuppe mit Wirsing, Kartoffeln, Chorizo- und Blutwurst, und auch das vielleicht berühmteste Gericht Asturiens, die *fabada*, die aus weißen Bohnen, geräucherter Blutwurst, Chorizowurst und Speck besteht, ist ein Eintopf. Aber Asturiens Stolz sind die Käsesorten, Pría und Beyos, der berühmte Cabrales, Gamonedo, Carriles, Peñamellera, Vidiago, Peña Tu, Casín und viele andere. Die meisten bekommt man nur in den Tälern, oft nur in den Orten, in denen sie hergestellt werden.

Baskenland und Navarra

»Ein Baske ist weder ein Franzose noch ein Spanier, er ist Baske« sagte 1843 Victor Hugo, der gerade einen längeren Aufenthalt in Pasajes an der baskischen Küste hinter sich hatte, wo ihn besonders die *bateleras* beeindruckten: Weil die Männer ständig auf See waren, machten die Frauen des Ortes den Ruderdienst über die Ría, »jede

»Eine Stunde vor Dunkelwerden verließ die Grablegungsprozession die Kirche San Isidro … Die Trommeln dröhnten dumpf und traurig, bestrebt, einen seit neunzehn Jahrhunderten toten Schmerz wieder zum Leben zu erwecken … Die langen Reihen der brennenden Fackeln verloren sich in der Ferne. Die gelblichen Lichter ihrer Dochte zogen sich wie ein da und dort zerrissener Rosenkranz aus vergoldeten Kugeln dahin. In den Schaufensterreihen der geschlossenen Läden und den Fenstern mancher Balkontüren spiegelten sich die beweglichen Flammen. In phantastischen Zuckungen flackerten sie auf und zogen sich wieder zusammen wie leuchtende Schatten in einem wirren Hexensabbat. Die schweigende Menge, die lautlosen Schritte, die ausdruckslosen Gesichter der angehenden Priester in den weißen Meßhemden, die mit den Wachsfackeln die trostlose Gasse erhellten, verliehen dem Ganzen einen traumhaften Schein.«
(Clarín in seinem Roman »Die Präsidentin« über eine Karfreitagsprozession in Oviedo)

Sprache, Brauchtum, Küche

Fiesta de Sanfermines in Pamplona: Beim ersten Böllerschuß werden die roten Tücher geschwenkt und der Beginn des achttägigen Festes begrüßt.

mit nur einem Ruder, mit einer langsamen, kräftigen und eleganten Bewegung«. Die Basken sind Basken geblieben und sie sind es heute mit einer Passion, die alle Elemente des Spaniertums (und der Francophonie) auszumerzen zielt. Euskal Herria, das Land der Basken, ist für sie nicht nur die spanische Autonome Region Euskadi (País Vasco), sondern auch Navarra, in dem besonders im Westen und Nordwesten Baskisch gesprochen wird, und der baskischsprachige Teil Südwestfrankreichs.

Das Baskische ist keine indoeuropäische Sprache und hat mit keiner anderen Sprache der Welt eine engere Verwandtschaft. Gewisse randliche Ähnlichkeiten bestehen mit Berbersprachen und den archaischen Sprachen des Kaukasus – offensichtlich wurde Baskisch, *Euskara*, schon gesprochen, als die Indoeuropäer noch auf den Bäumen saßen (oder zumindest sehen es die Basken so). Der enorme kulturelle Druck des Castellano und des Französischen haben das baskische Sprachgebiet in historischer Zeit stark eingeschränkt, deswegen lernen viele Basken die Sprache ihres Volkes in Abendkursen. Selbst im eigenen Land, in der Region Euskadi, sind die Baskisch-Sprechenden eine Minderheit, in den Großstädten wie Bilbao, baskisch Bilbo, oder San Sebastián, baskisch Donostia, hört man nur Castellano.

Die gemeinsame Tradition ist stärker als die gemeinsame Sprache. Allerdings haben die sogenannten baskischen Provinzen und Navarra unterschiedliche Vergangenheit. Während die baskischen Stände gegenüber der fernen kastilischen Macht immer wieder Sonderrechte, sogenannte *fueros* durchsetzen konnten, war das in

Navarra nicht der Fall, dort setzte sich auch die Sprache des mächtigen Aufsteigers Kastilien durch, die in den benachbarten Regionen gesprochen wurde. Bei den Stierkämpfen der Region, besonders beim Stiertrieb durch die Stadt vom Kral zur Arena, dem *encierro*, sieht man aber überall die roten Halstücher der Basken, ganz egal, ob man sich in Navarra oder im eigentlichen Baskenland befindet. Diese Encierros sind ein alter atavistischer Brauch, eine Mannbarkeitsprüfung für die Jugend und mittlerweile ein enormer Publikumsmagnet. (Und wenn Hemingway nicht über die Encierros während der Feiern des San Fermín in Pamplona geschrieben hätte?) Die berühmtesten finden natürlich zu den Sanfermines in Pamplona statt, aber andere Patronatsfeste, wie in Viana oder in Tafalla, sind auch sehenswert.

Die baskischen Feste sind fast immer mit Musik und Tanz verbunden. Manchmal tanzen nur die Männer, wie in dem auf Sonnwendriten zurückgehenden *olentzero,* der im Ort Lesaca im atlantischen Teil von Navarra zum Zeitpunkt der Sanfermines (7. Juli) gefeiert wird. In diesen Tagen ziehen auch die Masken mit den großen Köpfen durch viele Orte, diese *cabezudos* sind aber auch anderswo in Nordwestspanien zu finden.

Ein Winterbrauch aus derselben Gegend ist ebenso archaisch. Die Männer der 3 km auseinander liegenden Orte Ituren und Zubieta ziehen einander am 31. Januar beim Zampanzar-Fest entgegen. Die Reihentanz-Choreografie der auf der Straße stattfindenden Begegnung der beiden Gruppen, bei der die Kuhglocken kräftig geschüttelt werden, hat so alte Wurzeln wie die Masken der Männer: Zu weißen Spitzenröckchen tragen sie Spitzhüte, die mit bunten Bändern geschmückt und von einem kleinen Hahn gekrönt sind, auf dem Rücken tragen sie große Kuhglocken, und um den Bauch sind Schaffelle

Das baskische Nationalspiel Pelota

Sprache, Brauchtum, Küche

geschlungen. Nirgendwo anders in Nordspanien hat sich das heidnische Brauchtum der Geisteraustreibung besser erhalten als hier.

Zum Karneval trifft man sich in Lantz, das jenseits einer Bergkette auf halbem Weg nach Pamplona liegt. Nach den Verboten der Bürgerkriegszeit wurde dieser Karneval im Jahre 1964 als erster wiederbelebt, er hat sich inzwischen zum bedeutendsten ganz Nordspaniens entwickelt und ist ein Medienevent. Die bunten Maskenzüge werden durch eine Gruppe von Masken unterbrochen, deren Gesichter mit Sackleinen völlig verhüllt sind – wahrscheinlich waren es diese Verhüllungsmöglichkeiten des Karneval, die 1937 das Verbot bewirkten.

Das baskische Spiel schlechthin ist das Pelotaspiel. Es wird von zwei Parteien vor einer Spielwand ausgetragen, jeder Spieler hat einen Schlagkorb, der am Unterarm festgeschnallt ist und mit dem er den Ball so gegen die Spielwand zu schleudern versucht, daß er einen festgelegten Bereich des gegnerischen Teils des Spielfeldes erreicht. Die Gegenmannschaft muß den Ball auffangen und wieder gegen die Wand treiben. Jeder Fehler verschafft der Gegenpartei einen Punkt, wird eine festgelegte Summe erreicht, ist das Spiel zu Ende. Der Pelotaspieler Joseph Apesteguy (1881–1950) genießt noch heute große Verehrung als bester Spieler aller Zeiten.

Die Küche im Baskenland ist die abwechslungsreichste und, dank ihrer Vorreiterposition in der Entwicklung einer neuen, abgespeckten und einfallsreichen spanischen Küche, sicher derzeit die interessanteste ganz Spaniens. Eine baskisch angehauchte Jahreszeitenküche ist mittlerweile in ganz Spanien populär, ein Kochbuch, das der in Zarautz lebende Fernsehkoch Karlos Arguiñano herausgegeben hat, ein Renner. Die baskischen Köche machen eigentlich nichts anderes, als was sie immer schon getan haben, sie nehmen nur die frischesten Ingredienzien, verwenden nur das, was regional produziert wird, betonen vor allem die herrlichen Meeresfrüchte und lassen den Naturgeschmack zur Geltung kommen, also keine langen Kochzeiten, kein stundenlanges Schmoren, keine großen Saucen und wenige überbackene Gerichte. Dabei wird kein Dogma stehengelassen, es wird kombiniert, was interessant zu schmecken verspricht, und auch mit Fernöstlichem wird geliebäugelt, denn nichts ist frischer als roher Fisch, was die Japaner am besten wissen. Gourmetlokale sind im Kommen und sie gewinnen an Nimbus, wenn sie auch mit denen im vom Guide Michelin favorisierten Barcelona noch nicht konkurrieren können (und die besten Köche den Lockungen der Restaurants in Madrid nicht widerstehen können).

Wenn Ihnen das alles zu fein ist, oder Ihnen Meeresfrüchte aufstoßen: Das baskische Bergland und ganz Navarra bieten eine rustikale, auf Fleisch (Schwein, Lamm, Taube), Forelle und Schafskäse basierende Küche an. Navarra hat ausgezeichnete Weine, die dazu passen. Probieren Sie auch das flache *txantxigorri*-Gebäck zum Rosato, das schmeckt so delikat, daß es auf der Zunge schmilzt. Sein Fettanteil kommt von den Grieben, die man teilweise durch den Wolf gedreht und teilweise im Ganzen beigegeben hat.

Galerie bedeutender Persönlichkeiten

Aurelio Arteta 1879 (Bilbao)–1940 (Mexiko)
Der baskische Maler und Allroundkünstler wuchs in Bilbao auf, studierte dort und in Valladolid und ging mit einem Stipendium nach Paris, wo ihn besonders die künstlerischen Kontakte zu Paul Gauguin und Toulouse-Lautrec beeinflußten. Mit Gustavo Maeztu y Whitney und anderen gründete er nach seiner Rückkehr nach Bilbao die *Associatíon de Artistas Vascos,* aus der 1924 das Museo de Arte Moderno der Stadt hervorging. Er war der erste Direktor dieses für die damalige Zeit epochemachenden Unternehmens (das heutige Museo de Bellas Artes). Der Bürgerkrieg zwang ihn ins Exil, wo er 1940 nach einem Straßenbahnunfall in Mexico City starb. Als Maler besitzt er eine unver-

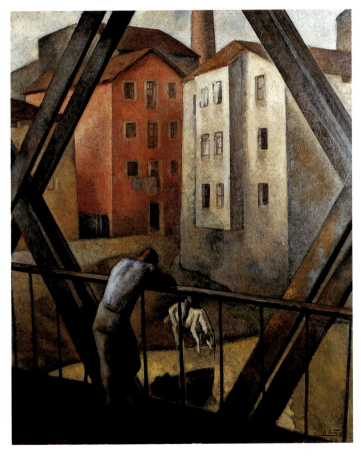

Aurelio Arteta, »El puente de Burceña«, Museo de Bellas Artes, Bilbao

Galerie bedeutender Persönlichkeiten

Umberto Ecos Roman »Der Name der Rose« stellt einen illustrierten mozarabischen Beatus-Kommentar in das Zentrum der Handlung. Die Hymne »O Dei Verbum«, die Beatus auf den hl. Jakobus schrieb, wirkte sich auf die spätere Auffindung der Reliquien des Apostels aus, stellte doch Beatus die Präsenz des Apostels als Missionar in Spanien und die Überführung der Gebeine dorthin als historische Wahrheit dar.

wechselbare Handschrift, die zwar von den Farben Gauguins geprägt blieb und die Einflüsse des Kubismus und Expressionismus aufnahm, aber zunehmend persönliche Züge erhielt. Viele seiner Bilder sind in Privatsammlungen, doch besitzt das Museo de Bellas Artes in Bilbao einige seiner schönsten, so die »Puente de Burceña« von 1925/30.

Pío Baroja y Nessi 1872 (San Sebastián)–1956 (Madrid)
Pío Baroja ist mit Miguel de Unamuno und Antonio Machado einer der Hauptvertreter der »Generation von 98«. Diese Gruppe politisch bewußter Literaten setzte sich mit dem Untergang des alten Spanien auseinander – 1898 hatte Spanien seine letzten Kolonien verloren, übrigens als erste europäische Nation. Der aus vermögender Familie stammende studierte Mediziner war zeitlebens ein begeisterter Reisender. In seinen Novellen und Romanen spielen immer wieder das Meer und seine baskische Heimat eine tragende Rolle, so in »*Las inquietudes de Shanti Andía*«, in dem das Schiff »Bella Vizcaína« der Compañía Vasco Andaluza über die Kanaren, das Kap Verde und das Kap der Guten Hoffnung nach Manila unterwegs ist. Sein wichtigstes Werk ist »*El árbol de la ciencia*« von 1911 (»Der Baum der Erkenntnis«), das stark autobiographische Züge aufweist und von der Hoffnung auf Sinn erzählt, die von der Realität immer wieder und dann endgültig ad absurdum geführt wird.

Beatus von Liébana um 730–789
Benediktinermönch, der im Kloster Santo Toribio de Liébana in den Picos de Europa wirkte und dort um 776 Kommentare zur Apokalypse des Johannes verfaßte. Die 32 Kommentare wurden im gesamten christlichen Abendland diskutiert, das Thema Apokalypse und Jüngstes Gericht war ja ein Hauptthema des Mittelalters – man denke an die unzähligen Kirchenfassaden, die mit der Darstellung des Jüngsten Gerichtes geschmückt sind. Abschriften der Beatus-Kommentare wurden weit verbreitet und bis in das 13. Jh. genutzt; illustrierte mozarabische Handschriften existierten in vielen Klöstern Nordwestspaniens.

Initial aus der Beatus-Handschrift, Beginn der Johannes-Offenbarung

Gonzalo de Berceo 1180 (Berceo)–1246 (Berceo)
Der in San Millán de la Cogolla erzogene Benediktiner war Gemeindepfarrer von Berceo. Der flotte, aber nicht unbedingt brillante Schreiber brachte in seinem Leben mindestens 13 000 Verse zu Papier. Seine schnörkellose Sprache ist die damalige Vulgärsprache, das Kastilische, er gilt als eigentlicher Begründer der kastilischen Poesie – zur gleichen Zeit dichtete man am Hof in Palencia und in Toledo in galicischer Poetensprache. Daß er nicht in Latein schrieb, begründete er mit seiner mangelnden Bildung: »*Ca non so tan letrado por fer otro latino*«. Er übernahm sehr oft vorhandene Stoffe, von den 25 von ihm überlieferten Marienlegenden stammen 18 aus Werken des Gautier de Coinci (1197–1236). Für die Nachwelt sind vor allem seine Heiligenleben von Interesse: »*El Martirio de San Lorenzo*«, »*Historia del Señor San Millán de la Cogolla*« und »*Vida de Santo Domingo de Silos*«.

Galerie bedeutender Persönlichkeiten

Rosalía de Castro 1837 (Santiago de Compostela)–1885 (Padrón)
Die uneheliche Tochter einer galicischen Landadeligen hatte in einer standesbewußten Zeit keine glückliche Jugend. In ihrer zuerst in Kastilisch, dann in Galicisch geschriebenen Lyrik setzte sie sich mit den Klassengegensätzen, der Rolle der Frau und den ewigen Themen Liebe und Tod auseinander. Nach dem Hochmittelalter war sie die erste, die wieder die Volkssprache verwendete. Ihr Gedicht »*Adios, ríos; adíos fontes*« (»Lebt wohl, Flüsse, lebt wohl, Brunnen«), erschienen 1861 im Magazin »*El museo universal*«, steht mit den »*Cantares Galegos*« von 1863 am Anfang des Wiederauflebens der literarischen Produktion in galicischer Sprache.

Camillo José Cela Trulock 1916 (Iria Flavia)–2002 (Madrid)
Der Literatur-Nobelpreisträger von 1989 stammt aus einer galicischen Familie (und ist Halbengländer wie Borges und Maeztu y Whitney), ging aber bald nach Madrid und lebte bis zu seinem Tod auf den Balearen. Der Freund von Pablo Picasso, Pio Baroja und José Guitiérrez Solana schuf mit »*La familia de Pascal Duarte*«, erschienen 1942, den ersten spanischen Nachkriegsroman, auf diesen geht sein literarischer Ruhm zurück. Der mit klarer Syntax und differenziertem Ausdruck erzählte Bericht über einen zur Kommunikation unfähigen Menschen, der zum Mörder wird, traf den Nerv der Zeit. In »*La Colmena*«, »Der Bienenstock« (1951), schilderte Cela drei Tage aus dem Madrid der Nachkriegszeit. Die Erzählung mixt kurze und längere Ereignisfetzen von 300 Figuren, ohne durchgehende Handlung, Spannung oder dramatische Wendepunkte. Paten waren Döblins »*Alexanderplatz*« und John Dos Passos' »*Manhattan Transfer*«. Galicische Umgangssprache verwendete Cela in »*Mazurca para dos muertos*« (1983), einem mit schwarzem Humor geschriebenen Bericht aus dem Spanischen Bürgerkrieg. Den kastilischsprachigen Lesern legte er eine Wortliste Galego-Castellano bei.

Eduardo Chillida 1924 (San Sebastián)–2002 (San Sebastián)
Leitfigur der baskischen Avantgarde nach dem Bürgerkrieg, einer der bedeutendsten Bildhauer der Gegenwart. Der Architekturstudent ging 1951 zur Bildhauerei über und setzte sich vor allem mit Eisen und Stahl als Werkstoff auseinander. Sein ›Markenzeichen‹ sind schwere, vierkantige Eisenteile, die er so biegt und miteinander verbindet, daß sie als in den Raum hineingreifende und ihn umfangende Begrenzungselemente verstanden werden können. Ganz im Gegensatz dazu stehen seine aus gebogenem und geschichtetem Papier gestalteten Objekte, vom Künstler als *gravitaciones*, Schwerkräfte, bezeichnet, die Octavio Paz »durch den Rhythmus verwandelte Materie« nannte. Bedeutende Werke stehen in San Sebastián (»Windkämme«, Villa Intzenea), Santiago de Compostela (Park Santo Domingo de Bonaval), Bilbao (»*Alrededor del vacío I*« im Museo de Bellas Artes), Gijon (»*Elegio de Horizonte*« auf der Halbinsel; s. S. 259), Gasteiz/Vitoria (Freiheitsplatz Gure Aitaren Etxea) und im Open-Air-Museum Chillida-Leku in seiner Heimatstadt Hernani (s. S. 294).

»Den ›Pascual Duarte‹ habe ich so geschrieben, auf ein paar Kladden, liniert, im Querformat; und ich habe immer mit der Hand geschrieben, unter allen Bedingungen, an welchem Ort auch immer, selbst auf die Ränder von Zeitungen. Um zu schreiben, muß man nur etwas zu sagen haben, alles andere ist Schwachsinn.«
(Der Nobelpreisträger Camillo José Cela in einem Interview mit der Zeitung El País im Jahre 1989)

Zuletzt widmete das Museo Reina Sofia in Madrid 1998 dem Träger des Premio Principe de Asturias, Eduardo Chillida, eine umfassende Ausstellung. Seit Herbst 2000 steht sein Auftragswerk »Berlin« vor dem Berliner Kanzleramt.

Galerie bedeutender Persönlichkeiten

El Cid Campeador 1043 (Vivar bei Burgos)–1099 (Valencia)
Der spanische Nationalheld El Cid (vom Arabischen für »Herr«) stammte aus dem kastilischen Burgos. Seinen Ruhm begründete er mit der Eroberung von Toledo. Doch mit dem erfolgreichen Kriegszug nach Valencia, der ein ganzes maurisches Fürstentum in seine Hände brachte (1094), setzte er ihm die Krone auf. Seine Taten wurden bereits kurz nach seinem Tod literarisch verarbeitet. Für Corneilles Drama »Le Cid« wie für Herders »Cid« stellten mittelalterliche Romanzen den Stoff. Die Gebeine des Cid und seiner Frau Jimena ruhen in einer Gruft in der Vierung der Kathedrale von Burgos.

Clarín eigentl. **Leopoldo Alas y Ureña**
1852 (Zamora)–1901 (Oviedo)
Der Juraprofessor Alas y Ureña stammte aus einer guten baskischen Familie, der Vater war Provinzgouverneur von Zamora. Er lebte ab 1870 in Madrid und publizierte unter dem Pseudonym Clarín. Seine Literaturkritik beherrschte die spanische Presse. In Oviedo spielt sein bedeutendster Roman »*La Regenta*«, »Die Präsidentin«, das detaillierte Porträt der Stadt bildet den Hintergrund einer Ehebruchgeschichte zwischen der verheirateten Ana und dem Priester Don Fermín. Das 1884 erschienene Werk wird heute als die »bedeutendste literarische Produktion seit zwei Jahrhunderten«, also seit dem Goldenen Zeitalter von Cervantes und Lope de Vega angesehen.

Hl. Franz Xaver = San Francisco Jávier
1506 (Schloß Javier, Navarra)–1552 (Insel Sanzian)
Jesuitenheiliger aus adeliger baskischer Familie mit Burg in Javier. Mitbegründer des Jesuitenordens gemeinsam mit Ignatius von Loyola. Er ist der Missionsheilige der Jesuiten, wirkte seit 1541 von Goa aus in Ostindien, Ceylon, Malakka und Japan. Er starb auf einer Insel vor der Küste Chinas, das sein nächstes Missionsland werden sollte, seine Gebeine wurden nach Goa überführt und dort begraben. Franz Xaver wurde 1622 heiliggesprochen, sein Tag ist der 3. Dezember. Das Museum in der Burg von Javier zeigt Dokumente zu seinem Leben und Wirken.

Der hl. Franz Xaver auf Missionsfahrt, Gemälde an seinem Grabmal in Goa

Dolores Ibárruri Gómez, genannt **»La Pasionaria«**
1895–1989
Die Tochter eines baskischen Bergarbeiters war von 1942 bis 1960 die Generalsekretärin der Spanischen Kommunistischen Partei. Ihren Beinamen »Die Leidenschaftliche« erwarb sie sich mit ihren Reden und Artikeln, mit denen sie während des Spanischen Bürgerkriegs zum Widerstand gegen Franco aufrief. Auch im Exil in der Sowjetunion (1939–1977) bekämpfte sie die Franco-Diktatur, ihr Sohn fiel als sowjetischer Soldat bei Stalingrad. Nach der Rückkehr erwarb sie im Alter von 82 Jahren einen Sitz im Spanischen Kongreß und wurde noch einmal Generalsekretärin ihrer Partei.

Galerie bedeutender Persönlichkeiten

Hl. Ignatius von Loyola = Iñigo López de Loiola
1491 (Loiola)–1556 (Rom)
Ignatius war spanischer Offizier, nach einer Verwundung 1521 wandte er sich der Theologie zu. Er studierte 1528–35 in Paris und gründete 1534, gemeinsam u. a. mit dem hl. Franz Xaver, den Jesuitenorden. 1537 wurde er zum Priester geweiht, 1540 bereits bestätigte Papst Paul III. den Orden, 1541 wurde er zum ersten General der Jesuiten gewählt. Der Jesuitenorden setzte ihm mit der Basilika und dem Kloster, das um seinen Stammsitz in Loiola herumgebaut wurde, ein üppiges barockes Denkmal. Der Tag des Heiligen ist der 31. Juli.

Ignatius von Loyola, Kupferstich, 1621

Apostel Jakobus der Große, »Santiago«
um Christi Geburt–ca. 44 n. Chr.
Der Apostel ist der erste apostolische Blutzeuge des christlichen Glaubens, er wurde, wie die Apostelgeschichte (12.1–2) berichtet, enthauptet: »Um diese Zeit legte der König Herodes die Hände an etliche von der Gemeinde, sie zu peinigen. Er tötete aber Jakobus, des Johannes Bruder, mit dem Schwert«. Jakobus der Große oder der Ältere war der Sohn des Zebedäus und der Salome und der ältere Bruder Johannes des Evangelisten, die Beziehungen zu zwei weiteren Personen mit Namen Jakobus sind keineswegs klar. Für das Mittelalter stand fest, daß der Apostel auf einer Missionsreise nach Spanien gekommen war, so wie man überzeugt war, daß nach der Enthauptung sein Leichnam nach Galicien geschafft worden war.

Gustavo Maeztu y Whitney
1887 (Vitoria)–1947 (Estella)
Der Maler baskisch-englischer Herkunft war in den 20er und 30er Jahren ein gesuchter Porträtist. Aufgewachsen in Bilbao, nahm der junge Mann aus guter Familie an den künstlerischen Diskussionen der Neuerungen aufgeschlossenen Stadt teil. Als er 1909 nach Paris ging, wo er übrigens gemeinsam mit Aurelio Arteta an der Akademie Calarossi studierte, nahm er 1909 und 1910 mit ersten Werken am Salon des Indépendents teil, sie sind klar von den Spätsymbolisten und Puvis de Chavanne beeinflußt. Wieder mit Arteta und mit einigen anderen baskischen Künstlern gründete er 1911 nach der Rückkehr die *Asociatión de Artistas Vascos* (Vereinigung baskischer Künstler), aus der das Museo de Arte Moderno dieser Stadt hervorgehen sollte. Während sich seine früheren Arbeiten durch kräftige Linien und intensive, den Fauvisten nahestehende Farben auszeichnen, sind die jüngeren zunehmend akademisch. Sein Werk ist im nach ihm benannten Museum in Estella (Navarra) zu besichtigen, der Stadt seiner letzten Lebensjahre.

Jorge Oteiza 1908 (Orio bei Donostia/San Sebastián)–2003
Es paßt zu seinen Lebensansichten, dass der Bildhauer, Lyriker, Philosoph und politische Agitator Jorge Orteiza die erste Soloausstellung seines bildhauerischen Werkes erst erhielt, als er schon – als 94-Jähri-

Die Ikonographie des Apostels Jakobus ist äußerst komplex, er ist sowohl Mittler und Helfer des Gläubigen, wie im Pórtico de la Gloria der Kathedrale von Santiago de Compostela, als auch der hoch zu Pferd gegen die Mauren kämpfende Matamoros, wie im Clavijo-Tympanon derselben Kirche. Er ist Ritter, wie die Ordensritter des Mittelalters, die Kreuzzüge gegen die »Ungläubigen« führten, und Patron Spaniens, aber auch heute vor allem Pilger und Helfer der Pilger. Sein Grab wird in der Krypta unter dem Hochaltar der Kathedrale von Santiago de Compostela gezeigt.

Galerie bedeutender Persönlichkeiten

ger – im Sterben lag. Nach der New Yorker Haim Chanin Fine Arts Gallery widmete ihm 2004 das renommierte Duisburger Wilhelm Lehmbruck Museum eine Soloausstellung, im Herbst das Guggenheim-Museum in Bilbao mit einer viel beachteten Ausstellung von 200 seiner Werke. Dabei hatte der zeitlebens äußerst aktive Baske seine bildhauerische Laufbahn offiziell 1959 beendet. Damals glaubte er, als Bildhauer alles für ihn Mögliche erreicht zu haben, und stürzte sich auf Philosophie und Lyrik und in zahllose Privatfehden wie jene mit dem Bildhauer Eduardo Chillida, die erst wenige Tage vor dessen Tod mit einer Umarmung beendet wurde. Obwohl glühender baskischer Patriot, war er ein loyaler spanischer Staatsbürger und ETA-Gegner, der – gemeinsam mit dem König – auf der ›Hitliste‹ dieser Terrorvereinigung stand. Seit seinem Tod ist sein Wohnhaus in Alzuza (östlich Pamplona) mit Atelier als »Museo Oteiza« für das Publikum geöffnet.

Martín Sarmiento
1695 (Villafranca del Bierzo)–1772 (Madrid)
Der »*poligrafo español*«, Spaniens großer Enzyklopädist. Der Benediktiner forschte und schrieb über nahezu jedes Wissensgebiet der damaligen Zeit: Naturwissenschaften, vor allem Botanik, Theologie, Volkskunde, Geschichte, Kunst, Sprachwissenschaft, Philosophie, Heilkunde, Pharmazie. Ab 1733 war er hauptamtlich Chronist seines Ordens, nach 1750 rührte er sich praktisch nicht mehr vom Schreibtisch weg. Er korrespondierte mit vielen Großen seiner Zeit, so mit Linné über botanische Probleme. Ob er aus dem Bierzo stammte, oder ob sich seine Eltern zum Zeitpunkt seiner Geburt nur zufällig in Villafranca aufhielten, ist nicht geklärt. Auf jeden Fall hat er sich dem Nordwesten und besonders Galicien immer besonders verbunden gefühlt. Seine »Reise nach Galicien« (1745) enthält nicht nur eine interessante Artenliste, sondern ist die erste erhaltene Arbeit über die galicische Sprache samt ausführlichem Wortverzeichnis, sie gilt als epochemachendes Werk der Sprachforschung nicht nur auf der Iberischen Halbinsel.

Miguel de Unamuno 1864 (Bilbao)–1936 (Salamanca)
Obwohl einer der literarischen Hauptvertreter der »Generation von 98«, war die schillernde Persönlichkeit Miguel de Unamunos nicht geeignet, sein Werk einem stilhistorischen Rahmen zuzuweisen. Jeder seiner Romane wurde immer wieder anders interpretiert. Der »Baske, Spanier und Europäer« war politischer Flüchtling (unter Diktator Ribera), wurde später zum Rektor der Universität von Salamanca auf Lebenszeit ernannt und kurz vor seinem Tod von den Faschisten kaltgestellt und aller Ämter enthoben. In seinem ersten Roman, »*Paz en la Guerra*« (1897), »Friede im Krieg«, verarbeitet den zweiten Karlistenkrieg vor dem Schauplatz von Bilbao und setzt seiner baskischen Heimat ein literarisches Denkmal. Der komplexe und kompliziert konstruierte Roman »*Niebla*« (1914), »Nebel«, festigte seinen literarischen Ruhm.

Der Baske Miguel de Unamuno über Henrik Ibsen und – indirekt – über sich selbst: »Und immer war er allein, zurückgezogen und störrisch. Ich glaube, daß der Baske von der Biscaya darin vom Norweger nicht verschieden ist.«

Galerie bedeutender Persönlichkeiten

Ramón María del Valle-Inclán
1866 (Vilanova de Arousa/Pontevedra)–1936 (Madrid)
Valle-Inclán, eine der herausragenden Persönlichkeiten der spanischsprachigen Literatur des 19. Jh., hat leider in Deutschland nur wenige Leser gefunden. Der Sohn einer verarmten galicischen Adelsfamilie ging nach Mexiko, um sein Glück zu machen. Nach der Rückkehr ließ er sich in Madrid nieder, wo er sich dem Kreis der »Generation von 98« anschloß. In einer frühen Phase vertrat Valle-Inclán den damals aktuellen *Modernismo*, dessen ästhetisch-exotisierende Tendenzen er aber bald abstreifte. Die Beschäftigung mit den Traditionen seiner Heimat und Einflüsse des Expressionismus führten den Schriftsteller zu einer Technik und Sprache, die in monströs verzerrten Bildern die Verachtung für die, wie er sie sah, groteske Deformation der spanischen – und europäischen – Zivilisation seiner Zeit ausdrückt. »*Flor de Santidad*« (1904) spielt in der Bergbauernwelt Galiciens in der Nähe des Jakobsweges, der Zauber- und Hexenglaube der Menschen zwingt ihnen ein grausiges Schicksal auf. Mit seiner »*Novela de Tierra Caliente*« (1928) wurde zum ersten Mal in der spanischsprachigen Literatur ein Diktatorenroman veröffentlicht, Maßstab für alle folgenden, wie Gabriel García Márquez' »Der Herbst des Präsidenten« von 1975. Aufstand, Hinrichtungen, Blutvergießen, das brutale und heuchlerische Verhalten des Diktators Santos Banderas verwendete Valle-Inclán als Kürzel für die von ihm verachtete spanische Wirklichkeit.

Ramón María del Valle-Inclán

Ignacio Zuloaga y Zabaleta
1870 (Eibar)–1945 (Madrid)
Die Farbpalette dieses baskischen Malers schwelgt in Rot, Rotbraun, Purpur, Silbergrau und Schwarz. Blautöne sind hingegen so gut wie nicht vorhanden, Grün nur in manchen Portraits wie etwa in dem sinnlichen Bildnis der Contessa de Noailles von 1913 (im Museo de Bellas Artes in Bilbao, s. S. 286). Ignacio Zuloaga schuf Portraits, in denen sich die Dargestellten von ihrem Hintergrund zu lösen scheinen, wie in dem des Violinisten Larrapidi von 1910 im Museo Reina Sofía in Madrid. Bemerkenswert auch die locker expressive Pinseltechnik in den »Jungen Toreros« (1906) des selben Museums. Im Pariser Atelier Zuloagas lernte der junge Pablo Picasso die Malerei El Grecos kennen (Zuloaga hatte dessen »Vision del Apocaliposis« hängen. Dieses Bild war der wichtigste Auslöser für Picassos kubistische Phase, die mit den »Demoiselle d'Avignon« (1907) begann. Er war bald erfolgreich, seine Bilder wurden schon in den 20er Jahren von den Museen in Pittsburgh, Boston, Brüssel gekauft. Als Präsident des Verwaltungsrates des Museo de Arte Moderno in Bilbao widmete er sich ab 1931 vor allem der Verwaltungsarbeit. Wenig entstand nach diesem Termin, das wenige aber besteht aus herausragenden Arbeiten, wie dem Bildnis der Marquesa de San Vicente del Barceo von 1939.

In ZumaiaZumaia, einem Hafenort an der Straße zwischen Bilbo und Donostia, hatte Zuloaga in seinem Wohnhaus ein kleines Museum eingerichtet, das heute als Museo Zuloaga dem Künstler selbst gewidmet ist. Neben seinen Sammlungen (u.a. El Greco, Goya, Zurbarán aber auch Keramik, Möbel, Kunsthandwerk) sind mehrere Werke von Zuloaga zu bewundern (leider nur Mi u. So 16–20 Uhr geöffnet, Okt./Nov. geschl., Tel. 9 43 86 23 41).

Ansicht von Burgos aus dem 18. Jh. ▷

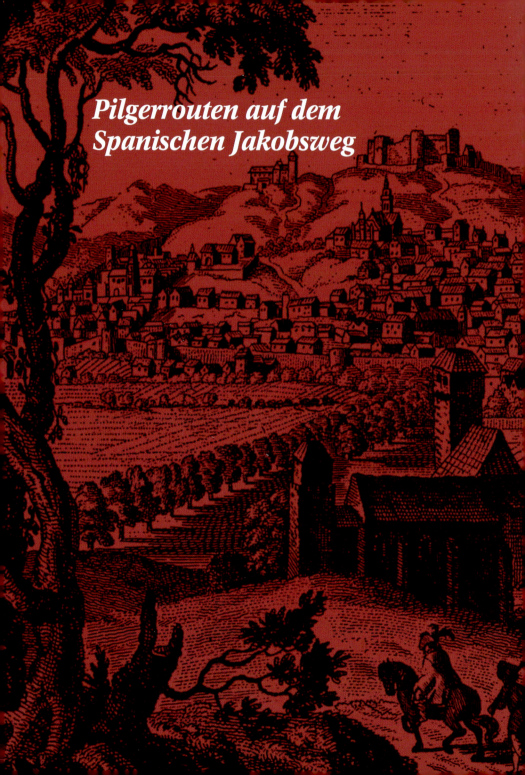

Von den Pyrenäen bis San Juan de Ortega

Der Aragonische Weg

Somport: Durch Pyrenäentäler hinunter nach Jaca

Für den Beginn einer Reise auf dem spanischen Jakobsweg sollte man sich nicht gerade den Winter aussuchen. Der **Puerto de Somport** liegt 1632 m hoch, und im Winter ist er ein Schneeloch. Die Paßstraße vom französischen Pau nach Huesca wird heute zwar geräumt, das verlangt schon der Skitourismus im paßnahen Wintersportzentrum Candachú, aber in früheren Jahrhunderten wäre niemand in der Lage gewesen, den winterlichen Paß zu queren. Der Somport galt schon den Römern als der *summus portus*, der höchste Paß (über die Pyrenäen), woraus sich der heutige Name entwickelte. Warum er sich trotz seiner Höhe als wichtiger Einfallspaß nach Nordspanien entwickelt hat, ist nicht ganz klar. Wahrscheinlich hängt es damit zusammen, daß die am Südfuß der Paßstraße liegende Stadt Jaca die erste Hauptstadt des jungen Staats Aragón war, dessen Beziehungen zum Frankenreich und später zu Frankreich am einfachsten über diesen Paß abgewickelt werden konnten – nur eben nicht im Winter. Ein 8,6 km langer Scheiteltunnel (der längste Spaniens!) zwischen 1136 m am französischen Portal und 1183 m bei Canfranc bietet seit Januar 2003 dauerhaften Schutz vor Schneeverwehungen aber kappt für die Autofahrer auch den traditionellen Anfang des Aragonischen Wegs. Die vielen deutschsprachigen und südfranzösischen Pilger, die diesen Zweig des Jakobswegs benutzten, kannten ihn übrigens besser als *Via Tolosana*, den über Toulouse führenden Weg: Die dortige Kirche Saint-Sernin war eines der wichtigsten Wallfahrtsziele, die man auf dem Weg nach Santiago de Compostela ›mitnahm‹.

Kurz bevor die Straße unterhalb des Passes den Astún überquert, einen Quellfluß des Río Aragón (von dem das alte Königreich seinen Namen hat), finden sich noch ein paar dürftige Mauerreste des großen Pilgerhospitals der hl. Christina, das der Codex Calixtinus als eine der drei Säulen bezeichnet, die Gott zur Unterstützung seiner Armen in dieser Welt errichtet habe (neben den Hospitälern in Jerusalem und auf dem Großen St. Bernhard). Mit der Aufgabe, die Pilger nach der anstrengenden und gefährlichen Querung der Pyrenäen zu stärken und zu beherbergen, verbanden seine Stifter auch weniger uneigennützige Ziele, denn so leitete man die damals wie heute wirtschaftlich hochinteressanten Touristen-(pardon: Pilger-)ströme durch das Königreich Aragón. Vermutlich war es König Sancho I. Ramírez von Aragón, der das Hospital de Santa Cristina wohl noch vor 1078 gründete. Erwähnt wird es erstmals im Jahre 1100 in einer Schenkung seines Nachfolgers Pedro I. Zahlreiche weitere Schenkungen folgten: Im Jahre 1226 bestätigte Papst Innozenz III. den nach der Regel Augustins lebenden Mönchen den Besitz von vierzehn Kirchen in Frankreich und von dreißig in Aragón. In den Religionskriegen des späten 16. Jh. wurde das Hospital

Besonders sehenswert:
Jaca ☆
San Juan de la Peña ☆
Loarre
Leire ☆
Sangüesa
Olite ☆

»Vom Somportpaß bis nach Puente la Reina kommt man durch folgende Orte auf dem Jakobsweg: Zunächst liegt am Fuß des Berges in Richtung Gascogne Borce, nach der Bergspitze das Hospital Santa Cristina, dann Canfranc, Jaca, Osturit und Tiermas, wo es immer noch königliche Thermen und warme Bäder gibt; nach Montreal erreicht man schließlich Puente la Reina.« (Pilgerführer aus dem Codex Calixtinus)

◁ *Kloster Yuso in San Millán de Cogolla*

Der Aragonische Weg

1593 zerstört, in den folgenden Jahrhunderten, die den Verfall des Jakobsweges sahen, war ein Wiederaufbau nicht mehr von Interesse.

In **Canfranc** stößt man auf die Bahnlinie, die in guten, gar nicht so alten Zeiten Frankreich und Spanien verband. Die Verbindung wurde erst 1928, am Ende des Eisenbahnzeitalters, ausgebaut und bereits 1970 mit der Schließung der französischen Teilstrecke nach dem Einsturz eines Viadukts wieder unterbrochen. Übrig blieben von hochfliegenden Plänen eine Pendlerverbindung nach Jaca und ein monströser Bahnhof, ein 200 m langer Stilmix aus spätem Troisième-Empire und frühem Konstruktivismus, der langsam verfällt. Der ehemalige Bahntunnel zwischen Spanien und Frankreich wird heute als Fluchttunnel für den neuen Somport-Straßentunnel verwendet.

Kurz vor Castiello de Jaca zweigt links eine Straße in das Tal von Garcipollera ab, die im (fast) verlassenen Weiler Acin endet. Ein Forststräßchen führt 3 km flußaufwärts zur kleinen Kirche **Nuestra Señora de Iguácel,** die kürzlich hervorragend restauriert wurde. Der schlichte Bau, einschiffig mit Apsis, trägt über dem Westportal eine Stiftungsinschrift, etwas für romanische Kirchen Spaniens außergewöhnlich Seltenes. Sie berichtet, daß Graf Sancho Galíndez und seine Frau Urraca zur Zeit König Sanchos I. Ramírez im Jahr 1072 die Kir-

Von den Pyrenäen bis San Juan de Ortega

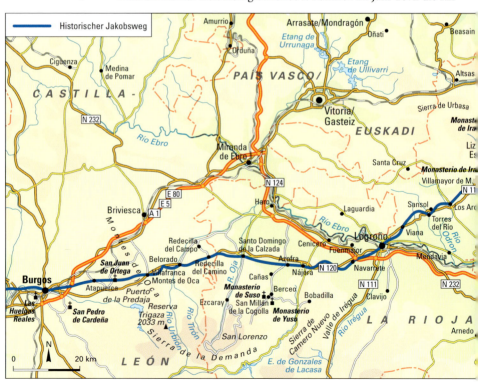

che vollenden ließen, mit dem Bau wurde wohl schon um 1040 begonnen. Die Bildhauerarbeit der Kapitelle zeigt deutliche Anklänge an die nahe Kathedrale von Jaca. In der Wölbung des Schiffs wurden spätmittelalterliche Fresken freigelegt und konserviert.

Die kleine Bischofsstadt **Jaca** liegt in sicherer Höhenlage an der Mündung des Río Gas in den Río Aragón. Der alte Stadtkern wird von der mächtigen Zitadelle beherrscht, die König Philipp II. 1571 in Auftrag gab. Mit ihrem fünfstrahligen Stern als Grundriß gehört sie zu den ersten und eindrucksvollsten Beispielen ihrer Art in Europa. Wie die vielen im Zeichen von EU und Schengen meist aufgelassenen Militärposten und Kasernen entlang der Paßstraße und rings um Jaca erinnert sie an die Lage des Orts an einem der seit jeher wichtigsten Pyrenäenübergänge.

Die örtliche Legende will, daß Jaca als einzige Stadt der Iberischen Halbinsel niemals maurisch besetzt war. 760 soll der maurische Kommandant von Zaragoza die Stadt belagert haben, dank des Einsatzes der Bevölkerung, besonders der Frauen, habe er wieder abziehen müssen. Konkret faßbar ist erst das 11. Jh. Der Baubeginn der Kathedrale wird wohl 1085 gewesen sein, nachdem Jaca 1075 oder 1077 unter König Sancho I. Ramírez zum Bischofssitz erhoben und zur

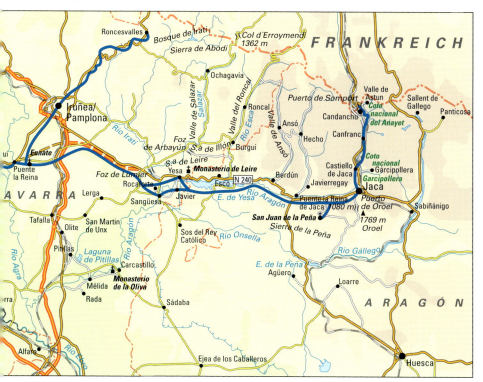

Der Aragonische Weg

königlichen Residenz ausgebaut worden war. Ein weiteres gesichertes Datum ist eine Stiftung der Donna Sancha, Schwester des Königs Sancho I. Ramírez, von 1094, die San Pedro de Jaca nennt. Das junge Königreich Aragón geht auf ein lokales Grafengeschlecht zurück, das nach der maurischen Eroberung den Kampf gegen die Mauren aufgenommen hatte. Graf Aznar Galíndez (809–39) ist sein erster historisch faßbarer Herrscher. Zu Beginn des 10. Jh. wurden Aragón und Navarra unter den Königen von Navarra zusammengefaßt, doch unter Ramiro I., dem Sohn Sancho III., des Großen, der die Königreiche von León bis Aragón unter seiner Herrschaft vereinigt hatte, wurde es ab 1035 zum eigenständigen Königreich. Ramiro I. gelang es, die Grenze gegen die Mauren bis zum Ebro vorzuschieben und – nach dem Tode seines Vetters Sancho IV. von Navarra – die Königreiche unter seiner Herrschaft wieder zu vereinen. Zölle auf allen Handelswegen, Tribute der Taifas, der kleinen arabischen Herrschaften im südlichen Grenzgebiet, und vor allem die Förderung des enorm rasch zunehmenden Pilgerwesens nach Santiago, etwa durch den Bau des Hospizes auf dem Somportpaß, brachten unter ihm und seinem Nachfolger Sancho I. Ramírez dem Königreich Aragón und der neuen Hauptstadt Jaca einigen Wohlstand. Den aus dem Süden und Westen Frankreichs ins Land gerufenen Einwanderern wurden mit den *fueros* weitgehende Rechte politischer und wirtschaftlicher Selbständigkeit verliehen, auf die man sich in den kommenden Jahrhunderten immer wieder berief.

Jaca, Kathedrale San Pedro, Innenraum

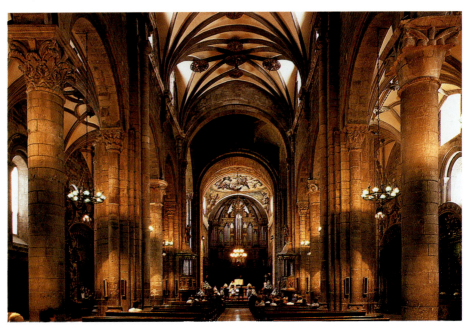

Am Rand der mittelalterlichen Stadt steht die **Kathedrale San Pedro** (hl. Petrus). Ein Glockenturm überragt die westliche Vorhalle, dahinter liegt der düstere, niedrig erscheinende dreischiffige Bau, dessen Querschiff nicht über die Flucht der Seitenschiffe hinausragt. Von einer der ersten bedeutenden romanischen Kirchen Spaniens blieben die Außenmauern, die Pfeiler und Säulen der Schiffe und die südliche Chorkapelle erhalten.

Das Tympanon des Südportals stellt das Chrisma, das Christusmonogramm ins Zentrum. Dieses Symbol war in Spanien von der Spätantike bis ins Hochmittelalter ein sehr beliebtes Motiv auf Kapitellen, Grabstelen, Sarkophagen oder geformten Ziegeln. An das eingeschriebene Kreuz sind Alpha und Omega angehängt. Das in der spanischen Romanik überaus beliebte Motiv tritt in Jaca zum ersten Mal auf. Rings um das Chrisma liegt ein beschrifteter Ring, der auf die Trinität verweist. Beiderseits erscheint Christus als Löwe, wie ihn die Vision der Apokalypse sieht (5,5), links schützend über eine menschliche Figur gestellt, rechts einen Basilisken bezwingend. Die flankierenden Kapitelle zeigen Bileam mit dem Esel und die Opferung Isaaks. Die ganz antikische Behandlung der Nacktheit entspricht der Plastik in San Martín in Frómista, wo sich der Meister von Jaca wohl erstmals mit antiker Kunst befaßte, die er an spätrömischen Sarkophagen vorfand – typisch dafür die Darstellung der »Opferung des Isaak« im Kathedralen-Inneren. Im Gegensatz zu seinem Zeitgenossen, den für Saint-Sernin in Toulouse tätigen Meister Bernard Gulduin, dessen Vorbilder eher spätantike Elfenbeinschnitzereien waren, und der entsprechend flächige und frontale Skulpturen schuf, bewirkte die Orientierung des Meisters von Jaca an der körperlichen und gestenreichen spätantiken Sarkophagplastik ähnlich bewegte und körperliche Skulpturen. Andere Figuren, wie einige der Kapitelle des Mittelschiffs, stammen von einem anderen Meister, dessen Stil deutlich massiger ist, ohne die Eleganz der Arbeiten des Meisters von Jaca. Die Seitenschiffe wurden erst um 1520 durch steinerne Gewölbe vollendet, und erst gegen Ende des Jahrhunderts wurde dann auch das Mittelschiff überwölbt. Geschwungene Rippen tragen reich gearbeitete plateresque Schlußsteine.

Vom romanischen Kapitelsaal aus hat man durch ein hübsches isabellinisches Portal Zugang zum Kreuzgang, der im 18. Jh. stark verändert wurde. Hier ist das **Diözesanmuseum** untergebracht, das eine gute Sammlung abgelöster Wandmalereien aus Kirchen in Aragón und Skulpturen aus den Kirchen der Diözese zeigt, die durchwegs von lokalen Meistern stammen.

Im Kloster der Benediktinerinnen, das in der Nähe des Ostendes der Calle Mayor steht, der Haupteinkaufsstraße von Jaca, befindet sich in der **Klosterkirche San Salvador y San Ginés** der **Sarkophag der Infantin Doña Sancha**. Sie war die Gründerin eines Klosters im nahen Santa Cruz de la Serós. Als die Benediktinerinnen im 17. Jh. aus der Einsamkeit nach Jaca zogen, nahmen sie den steinernen Sarg ihrer Gründerin mit sich (s. S. 63). Er läßt sich durch das Datum der Klosterstiftung im Jahre 1095 und durch den Tod Sanchas 1097 gut

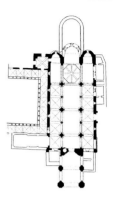

Jaca, Grundriß der Kathedrale

Der frühromanische Stil von San Pedro in Jaca weist zwar deutliche Übereinstimmungen mit der Kathedrale Saint-Sernin in Toulouse auf, bildet aber auf Grund noch zahlreicherer Gemeinsamkeiten mit San Martín in Frómista, Santa María la Reál in Sahagún, der Burgkapelle in Loarra und dem ersten Bauabschnitt der Kathedrale in Santiago de Compostela die erste eigenständige Phase der Frühromanik in Spanien.

ins frühe 12. Jh. datieren. Die Front des Sarkophags zeigt im Zentrum die nackte, kindliche Seele der frommen Prinzessin in einer Mandorla, wie sie von Engeln gen Himmel getragen wird. Links treten der Bischof und seine beiden Begleiter zur Beisetzung heran, rechts sitzt Doña Sancha zwischen zwei Ordensschwestern oder auch Dienerinnen. Ein Bezug dieser Skulpturen zu jenen des Meisters von Jaca in der Kathedrale ist nicht von der Hand zu weisen, es dürfte sich beim Schöpfer des Sarkophags um einen seiner Schüler gehandelt haben. Die Rückseite zeigt eine wohl von einem anderen Meister stammende Turnierszene. Der Sarkophag, der zu den bedeutendsten nicht architekturgebundenen romanischen Skulpturen Spaniens zählt, drückt die anderen Objekte der Kirche etwas an die Wand: einen polychromen Christus-Salvator des 12. Jh. und Fresken des 13. Jh., die aus der Krypta hierher übertragen wurden.

Zwischen Aragón und Navarra

In Jaca vollzieht der Jakobsweg einen Richtungswechsel nach Westen, dieser Richtung bleibt er bis zu seinem Ziel in Santiago de Compostela im wesentlichen treu. Zuvor aber sollten Sie einen kleinen Abstecher nach Süden, in die Berge, machen. Viele Jakobspilger haben das vor Ihnen gemacht, denn er führt zu Aragóns mystischem Gründungsort und ehemals bedeutendem Wallfahrtsziel, dem Kloster San Juan de la Peña. Zwei Straßen führen zu dem in völliger Waldeinsamkeit unter einem Felsüberhang auf 1220 m Meereshöhe gelegenen Kloster. Die kurvenreiche Straße über den Puerto de Oroel beginnt am Südrand von Jaca, nach dem Paß zweigt links ein schmaler Weg zu einer bescheidenen Kapelle ab, die vor einer Höhle steht. Hier leisteten, heißt es, im Jahre 724 die zukünftigen Herren Aragóns den Arabern erstmals Widerstand. Ein ähnliches Ereignis wird von Covadonga in Asturien berichtet, was für die spanische Geschichte wesentlich bedeutendere Folgen haben sollte (s. S. 262).

Schneller erreicht man das Kloster über die N 240 in Richtung Pamplona und den (deutlich gekennzeichneten) Abzweiger über **Santa Cruz de la Serós**. In diesem Dorf haben sich die Kirchen von zwei ehemaligen Klöstern erhalten: der kleine, schlichte Bau von San Caprasio und die aufwendigere und auffälligere Architektur von Santa Cruz. Am Ursprung standen wohl ein Kloster für Mönche und eines für Nonnen. Der Ende des 11. Jh. errichtete Bau von **San Caprasio** diente später als Pfarrkirche. Die Außengliederung ist typisch für die frühromanischen Kirchen besonders Kataloniens (Montserrat, Kirche der hl. Cäcilie!): Lisenen, die durch je zwei Blendbögen miteinander verbunden sind. Der niedrige Chor ist ebenso bescheiden wie der im frühen 12. Jh. mit besser geschnittenen Steinen über dem östlichen Joch aufgesetzte Turm. Die präzise Konstruktion der kleinen Kirche zeigt sich besonders deutlich im einschiffigen Inneren, das in zwei Joche mit Kreuzgratgewölben gegliedert ist. Alle architekturrelevanten Linien sind im Wandbereich durch Vorlagen betont und scharfkantig bis zum Boden durchgezogen.

Santa Cruz, das Nonnenkloster, steht isoliert am Ortsende, die Klostergebäude sind verfallen und abgetragen. Seine Geschichte beginnt mit der umfangreichen Stiftung, die Sancho II. Garcés, König von Navarra, und seine Gemahlin Urraca dem Kloster im Jahr 992 zuwandten. Im 11. Jh. wurde das Kloster Untertan der Krone von Aragón und 1059 zog sich Urraca, eine der Töchter des Königs Ramiro I., hierher zurück, ihr folgten die Schwestern Sancha und Teresa. Alle drei trugen ihrem Kloster reiche Gaben zu, wie auch der Bruder Sancho I. Ramírez großzügig für das Kloster stiftete. Der Kirchenbau wurde wahrscheinlich in dieser Zeit begonnen, der Turm über der südlichen Seitenkapelle wurde jedoch erst Mitte des 12. Jh. fertig. Im Zusammenklang mit dem raffinierten Kuppelraum über der Vierung gibt er der Kirche ihr eigentümliches Erscheinungsbild. Die Kapitelle im Raum über der Vierung zeigen manche Verwandtschaft mit denen der Kathedrale von Jaca, das gilt auch für das Tympanon des Westportals. Chrisma und Löwen werden nach dem Vorbild von Jaca wiederholt, selbst die Inschriften mit Ermahnungen an die Gläubigen fehlen nicht. Anfang des 17. Jh. zogen die Nonnen nach Jaca, näher zu den Annehmlichkeiten städtischen Lebens, die Gebeine der drei Prinzessinnen nahmen sie mit. Alle drei ruhen heute im ebenfalls mitgenommenen Sarkophag der Doña Sancha in Jaca (s. S. 61).

San Juan de la Peña, das Kloster des hl. Johannes vom Felsen, liegt unter einer stark überhängenden Felswand aus rötlichem Konglomerat. Westgotische Flüchtlinge verschanzten sich hier nach der Zerstörung ihres Reiches (711) und errichteten die bescheidene Festung Pano, der umaiyadische Heerführer Abd al-Malik ließ sie wieder zerstören (wohl 734). Einsiedler nutzten den Überhang mit kleiner Quelle, im 9. Jh. entwickelte sich ein Kloster, das durch Schenkungen der Könige von Navarra (seit 1134 der Könige von Aragón) ab dem 11. Jh. immer größere Bedeutung gewann. Wie es im Mittelalter nicht selten vorkam, sicherte man sich durch Urkundenfälschung die guten Pfründe, was im späten 11. und frühen 12. Jh. zu heftigen Auseinandersetzungen mit dem Bischof von Jaca führte. Ab 1071 lebten die Mönche nach der Regel von Cluny.

Die östlichen Apsiden der Unterkirche sollen noch aus der Zeit König Garcías stammen, genauso wie die leider geringen Reste von Wandmalereien des 11. Jh. Manche, wie die Legende von Cosmas und Damián in der linken Apsis, sind durchaus mit den Malereien des Panteón von San Isidoro in León vergleichbar. In der nächsthöheren Ebene der unregelmäßigen, unter den Felsen geduckten Klosteranlage sind Reihen von Grabplatten in die Ostwand des Vorhofs eingelassen. In der hohen einschiffigen Kirche versucht das große Westfenster, Licht in die drei dämmerigen hufeisenförmigen Apsiden zu bringen. Die leichte Bogenkonstruktion, die die Apsiden umläuft und sie miteinander verbindet, läßt fast vergessen, daß man sich unterhalb einer überhängenden Felswand befindet. Die Kirche wurde

Santa Cruz de la Serós, Klosterkirche Santa Cruz

Von Santa Cruz de la Serós gibt es eine gut ausgebaute Forststraße zum Kloster San Juan de la Peña, einige Ausweichen erlauben prachtvolle Aussichten auf das Tal und die Westlichen Pyrenäen im Hintergrund. Aber unvergleichlich schöner, wenn auch holpriger ist der alte (markierte) Pilgerweg, der hinter Santa Cruz beginnt und durch Wald und unter Felsen dorthin führt. Die Wahrscheinlichkeit, hier Bartgeier, Steinadler und Alpenkrähen zu sehen, ist ziemlich groß, die Aussicht auf die Pyrenäenkette nicht durch seitliche Bergrücken eingeengt.

Der Aragonische Weg

San Juan de la Peña, Anlage mit Kreuzgang

im Jahre 1094 vom Erzbischof von Bordeaux, assistiert von den Bischöfen von Jaca und Maguelonne, geweiht.

Aus der Oberkirche führt ein Portal des 10. Jh. mit Hufeisenbogen zum Kreuzgang. Dieser nutzt die überhängende Felswand als Gewölbe und besteht nur aus Bogengalerien. Die Kapitele des Meisters von San Juan de la Peña aus der zweiten Hälfte des 12. Jh. stellen neben der einzigartigen Lage seinen Ruhm dar (auch einige ältere Kapitele wurden wiederverwendet oder dienen als Schmuck der Altarsäulen in der Kirche). Die Kapitele reduzieren die Inhalte der Szenen aus Altem und Neuem Testament auf das Wesentliche und Notwendige, was ehemals durch kräftige farbliche Fassung noch verstärkt wurde. Augenfällig sind die vorgewölbten Augen der Figuren, Ähnlichem begegnet man an der Fassade von Santa María la Real in Sangüesa.

An den Kreuzgang sind zwei Kapellen angeschlossen: tief unter der Felswand die Grablege der Äbte in der Kapelle San Victorian in den Formen flamboyanter Spätgotik, am Westrand die klassizistische Kapelle der hll. Voto und Feliciano. Weitere Bauten des reichen und mächtigen Klosters hatten sich bis in die Schlucht hinein ausgebreitet. Nach einem verheerenden Brand entschloß man sich im Jahre 1647, nicht wiederaufzubauen, sondern zog in das nun ebenfalls verlassene neue Kloster auf der Hochebene über dem Kliff. Nur die Grablege der Könige von Aragón blieb am alten Ort zurück, sie war 1134 nach der Trennung von Navarra nach dem Tod Alfonsos I. el Batallador hier eingerichtet worden. Im Jahre 1770 wurde das Panteón nach dem Vorbild der Grablege im Escorial neu gestaltet und birgt noch immer die Sarkophage der königlichen Familie des hohen Mittelalters. Es liegt hinter der Wand mit den Grabplatten des Adels im Vorhof der Oberkirche und ist durch ein hohes Holzportal in der Nordseite der Kirche zugänglich.

Auf der Weiterfahrt nach Westen erreicht man knapp vor Puente la Reina de Jaca (nicht mit dem viel größeren Puente la Reina in Navarra zu verwechseln) die nach Huesca führende Straße über die Sierra de la Peña, günstig für einen Abstecher nach Süden und zur Burg Loarre. Auf dem Weg kann man das 5 km abseits liegende Dörfchen **Agüero** mit seiner die Umgebung dominierende Kirche Santiago besuchen. Hier lag seit 1024 der äußerste Vorposten Navarras an der Grenze der Reconquista. Anfang des 12. Jh. wurde mit dem Bau der Kirche begonnen, sie blieb unvollendet, besteht nur aus einem mächtigen Chor ohne Schiff. Das Tympanon mit der Anbetung der Heiligen Drei Könige und die sechs Kapitelle des Portalgewändes mit ihrer reichen Fabulierkunst gehören in den Umkreis des Meisters von San Juan de la Peña. Mit dem Vorrücken der Reconquista verloren Ort und Kirche ihre Bedeutung.

Auch der Burg von **Loarre** widerfuhr dieses Schicksal. Man erreicht sie über ein knapp nach Ayerbe beginnendes schmales Sträßchen. Immer felsiger wird das Gelände, und zuerst wirken die ausgebleichten Ruinen noch wie ein Bestandteil der Landschaft. Dann erkennt man den weiten Mauerring und dahinter den dichtgedrängten Komplex der erhaltenen Bauten. Ein hoher Bergfried steht im Hintergrund, der Eingangsbau und der Chor der Kapelle sind der Ebene zugewandt, aus der die maurischen Feinde kamen, gegen die

San Juan de la Peña, Säulenkapitell im Kreuzgang

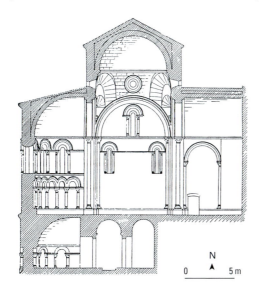

Loarre, Schnitt durch die Burgkapelle

Der Aragonische Weg

die Burg einmal errichtet wurde. Loarre war schon im 10. Jh. eine bedeutende Festung, als die Grafschaft Aragón noch Teil des Königreichs Navarra war, aber in den Jahren nach 1064 scheint sie an die muslimischen Herren von Huesca verlorengegangen zu sein. Diesen galt dann auch die Drohgebärde der Festung, als sie noch vor 1070 zurückgewonnen und ausgebaut wurde. Loarre wurde nicht nur Burg, sondern zugleich – keine Seltenheit im Spanien der Reconquista – Stift. Für wenige Jahre wurde Loarre zur bevorzugten Residenz der Könige von Aragón, glanzvolles Zentrum eines stürmisch wachsenden Königreichs. Doch noch vor der Eroberung von Huesca im Jahr 1096 hatte Sancho I. Ramírez mit Montearagón ein weiteres Stift mit Burg gegründet, in das die Kanoniker von Loarre übersiedelten. Erst im 13. Jh. erhielt die Burg den äußeren Mauerring mit seinen zehn Türmen – aber da war die große Zeit von Loarre schon längst vorbei.

Die Burgkapelle steht auf stark abfallendem Gelände. Außen zählt man drei durch waagerechte Würfelfriese gegliederte Stockwerke, deren Fenster auf den eingestellten Säulen einige reizvolle Kapitelle besitzen. Über dem Eingang, von dem aus Stufen und Schächte in die Höhe führen, ist noch die untere Hälfte einer Darstellung des Jüngsten Gerichtes zu sehen. Das Innere ist weniger übersichtlich, das unterste Niveau eine winzige Krypta zwischen anstehendem Gestein. In den zahlreichen Kapitellen zeigen sich Parallelen zu Arbeiten in Jaca, León oder Frómista. Die Form, wie die reich gegliederte Apsis vom Schiff abgesetzt und durch Halbsäulen und Gurtbogen gerahmt ist, verrät, daß ursprünglich eine größere Anlage mit Querschiff geplant war.

Zurück auf dem Pilgerweg, quert man die Brücke über den Aragón und erreicht in einer knappen Stunde das vielbesuchte Kloster Leire (Leyre). Der auf einem Felsplateau gelegene Ort Berdún bleibt rechts liegen wie das verlassene Örtchen Escó. Links dehnt sich den längsten Teil der Strecke der **Stausee von Yesa** aus, der heute den alten Jakobsweg bedeckt (ein neuer Fußwanderweg wurde südlich des Sees geschaffen).

Für Naturfreunde gibt es einen äußerst gewinnbringenden Umweg durch die Täler von Río Aragón Suboredán, Río Veral, Río Esca und Río Salazar, genannt Valle de Hecho, Valle de Ansó, Valle del Roncal und Valle de Salazar. Diesen Tälern ist gemeinsam, daß sie die in west-östlicher Richtung verlaufenden Kalkgebirge in spektakulären Klammen und Schluchten zum südlich querenden Río Aragón hin durchbrechen, daß sich in ihrer Vegetation auf kürzester Strecke der mediterrane Süden mit dem alpinen Norden mischt und, das ist das eigentlich Interessante daran, daß diese Schluchten das neben der Extremadura größte Geierhabitat Spaniens darstellen. Am besten fährt man direkt von Puente la Reina de Jaca in das Hechotal hinein, wo bereits nach kurzer Fahrt im Engtal des Río Aragón Subordán bei **Javierregay** eine Gänsegeierkolonie beobachtet werden kann. Von Hecho, im oberen Talabschnitt, führt ein Sträßchen zum nahen **Valle**

Die Burg von Loarre ▷

Loarre

de Ansó, dessen Hauptort Ansó wegen seiner Steinhäuser beachtenswert ist. Der hier beginnende obere Talabschnitt hat Schluchtcharakter, wie auch ein Teil des Unterlaufs kurz vor Berdún, wo sich in der Binies-Schlucht eine größere Gänsegeierkolonie befindet. Die Vögel brüten zwar in den unerreichbaren Felsen, ihre Nahrung finden sie jedoch weiter talaufwärts, wo die extensive Weidewirtschaft Hocharagóns und der Pyrenäenvorberge Navarras reichlich Schaf- und Ziegenaas bietet. Auch Schmutzgeier, Mönchsgeier, Steinadler, Schlangenadler und, vor allem im Unterlauf, zahlreiche Schwarz- und Rotmilane (Gabelweihen) können immer wieder beobachtet werden, seltener einzelne Bartgeier.

Von Ansó fährt man weiter nach Roncal und von dort nach Süden in das **Tal von Roncal** bis Burgui. Während der obere Talabschnitt noch grün und freundlich ist, rücken unterhalb Burgui die Felswände zusammen, die Vegetation wird spärlicher. Die auf dem Schluchtgrund häufig auftretenden Kaltluftseen bewirken eine interessante Inversion der üblichen Vegetationshöhengliederung: Hier sind die kälteresistenten Pflanzen weiter unten, die wärmeliebenden, wie die mediterrane Steineiche, weiter oben zu finden.

Noch weiter im Westen liegt der Durchbruch des Salazarflusses durch die Sierra de Illón, die **Foz de Arbayún** *(foz/*baskisch *hoz:* Engstelle). Gewaltige senkrechte und überhängende Felswände flankieren den dicht bewaldeten Talgrund, auf den man von einer hohen Aussichtsplattform hinunterschaut. Mit freiem Auge kann man die Landeplätze der Gänsegeier und die majestätischen Vögel selbst erkennen, wie sie mit einem kurzen Rütteln der gewaltigen Flügel ihren Gleitflug abbrechen und auf einem winzigen Sims landen.

Noch eindrucksvoller und Höhepunkt dieses Abstechers ist der **Foz de Lumbier,** den der Irati, in den der Salazar mündet, weiter flußabwärts durch die Sierra de Leire gesägt hat. Man kann den gesamten Schluchtbereich auf einem bequemen Weg durchwandern (eine ehemalige Schmalspurtrasse mit zwei Tunnels), dabei sieht man ständig zahlreiche Gänsegeier kreisen: Mehr als fünfzig Paare nisten auf den Simsen und Vorsprüngen der Felsen. Diese Schlucht ist wie die Foz de Arbayún Naturschutzgebiet.

Die Straße Pamplona–Jaca erreicht man von Lumbier aus in wenigen Minuten (auf halbem Weg links ein Vogelbeobachtungshaus, von dem man einen hervorragenden Blick auf die Gänsegeier hat, die das Tal unterhalb absuchen!), auf ihr kann man ostwärts in Richtung Leire fahren. Bereits nach wenigen Minuten hat man links den Foz de Lumbier vor sich, von hier aus wirkt er wie mit dem Sägemesser in die Kalkfelskette geschnitten. Der Aussichtspunkt hat noch eine weitere Attraktion aufzuweisen: Der Zaun umgibt die ansehnlichen Ausgrabungen einer römischen Villa (1.–4. Jh.) samt Lagerhaus, Wasserkanal und kleinen Thermen.

Beim Dörfchen Yesa führt eine Straße in die Berge zum **Kloster San Salvador de Leire** unterhalb eines auffälligen, freistehenden Felsklotzes in der Sägezahnkette der Sierra de Leire, die hier ziemlich genau in West-Ost-Richtung verläuft. Nach der Säkularisation des Jahrs 1835 lag das ruhmreiche Kloster verlassen. Erst 1954 kehrten die Benediktiner hierher zurück, weit mehr als ein Jahrtausend nach den Anfängen klösterlichen Lebens in dieser gebirgigen Rückzugsposition. Vom Parkplatz aus läßt sich das Ausmaß des Klosterkomplexes nicht erahnen, man muß fünf, zehn Minuten hangaufwärts wandern, um sich einen Eindruck machen zu können, und wird für den Aufwand belohnt: Das Kloster fügt sich nun in ein herrliches Panorama ein, das vom Stausee und den jenseitigen grünen Bergen gebildet wird. Ganz links sieht man die Berge von San Juan de la Peña, ganz rechts die auffallende Pyramide von Ujué.

Die früheste sichere Nachricht über Leire verdanken wir einem Heiligen und Märtyrer, Eulogius von Córdoba. In einem Brief, den er im Jahre 851 aus dem Gefängnis von Córdoba an Bischof Willesindo von Pamplona richtete, erinnert er sich auch an die zahlreichen Tage, die er in Leire verbrachte, wo er Männer, erfüllt von der Liebe zu Gott, gefunden habe. Dem Abt Fortuño und seiner Gemeinschaft ließ er ausdrücklich Grüße ausrichten. Das Kloster war für den Aufstieg des Königreichs Navarra von großer Bedeutung, es war zeitweise sogar die Residenz des Königs, als König, Hofstaat und Bischof nach den Plünderungen und Verwüstungen unter Abd al-Rahman III. im Jahre 924 einen sicheren Ort suchten. Das Kloster wurde die Grablege der Könige und zum Sitz des Bischofs von Pamplona, sichtbare Spuren hat die Residenz des 10. Jh. aber nicht hinterlassen.

Grabungen im Westen der heutigen Kirche haben die Fundamente eines kleinen dreischiffigen Baus aus dem 10. Jh. angetroffen. Die ältesten Teile des heute noch stehenden Gebäudes sind Krypta und Chor, die wohl vor 1057 fertiggestellt waren. Die strukturellen Ähnlichkeiten der engen und dunklen Krypta mit dem Untergeschoß von San Juan de la Peña, die steilen Tonnengewölbe, die Querbögen und

Krypta der Klosterkirche San Salvador de Leire. Auf niedrigen schmalen Säulchen ruhen riesige, ungeschlachte Kapitelle mit grob eingemeißelten linearen Ornamenten, die eine schlichte Vorstufe zu den ersten Kapitellen der Kathedrale von Jaca bilden. Einige Kapitelle tragen Kämpfer, andere sind selbst die Widerlager für breite Gurtbögen, die gerade eben Hufeisenform annehmen.

Säulenstümpfe sprechen für diese Datierung. Im gleichalten Chor der Kirche erkennt man denselben Konstruktionstyp, doch ohne die massiven Kapitelle und in die Höhe strebend: durch Gurtbögen gegliederte Tonnengewölbe, die zu den schmalen Steinchören mit Querbögen geöffnet sind. Die Kapitelle von Halbsäulen, die in den später errichteten Kirchenraum ragen, sind zwar klein und eher dem romanischen Formempfinden angepaßt als die aus dem Arabischen hergeleiteten der Krypta, aber sie tragen dieselben dekorativen Linienornamente.

Vielleicht hat noch Sancho III., der Große, der Aragón, Navarra und Kastilien unter seiner Herrschaft zusammenschloß, vor seinem Tode 1035 den Beginn der Bauarbeiten gesehen. Sein Enkel Sancho IV. de Penalén war Teilnehmer der Kirchenweihe, die Krypta diente damals als Grablege der Dynastie. 1076 kam Navarra zur Krone von Aragón, und dessen Königen lag San Juan de la Peña als Panteón näher am Herzen. Die Bauarbeiten kamen praktisch zum Erliegen, selbst der ursprüngliche Eingang zur Kirche, das heutige Nordportal, wurde später errichtet. Mit der Herrschaft der Könige von Aragón zerbrach auch die Verbindung mit Pamplona, die für Generationen bestanden hatte, das reiche Kloster bemühte sich nun vielmehr, vom Bischof von Pamplona unabhängig zu werden; die dadurch ausgelösten Reibereien kosteten Geld und Ansehen. Zwar leistete man sich noch eine prächtige Westfassade für eine neue, viel größere Kirche, dann aber kamen die Arbeiten zum Erliegen.

Die Porta Speciosa, die »kostbare Pforte« in der Westfassade aus der ersten Hälfte des 12. Jh., ist das Aufwendigste, was in Navarra neben der Südfassade von Santa María la Real in Sangüesa an romanischer Plastik zu sehen ist. Allerdings sind die Arbeiten, verglichen mit den erhaltenen Kapitellen des Kreuzgangs der romanischen Kathedrale von Pamplona, von provinzieller Qualität. In der Mitte des Tympanons ist Christus zu erkennen, links Maria und Petrus, rechts steht der bartlose Johannes der Evangelist. Zwei kopflose Figuren (Apostel? Evangelisten?) flankieren die Szene. Auffällig sind die sich im Bereich der Füße weit öffnenden Gewänder. Darüber rahmt ein dreifacher Bogen voller Grotesken, Symbole und Monstren Tympanon und Portal: Tiere, die sich selbst in den Schwanz beißen, körperlose Gesichter mit Armen und Beinen, Tierfratzen, deren Lefzen drohend die Reißzähne zeigen, kopflose Ungeheuer. In den Zwickeln oberhalb des Rundportals wurden Szenen ziemlich zufällig gruppiert. Rechts sieht man über einer Weinranke die teils beschädigten, aber qualitätvollen Szenen der Verkündigung und der Heimsuchung, links daneben eine der Trompeten des Jüngsten Gerichts. Links oben entdeckt man einen zweiten Christus und einen zweiten Petrus, zwei weitere Apostel und einen Erzengel Michael mit einem riesigen Schild. Zwischen diesen Gruppen schildern schlecht erhaltene Szenen vielleicht das Martyrium der Heiligen Nunilo und Alodia, deren Reliquien seit dem 9. Jh. in Leire verehrt werden, ihr Altar vom Meister Berroeta mit qualitätvoller Plastik (Mitte 17. Jh.) steht in der

Der Behälter, in dem jahrhundertelang Reliquien der beiden Heiligen aufbewahrt wurden, ist heute als »Pamplonakästchen« im Museo de Navarra in Pamplona zu bewundern (s. S. 84)

Die Skulpturen der Porta Speciosa in Leire wurden erst zu einem späteren Zeitpunkt zum heutigen Konglomerat zusammengefügt. Das zeigt sich schon am Tympanon, dessen ursprünglich sieben Figuren teils nur noch fragmentarisch erhalten sind. Die restliche Fläche des Tympanons füllte man mit einem Palmettenfries.

Sakristei. Am linken Rand tritt neben einem Flechtornament ein heiliger Abt auf, vielleicht San Marciano, der legendäre Gründer des Klosters.

Zisterzienser lösten die ursprünglichen Benediktiner ab, zisterziensischer Tradition entsprechen daher auch das weit gespannte spätgotische Schiff des 14. Jh. und die zierliche Glockenwand, der benediktinische Glockenturm der Romanik wurde nun nicht mehr benutzt. Im 17. und 18. Jh. entstanden die wuchtigen Bauten südlich und nördlich der Kirche, die heute nach der Wiederherstellung erneut als Klausur, Abtswohnung und Pilgerherberge dienen. Die sterblichen Reste der in Leire beigesetzten Könige von Navarra, die man während der langen Phase, in der das Kloster verfiel (1836–1957), an anderen Orten verwahrt hatte, sind jetzt wieder hier untergebracht (in einem Sarkophag in der nördlichen Kirchenwand). Als Spaniens Thronfolger Don Felipe de Borbón das Kloster 1993 besuchte, führte er zum ersten Mal seinen offiziellen Titel eines Príncipe de Viana, der nur dem Thronerben des Königreichs Navarra zu steht.

Mittelnavarra südlich Sangüesa

In **Javier,** ein paar Kilometer südlich von Yesa gelegen, steht die Burg, in der Navarras (und Japans!) Schutzheiliger, der heilige Franz Xaver 1506 geboren wurde. Heilig hin oder her, der Lebenslauf dieses Mannes ist nur im Rahmen des Geisteszustands Spaniens im »Goldenen« (16.) Jahrhundert zu verstehen, als in diesem Reich nicht nur die Sonne nicht unterging, sondern jeder Traum erfüllbar schien, jede Obsession durchsetzbar. Francisco de Jassu y Xavier, aus einer baskisch-navarrischen Familie stammend, die erst kurz zuvor durch Erb-

Der Aragonische Weg

»Ich habe unseren großen Menschenbildner Ignatius sagen hören, der zäheste Teig, den er je geknetet habe, sei zu Anfang dieser junge Franz Xaver gewesen. Doch Gott hat sich seiner mehr als jedes anderen in unserer Zeit bedient, um für das Kreuz seines Sohnes beinahe ein Viertel der Erde in Besitz zu nehmen. Er war jung, lebensfroh und ein adeliger Biscayer. Er hatte ziemlich gute Philosophiestudien hinter sich und hielt wenig von Ignatius, der damals mühsam sein Leben fristete ... Franz begegnete Ignatius fast nie, ohne sich über seine Ideen lustig zu machen ... Ignatius verstand es jedoch, ihn mit solchem Geschick und solcher Freundlichkeit zu gewinnen und zu zähmen, daß er einen unsterblichen Apostel Indiens aus ihm gemacht hat ...«
(André Revier S. J.)

folge in den Besitz der Burg gelangt war, studierte in Paris, wo er 1533 mit einem anderen Basken Bekanntschaft schloß, den wir als Ignatius von Loyola kennen. 1534, als auf dem Montmartre der Jesuitenorden gegründet wurde, war er dabei. Während Ignatius von Loyola sich um die kirchenstrategischen Ziele des neuen Ordens kümmerte, zog Franz Xaver die Mission vor. Wo auf der Welt waren die Spanier damals noch nicht tätig, welche Region hatten sie noch nicht erobert und (zwangs-)missioniert? China und Japan hieß die Antwort, das restliche Leben des Heiligen spielte sich daher in Süd- und Ostasien ab. 1542 erreichte er das südindische Goa, 1546 die Molukken, 1547 war er in Malakka und am 15. August (Mariä Himmelfahrt!) 1549 landete er in Japan. Die Japaner erwiesen sich jedoch als ausgesprochen missionsresistent, selbst Predigten in der Kaiserresidenz Kyoto hatten wenig Wirkung. Nach einigen Erfolgen im Osten von Honshu entschloß sich Franz Xaver, nun auch China dem Christentum zu erschließen. Zunächst kehrte er nach Goa zurück, dem ersten und bedeutendsten Bistum Asiens und Verwaltungshauptstadt der Portugiesen für ihr Kolonialreich, um seine Reise vorzubereiten. Im April 1552 verließ er Goa wieder, um Südchina zu erreichen, wo er aber auf der vorgelagerten Insel Sancian starb, ohne das Festland betreten zu haben. Seine Leiche wurde nach Goa überführt, wo der Heilige heute noch begraben liegt. 1622 wurde er in einer Phase der Erhebung zahlreicher tragender Figuren der Gegenreformation (Ignatius von Loyola, Theresa von Avila, Johannes vom Kreuz) zur Weihe der Altäre erhoben. Er hat viel zu tun: Neben dem Patronat über Navarra und jenem über Japan, Australien und Kanada sowie über die Missionsarbeit der Kirche ist er auch noch für den Tourismus zuständig. Merk es wohl, gläubiger und nicht so gläubiger Jakobspilger!

Die Burg Javier bestand im 10. Jh., als sie noch an der navarrischen Grenze zum maurischen Süden lag, im wesentlichen aus dem Bergfried, der sich bis heute erhalten hat. Im frühen Mittelalter wurde sein Untergeschoß mit einer Mauer mit zwei Rundtürmen umgeben, dadurch entstanden weitere Räume. Einer von ihnen wird als »Zimmer des Heiligen« gezeigt, was ja immerhin zutreffen mag. Interessant ist vor allem eine kleine Kapelle im westlichen der beiden Rundtürme, sie wird wegen des darin befindlichen gotischen Christus am Kreuz als Christuskapelle bezeichnet. Die Wände sind mit einem Totentanz freskiert, der in Spanien sonst nirgendwo anders vorkommt, was auf einen aus Mitteleuropa kommenden Künstler der Spätgotik hinweist.

Die Burg war bereits kurz nach Franz Xavers Abreise nach Paris teilweise abgerissen und der Burggraben zugeschüttet worden, König Ferdinand der Katholische mißtraute den Adelsgeschlechtern des gerade bezwungenen und einverleibten Navarra. Später baute man sie wieder auf, besonders auch im 19. Jh. (die viel zu große, neugotische Burg»kapelle«, die neben der winzigen Dorfkirche keine Funktion hat), davon wurde in den letzten Jahrzehnten einiges wieder abgerissen. In den Sälen und Kammern der Burg sind einige interessante Sammlungen aufgestellt, am interessantesten sind wohl der sog. Große Saal mit mehreren süd- und südostasiatischen Elfenbeinfiguren und der Kaplansaal mit Memorabilien des Heiligen.

Sangüesa liegt heute etwas abseits vom großen Verkehrsstrom, für Jakobspilger lag und liegt es jedoch direkt auf dem Weg und noch dazu an strategischer Stelle: Hier muß wieder (wie bei Puente la Reina de Jaca) der Río Aragón gequert werden. Ursprünglich lag der Ort auf dessen Westseite, wo sich bis heute die Ortsbezeichnung Rocaforte (starke Festung) gehalten hat. Nach dem Brückenbau aber wurde eine Brückenstadt samt Festung nötig, der Alfonso I,. el Batallador, 1122 die Freiheitsrechte verlieh. An seinen Palast angebaut entstand die Kirche Santa María la Real, deren Südfassade auf die Durchgangsstraße blickt, also auf den Jakobsweg. Den Pilgern mußte ein prachtvolles Kirchenportal geboten werden, es hat sich erhalten und ist *die* Sehenswürdigkeit eines an Sehenswürdigkeiten keineswegs armen Städtchens.

Kommt man von Javier, erreicht man den Stadtrand an der Plaza de Los Fueros mit dem Kloster des hl. Franz (von Assisi) im Hintergrund. Es ging aus einer Kirche hervor, die König Teobaldo II. 1266 gründete; die Stiftung durch den heiligen Franziskus von Assisi, der 1212 oder 1213 auf seiner Jakobspilgerschaft tatsächlich hier war, ist Wunschdenken. Das schöne gotische Kirchenportal ist genauso nach Norden zum Jakobsweg gewandt wie der Eingang zum ebenfalls gotischen Kreuzgang mit seinen zahlreichen mittelalterlichen Grabstelen. Interessanterweise liegt die Jakobskirche dann nicht auf der schnurgerade zur Brücke verlaufenden Rúa Mayor, sondern an einem isolierten Platz, der durch die schmale Calle de Santiago erreicht wird. Die romanische dreischiffige Kirche zeigt im Tympanon ganz deutlich ihr Patronat: Zwischen zwei knienden Pilgern steht der heilige Jakobus. Mehrere Stadtpaläste flankieren die Rúa Mayor, die schönsten knapp vor der Brücke: Palacio de Los Iñiguez Abarca (16./17. Jh.) und Palacio de Anués (15. Jh.). Obwohl in architektonischen Details ganz verschieden – der eine manieristische Spätrenaissance, der andere spätgotisch –, sind sie doch im Typus ganz ähnlich bis hin zu den vorkragenden Holzdächern, deren geschnitzte Tragbalken das Dekor bis in die Traufzone des Hauses tragen. In einer Parallelstraße steht der ehemalige Palast der Fürsten von Viana, die hier bis ins 16. Jh. das Sagen hatten: Hier residierte das letzte Königspaar von Navarra, Juan de Labrit und Cathérine de Foix. Man erreicht den Palast, indem man von der Rúa Mayor unter dem Renaissance-Rathaus von 1570 durchgeht, wo zwischen den Arkaden früher der Markt stattfand.

Doch nun zur **Kirche Santa María la Real.** Die Figurenfülle des Südportals, ehemals wohl farbig gefaßt, ist überwältigend. Man muß in die (dankenswerterweise hier ansetzende) Quergasse zurücktreten, um das gesamte Bildprogramm ins Auge fassen zu können. Drei ganz unterschiedliche, künstlerisch getrennte Bereiche lassen sich erkennen: das eigentliche Portal mit Portalgewände und Tympanon samt

Der Aragonische Weg

Sangüesa, Südportal der Kirche Santa Maria la Real

Archivolten, die Zwickel zwischen Archivolten und seitlichem Portalrahmen, und schließlich der Figurenfries in Form einer Doppelarkade im oberen Teil des Portalrahmens. In Augenhöhe stehen die überschlanken Skulpturen des Portalgewändes, die aristokratisch-eleganten Körper werden von feinplissierten Gewändern umhüllt. Links sind drei Marien dargestellt, Maria Magdalena (links), Maria Salome, die Mutter der Apostel Jakobus und Johannes (rechts) und Maria, die Mutter Jesu, in der Mitte; rechts, weniger gut erhalten, drei männliche Figuren, von denen die Äußerste die Inschrift: »JUDAS MERCATOR« trägt, und den Strick, mit dem er sich erhängte. Im unteren Bereich des Tympanons sitzt zwischen den Aposteln die gekrönte Himmelskönigin. Die Inschrift: »MARIA MATER XPI LEODEGARIUS ME FECIT«, also: »Maria Mutter Christi Leodegarius hat mich gemacht«, nennt einen Leodegar, dessen burgundische Herkunft und Kenntnis des Königsportals der Kathedrale von Chartres in den weiblichen Figuren des Portalgewändes und im Tympanon sehr deutlich werden. Der Austausch künstlerischer Einflüsse entlang des Pilgerweges nach Santiago de Compostela und die Wanderung von Künstlern, die sie trugen, wird hier unmittelbar greifbar.

Das Jüngste Gericht des Tympanons und der reiche Schmuck der Archivolten mit den unterschiedlichsten Gestalten gehören ebenfalls zur Leodegarwerkstatt. Das Tympanon wurde, wie man an den Rändern der Apostelreihe feststellen kann, nachträglich bearbeitet, vielleicht von einem anderen Portal in dieses umgesetzt. Die Doppelarkaden im obersten Bereich sind von einem anderen Meister geschaffen worden, die hervorquellenden Augen weisen auf den Meister von San Juan de la Peña. Das Jüngste Gericht, im Tympanon bereits dargestellt, wird hier merkwürdigerweise wiederholt. Die Zwickel haben ihren eigenen Charakter, man findet die vier Evangelistensymbole, Fabelwesen verschiedenster Art, Flechtornamente und figürliche Szenen, rechts am Rand einen Schmied, darüber einen Drachentöter. Stil und Maßstab der Figuren sind uneinheitlich, wurden auch sie von anderen Stellen hierhergebracht?

Man muß sich dann doch losreißen von diesem Portal und den Fragen, die es aufwirft und sich dem Inneren der Kirche zuwenden. Wie der achtseitige Vierungsturm und der präzise Steinschnitt ist der Innenraum mit der lichterfüllten Vierungskuppel gotisch geprägt. In auffälligem Kontrast zur Kühle des Raums steht die goldglänzende Altarwand, die Jorge de Flandes 1554 vollendete: Flämischen Künstlern wird man in einem Land, das jahrhundertelang die Niederlande beherrschte, auf dieser Reise noch oft begegnen. Bevor Sie wieder hinausgehen: An der Westwand ist in einer kleinen Wandöffnung eine überaus prächtige Prozessionsmonstranz des 15./16. Jh. eingelassen (Lichtschalter!), wie sie sich in Nordspanien nur mit den Werken der Familie Arfe (s. S. 167, 223) messen kann.

Nun sollten Sie die Gelegenheit nutzen, einen Schlenker nach Mittelnavarra zu machen, in eine Landschaft, die nach Süden zunehmend trockener und flacher wird, deren nördlichere Hügelzonen noch mediterrane Macchie tragen und sanft geschwungene Weinberge, Mandelhaine und kleine, eng um ihre Kirche gescharte Dörfchen, in denen man regionale Brotsorten bekommt, Käse von nebenan und lokalen Wein. Nennen wir Lerga als einen Ort von vielen. Im Süden bestimmt die Ebene von Aragón und Ebro das Bild, Getreidefelder im Schwemmland und riesige Weiden auf trockenen Plateaus wechseln einander ab, die Dörfer, wie etwa Murillo el Fruto (beim Kloster La Oliva), sind größer und trotz aller Bäuerlichkeit wie Städte in die Höhe gebaut, weniger reizvoll, weniger pittoresk als der Norden. Auch hier gibt es lokalen Wein, Käse vom Nachbarn, hin

Navarra ist in der Verwertung der Windkraft weltweit unter den führenden Investoren. Derzeit existieren 370 Windkraftwerke, die vor allem in Mittelnavarra aufgestellt wurden; bis zum Jahre 2010 sind 1000 Generatoren geplant. Schon jetzt kann Navarra 20 % seines Energiebedarfs aus Windenergie decken, bis 2010 wird sich dieser Wert noch stark anheben und unserer Atmosphäre eine Emission von jährlich 2 Mio. Tonnen Kohlendioxid ersparen. Die weiß gestrichenen Windräder auf den Bergkuppen (am eindrucksvollsten auf dem Perdón südlich von Iruña/Pamplona!) sind auch ästhetisch akzeptabel, Umweltschützer warnen dennoch vor einem Überwuchern der Landschaft mit den Riesen (50 m hoch, Raddurchmesser 23 m) und den Auswirkungen auf den Erholungswert solcherart inwertgesetzter Zonen.

Der Aragonische Weg

und wieder Brot, das nicht vom Industriebäcker kommt, aber es macht nicht so viel Spaß, dem nachzuspüren.

Über Lerga mit seinen ausgedehnten Weinbergen, in denen ausgezeichneter Rosé produziert wird, erreicht man die Paßhöhe Alto Lerga. Die Bergkette wird, wie sich ein Stück weiter zeigt, in langer Linie von den Windkraftwerken eines der großen Windparks der Autonomen Region Navarra besetzt.

Im mittelalterlichen Städtchen **San Martín de Unx** passiert man die zur Festung ausgebaute Kirche Santa María mit romanischer Krypta. Der Felsen von **Ujué**, den Sie vielleicht schon von Leire aus ganz rechts gesehen haben, kommt als nächstes Ziel für Sammler nostalgischer Städtchen infrage. Der Ort klammert sich förmlich an die Festungskirche Santa María auf der Spitze eines Felskegels. Hier findet seit eh und je am Sonntag nach dem Tag des hl. Markus (25. April) eine Wallfahrt zur Virgen de Ujué statt, an der von Kapuzen verhüllte, barfüßige Kreuzträger teilnehmen.

Tafalla hat kein außergewöhnliches Bauwerk aufzuweisen, sondern ist als mittelalterliches Ensemble interessant, das im oberen, älteren Teil wohl ein Dutzend Kirchen besitzt. Dennoch wird man bald nach **Olite** weiterfahren, das nur wenige Kilometer entfernt ist (und von dem Tafalla bis 1636 abhängig war). Denn dort erwartet den Besucher eine Burg, wie er sie sich schon immer vorgestellt hat und wie sie Walt Disney (neben Neuschwanstein) als Klischee der Weltzivilisation geprägt hat: der Königspalast von Olite.

Olite ist eine Stadt, deren Mauern und Verteidigungstürme noch großenteils erhalten sind, wenn auch hineingebaute Häuser den Eindruck oft verwischen. Olite ist aber vor allem die Stadt des Königspalasts. Oder eigentlich: der Königspaläste, denn es gibt zwei, den »Alten«, in dem sich heute der Parador befindet (glückliche Mitbürger, die Reservierungen besitzen!), und den »Neuen« aus dem 15. Jh. Der alte Palast ist ein schlichter Bau mit romanischen Wurzeln, der aber so oft umgebaut wurde, daß es kaum noch möglich ist, mit dem Finger auf bestimmte Bauteile zu zeigen und zu sagen, aus welcher Zeit sie stammen. Anders beim neuen Königspalast, den König Carlos III. von Navarra als Residenz errichten ließ. Der aus dem französischen Haus Evreux stammende Herrscher wuchs in Olite auf, was die Wahl des Standorts für seinen Palast erklärt. Schon 1388 ließ er Häuser aufkaufen, um Raum für das Schloß zu schaffen. Seine junge Braut Leonor de Trastámara machte ihm aber einen Strich durch seine Zukunftspläne, als sie ihn bald nach der Hochzeit verließ, um zu ihrem Bruder König Juan I. von Kastilien zu flüchten, mit dem Argument, in Navarra sei sie wegen der politischen Unruhen nicht sicher. Erst 1395 ließ sie sich wieder in Olite blicken; zu diesem Zeitpunkt waren die Arbeiten am neuen Palast schon so weit fortgeschritten, daß sie sich, wenn auch nicht zu Hause, so doch sicher fühlte. Erst während ihrer Anwesenheit entstanden die Prunkstücke höfischer Spätgotik, die Goldene Galerie oder Galería del Rey (1402/03) hoch über dem Niveau der Stadt, eine Galerie von feinstem Maßwerk

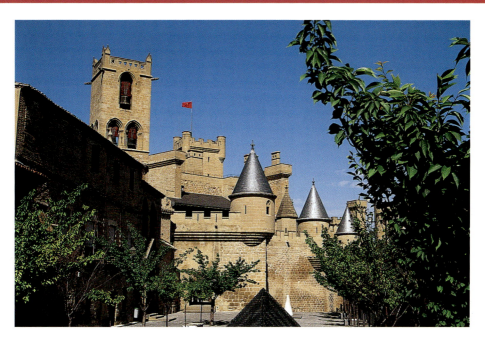

Königspalast in Olite

in zwei Stockwerken, nur optische Trennung zwischen Außen und Innen, die Galeria de la Reina (1415–19), ein niedriger Kreuzgang mit zartem Maßwerk (zumeist rekonstruiert), ein Gärtchen umgebend, das sich in 12 m Höhe über dem Boden befindet, und der nicht ganz korrekt »Turm der vier Winde« (1413/14) genannte Auslug, der in drei Himmelsrichtungen Balkönchen mit Spitzenmaßwerk besitzt, auf denen man sich den jeweiligen Wind (und es gibt viel Wind, wie die nahen Windkraftwerke deutlich machen!) um die Nase wehen lassen kann.

Zwischen dem Alten und dem stark restaurierten Neuen Königspalast steht die Schloßkirche Santa María la Real mit prachtvoller gotischer Westfront, deren figurenreiches Trichterportal einen Umweg wert ist (s. vordere Umschlagklappe).

Noch ein kleiner Abstecher, bevor es auf dem Jakobsweg weitergeht. Er führt an der **Laguna de Pitillas** vorbei, einem im Winter besonders ausgedehnten Sumpfbereich, in dem ungezählte Wasservögel nisten und ganze Zugvögelschwärme einfallen, wenn ihre Zeit gekommen ist. Das Feuchtgebiet hat deshalb besonders große Bedeutung, weil es das nördlichste seiner Art in Spanien ist, also nach dem anstrengenden Überfliegen der Pyrenäen von den Vogelschwärmen zuerst erreicht wird; in seiner Bedeutung kommt nur der See von Nava an es heran (s. S. 149). Vorbei am Turmrest von Santacara (nicht antippen!) erreichen wir das **Kloster de la Oliva** bei Carcastillo. Wie zur Zeit seiner Gründung liegt es *in the middle of nowhere*, ernst,

Der Aragonische Weg

La Oliva, Kreuzgang und Kamin

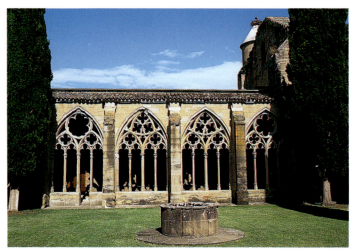

streng, heute in Teilen aufwendig restauriert, aber zuvor jahrzehntelang im Verfall (was man immer noch deutlich erkennen kann, wenn man Türen aufstößt, die Touristen sonst nicht aufstoßen sollen). König García IV. Ramírez rief französische Zisterzienser nach Navarra, die das lange Querschiff der französischen Zisterzienserkirchen mitbrachten, die niedrig angesetzten Gewölbe, den Verzicht auf figürliche Darstellungen und die betonte Enthaltsamkeit beim Bauschmuck. In einer späteren Phase entstand der Kreuzgang im typisch spanischen Spätgotik-Renaissance-Übergangsstil, dessen feines Strebewerk einen starken Kontrast zur wuchtigen Frühgotik des Kapitelsaals bildet.

Zurück über Mélida zur Hauptstraße. Rechts liegt ein Felsplateau über dem nahen Aragónfluß, kommt man näher, entdeckt man Ruinen darauf: Der schon seit dem 16. Jh. verlassene Bergort **Rada** liegt dort in windgepeitschter und von Geiern umschwebter Einsamkeit (oder lag es bis vor kurzem, denn archäologische Ausgrabungen haben die Einsamkeit recht relativ gemacht). Die Kirche ist erhalten, einfache Linien sind in das Kapitell der schweren Säule geritzt, die gleich links hinter dem Eingang das Gewölbe des einschiffigen, dreijochigen Baus trägt. Auf einer Schmalseite des Plateaus steht über einem schrägen Glacis ein Rundturm, am anderen Ende haben sich bis zu 5 m hohe, das Tor flankierende Verteidigungsmauern erhalten. Die Hausgrundrisse erklären sich nicht von selbst, nur bei den garagengroßen Einraumhäusern rechts der Straße zwischen Tor und Kirche weiß man, was man vor sich hat: Krämerläden.

Zurück nach Sangüesa und weiter auf dem Pilgerweg: Straße und Fußweg klaffen auseinander, treffen sich erst in Monreal wieder, wo der Fußweg gleich wieder über eine gotische Brücke nach Südwesten entschwindet. Autofahrer sollten nicht gleich nach Iruñea/Pamplona

La Oliva / Santa María de Eunate

weiterfahren, sondern zuerst (über Campañas) das letzte Teilstück des Navarrischen Wegs aufsuchen, bevor er sich bei Puente la Reina mit dem Aragonischen Weg zum Camino Francés vereint, das Wegstück führt an der Kirche von Eunate vorbei.

Inmitten weiter Felder liegt ganz einsam die ebenso kleine wie berühmte und kostbare **Kapelle Santa María de Eunate.** Ein etwas unregelmäßiges Achteck, eine Seite als Portal, die östliche als Chörlein ausgebildet, wird wiederum achtseitig von einer Bogengalerie umgeben und von einer ebenfalls achtseitigen Mauer umfangen. Architektur und Details – die auf der Nordseite der Bogengalerie bei der Restaurierung 1940–43 zusammengestellten Kapitelle auf Doppelsäulen, die reiche Gliederung der kleinen Ostapsis und die Bandrippen der achtseitigen Kuppel – , alles spricht für eine Bauzeit Ende des 12. oder Anfang des 13. Jh. Ausgrabungen außerhalb der heutigen Umfassungsmauer haben auch Gräber nachgewiesen, dabei wurden einige Pilgermuscheln entdeckt, erkennbar an den zwei Löchern, mit denen man sie am Gewand befestigen kann. Eine Urkunde des Johanniterordens spricht von einem Hospital am Pilgerweg, in dem sich regelmäßig eine Bruderschaft aus dem nahen Obanos treffen darf und dort auch im Jahre 1251 das Recht auf Grabplätze erhält. Handelt es sich dabei um die Kapelle von Eunate? Oder übernahmen die Johanniter die Kapelle von den Templern, die sie, wie anderswo auch, nach dem Vorbild des Heiligen Grabs in Jerusalem als Heiliggrabkirche errichtet hatten?

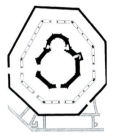

Santa María de Eunate

Der Navarrische Weg

Roncesvalles und Pyrenäentäler

Besonders sehenswert:
Roncesvalles
Pamplona ☆

Der Pilger auf dem navarrischen Weg überschreitet zwischen St-Jean-Pied-de-Port und **Roncesvalles** die Wasserscheide der Pyrenäen und die französisch-spanische Grenze. Er bleibt jedoch in Navarra: Das französische Basse Navarre mit St-Jean-Pied-de-Port (Hl. Johann-am-Fuß-des-Bergpasses) ist erst im 17. Jh. endgültig zu Frankreich gekommen und hat den Namen, die Sprache und die kulturellen Eigenheiten des baskischen Navarra behalten. Damals hatte ein navarrischer Regent (der spätere Heinrich IV.) die französische Krone geerbt, seine Hochzeit mit der französischen Thronerbin Margarethe von Valois ist als Bartholomäusnacht in die Geschichtsbücher eingegangen. Navarra, das bis dahin dies- und jenseits der Pyrenäen meist vom selben Herrscher regiert worden war, wurde zwischen Frankreich und Spanien geteilt. Im Aufstieg zum Puerto de Ibañeta (1057 m) entdeckt man, daß Spanien hier noch immer ein Stückchen über die Wasserscheide herüberreichen darf, letzter Rest alten Einflusses am Nordfuß des Gebirges.

Nicht weit unterhalb des Passes mit moderner Kirche – von den vielen Steinkreuzen, die hier einmal gestanden haben sollen, ist nichts erhalten – empfängt den Fuß- oder Radpilger eine Pilgerherberge. Die riesige Augustinerabtei nimmt seit 800 Jahren Pilger auf, die den Navarrischen Weg gehen, schließlich wurde sie mit dem Ziel gegründet, den Pilgern auf der Südseite der Wasserscheide eine erste sichere Herberge zu geben. In geschützter Hanglage hatten Bischof Sancho von Pamplona und König Alfonso el Batallador 1132 ein Hospital errichten lassen, das von einem Augustinerstift betreut wurde. Der große, düstere Baublock des alten Pilgerhospitals, die massive Stiftskirche und das spätgotische Pilgerkreuz zwischen den ersten Bäumen der wegbegleitenden Allee talabwärts geben der kleinen Siedlung ihren eigenartigen Charakter.

Pilgerkreuz in Roncesvalles

Der Name Roncesvalles ist geläufiger als es der Bedeutung des Stiftes zukommt. Es ist der Ort, an dem sich der zentrale Teil des frühmittelalterlichen Rolandsliedes abspielt. Das um 1100 in Nordfrankreich entstandene »*Chanson de Roland*« schildert – leicht geschichtsklitternd – den Rückzug Karls des Großen vom erfolgreichen Spanienfeldzug. Die Nachhut des Heeres unter dem Markgrafen Roland wird nach Verrat durch die eigenen Leuten in einem engen Gebirgspaß von Mauren angegriffen (in Wirklichkeit waren es heidnische Basken, die mit Karls Durchzug nicht einverstanden waren). Roland weigert sich standhaft, mit seinem Horn Olifant Hilfe zu rufen; als er zuletzt doch noch ins Horn stößt, kann der herbeigeeilte Karl zwar die Feinde schlagen, findet die Ritter aber nur noch tot auf dem Schlachtfeld. Es ist der Sage nach diese Stelle, an der eine oder zwei Generationen nach der Niederschrift des Rolandsliedes die Abtei Roncesvalles gegründet wurde. Eine Textstelle des Rolandsliedes mag Anlaß für den Bau gegeben haben: Karl der Große, heißt es, kam von einer Pilgerreise nach Santiago de Compostela zurück – eine hervorragende Werbung für den Pilgerweg, Besseres konnte man sich in den Staaten entlang des Wegs kaum wünschen! Die Geschichten von Karl und Roland wurden während des Mittelalters in zahlreichen Handschriften verbreitet, von denen sich mehr als 200 erhalten haben, die Reklame für den Jakobsweg wurde also vielfach kolportiert.

Die Zeitgenossen erwähnen den Feldzug Karls nach Spanien zwar, aber wegen des nur geringen Erfolgs eher verschämt. Während des Reichstags in Paderborn im Jahre 777 war auch eine Gesandtschaft des maurischen Wali von Barcelona eingetroffen, die Unterstützung gegen seinen Herrn, Emir Abd al-Rahman I. von Córdoba, suchte. Nach ausgedehnten Vorbereitungen zog Karl der Große über die Pyrenäen und belagerte lange und erfolglos Zaragoza. Nachrichten vom Aufstand der Sachsen unter Widukind zwangen ihn zum Rückzug. Die Nachhut mit Gepäck und Beutegut wurde im Hinterhalt von Roncesvalles aufgerieben. Dabei fielen nach dem Bericht Einhards, des Biographen Karls des Großen, des Königs Truchseß Eggihard, der Pfalzgraf Anshelm, und Hruotland (Roland), der Graf der bretonischen Grenzmark, mit vielen anderen.

Nach der Santiagokapelle ist die **Kapelle Sancti Spíritus,** diejenige des Heiligen Geists, das erste Bauwerk, das der Jakobspilger auf dem Navarrischen Weg auf der Südseite der Pyrenäen erreicht. Hier wurden die Helden begraben, heißt es, soweit man die Leichname nicht – wie den Rolands – mitgeführt habe, deswegen nennt sich das Bauwerk auch *Silo de Carlomagno,* also etwa Raum Karls des Großen. Der Bau war ein Karner, ein Beinhaus, wie es entlang der Pilgerstrecke sicher weitere gegeben haben wird, seine Gründungszeit um 1132 mag der des Klosters entsprechen. Die kleine Santiagokapelle zeigt elegante Gotik mit gut gegliedertem Portal und zwei Kreuzrippengewölben über rechteckigem Grundriß. Sie ist um 1200 entstanden, wenig später als die Stiftskirche, die sich noch hinter den düsteren Hospitalbauten des 17. Jh. verbirgt.

Die heutigen Bauten der Abtei entstanden nach 1586 unter König Philipp II., zuletzt der Kreuzgang, nachdem der gotische Vorgänger durch Schneedruck zerstört worden war. Nur die Stiftskirche und der grandiose Kuppelsaal blieben vom mittelalterlichen Bestand erhalten. Der durchgreifend restaurierte gotische Kirchenbau ist dreischiffig angelegt. Da die Kirche an einem Abhang erbaut wurde, steigt man mit grandiosem Blick in die Architektur treppab in die Kirche. Den Chor bestimmt ein moderner Baldachin über der mit Silber, Gold und Edelsteinen geschmückten Muttergottes von Roncesvalles. In fast zisterziensischer Schlichtheit haben Architekt und Auftraggeber auf einen Chorumgang verzichtet.

Auf der Südseite schließt sich der Kreuzgang an, und im Südosten erhebt sich der Kapitelsaal des 14. Jh. Hier hat der Stifter, König San-

Ritterepen des Hochmittelalters bis zum Nachhall in Cervantes »Don Quijote de la Mancha« haben dem Rolandslied viel zu verdanken, auch die Renaissance ließ sich von der Sage inspirieren, wie Ariosts »Orlando furioso« zeigt. Der »christliche Ritter« Roland erscheint schon um 1131 im deutschen Sprachraum. Das Ruolandeslied des »Pfaffen Kuonrat«, wie er sich im Epilog eines Heidelberger Manuskripts nennt, macht Roland zum deutschen Ritter. Karl der Große, die zweite bedeutende Person aus dem Chanson de Roland, erhält bayerische Züge, schließlich wurde das Heldengedicht in Regensburg verfaßt, der bayerische Herzog war nicht weit.

cho VII. der Starke, einer der Sieger der Schlacht von Las Navas de Tolosa im Jahre 1212, zusammen mit seiner Gemahlin sein Grab gefunden. Ein neugotisches Fenster zeigt ihn auf einem Schimmel, den Blick zum Himmel gewendet, in die Schlacht galoppieren.

Im Wald talabwärts begegnet man dem schon erwähnten steinernen Pilgerkreuz (14. Jh.). Fußwanderer können nun auf meist gut markierten Wald- und Feldwegen weiterwandern. Nach Viscarret queren sie eine Paßhöhe, wo sich mehrere längliche Felsen finden, man nennt sie *Pasos de Roldán,* Steine in der Schrittlänge des heldenhaften Riesen Roland. In den Orten entlang des Wegs und entlang der Straße sind die großen mehrstöckigen Steinhäuser der Bergregionen Navarras zu bewundern. Fenster und Türen sind mit großen Steinen gefaßt, die Mauern bestehen meist aus kleineren Steinen und sind verputzt und weiß getüncht, das Satteldach ist oft recht tief heruntergezogen.

Pamplona/Iruña

Pamplona mag bei Amerikanern nicht so rund ums Jahr populär sein wie Venedig, aber zum Zeitpunkt der *Sanfermines,* der Festtage zu Ehren des Stadtpatrons Firminus, dürfte man kaum einen Ort außerhalb der USA finden, in dem sich so viele Amerikaner aufhalten, Venedig eingeschlossen. Daß sich zwischen dem 6. Juli um 12 Uhr mittags und dem 14. Juli um Mitternacht so viele englische Laute unter das Kastilisch, Navarrisch und Baskisch der Einheimischen mischen, hängt mit dem Bestseller eines amerikanischen Nobelpreisträgers zusammen: Man will Ernest Hemingways »Fiesta« (im amerikanischen Original »*The Sun also Rises*«, 1926) nacherleben. Die Hoteliers profitieren davon, die Preise sind auf dem bis zu Dreifachen des normalen Saisonniveaus, und glauben Sie nicht, Sie bekommen ein Zimmer, wenn Sie nicht schon ein halbes Jahr vorher reserviert haben!

Ernest Hemingway schildert in »Fiesta« den Ablauf des Tags während der **Sanfermines,** er hat das Fest auch nach Erscheinen des Romans wiederholt besucht, zum letzten Mal 1959, zwei Jahre vor seinem Freitod (ein Denkmal des Schriftstellers steht an der Stierkampfarena, die Allee an einer Flanke der Stierkampfarena wird Paseo Hemingway genannt). Am Mittag des 6. Juli wird das Fest mit dem *chupinazo* eröffnet. Die Menge drängt sich auf dem Rathausplatz, die meisten in blütenweißer Kleidung mit roten Tüchern *(chupas),* die sie beim ersten Böllerschuß über die Köpfe schwingen, und mit dem Schrei »*Viva San Fermín*« beginnt der achteinhalbtägige Rummel. Täglich werden im Ritual des *encierro* Stiere von ihrem Stall quer durch die Stadt zur Arena getrieben. Auf der 850 m langen Strecke stellen sich ihnen junge, mutige Männer in den Weg, die versuchen, so lange wie möglich auszuhalten, ohne von den Hörnern aufgespießt oder von den Hufen zertrampelt zu werden, und die mög-

Ernest Hemingway in seinem Roman »Fiesta«: »Bevor der Kellner den Sherry gebracht hatte, stieg die Rakete, die den Beginn der Fiesta ankündigte, auf dem Platz in die Höhe ... Von allen Seiten drängten die Leute auf den Platz, und man hörte die Pfeifen, Querpfeifen und Trommeln die Straße herunterkommen. Sie spielten die Riau-riau-Musik mit schrillenden Pfeifen und dröhnenden Trommeln, und hinter ihnen tanzten Männer und Jungens. Sobald die Pfeifenspieler aufhörten, hockten sich alle auf der Straße hin, und wenn die Rohrflöten und die Pfeifen gellten und die tiefen, trocken und hohl klingenden Trommeln den Takt wieder schlugen, sprangen alle tanzend in die Höhe. Man sah in dem Gewühl nur die Köpfe und Schultern der Tanzenden sich auf und ab bewegen.«

lichst erst im letzten Moment flüchten, auf den nächsten Fenstersims, auf eine passende Straßenlaterne oder hinter einen eigens aufgestellten Schutzzaun. Immer wieder gibt es Verletzte und auch Tote. Der religiöse Ursprung, nämlich die Übertragung der Reliquien des Heiligen, ist für viele Teilnehmer und sicher für alle Fremden, die sich unter die *corredores,* die Stierläufer mischen, völlig verlorengegangen.

Eine Stadt, in der Jahr für Jahr ein archaisch-blutiges Spektakel wie dieses stattfindet, muß Gründe haben, es zu goutieren. Hängt es mit der unterschwelligen Agression zusammen, die das baskische Volk in Jahrhunderten der Fremdherrschaft angesammelt hat und die in den terroristischen Akten der baskischen Befreiungsbewegung ihren kriminellen Niederschlag findet? Wenngleich Pamplona heute Kastilisch spricht und sich nur selten *Iruña* nennt, ist es dennoch ein baskischer Ort. Navarra war das einzige Staatsgebilde, das die Bas-

Der Navarrische Weg

Diese Elfenbeinpyxis im Museo de Navarra, »Pamplona-Kästchen« genannt, stammt aus der späten Kalifenzeit. Sie wurde im Jahr 395 der Hedschra geschaffen, also um 1004 oder 1005 christlicher Zeitrechnung. Das Dekorprogramm ist aufwendig: Hofszenen mit Kalif (rechts), Dienern und Musikanten auf der Frontseite, eine figurenreiche Jagdszene auf dem Deckel, dazwischen ein dekoratives Kufi-Schriftband. Die Figurengruppen sind in achtlappige Rosetten eingefaßt, die wiederum in ein belebtes vegetabiles Ornament eingebettet sind, ein aus der Antike übernommenes Schmuckschema, wie es ähnlich schon um 715 im umaiyadischen Wüstenpalast M'chatta auftaucht (wesentliche Teile im Berliner Pergamon-Museum). Das kostbare Elfenbeinkästchen, in dem man ursprünglich Schmuck oder wertvolle Dokumente aufbewahrte, wurde in christlicher Zeit als Reliquienschrein verwendet.

ken je hervorgebracht haben, muß es wundern, daß in Pamplona Baskisches kulminiert? Und es war in Pamplona, wo am 6. Februar 1999 666 Kongreßabgeordnete, darunter 180 Bürgermeister (von insgesamt 680 baskischen Gemeinden in Pais Vasco/Euskadi, Navarra und dem französischen Baskenland) die Versammlung baskischer Gemeinden als permanente Institution der »*Nación de Euskal Herria*«, also der baskischen Nation, aus der Taufe hoben. (Daß die 180 Bürgermeister unter den Versammlungsteilnehmern nicht einmal 30 % der baskischen Gemeinden Spaniens und Frankreichs vertreten, wurde von der Presse als Schwäche dieser neugeschaffenen Einrichtung moniert.)

Von der keltisch-römischen Stadt (vielleicht von Pompeius gegründet?) ist fast nichts bekannt. Erst in der Völkerwanderungszeit meldet sie sich in der Geschichte zu Wort: 466 erobert Eurich die Stadt für das Westgotenreich, 542 folgt der Frankenkönig Childebert I. Im Jahre 732 sind es die Araber und Berber unter Abd al-Rahman I., die Pamplona auf dem Weg zur Schlacht gegen Karl Martell bei Tours und Poitiers erobern. Schon 755 war die arabische Herrschaft wieder abgestreift. Daß man unter diesen Bedingungen die Entscheidung Karls des Großen als unfreundlich empfand, die Mauern der verbündeten Stadt schleifen zu lassen, um dem Feind keine Möglichkeit zu geben, den Rückzug zu bedrohen, ist mehr als verständlich. Die Folgen in Roncesvalles sind bekannt. Im 9. Jh. formierte sich das Königreich Navarra, unter Sancho III. el Mayor (1000–35) erreichte es seine größte Ausdehnung und Bedeutung. Es wurde nach dem Tod Sanchos unter seine drei Söhne aufgeteilt, die Teilstaaten Kastilien León und Aragón wuchsen bald rascher als Navarra. Der letzte König aus einer einheimischen Dynastie, Sancho VII. el Fuerte (1194–1234), dessen Grabmal in der Stiftskirche zu Roncesvalles zu sehen ist, verheiratete seine Schwester mit dem Grafen der Champagne. Ihr Sohn Thibault I. (1234–53) steht am Anfang der französischen Herrschaft in Navarra. Immer mehr Franzosen zogen zu und bildeten eigene

Stadtviertel; »Navarrería« um die Kathedrale, die Franzosen aus dem Gebiet von Cahors um San Cernin und in der Neustadt, Franzosen und Navarresen um San Nicolás.

Ein Spaziergang auf dem erhaltenen Wall über der Schlinge des Flusses Arga und ein Bummel durch die engen Gassen der relativ kleinen Altstadt führt nach dem Südwesten und zu der unter König Philipp II. als fünfstrahliger Stern angelegten Zitadelle, der **Ciudadela** (7), einem Festungstyp, wie Sie ihn schon in Jaca kennengelernt haben. Der Park hier, Parks am Fluß und im Bereich des alten Mauergürtels sind erholsame Oasen in der dichtgebauten Altstadt, die nach Süden in eine nur wenig aufgelockerte Neustadt des späten 19. Jh. übergeht. Altstadt und Neustadt verzahnen sich an der begrünten **Plaza del Castillo** mit Brunnen, Ruhebänken und flankierenden Freiluftcafés; von hier aus kann jede Sehenswürdigkeit bequem zu Fuß angesteuert werden.

Pamplona/Iruña
1 *Kathedrale und Diözesanmuseum*
2 *Rathaus*
3 *Museo de Navarra*
4 *San Cernin*
5 *San Nicolás*
6 *San Lorenzo*
7 *Zitadelle*

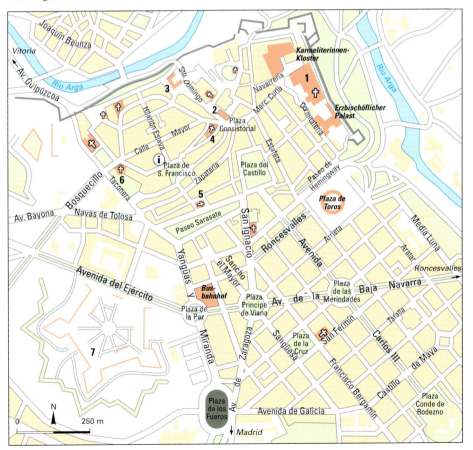

Die beiden Stadtpfarrkirchen sind sehenswerte Kunstdenkmäler, man konnte sich schließlich nicht lumpen lassen: Wie San Lorenzo als Bau des 18. Jh. lohnen auch San Nicolás, San Cernin und San Saturnino als Bauten der frühen Gotik einen Besuch. Die **Kathedrale** (1), die man nur gemeinsam mit dem Diözesanmuseum besuchen darf, ist eine Kirche mit Überraschungen. Hinter der einfachen klassizistischen Fassade des Architekten Ventura Rodriguéz (1783 geplant, 1800 vollendet) versteckt sich ein interessanter gotischer Bau. Am 1. Juli 1390, einen Monat nach der festlichen Krönung König Carlos III. und seiner Gemahlin Leonora von Kastilien, war das Schiff des romanischen Vorgängerbaus in sich zusammengebrochen. Von der künstlerischen Qualität der romanischen Kathedrale zeugen noch einige Kapitele des Kreuzgangs, die im Museo de Navarra ausgestellt sind. Aus der Werkstatt des großen Estebán, der im Jahre 1101 für den Bau der Kathedrale nach Pamplona berufen wurde, sind ebenfalls qualitätvolle Stücke erhalten geblieben. Die Auseinandersetzungen zwischen den Nationalitäten der Stadtteile wurden dem Gebäude im folgenden Jahrhundert zum Schicksal. 1277 verwüstete ein französisches Hilfsheer die Navarrería und plünderte die Kathedrale. Erst im 14. Jh. begann der Wiederaufbau, zwei Flügel des schönen Kreuzgangs erinnern an diese Zeit.

Nach dem Einsturz der alten Kathedrale im Jahre 1390 setzte sich Carlos III. intensiv für den Neubau ein, noch im selben Jahr begann man mit den Arbeiten. An den Wappen auf den Schlußsteinen der Gewölbe lassen sich gut die Baufortschritte ablesen. Begonnen wurde mit den Seitenschiffen, bis 1442 waren auch die Gewölbe des Hauptschiffs geschlossen. Zu Beginn des 16. Jh. wurden die Kapellen des Chorumgangs vollendet, und um 1530 wurden die Sterngewölbe des Hochchors als eleganter Höhepunkt eingezogen.

Der **Chor**grundriß der Kathedrale gehört zu den raffinierteren Leistungen der späten Gotik. An den über einem Mittelpfeiler geschlossenen Hochchor sind vier weitgespannte Kapellen angegliedert, zwei von ihnen sind fünfseitig, zwei sechseckig angelegt. Der Wandaufbau mit schmalen Fenstern, die noch Reste von Renaisanceverglasung in zarten Farben zeigen, bietet weite Flächen. Im Zentrum des Hochchors schimmert silberbeschlagen das strenge, romanische Marienbild Santa María la Real mit dem wohl im 18. Jh. ergänzten Kind. Ein neugotischer silberner Baldachin gibt ihm den passenden Rahmen.

Die schmiedeeisernen Gitter des *Coro* gehören zu den schönsten und technisch aufwendigsten Eisenarbeiten des frühen 16. Jh. in Spanien. Im Schiff davor hat das **Grabmal für König Carlos III. und Leonor de Castilla** seinen Platz gefunden. Dieses repräsentative Werk des Internationalen Stils der Gotik wurde von Janin Lomme aus Tournai zwischen 1411 und 1420 geschaffen, die Arbeiten wurden in den Räumen des königlichen Palasts in Olite ausgeführt. Auf den Sarkophagen liegen die Bildnisse der festlich gekleideten Auftraggeber unter einem Baldachin, der mit aufwendigem Gesprenge verziert ist. Sparsame Farbigkeit und Vergoldung heben den schim-

Pamplona, Kathedrale, Grabmal für König Carlos III. und Leonor de Castilla

mernden Glanz des Alabasters hervor. Stück für Stück wurden die Teile von Olite nach Pamplona transportiert und dann dem Herrscher als vollendetes Denkmal präsentiert.

Kunstvolle Bildhauerarbeiten des 14. Jh. gibt es auch im **Kreuzgang** zu bewundern. Portale, Kapitelle und Grabdenkmäler bilden hier mit der Eleganz des Maßwerks und der Präzision des Steinschnitts ein einmaliges Ensemble. An die Südwestecke des Kreuzgangs mit dem Brunnenhäuschen, dessen Gitter aus Ketten geschmiedet wurden, die König Sancho el Fuerte bei Las Navas de Tolosa 1212 erbeutete, schließen Refektorium und Küche an, wo einst auch die Pilger auf dem Weg nach Santiago de Compostela verpflegt wurden. Heute befindet sich hier das **Diözesanmuseum** mit kostbaren Goldschmiedearbeiten der Gotik.

In dem alten **Hospital Nuestra Señora de la Misericordia** mit platteresker Spätrenaissancefassade und gleichzeitig entstandener Kirche (16. Jh.) ist das **Museo de Navarra** (3) untergebracht, dessen Besuch man nicht versäumen sollte. Eine Elfenbeinpyxis der Kalifenzeit (1004/5) ist vielleicht das kostbarste Objekt, sie wurde wahrscheinlich unter dem Wesir al-Mansur, dem Verwüster des christlichen Nordspanien, in Madinat al-Zahira geschnitzt. Sie zeigt den Kalifen Hisham II. auf einem Löwenthron und Jagdszenen in polygonen Medaillons. Jedes der acht Teile, aus denen sie montiert wurde, hat die Signatur des jeweiligen Künstlers. Gotische Tafelmalerei aus mehreren Kirchen der Provinz, Kirchensilber, Goldschmiedearbeiten und Goyas »Marqués de San Adrián« von 1804 sind weitere Glanzpunkte der Sammlung. Die Kapitelle aus Kreuzgang und Portal der romanischen Kathedrale sollte man nach dem Kathedralenbesuch nicht links liegen lassen. Der Künstler, der die Geschichte des Hiob oder die Kreuzabnahme in drastischen Szenen mit viel Sinn für dramatische Effekte in Stein gemeißelt hat, ist nicht bekannt. Wie er ein Haus kippen läßt, weil es der Sturm ergreift, wie ein über und über von Flecken entstellter aussätziger Hiob aufs Lager sinkt, wie er die Körperteile der Personen in der Kreuzabnahme zu einem monströsen Windrad verschlingt, das muß man gesehen haben.

Der Jakobsweg verläßt Pamplona in Richtung Südwesten, die Straße nähert sich bald einem Höhenzug, dem Perdón. Eine lange Reihe von weiß-metallenen Riesen ist auch hier aufgestellt, die alle Don Quijotes dieser Welt abwehren würde. Ein Sträßchen führt vom **Puerto del Perdón** (679 m) auf den höchsten Punkt (1039 m), der eine Traumaussicht in alle Richtungen bietet – zurück über Pamplona auf die Pyrenäen und voraus in die südnavarrische Ebene zwischen Ebro und Aragón und nach Puente la Reina, den ersten Ort des aus Navarrischem und Aragonischem Weg vereinigten Camino Francés.

Camino Francés: Die erste Etappe auf dem Jakobsweg

Besonders sehenswert:
Puente la Reina
Estella ☆
Torres del Rio

Der Legende nach soll ein Pilger aus dem Rheinland auf seinem Weg nach Santiago de Compostela ein Kruzifix bis Puente la Reina getragen haben. Tatsächlich ist im Chor der Kirche Santa Maria de la Vega y del Crucifijo ein Gabelkruzifix zu sehen, das auffällige Ähnlichkeiten mit rheinischen Arbeiten des 15. Jh. hat. Die Verwendung natürlicher Haare für die Erzielung einer lebensechten Darstellung ist aber ein typisch spanisches Phänomen.

Wenige Kilometer westlich von Eunate treffen sich Navarrischer und Aragonischer Weg, und die verschiedenen anderen Wege, auf denen Gläubige aus fremden Ländern die Pyrenäen überschritten, verbinden sich zu einem einzigen Hauptweg, dem Camino Francés oder Franzosenweg. Nicht, daß es nur Franzosen gewesen wären, die den Weg benutzten, Pilger aus den deutschen Staaten, Holländer, Ungarn, Polen, Vertreter aller katholischen Nationen Europas waren darunter, aber die Franzosen überwogen. Im heutigen Spanien ist der Ausdruck weniger beliebt und kann schon mal zu Mißverständnissen führen, heute gilt die Bezeichnung »Camino de Santiago« als *politically correct*. Ein 1965 errichtetes Pilgerdenkmal aus Stahl (im Gegensatz zur damaligen Neigung, möglichst abstrakte Denkmäler zu errichten, ist dieses durchaus, um nicht zu sagen: überaus gegenständlich) weist am Stadtrand von Puente la Reina auf die Vereinigung der Wege hin. Dieser Text aus einem mittelalterlichen Pilgerhandbuch ist auf dem Sockel eingraviert: »*y desde aquí todos los caminos a Santiago se hacen uno solo*«, »und von hier aus gibt es nur einen Weg bis Santiago.«

Die Brücke der ungenannten Königin: Puente la Reina

Der Name **Puente la Reina,** Brücke der Königin, macht den Ursprung des Städtchens deutlich. Brücken- und Straßenbau waren besonders

Puente la Reina

im 11. und 12. Jh. Grundlage wirtschaftlichen Wachstums und damit politischer Macht. Entlang der Pilgerstraße begegnet man den Bemühungen von Königen oder Königinnen, aber auch Bischöfen und Einsiedlern immer wieder: Puente la Reina de Jaca, Monreal, Logroño, Hospital de Órbigo u. a. sind als Brückenorte entstanden. Welche Königin sich in Puente la Reina so fürsorglich für die Pilger und Kaufleute eingesetzt hat, bleibt ungeklärt. Von der Brücke der modernen Umgehungsstraße läßt sich die alte Pilgerbrücke gut betrachten (nicht zu früh am Morgen, weil sie dann noch im Schatten liegt).

Ende des 11. Jh. ließen sich die ersten »Franken« hier nieder, Einwanderer aus ganz Europa, unter ihnen und an erster Stelle Franzosen. Alfonso I. el Batallador verlieh den Zuwanderern 1122 *fuero* (Stadtrecht) und *fueros* (Privilegien). Spätestens 1235 umschloß eine Stadtmauer mit vier Toren das langgestreckte Rechteck des Ortes, einige Teile sind erhalten.

Im ältesten Stadtkern, den König García IV. Ramírez 1142 dem Templerorden schenkte, stehen Kirche und Kloster Santa María de la Vega y del Crucifijo. Die Pilger betraten die Stadt durch den Bogen,

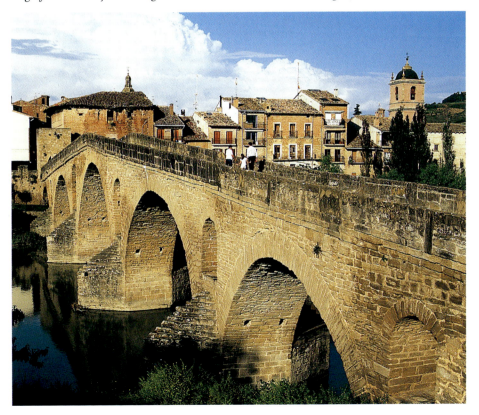

Puente la Reina

Camino Francés

> »Vier Wege führen nach Santiago, die sich zu einem einzigen in Puente la Reina in Spanien vereinen: einer geht über St-Gilles, Montpellier, Toulouse und den Somportpaß, ein anderer über Notre-Dame in Le Puy, Ste-Foy in Conques und St-Pierre in Moissac, ein weiterer über Ste-Marie-Madeleine in Vézelay, St-Léonhard im Limousin und die Stadt Périgeux, ein letzter über St-Martin in Tours, St-Hilaire in Poitiers, St-Jean in Angély, St-Eutrope in Saintes und die Stadt Bordeaux. Diejenigen Wege, die über Ste-Foy, St-Léonard und St-Martin führen, vereinigen sich in Ostabat, und nach dem Überschreiten des Cisapasses (der Paß von Roncesvalles) treffen sie in Puente la Reina auf den Weg, der den Somportpaß überquert; von dort gibt es nur einen Weg bis Santiago.«
> (Pilgerführer des Codex Calixtinus)

der Kirche und Kloster verbindet. Das Kloster verfiel nach dem Untergang des Templerordens und ging in den Besitz der Johanniter über. Juan de Beaumont, Großprior des Ordens und Kanzler von Navarra, ließ die romanische Kirche um ein zweites Schiff erweitern und ein neues Pilgerhospital errichten. Zur Finanzierung stiftete er 1447 eine Bruderschaft, deren dreihundert adlige Mitglieder mit ihren Gaben Hospital und Kirche unterhalten sollten. Sakristei und Turm, auch der Klosterbau wurden im 18. Jh. erneuert.

Die alte Pilgerstraße führt weiter schnurgerade durch den Ortskern und zur Brücke. Mehrere Adelspaläste flankieren die Straße, Wappenschilder und ausladende Balkone machen auf sie aufmerksam. Die Kirche Santiago ist teilweise noch romanisch, so das der Straße, dem Jakobsweg, zugewandte Hauptportal. Mit fünf Archivolten ist es tief in die Wand gesetzt, und über der Kapitellzone öffnet sich statt eines Tympanons ein reich geschmückter viellappiger Bogen, das heißt, der doppelte Halbkreisbogen wird durch kleine Ausnehmungen in Dreiviertelkreisform gegliedert. Ähnlichen Portallösungen begegnet man in Cirauqui oder bei San Pedro de la Rúa in Estella. Die Vorbilder dieser ungewöhnlichen dekorativen Idee liegen sicher in der islamischen Architektur. Die Figuren der Apostel Jakobus und Bartholomäus im Inneren der Kirche entstanden im 14. Jh., zu Anfang des 16. Jh. wurde der einschiffige Kirchenraum mit den schwingenden Linien seiner Gewölberippen errichtet. Zur Erweiterung des 18. Jh. gehören der Turm und die reiche Ausstattung mit goldstrotzenden Altären.

Auf dem Weg nach Estella/Lizarra sollte man das Dorf **Cirauqui** nicht übersehen, der kurze Abstecher von der Umgehungsstraße lohnt sich schon deshalb, weil man dann das Portal von Santiago in Puente la Reina mit dem von San Román vergleichen kann. Hier gab es nie Figuren zwischen den Säulchen des Trichterportals, und es sind acht höchst dekorative Archivolten mit ganz wenig Figurenschmuck, die den viellappigen Bogen über dem Eingang überragen. Doch ist es beileibe nicht nur dieses Portal, das den Abstecher lohnt. Cirauqui hat sich seit dem Mittelalter kaum verändert, die alten Adelspaläste mit ihren übergroßen Wappenschildern, die unregelmäßigen Plätze vor San Román und Santa Catalina de Alejandría (hl. Katharina von Alexandrien) und vor allem die Führung des Jakobswegs durch den Ort sind sehenswert: An seiner höchsten Stelle führt der Jakobsweg unter dem Rathaus hindurch, Steinbänke laden den Pilger im kühlen Schatten zum Ausruhen ein. Folgt man der Rúa Vieja weiter, erreicht man das Flüßchen Salado, das auf dem mittelalterlichen Puente de Lorca gequert wird. Der Autor des *Codex Calixtinus* weiß Unangenehmes von diesem Flüßchen zu erzählen: Er habe hier zwei Navarresen getroffen, die am Wasser saßen und gerade ihre Messer schärften. Sie hätten ihm und seinen Begleitern heimtückisch das Wasser des Flusses empfohlen, woraufhin man die Pferde getränkt habe. Zwei der Pferde starben daraufhin sofort, und die beiden freundlichen Ratgeber hätten ihnen mit frisch geschärften Messern die Häute abgezogen.

Puente la Reina / Cirauqui / Estella

Der Stern des Jakobsgrabs: Terra de Estella

»*Inde Stella que pane bono et optimo vino et carne et piscibus fertilis est, cunctisque felicitatibus plena*« – »Von dort (erreicht man) Estella, das gutes Brot (bietet), den besten Wein, Fleisch und Fisch reichlich, und aller Glückseligkeiten voll ist.« Obwohl **Estella** heute der Sitz der *Amigos del Camino de Santiago* ist, die auch für die Restaurierung der Brücke über den Ega gesorgt haben, ist in dieser modernen Stadt, die den mittelalterlichen Kern in den Klammergriff genommen hat, die Glückseligkeit nicht ganz leicht zu finden.

Der Jakobsweg war im Mittelalter eine bedeutende Einnahmequelle, und jeder auf die Staatsfinanzen achtende Souverän war darum bemüht, den Pilgertourismus auf dem Weg zu fördern – wenn nötig auch mit unpopulären Maßnahmen wie der Verlegung des Wegverlaufs, um neuen Stadtgründungen zu helfen. So geschehen im Jahr 1090, als König Sancho I. Ramírez eine Brücke über den Ega errichten ließ und Franken ansiedelte, auch hier vor allem Franzosen, wobei er den Wegverlauf, der das nahe Kloster Irache berührt hatte, zu Gunsten seiner neuen Siedlung Estella (baskisch Lizarra) verlegte. Die Mönche von Irache, die einer bedeutenden Einnahmequelle beraubt wurden, besänftigte er mit einem Zehntel der königlichen Einkünfte aus der neuen Gründung. Estella, der Stern, wuchs rasch. Rings um San Juan Bautista im Westen der Stadt siedelten Navarreser an, unterhalb der Burg entstand eine *judería*, und im Viertel Arenal sammelte sich eine Mischbevölkerung aus Einheimischen und Zuwanderern.

Estella
1 San Miguel in Excelsis
2 Plaza del Mercado Viejo
3 Puente de la Carcel
4 San Sepulcro
5 Dominikanerkloster
6 Rathaus
7 Palast der Könige von Navarra mit Museum Maeztu y Whitney
8 San Pedro de la Rúa
9 Stadttor
10 San Juan Bautista
11 Kloster Santa Clara
12 Benediktinerkloster

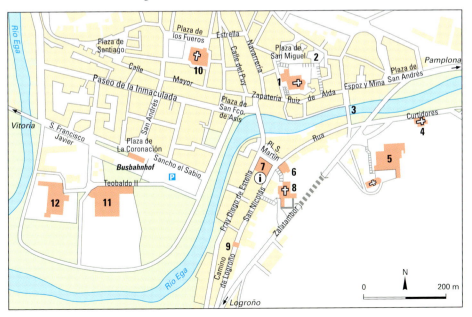

San Miguel in Estella, Nordportal, Kapitelle der linken Gewändesäule mit Szenen aus der Kindheit Christi

Der Roman »Wintersonate« von Ramón de Valle-Inclán verwendet den zweiten Karlistenkrieg um Don Carlos VII. und Estella, dessen Hauptstadt, als Hintergrund eines packenden Romans. Die Hauptfigur, der Marqués de Bradomín, spielt auch in »Frühlingssonate« und »Der Karlistenkrieg« eine bedeutende Rolle.

Mauern trennten und schützten die einzelnen Stadtteile. Für alle galt der 1164 noch einmal von Sancho VI., dem Weisen, bestätigte *fuero*. Zu gemeinsamen Beratungen traf man sich in der Casa de San Martín schräg gegenüber dem Palast der Könige von Navarra. Im 13. Jh. konnte sich nur Burgos an Wirtschaftskraft mit Estella vergleichen. König Thibault I. richtete eine vierzehntägige Messe ein, die zusätzliche Einnahmen und Bedeutungszuwachs brachte. Dann aber setzten königliche Eingriffe und kriegerische Auseinandersetzungen der Stadt zu. Die Bruderschaften, Vertretung der Bürger und ihrer Rechte, wurden 1323 aufgelöst, 1328 wurde die *judería* in einem Pogrom vernichtet, Streitigkeiten zwischen Navarra und Kastilien traten an die Stelle der Reconquista. Der Abstieg zum unbedeutenden Provinzort setzte mit der Okkupation Navarras durch Kastilien ein (1512), und auch die Wahl Estellas zur Residenz der Karlisten (2. Hälfte 19. Jh.) trug nicht unbedingt zu bleibendem Bedeutungszuwachs bei. Das städtische Wachstum der letzten Jahrzehnte kann sich an Häßlichkeit mit anderen spanischen Städten messen.

Vom Großparkplatz geht man am besten zur Brückenvorstadt nördlich des Ega, auch die Jakobspilger kamen hier an, wenn auch von Osten und nicht wie wir von Südwesten. Eine hohe Treppe führt zum Südportal der **Kirche San Miguel in Excelsis** (1), von dem man einen guten Überblick über die alte Stadt hat. Auf der Nordseite der frühgotischen Kirche liegt die **Plaza del Mercado Viejo** (2), wo sich früher der Markt abspielte. Eine nachträglich erbaute Vorhalle schützt das Kunstwerk des Nordportals, das sich ausnahmsweise vom Pilgerweg ab- und dem Marktgeschehen zuwendet. Dieses Nordportal gehört zum Schönsten, was die späte Romanik Ende des 12. Jh. entlang des Pilgerwegs geschaffen hat. Die lebendige Bewegtheit der Frauen am Grabe, der hierarchische Stolz der Apostel, die Lebendigkeit der kleinen Szenen an den Kapitellen ziehen den Beschauer in ihren Bann.

Christus ist, wie oft, als Richter des Jüngsten Gerichts dargestellt, auf seinem Buch findet sich wieder das Chrisma. Um die Mandorla gruppieren sich die vier Wesen, apokalyptische Zeichen und zugleich Symbole der vier Evangelisten. Bittend treten ein Mann und eine Frau hinzu: Stifter oder Johannes und Maria? In den Archivolten schwingen Engel Weihrauchfässer, die Ältesten der Apokalypse, die Patriarchen und Propheten dürfen natürlich nicht fehlen, dann folgen Szenen des Neuen Testaments und außen Heiligenleben. Man sieht Sankt Martin den Mantel teilen, Laurentius mit seinem Rost und Petrus. Die Kapitelle der Säulen des Gewändes schildern die Kindheitsgeschichte Christi. Links und rechts des Portals stehen acht Apostel, ursprünglich als Gewändefiguren gedacht. Darunter wird der Patron der Kirche, Erzengel Michael, bei seinen beiden wichtigsten Tätigkeiten gezeigt: Er tötet auf der linken Seite den Drachen, und daneben wiegt er die Seelen beim Jüngsten Gericht. Auf der rechten Seite des Portals treten die drei Marien an das leere Grab des Herrn. Einer der beiden Engel erklärt den Frauen mit ihren Salbgefäßen in den Händen, daß das Grab leer sei.

Wie die Pilger seit Gründung der Stadt sollten Sie von San Miguel zur **Puente de la Carcel** (3) gehen, die im Jahre 1873 an der Stelle und in den Formen der romanischen Brücke errichtet wurde. Hier beginnt die Rúa, die den alten Ort in seiner ganzen Länge querende Pilgerstraße. Oberhalb steht die **Kirche del Santo Sepulcro** (4), ein einschiffiger frühgotischer Bau mit großzügig geschnittener Fassade: Ein Tympanon mit Abendmahl, Kreuzigung, Grablegung und den Frauen am Grab wird von zwölf dicht gedrängten Archivolten überspannt. Vor dem Portal grüßt den Pilger eine kaum noch erkennbare Jakobusfigur. Der dominierende Bau des alten **Dominikanerklosters** (5) direkt oberhalb von San Sepulcro ist heute ein Altersheim.

An mehreren Stadtpalästen vorbei erreicht die Rúa den Platz San Martín, an dessen südlicher Front das **Renaissance-Rathaus San Martín** (6) steht. Der Name des Platzes ist eine Erinnerung an die fränkisch-französische Einwohnerschaft dieses Stadtviertels, ist San Martín doch niemand anderer als der fränkische Nationalheilige Martin von Tours. Die Westseite des Platzes nimmt der **Palast der Könige von Navarra** (7) ein. Die Prunkfassade mit den weiten Bögen der zur alten Pilgerstraße hin offenen Halle ist Teil des einzigen Beispiels romanischer Profanarchitektur, das sich in Navarra erhalten hat, eines der wenigen in Spanien überhaupt! Berühmt sind die Kapitelle der kleinen Doppelarkaden wie jene der großen Halbsäulen und Fassadenrahmen. Am besten sieht man sie aus dem ersten Stock des

Estella, Palast der Könige von Navarra in der Rúa. Das unterste Kapitell links zeigt den Kampf Rolands mit dem maurischen Riesen Ferragut (s. S. 101). Der Stoff zu dieser Darstellung stammt aus dem legendären Bericht des Pseudo-Turpin über den Zug Karls des Großen nach Spanien. Zu Pferd und zu Fuß, mit Speer, Keule und Schwert wird um den Rückzug der Truppen des fränkischen Kaisers gekämpft. Die Inschriften bezeichnen die Helden der Auseinandersetzung und nennen einen Martin von Logrofio als Bildhauer.

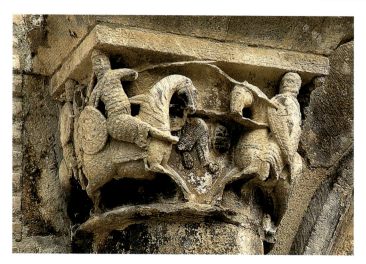

Palastes, in dem heute das **Museum Gustavo de Maeztu y Whitney** des in Estella verstorbenen Malers baskisch-navarrisch-englischer Herkunft untergebracht ist (s. S. 52).

Oberhalb der Straße steht die **Kirche San Pedro de la Rúa** (8). Eine Treppe führt vom Platz zum Nordportal der Kirche, das den viellappigen Bogen mit dem Chrisma im Mittelschiff in eine frühgotisch anmutende, tatsächlich aber wohl noch romanische Rahmung stellt. Drei Schiffe, drei Apsiden, ein weiter Raum bestätigen diesen spätromanischen Eindruck. Ein Beispiel für die Fabulierlust der späten Romanik ist die aus drei verflochtenen Schlangen gebildete Säule auf der Nordseite der Apsis. Dieser Eindruck der Leichtigkeit des Umgangs mit Bildern und Stein, mit Architektur und Gestaltung setzt sich im **Kreuzgang** fort, den man, wenn die Kirche geschlossen ist, über eine unscheinbare Treppe erreicht, die 50 m weiter auf der Rúa in Richtung des südlichen Ortsausgangs beginnt. Nur noch zwei Flügel sind erhalten. Bei der Sprengung der Burg (1521), die früher auf dem Felsen darüber lag, wurden Ost- und Südflügel zerstört. Der Wiederaufbau hat auf den beiden erhaltenen Seiten alles noch brauchbare Material zusammengestellt. Doppel- und Vierfachsäulchen, in einem Fall gewunden und dabei spielerisch gekippt, tragen die Kapitelle. Die Szenen von der Kindheit Christi bis zu Passion und Auferstehung, die Ermordung der Kinder zu Bethlehem oder die Martyrien der Heiligen Laurentius, Andreas und des Kirchenpatrons Petrus bilden daher keine konsequente Folge, aber ein Ensemble bester spätromanischer Skulptur an einem der stimmungsvollsten Orte, den Estella zu bieten hat, trotz der Umgehungsstraße, die den Burgfelsen mit einem Tunnel durchquert und direkt am Kreuzgang vorüberführt.

Von Estella sollte man einen Abstecher in das Kalkbergland im Norden machen. Dort liegt ein Kloster in der Einsamkeit eines grünen

Tals, das nur durch einen schmalen, sonntags von Picknickern belebten Talabschnitt zu erreichen ist. Das heute von Theatinermönchen genutzte ehemalige **Zisterzienserkloster Iranzu** wurde ab 1176 in der Waldeinsamkeit errichtet. Die Kirche zeigt konsequente französische Zisterzienserplanung mit geradem Chorschluß und strenger, schmuckloser Architektur. Beachtenswert ist die Stilreinheit und Eleganz des Maßwerks in den Bogenfüllungen des (restaurierten) Kreuzgangs. Aber auch Nebengebäude samt Resten der Einrichtung haben sich erhalten, so die Klosterküche mit großem Kamin.

Mit der Klosterbesichtigung sollte man als braver Jakobspilger den Abstecher nach Norden beenden und nach Estella zurückkehren. Aber andererseits liegt hier in Iranzu die Landschaft der Sierra de Urbasa mit schroffen Kalkwänden und kleinen Bergdörfchen direkt vor der Nase, da locken die deftigen kulinarischen Genüsse in der westlich anschließenden Hügel- und Berglandschaft der Amescoas ...

Also zurück auf den Pilgerweg! Ab Estella ist der Fußweg – wieder einmal – der Asphaltstraße vorzuziehen, nach ein paar Kilometern passiert er nämlich die Weinkellerei Irache, die für die Jakobspilger einen Wasser- und Weinbrunnen angelegt hat, ein nachahmenswertes Unternehmen! Irache also: **Santa María la Real de Irache/Iratxe** gehört zu den ältesten Benediktinerklöstern Navarras, schon König García III. Sánchez el de Nájera befahl 1051, hier ein Pilgerhospital einzurichten. Vom Reichtum des Klosters, das heute in Teilen zum Hotel umgebaut wird, zeugen die aufwendige spätromanische und frühgotische Architektur der Kirche, der Kreuzgang und die Bauten des 16. Jh., aus der Zeit, als Irache auch als Universität diente. Reizvoll sind die figürlichen Kapitelle der Kirche und die Vierungskuppel, die wie in Toro oder Zamora von Trompen getragen wird und nach außen als Oktogon zu erkennen ist. Der Renaissance-Kreuzgang ist in einer der Stilmischungen gehalten, für die Spanien so viel übrig hatte: Den gotischen Formen wurden Elemente der Renais-

Besonderer Service für durstige Pilger: Weinbrunnen in Irache

Camino Francés

sance unterschoben, was wie ein gotisches Gesprenge aussieht, stellt sich bei näherem Hinsehen als ein die Antike paraphrasierendes Ornament heraus. Bemerkenswert auch die figürliche Vielfalt der Kapitelle des Kreuzgangs, die neutestamentlichen Szenen, aber auch das Leben des hl. Benedikt (San Benito) darstellen.

Bei der Weiterfahrt fällt rechts die von einer Burgruine gekrönte Kegel-Silhouette über dem Dörfchen **Villamayor de Monjardín** auf. Dessen spätromanische Pfarrkirche San Andrés verdient schon wegen des großen romanischen Prozessionskreuzes in der Sakristei einen Besuch. In **Los Arcos,** das heute ebenfalls von der Staatsstraße umfahren wird, ist besonders augenfällig, daß viele Orte entlang des Jakobswegs früher wesentlich größere Bedeutung hatten als heute. Das verschlafene Bauerndorf besitzt seit 1175 Stadtrecht. Die eindrucksvolle Kirche Santa María, deren zum Jakobsweg zeigendes Nordportal des 16. Jh. wie eine spanische Renaissance-Altarwand ausgeführt ist, zeugt von früherer Bedeutung. Die Kirche prunkt im Inneren mit barocken Altären, der frühbarocke, dreistöckige Hochaltar ist von außergewöhnlicher Detailfülle. In der Mitte des untersten Stockwerks steht die gotische Madonna, die Los Arcos in früheren Zeiten zum Ziel vieler Wallfahrten machte. Die barocke Orgel und das platereske Renaissance-Chorgestühl sind ebenfalls beachtenswert. Ein stimmungsvoller, ruhiger Kreuzgang öffnet sich nach Süden, er entstand in der Spätgotik. Auffällig sind noch das Portal (Stadttor) de Castilla mit dem Wappen Philipps V. (Los Arcos gehörte 1463–1753 zu Kastilien) und eine besonders lautstarke Bar, in der sich die gesamte männliche Bevölkerung des Ortes versammelt.

Das große, schloßähnliche Gebäude, das den Blick auf den Ort Villamajor de Monjardin beeinträchtigt, ist ein Weingut, das, tpisch für Navarra, sortenreine Weine für den internationalen Markt produziert, vor allem Chardonnay. Die dominierende Rebsorte Grenache (Garnacha) wird vor allem zu Rosados (Rosé-Weinen) verarbeitet, deren Frische und Leichtigkeit sie zu idealen Sommerweinen machen.

Von Sansol hat man einen wunderbaren Blick auf das Tal des Linares und das jenseits gelegene **Torres del Río.** Aus der niedrigen Dachlandschaft hebt sich der Bau von **San Sepulcro** heraus, der Kapelle des Heiligen Grabs. Der Eindruck der Höhe steigert sich noch, wenn man vor den glatten, am Abhang steil aufsteigenden Wänden des Achtecks steht. Das Ungewöhnliche und Aufregende des schlicht konzipierten Baus ist die nach islamischen Vorbildern ausgeführte Führung der Rippen in der Kuppel. Wie im zentralen Gewölbe der Bab Mardum-Moschee (heute Kirche Cristo e la Luz) in Toledo oder wie im Gewölbe der Maqsura der Großen Moschee (heute Kathedrale) in Córdoba, beide noch vor dem Jahre 1000 fertiggestellt, werden die Rippen (wie beim Rippengewölbe französisch-mitteleuropäischer Herkunft) nicht durch die Kuppelmitte geführt, sondern in Form von einander schneidenden Linien, die um die freigelassene Kuppelmitte einen Stern bilden. Der Bau war wohl eine Totenkapelle. Reiche Gräber, die man im 17. Jh. neben der Kapelle aufdeckte, unterstützen diese Interpretation.

Torres del Río, Grundriß von San Sepulcro

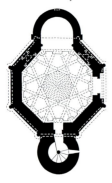

Bevor Sie Navarra verlassen, sollten Sie **Viana** einen Besuch abstatten. Und wenn es nur wegen der goldschimmernden Altarwand der **Pfarrkirche Santa María** wäre, deren barocke Formen noch durch Renaissance-Architektur zusammengehalten werden (1670). Zuvor haben Sie schon das Südportal (um 1570) bewundert, das in der Form

Torres del Río / Viana

einer riesigen steinernen Altarwand, die man in einen monumentalen Triumphbogen hineingestellt hat, aufgeführt wurde. Davor ist eine Platte in den Boden eingelassen: Hier starb 1507 der Papstsohn Cesare Borgia. Der Sohn Papst Alexanders VI. aus der spanischen Familie Borja war siebzehn Jahre alt, als sein Vater die Tiara erlangte und achtunddreißig, als der Papst starb und ihm damit die Basis für seine bis heute nachhallenden Abenteuer genommen war. 1493 war er mit achtzehn Kardinal von Valencia geworden, als Kardinal befahl er den Mord an seinem Bruder Giovanni und begann er ein Verhältnis mit seiner Schwester Lucrezia. Als er 1497 die Besitzungen seiner Brüder übernahm, legte er seine geistlichen Würden nieder und heiratete die Tochter Ludwigs XII. von Frankreich und Schwester König Johanns von Navarra. In dessen Diensten belagerte er den abtrünnigen Befehlshaber der Zitadelle von Viana und fiel in einem nächtlichen Scharmützel. Erst wurde er fürstlich neben dem Altar der Kirche Santa María begraben, dann setzte man ihn vor die Tür, weil man seine Gegenwart am Altar als Zumutung empfand. Im Inneren der Kirche sind in der Kapelle San Luis del Ramo die Gemälde des Luis Paret beachtenswert.

Torres del Rio, San Sepulchro. Die Führung der Rippen in der Kuppel ist eines der hervorragendsten Beispiele für die Übernahme maurischer Vorbilder in die christlich-spanische Architektur.

Von Logroño bis San Juan de Ortega

Von Logroño bis San Juan de Ortega: Nicht nur Rioja-Weine

Besonders sehenswert:
Logroño
Nájera
San Millán ☆

Mit dem Ebrofluß erreicht man die Autonome Region Rioja, eine der kleineren Regionen Spaniens. Logroño am anderen Ufer des Ebro liegt zwar ganz am Rande, ist aber das unangefochtene historische Zentrum. Die Eroberung der Rioja durch gemeinsames Vorgehen der Könige von León und Navarra (Ordoño II. und Sancho I. Garcés)

Logroño, Konkathedrale Santa María

war im Jahre 923 eine der ersten wichtigen Etappen der Reconquista. In der fruchtbaren Flußebene des Ebro konnte besser als in Altkastilien Weinanbau betrieben werden, für den die Landschaft heute mehr denn je berühmt ist. Die dunkelroten *tintos* aus der Region Rioja tragen seit 1926 die Bezeichnung D. O. (*Denominación de Orígen*), sind also herkunfts- und qualitätsgeschützt, der Sitz der Kontrollbehörde ist in Logroño. Etwa 400 Güter teilen sich mehr als 50 000 ha Weinland, auf dem in einem durchschnittlichen Jahr 250 000 t Trauben geerntet werden. In der Wertschöpfung liegt der Weinbau mit 31 % des Bruttoregionalprodukts an der Spitze, 18 000 von 260 000 Einwohnern der Region sind im Weinbau beschäftigt! Die guten Jahrgänge der besten *cavas* sind körperreich, in der Jugend von kräftiger Säure, aber dennoch schon seidenweich auf der Zunge und voll am Gaumen. Sie duften nach Vanille, nach Früchten und Wiesenblumen. Flaschen mit dem *reserva*-Etikett verraten zweijährige Faß- und einjährige Flaschenlagerung, solche mit *gran reserva* auf dem Etikett drei Faß- und drei Flaschenjahre – daß das Endprodukt nach derart ausgedehnten Lagerzeiten nicht zu Schleuderpreisen verkauft werden kann, versteht sich. Die *crianza*-Weine sind etwas preiswerter, sie haben eineinhalb Jahre Faßlagerung hinter sich und sind oft recht frisch und kräftig tanninhaltig. Selber schuld, wer bei der Fahrt durch diese Region nicht probiert, was sie oenologisch zu bieten hat. Bester Zeitpunkt ist der 21. September, wenn am Festtag San Mateo in allen Weingemeinden der Region das große Erntedankfest stattfindet.

Köstlich zum Wein: Pimientos

Das alte **Logroño** erreicht man über eine steinerne Brücke aus dem Jahre 1884. Sie ersetzt mit ihren sieben Bögen die mittelalterliche Brücke, die vom heiligen Juan de Ortega zu Beginn des 12. Jh. in Auftrag gegeben worden war, um diesen schwierigen Flußübergang auf dem Jakobsweg zu entschärfen – übrigens bereits als Ersatz für eine noch ältere Brücke. Drüben weisen die Bodenmarkierungen des Jakobsweges nach rechts in die Rúa Vieja. Der Name der Kirche Santa María del Palacio (Eingang von der parallel verlaufenden Rúa Mayor) trägt noch die Erinnerung an Alfonso VII. von Kastilien, der sich zum Kaiser Spaniens stilisierte und seinen Palast den Kanonikern vom Heiligen Grabe vermachte, die ihn zur vielfach veränderten Kirche umwidmeten. Sehenswert ist vor allem der Hochaltar aus der Mitte des 16. Jh. Hinter dem für die Schnitzarbeiten zuständigen Arnao de Bruselas verbirgt sich Arnold von Brüssel.

Wenn man von der Rúa Vieja nach links abbiegt trifft man auf San Bartolomé, einen später veränderten romanischen Bau, dessen ganz mozarabischer Turm ein vernachlässigtes Altstadtviertel überragt. Das protogotische Südportal erzählt lebendig und anschaulich vom Leben des hl. Bartholomäus. Vom Platz vor der Kirche geht man nach rechts in die Calle de Portales innerhalb der Fußgängerzone, dabei passiert man die strenge Südfront der **Konkathedrale Santa María la Redonda**. Sie ist für zwei Diözesen zuständig, die 1956 vereinigt wurden, nämlich Calahorra und Santo Domingo de la Calzada,

Von Logroño bis San Juan de Ortega

daher die Bezeichnung Konkathedrale. Die dreischiffige spätgotische Hallenkirche hat eine stupende barocke Westfassade (1742), die in ihrer römische Triumphbögen zitierenden Monumentalität letztlich auf Gian Battista Albertis Sant'Andrea in Mantua zurückgeht. Die beiden flankierenden Türme verstärken den monumentalen Eindruck der Fassade. Die üppige Skulptierung im mittleren Bereich, die sich der Form einer steinernen Altarwand nähert, ist eine typisch spanische Zutat. Das Chorgestühl ist ein Werk des Arnao de Bruselas, den wir gerade in Santa María del Palacio kennengelernt haben.

Geht man auf der Rúa Vieja weiter, gelangt man auf die Plaza San Pablo. Sie ist vollständig mit einem modernen Steinmosaik überzogen, das ein Brettspiel repräsentiert, eine Art »Reise nach Santiago«. Die Steinquadrate sind mit Nummern versehen, die Pyrenäengrenze steht am Anfang, Santiago am Ende, und dazwischen liegen die berühmten Stationen des Weges, die mit leicht verständlichen graphischen Kürzeln (eine Brücke für Puente la Reina) und unterschiedlich farbigen Steinen eingelegt sind. Etwas oberhalb liegt in der Fortsetzung der Straße links der Pilgerbrunnen, geschmückt mit Pilgermuscheln, rechts die Kirche Santiago el Real. Ihre Fassade zeigt Santiago Matamoros, den Apostel Jakobus zu Pferd als Maurentöter. So soll er König Ramiro I. von Asturien im Jahre 844 in der Schlacht von Clavijo gegen Abd al-Rahman II. erschienen sein. Clavijo liegt übrigens nur wenige Kilometer südlich von Logroño. Auf dem Südportal, dem Jakobsweg zugewandt, tritt der Patron gleich zweifach auf, einmal (1662) als Pilger und darüber, hoch zu Roß (1737), als Matamoros. Die spätgotische polychrome Jakobusfigur des Hochaltars ist dagegen ausgesprochen ruhig und zurückhaltend.

Das alte Logroño ist heute nur noch eine Art Wurmfortsatz der modernen Stadt, die ihre Ausläufer weit in die Rioja-Ebene vorgestreckt hat. Die große Plaza del Espolón mit ihrem schönen Baumwuchs und den einladenden Cafés verbindet Alt und Neu. Die breite Gran Via ist neben den Gassen um die Calle de Doctores Castroviejo die Flanierzone und das Einkaufsviertel der Stadt und der ganzen Region. Wer hier keine Bar findet, um Riojawein zu kosten (die Jahrgänge 1982, 1994–1996, 1998 und vor allem 2001 waren hervorragend) oder die gastronomischen Spezialitäten im Restaurant zu testen (die verschiedenst gefüllten Spitzpaprika sind Legende), versäumt es, sich mit einem eminent wichtigen soziokulturellen Element der Region bekanntzumachen.

Von der Staatsstraße in Richtung Burgos sollte man nach der Überquerung der Autobahn Bilbao–Zaragoza in den Flecken **Navarrete** abbiegen. Nicht nur das flämische Triptychon Adrian Ysenbrandts, das die Sakristei der Pfarrkirche des alten Jakobsortes verwahrt, ist den Abstecher wert. In der Erinnerung bleibt vor allem ein Denkmal am Ortsrand, das isoliert (und nicht am Originalstandort) stehende romanische Eingangsportal zum früheren Pilgerspital San Juan de Acre, des hl. Johannes von Acco, einer Hospitalitereinrichtung. Die

Szenen der Kapitelle sind von naiver Freude am Geschichtenerzählen erfüllt: Georg erschlägt den Drachen, Kain erschlägt Abel – man fragt sich, was diese Szenen für ein Pilgerhospiz bedeuteten.

Die Brücke über den Najerilla, die das unübersichtliche und bemerkenswert häßliche Neustadtviertel mit dem alten **Nájera** verbindet, ist Schauplatz des Kampfs Rolands mit dem Riesen Ferragut (s. S. 94). Der riesenhafte Heide hatte als Verteidiger der maurischen Stadt die Ritter des Heers Karls des Großen zum Einzelkampf herausgefordert. Diesem ritterlichen Ansinnen entsprechend schickte Karl seine Paladine, als ersten Ogier den Dänen. Ferragut klemmte sich die Helden kurzerhand unter den Arm und nahm sie in Gefangenschaft. Erst Roland gelang es nach langem Kampf und noch längeren theologischen Diskussionen die einzige verwundbare Stelle des Riesen zu finden und ihn zu besiegen.

Tatsächlich wurde Nájera erst im Jahre 923 durch Ordoño II. von Asturien und Sancho I. Garcés von Navarra erobert, dann aber gleich zur zweiten und phasenweise sogar ersten Residenz (neben Pamplona) gewählt, was dem Königreich auch den Namen »von Nájera« eintrug, worauf man im Ort berechtigterweise recht stolz ist. Nájera blieb bis 1076 Residenz, als es Alfonso VI. von Kastilien eroberte und an dieses anschloß. Das **Kloster Santa María La Real,** ein ausgedehnter Gebäudekomplex unter den roten Felsen hinter dem Ort, war schon 1052 von Don García III. de Nájera gegründet worden. Don García war in einer Grotte unter den Felsen von einer Marienvision zur Gründung des Klosters aufgefordert worden; als die Erscheinung verschwand, fand sich der König vor einer Marienstatue. Sein Falke hatte dorthin eine Taube verfolgt, nun fand er beide friedlich vereint unter dem Bild. Dieses Erlebnis, als Wunder gedeutet, war der legendenhafte Anlaß zur Klostergründung. Der reale Anlaß war die Gründung des Ordens de la Terraza, des frühesten Ritterordens im Rahmen der spanischen Reconquista. Alfonso VI. unterstellte die junge Gründung im Jahre 1079 dem Kloster Cluny, französische Mönche und ein neuer Abt zogen ein, was Anlaß für ausgiebige und langandauernde Streitigkeiten gab.

Die Höhle in der Felswand ist von der spätgotischen Kirche des Klosters aus zu betreten. Ein gotisches Marienbild steht am Ort des Wunders, die romanische Skulptur der Virgen de la Terraza bildet heute den leuchtenden Mittelpunkt der hohen vergoldeten Altarwand im Chor. Die Kirche, wie wir sie heute sehen, entstand erst 1422–53 in klaren hochgotischen Formen, archaisch für die Entstehungszeit und noch völlig unberührt von isabellinisch-plateresken Dekorauswüchsen der zweiten Jahrhunderthälfte. Als Abschluß wurde am Ende des Jahrhunderts im Hochchor über dem Westbau das nunmehr von Detailfülle förmlich überquellende geschnitzte Chorgestühl in der Werkstatt von Andrés und Nicolás de Nájera geschaffen.

Im Durchgang zwischen den westlichen Kirchenjochen und der durch die Erscheinung Mariens geheiligten Felshöhle befindet sich

»Das Königreich von Nájera ... erwarb unter Sancho III., dem Großen, eine singuläre Bedeutung. Diesen Monarchen, der zum Herrscher des nördlichen Drittels der Halbinsel wurde, nannte man mit Recht Rex Ibericus, Rex totius Hispaniae und Rex Imperator.«
(J. García Prado, »El reino de Nájera«)

Von Logroño bis San Juan de Ortega

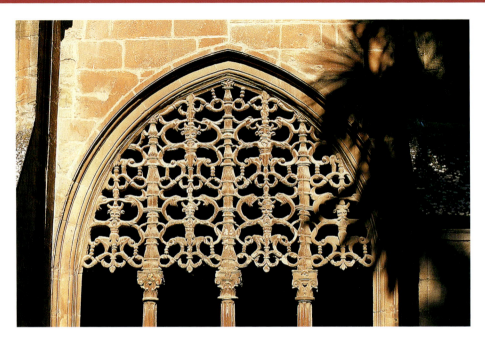

Nájera, Santa Maria La Real, Kreuzgang

die Grablege navarrischer Könige – oder, wie man es im Ort lieber hört, der Könige von Nájera. Die Renaissance gab dem Panteón Real unter Fray Rodrigo de Gadea als Abschluß der spätmittelalterlichen Bauarbeiten 1556–59 seine heutige Gestalt. Zwei steinerne Soldaten wachen vor den Gräbern von Adel und Königen und jungen Infanten. Vor dem Eingangsbereich zur Höhle steht das Grabmal der Doña Blanca von Navarra, die mit König Sancho III. von Kastilien verheiratet war. Sie starb 1156 bei der Geburt ihres Sohnes Alfonso, der als Alfonso VIII. bis 1214 regierte. Während man im 16. Jh. die anderen Sarkophage mit Bildnissen nach zeitgenössischem Geschmack versah, zeigt der Sarkophag der Doña Sancha noch den romanischen Bilderschmuck mit Christus als Weltenrichter in der Mandorla (einzigartig auf einem romanischen Sarkophag!) und den Aposteln auf der Schräge des Deckels, darunter die Sterbeszene, bei der Engel die Seele der im Kindbett verstorbenen Königin, nach byzantinischem Vorbild als Kind dargestellt, im Empfang nehmen. Trauernd und von zwei Begleitern gestützt steht der König daneben. Die andere Deckelschräge schildert das Gleichnis der klugen und törichten Jungfrauen, das im Mittelalter immer wieder als mahnendes Beispiel zitiert wird, und darunter die Anbetung der Heiligen Drei Könige und den Kindermord von Bethlehem, der inmitten der Gräber jung verstorbener Infanten eine besondere Bedeutung erhält.

Unter Juan de Llanos und Diego de Valmaseda wurde der optisch opulenteste Teil der Klosteranlage, der untere **Kreuzgang,** erbaut. Die spätgotische Architektur der Arkaden wurde unter großzügiger Förderung durch Kaiser Karl V., dessen Wappen man mehrfach begegnet, mit Renaissancekandelabern statt mit Maßwerk gefüllt. Mit dem oberen, in strengen herreresken Renaissanceformen gehaltenen Stockwerk des Kreuzgangs fanden die Bauarbeiten von 1571–81 ihren Abschluß.

1889 wurden die Gebäude des 1835 aufgelösten Klosters unter Denkmalschutz gestellt, sechs Jahre später zogen Franziskaner ein, die bis heute die Tradition der Herberge am Jakobsweg hochhalten.

Ein Pflichtabstecher führt in die Sierra de la Demanda. Fünf Kilometer hinter Nájera verläßt man die Nationalstraße nach Burgos und folgt einer Landstraße über Azofra, dessen Dorfstraße mit dem alten Jakobsweg identisch ist, nach **Cañas** mit seinem **Nonnenkloster Santa María del Salvador.** Das Zisterzienserkloster des 13. Jh. besitzt eine hervorragende Renaissance-Altarwand im flämischen Stil. Im Kapitelsaal befindet sich der spätromanisch-frühgotische Sarkophag der Äbtissin Doña Urraca López de Haro. Ganz friedlich liegt die steinerne Äbtissin auf ihrem Sarkophag, während an den Seiten ihr Begräbnis in Gegenwart des Bischofs stattfindet und sich alles ob ihres Heimgangs die Haare rauft.

Keine zehn Autominuten weiter, in **San Millán de la Cogolla,** liegen in einem grünen Tal die beiden Klöster des heiligen Aemilianus. Dieser wuchs als Sohn eines Hirten auf und wurde durch die Schulung des Eremiten Felix (San Felices) zum Menschenhirten. Rings um seine Höhle, die später zu seiner Grabkapelle wurde, sammelten sich weitere Eremiten, Schüler und die Ratsuchenden der Umgebung. Mit dem Tod des Heiligen im Jahr 574 wurde sein Rückzugsort zum Pilgerziel, der Ort blieb möglicherweise auch während der arabischen Okkupation besetzt, was sich archäologisch jedoch nicht beweisen ließ. Durch ein Werk des Gonzalo de Berceo, des

Hermann Künig aus Vach rühmt den Ort Nájera in seinem Wallfahrtsbuch von 1495: »Da gibt man gern umb Gottes willen/ In den spitalen hastü allen dynen willen/ Ußgnomen in Sant Jacobs spitall/das ist honerfolck allezumall/die spitelfraw den brudern vyl schalckheyt dut/ Aber die breite synt sere gut.«
Man sieht, es hat sich gar nicht so viel verändert.

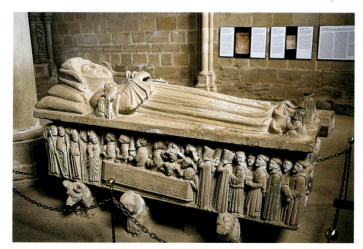

Cañas, Grabmal der Doña Urraca

ersten Dichters kastilischer Sprache, dessen Namen wir kennen, wurde die Lebensgeschichte des Heiligen im Mittelalter weit verbreitet. Der Dichter stammte aus dem Dorf Berceo, das Sie kurz vor San Millán de la Cogolla durchfahren haben.

Die Straße durch das Tal führt geradeaus ins untere, jüngere Kloster **San Millán de Yuso** (*yuso* bedeutet unten, unterhalb), das Anfang des 11. Jh. angelegt wurde, als König García III. Sanchez das Kloster von Nájera gründete. Damals habe man versucht, so die Legende, die Gebeine des heiligen Millán nach Nájera zu führen, sei aber nicht weiter gekommen als zum so bestimmten Bauplatz des neuen Klosters. Der historische Hintergrund ist die Tatsache, daß der navarrische König García III. Sanchez das Erbe seines Vaters mit seinem Bruder Fernando zu teilen hatte. Während Fernando Kastilien erbte und später auch noch León erwarb, mußte sich García mit Navarra zufriedengeben. Um das Ansehen seines Staatswesens zu heben, förderte er die Klöster, die Neulanderschließung betrieben und die landwirtschaftliche wie die gewerbliche Produktivität ankurbelten, darunter besonders das Kloster San Millán. Mit der Überführung der Gebeine des Heiligen leistete er einerseits dem Kloster moralische Unterstützung und förderte andererseits das Ansehen der Monarchie. Nach seinem Tod in der Schlacht von Atapuerca im Jahr 1053 annektierte sein siegreicher Bruder Fernando I. den südwestlichen Teil Navarras bis zum Ebro: Das war die Geburtsstunde der heutigen Region Rioja. Damit wurde auch San Millán kastilisch. Das Kloster fühlte sich mit dem neuen Herrn bald recht wohl: Um sich Freunde zu machen, förderten auch der kastilische Sieger und seine Nachkommen die Klöster, so Alfonso VI., der dem Kloster 1094 sämtliche früheren Schenkungen bestätigte und sich auch persönlich spendabel zeigte.

1809 plünderten napoleonische Soldaten die strengen Renaissancebauten, die etwas fehlgegriffen manchmal als »Escorial der Rioja« bezeichnet werden. Vieles von der barocken Ausstattung blieb erhalten, aber die kostbaren Schreine der hll. Millán und Felice (der angebliche Lehrer des Millán) wurden ausgeraubt. Gold, Silber und Edelsteine sind verloren, aber einige der sehenswerten Elfenbeinschnitzereien sind auf neuen Schreinen zu sehen, andere, die ebenfalls unter den Händen des Magisters Engelremnus (Meister Engelram aus dem Rheinland) und seines Sohnes Redolfus 1053 – 1067 entstanden, sind auf große Museen in aller Welt verteilt. Die hier erhalten gebliebenen Elfenbeinplatten zeigen erzählerisch gestaltete Szenen: Ein Tisch wird nach vorne gekippt, um zu zeigen, was darauf ist, ein Bett jedoch und der Körper eines Heiligen sind im Profil dargestellt, weil man dann besser erkennt, was dargestellt wird. Einige kostbare Stoffe haben sich erhalten, so ein rotes Seidentuch mit Greifen und geflügelten Löwen, die paarweise neben Lebensbäumen stehen. In dieses Tuch waren die Reliquien des Heiligen eingeschlagen, es wurde vor 1067 in einem Taifa-Fürstentum hergestellt. Die drei Kreuzgänge des Klosters spiegeln die verschiedenen Bauphasen

San Millán / Santo Domingo de la Calzada

wider: Spätgotik, Renaissance und klassizistischer Spätbarock. 1835 wurde auch hier das Klosterleben unterbrochen und erst 1883 von Augustinern wieder aufgenommen. Immer noch reitet über dem großen Portal San Millán als Maurentöter, als Matamoros wie Jakobus.

San Millán de Suso ist das obere (*suso* steht altkastilisch für oben, oberhalb) und ältere der beiden Klöster, es liegt einsam im Wald. Von hier bietet sich ein weiter Blick in die Berge und in die Ebenen der Rioja. Die der Südseite der Kirche vorgelagerte Vorhalle schützt einen westgotischen Sarkophag sowie Gräber von Königinnen aus Navarra und sieben Infanten von Lara, des vornehmsten Geschlechtes in der Umgebung. Das Innere birgt die Höhle Milláns mit dem Steinsarkophag, der seine Gebeine bis zur Übertragung in das untere Kloster barg. (Oder zumindest wird das behauptet, denn der Sarkophag ist erst aus dem 12. Jh.) Der Bau der Klosterkirche lief in mehreren Phasen ab, die zum Teil mit freiem Auge zu unterscheiden sind. In einer ersten Erweiterungsphase wurden dabei Hufeisenbögen verwendet, ein charakteristisches mozarabisches Element.

Santo Domingo de la Calzada, der nächste größere Ort entlang des Jakobswegs, trägt den Namen seines Gründers. Durch dessen Beschluß, hier eine Brücke über den Oja zu bauen, die Straße zu pflastern – *calzada* ist eine gepflasterte Landstraße – und ein Pilgerhospital zu unterhalten, entstand die Stadt. Dem hl. Domingo von Calzada, der sich nach einem Aufenthalt im Kloster Valvanera in der Sierra de la Demanda als Eremit ans Ufer des Oja zurückzog, wird die heutige Brücke mit ihren 24 Bögen zugeschrieben. Als Alfonso VI. von Kastilien 1076 die Rioja eroberte, schenkte er mit lockerer Hand. Noch zu Lebzeiten des Heiligen wurde 1105 die erste Kirche geweiht, und als Domingo 1109 starb, war seine Gründung bereits ein wichtiger Ort an der Pilgerstraße. Um 1168 ermöglichten es weitere königliche Stiftungen, den Grundstein für einen spätromanischen Neubau am Grabe des Heiligen zu legen. Noch vor der Vollendung der Kirche im Jahre 1235 wurde mit Genehmigung Papst Gregors IX. im Jahre 1232 der Bischofssitz von Calahorra hierher verlegt (seit 1956 in Logroño).

Die Nationalstraße wird um den alten Ortskern herumgeleitet, durch den die Pilgerstraße selbstverständlich mitten hindurchführt, zwischen Kathedrale und Turm des 18. Jh. hindurch, vorbei am spätgotisch erneuerten Pilgerhospital, in dem der Heilige als Hausknecht arbeitete und das heute als gepflegter Parador Nacional wieder Gäste aufnimmt. Anders als in Logroño scheint hier die Zeit stehengeblieben zu sein. Das Gackern der Hühner, die den Ort in den Erzählungen vom Pilgerweg nach Santiago berühmt gemacht haben, ist tatsächlich noch zu hören: In der Kathedrale ist an der Westwand des großräumigen spätgotischen Querhauses ein beleuchteter Käfig angebaut, mit einer Tür zur Versorgungstreppe darunter, in dem ein weißer Hahn und eine Henne für dieses in kirchlichen Räumen ungewöhnliche Geräusch verantwortlich sind. Zwei bis drei Wochen verbringen sie jeweils hier, bevor Ablösung erfolgt. Vielen von ihnen

Über Bobadilla am Flüßchen Najerilla führt die flotteste Verbindung in die Sierra de la Demanda. Sie ist ein Kalkgebirge mit Karstplateaus in den höheren Lagen, verkrüppelten Kiefern und einzelnen uralten Eiben, klaren Flüssen, an denen der in Spanien äußerst seltene Fischotter lebt, und bis zu 2271 m hohen Gipfeln. Und sie ist einsam, praktisch unentdeckt von ruhesuchenden Spaniern. Hotels gibt es nicht, die in Spanien neue Idee des Zimmers mit Frühstück (auf dem Lande Turismo Rural genannt) hat aber bereits gegriffen, so daß sie z. B. ganz zentral in Villavelayo unterkommen können.

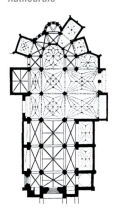

Santo Domingo de la Calzada, Grundriß der Kathedrale

Von Logroño bis San Juan de Ortega

»Der hl. Jakobus rettet einen unschuldig gehenkten Knaben«, Szene aus einem Jakobusaltar, Nürnberger Schule, um 1520/30, Kronach, Fränkische Galerie

steht dann sicher das Schicksal bevor, dem ihre legendären Vorgänger entgingen. Es ist die berühmte Geschichte des rheinischen Elternpaars, das seinen blondgelockten Sohn auf die Pilgerfahrt mitnahm. Eine Magd machte dem jungen Mann in der Herberge zu Santo Domingo ein attraktives Angebot, was dieser aber in Anbetracht des Gelübdes, das er wohl, wie viele Pilger, vor der Reise abgelegt hatte, zurückwies. Die verschmähte Magd verbarg einen silbernen Becher im Gepäck des Jünglings, der unter großer Erregung nach Aufbruch und rascher Verfolgung gefunden wurde. Hugonell, so wird der Name des unglücklichen Jünglings überliefert, wurde umgehend abgeurteilt und gehenkt. In tiefer Trauer setzten die Eltern ihre Pilgerfahrt fort, stellten aber auf dem Rückweg fest, daß ihr am Galgen hängender Sohn noch lebte. Jakobus selbst hatte ihn gehalten, ihn unter den Füßen gestützt, sagte der Jüngling, nun aber sei es Zeit, ihn wieder

Santo Domingo de la Calzada

vom Galgen zu lösen. Die Eltern liefen zum Hof des Bischofs und fanden ihn beim sonntäglichen Mahl, aus einem gebratenen Hahn und einer Henne bestehend. Der verständlicherweise ungern gestörte Kirchenherr wimmelte sie ab: »Eher wachsen dem Geflügel hier Federn und es fliegt davon, als daß euer Sohn noch lebt.« Auch wir würden uns nun wundern, wie der Bischof, wenn sich unser Mittagsmahl daraufhin durchs offene Fenster eilends davonmachen würde und den Hunger wohl erst einmal vergessen. Der Jüngling wurde vom Galgen genommen und die Magd statt seiner gehenkt – und seitdem beherbergt die Kathedrale ein Hühnerpaar. Gegenüber dem Käfig hängt über dem südlichen Zugang zum Chorumgang noch ein Stück Holz von dem Galgen, an dem der Jüngling so geduldig ausharrte: »*Esta madera es de la horca del peregrino*« – »Dieses Holz ist vom Galgen des Pilgers«, und seine Fesseln und die anderer, die das Wunderwirken Domingos erlöste, hängen neben dem Hühnerkäfig.

Von der 1235 vollendeten romanischen **Kirche** sind noch wesentliche Teile erhalten: Chorapsis, Chorumgang und nördliches Querhaus, dazu die drei westlichen Joche des Schiffs. Man entdeckt außen wie innen eine ganze Reihe vorzüglich gearbeiteter Kapitelle. Aus gotischer Zeit stammen die Maßwerksterngitter in einigen Fenstern des nördlichen Querhauses, die wie in der maurischen und asturischen Architektur aus einer einzigen Steinplatte gearbeitet sind. Seine heutige Gestalt erhielt die Kathedrale des Erlösers in der ersten Hälfte des 16. Jh. Dabei wurde das bis dahin vor der Kirche gelegene Grab des Stadtgründers ins südliche Querhaus einbezogen. In dieser Zeit entstand auch der kunstvoll geschmiedete Baldachin mit der rührenden Gestalt des Heiligen nach Entwürfen des Felipe de Borgoña, von dem auch der Hühnerkäfig und die dazugehörige Tür stammen. Durch eine Öffnung blickt man in die darunterliegende Krypta auf den steinernen Sarkophag des Heiligen. Das Gemälde darüber schildert die Legende vom Gehenkten, bei der es natürlich auch Versionen gibt, die das Wunder dem Lokalheiligen Domingo oder der Jungfrau Maria zuschreiben. Auch auf der Außenseite des *Coro*, in den Gemälden des Trascoro, eingebettet in reiche Renaissancearchitektur, wird die Legende dargestellt. Das reiche und kunstvoll geschnitzte Gestühl im *Coro*, der uns in dieser typisch spanischen Form hier erstmals auf der Pilgerstrecke begegnet, und der Bischofsthron entstanden 1521–26 unter der Leitung von Andrés de Nájera und Guillén de Holanda, vermutlich unter Mitarbeit von Felipe Vigarny, einem Franzosen aus der Bourgogne. Die prunkvoll vergoldete Architektur der Altarwand auf der Evangelienseite, früher in der romanischen Chorapsis, entstammt der Werkstatt des Damián Forment.

Einen unübersehbaren Akzent setzt der schon von weitem zu sehende **Glockenturm** des Architekten Martin de Beratúa (1762–67). Mit zunehmender Höhe steigerte er den Reichtum des Bauschmucks und die Kompliziertheit des Aufbaus, die vom quadratischen Grundriß über das Achteck zur abschließenden Laterne reicht. Ihm gegenüber liegt das heute als Parador genutzte Pilgerhospital. Begründet

Santo Domingo de la Calzada, Glockenturm der Kathedrale

wurde es vom hl. Domingo, gotisch umgebaut im 14. Jh., und noch bis ins 18. Jh. diente es seiner ursprünglichen Bestimmung.

Bei **Redecilla de Camino** (mit romanischem Taufbecken in der Dorfkirche) wird die Grenze zwischen Rioja und Kastilien-León überschritten. Die Strecke verläuft durch die **Montes de Oca** (Wildgansberge), einen nordwestlichen Ausläufer der Sierra de la Demanda. Der im Winter tief verschneite Weg muß anstrengend gewesen sein, die Pilger ruhten sich meist in Villafranca Montes de Oca (mit erhaltenem Pilgerhospital, einer Stiftung von 1380) aus, bevor sie den Anstieg zum höchsten Paß, dem Puerto de la Pedraja (1102 m) in Angriff nahmen. Beim Abstieg passierten sie – wie heute die Autofahrer – die kleine Einsiedelei **Valfuentes** mit gotischen Formen, letzter Rest eines Zisterzienserklosters, in einer grünen Wiese gelegen, deren Picknicktische zur Rast einladen.

Der alte Pilgerweg trennt sich kurz darauf von der modernen Straße und führt zum **Kloster San Juan de Ortega**, das man aber auch auf einem anderen Nebensträßchen erreichen kann. San Juan de Ortega war ein jüngerer Zeitgenosse des Santo Domingo de Calzada, den er bewunderte. Nach einer Wallfahrt nach Jerusalem stiftete er dem hl. Nikolaus von Bari eine Kirche und richtete ein Pilgerhospital ein. In der Kirche fand er 1163 sein bald verehrtes Grab. In der Krypta des romanischen Baus, dessen Anfänge aus der Zeit San Juans stammen, hat man sein Grabmal wiederentdeckt. Darüber erhebt sich in reicher flamboyanter Gotik ein Baldachingrab, das 1474 Isabella die Katholische in Auftrag gab. Sechs Reliefs am Sockel schildern Szenen aus dem Leben des Heiligen. Die kleinen, farbig gefaßten Heiligenfiguren an den Pfeilern rings um die liegende Gestalt San Juans sind Ergänzungen des 18. Jh. Das Grab San Juans wurde bald eine letzte Zuflucht kinderloser Ehefrauen. Isabella hatte Erfolg, der Ehe mit Ferdinand, die Spanien einte, entsprossen drei Kinder.

Und jetzt haben Sie fast Burgos erreicht, eine der drei bedeutendsten Kunststädte Ihrer Pilgerfahrt (neben León und Santiago de Compostela). Auf dem Weg dahin liegt ein bescheidenes Dorf, in dessen Nähe 1994 Artefakte gefunden wurden, die sehr, sehr viel älter sind als alle anderen, die Sie auf Ihrer Reise auf dem Jakobsweg sehen werden, älter auch als die Höhlenmalereien und die Felszeichnungen auf dem Rückweg entlang der Nordküste. Das Dorf heißt **Atapuerca**. Atapuerca? Ist das nicht der Ort der Schlacht vom 1. September 1053, als zwei Brüder um das Erbe ihres Vaters kämpften? Als Don Fernando von Kastilien und León über seinen Bruder Don García von Navarra triumphierte, der das Schlachtfeld auf der Totenbahre verließ? So ist es. Die Schlacht fand auf altbesiedeltem Terrain statt: Die Funde von Atapuerca sind 800 000 Jahre alt, stammen somit aus der späten Altsteinzeit und sind die ältesten, die die Präsenz des Menschen in Europa (sicher) dokumentieren. Grabungsteams der Universität Complutense und des Naturwissenschaftlichen Museums in Madrid sowie der Universität von Tarragona haben seit 1976 in den steil in den Kalkuntergrund getriebenen Geländeeinschnitten einer

San Juan de Ortega / Atapuerca

In der Sierra de la Demanda

aufgelassenen Bergwerksbahn gegraben und an mehreren Stellen Reste menschlicher Skelette gefunden, die zweifelsfrei von Prä-Neandertalern stammen. In dem von der Bahn angeschnittenen Dolinenschacht Gran Dolina fand man dann 1994 zahlreiche Knochen von Hominiden, deren Alter mit Hilfe verschiedener Methoden bestimmt werden konnten. Neben den Skelettresten wurden Steinwerkzeuge und bearbeitete Knochen gefunden, darunter Menschenknochen, deren Bearbeitungsspuren ganz klar Kannibalismus bezeugen – die ältesten Beweise, die dafür jemals gefunden wurden. Die Ausgräber gehen davon aus, daß es sich beim Menschentyp von Atapuerca um das lange gesuchte Bindeglied zwischen den afrikanischen Hominiden des späten Tertiär und dem Homo sapiens sapiens, dem modernen Menschen handelt, den von ihnen so benannten Homo antecessor. Konkret nehmen sie an, daß der spättertiäre Hominide Homo ergaster gleichzeitig mit Homo habilis (ausgestorben vor etwa 1,5 Mio. Jahren) und Homo erectus lebte. Letzterer überlebte in Asien bis vor etwa 100 000 Jahren. Aus Homo ergaster entwickelte sich Homo antecessor, der wieder der gemeinsame Vorfahr von Homo sapiens neanderthalensis, dem vor 30 000 Jahren ausgestorbenen Neandertaler, und Homo sapiens sapiens, dem modernen Menschen ist. Die Diskussion wogt noch und wird von immer neuen Funden aus Ostafrika am Leben gehalten.

Burgos

Burgos hat sich für seine elfhundert Jahre gut gehalten. Die Altstadt ist lebendig, Einkaufszentrum, Wohngebiet, Freiluftmuseum und Flanierbereich zugleich. Auf der ovalen Plaza Mayor wie auf dem Paseo de Espolón am Fluß mit seinen präzise coiffierten Platanen, auf den Plätzen westlich und südlich der gotischen Kathedrale, die von der UNESCO als Welterbe geschützt wird, in den schmalen Gassen der großzügig ausgelegten Fußgängerzone mit ihrer Ladenauswahl von der Lederboutique über Wurst- und Schinkenladen bis zum geschickt integrierten Großkaufhaus pulsiert wie im Mittelalter das Herz der Stadt. Damals wie heute verdienen die Einwohner überdurchschnittlich viel und zeigen es auch: mit aufwendigen Pelzmänteln im Winter und todschicken Schuhen zu jeder Jahreszeit flanieren die Frauen heutzutage durch die Stadt; Hermelinkrägen und Samtstoffe, Goldschmuck und komplizierte Frisuren kann man auf den Altarbildern von San Esteban bewundern. Damals wie heute ist die Stadt auf Handel eingestellt. Waren es im Spätmittelalter Stoffe und Tuche, die in Flandern und England gegen Schafwolle und Flachs kastilischer Produktion eingetauscht wurden, sind es jetzt die Industrieprodukte des Umkreises, die Einkommen schaffen. Und die Touristen, die damals wie heute die Stadt bevölkern – schließlich liegt Burgos wie eh und je auf dem Jakobsweg, ist immer eine der Hauptetappen gewesen und besitzt als ehemalige Hauptstadt Kastiliens und religiöses Zentrum eine überbordende Fülle von Kunst- und Kulturdenkmälern.

Die verglasten Balkonfronten, deren Holzrahmungen leuchtend weiß gestrichen sind, manche über vier und mehr Stockwerke reichend, geben der Stadt einen Anstrich bürgerlicher Wohlanständigkeit. Keine andere Stadt Spaniens, auch nicht A Coruña, das dafür berühmt ist, kann sich diesbezüglich mit Burgos messen. Investoren mit Weitblick und Sinn für Kontinuität haben teilweise auch in Neubauvierteln diesen Stil gewählt, das ist ein besonders überraschender und erfreulicher Zug der Stadt.

Burgos liegt fast 900m hoch in einem nur wenig in die leicht gewellte Landschaft eingetieften Flußtal im Regenschatten des Kantabrischen Scheidegebirges und weist typisch kontinentale Klimaextreme auf: Sibirische Temperaturen im Winter, Sahara-Klima im Sommer, Frühling und Herbst sind damit die angenehmsten Jahreszeiten, was noch lange nicht heißt, daß in ihnen das bessere Wetter herrscht!

Weil die gotische Kathedrale alle anderen Sehenswürdigkeiten an Bedeutung und Fülle erdrückt, sollte man sie eigentlich erst zum Schluß besuchen. Dadurch wächst die Vorfreude, man kann ihr Äußeres bereits aus verschiedenen Perspektiven bewundern und bekommt allmählich ein Gefühl für diesen höchst komplexen Baukörper, so daß man beim ersten Betreten nicht wie Cees Nootebom feststellen muß: »Man steht in diesem aufgetürmten Raum und sieht nichts« und »der ganze Raum bleibt eine unordentliche, dunkle Abschußrampe, für einen Aufbruch eingerichtet, der schon seit Jahrhunderten verschoben wird«. Aber wer bringt schon die Geduld dafür mit, wenn der Blick auf diese Kathedrale von überallher auffordert, sie zu besuchen?

Burgos ☆☆
Besonders sehenswert:
Kathedrale
Burg
San Sebastián
Museo del Retablo
Las Huelgas Reales
Arco de Santa Maria

In Burgos sollte man mindestens vier Nächte, besser eine Woche bleiben, zumal die altkastilische Küche (Morcilla nach der Art von Burgos – mit Reis als Teil der Blutwurstmasse, außen kroß geröstet, innen hauchzart und köstlich nach Zimt und anderen Gewürzen duftend) samt der Möglichkeit zum Verkosten der Weine aus dem nahen Anbaugebiet Ribera de Duero, dem derzeit trendigsten Spaniens, mit den allen mitteleuropäischen Gewohnheiten hohnlachenden Essenszeiten aussöhnt.

Von überall her zu sehen: Die Kathedrale von Burgos ◁

Die Kathedrale

Die Südfront der Kathedrale präsentiert sich über die Plaza San Fernando hin mit dramatischem Akzent: Die am Hang errichtete Kathedrale liegt höher als der Platz, Treppen führen zu ihr hinauf, die perspektivischen Verkürzungen des Anblicks von unten lassen den Bau noch höher erscheinen als er ist.

Die Westfront mit der Plaza de Santa María ist fast selbstverständlich das erste Ziel jedes Besuchers der Kathedrale: Zuerst will man sehen, wie die fein durchbrochenen gotischen Turmhelme, die man über den Häusern der Stadt hervorblitzen sah, in die Fassade integriert sind. Die **Westfassade** ist insofern eine Enttäuschung, als man sofort erkennt, daß die ursprünglich gotische Fassade später (ab 1790) klassizistisch erneuert und geglättet wurde. Doch darüber erheben sich die beiden eindrucksvollen Türme, von Turmhelmen in filigranem Maßwerk gekrönt, die höchste Spitze schwebt 84 m über dem Boden. Wo hat man ähnliche Türme schon gesehen? Köln, Ulm, Esslingen und Freiburg im Breisgau mögen sich aus der Erinnerung konkretisieren: Tatsächlich kam ihr Architekt aus Köln, die Pläne für die erst im 19. Jh. errichteten Türme des Kölner Doms sind für Burgos Vorbild gewesen. Hans von Köln (um 1400–vor 1481) oder Juan de Colonia muß die Kölner Bauzeichnungen gekannt haben. 1442, zwei Jahre nach seiner Ankunft, wurde mit dem Bau der Türme begonnen, 1485 war der linke Helm vollendet.

Die **Puerta del Sarmental** (4) erreicht man über die Treppe, die von der Plaza San Fernando zur Kathedrale hinaufführt. Dieses Südportal wurde um 1235/1240 fertiggestellt, es markiert den Abschluß der ersten Bauphase der gotischen Kathedrale. Wie auf dem später zu besichtigenden Nordportal ist auch hier das Jüngste Gericht dargestellt, Christus erscheint als Weltenrichter zwischen den Evangelisten, die als Schreiber dargestellt sind: Dieses Bildthema ist eher für einen romanischen als einen gotischen Bau charakteristisch. Die auf Musikinstrumenten spielenden Ältesten der Offenbarung, Personifikationen der sechs Freien Künste, Engel, Apostel und auf dem zentralen Pfeiler eine Bischofsfigur (der Stadtpatron?) stellen den weiteren Skulpturenschmuck dar.

Vor dem Betreten der Kathedrale ist vielleicht ein kurzer Blick auf die Baugeschichte angebracht. Nach der siegreichen Schlacht von Las Navas (1212) war für Kastilien der Weg zu neuen Eroberungen frei. Unter Ferdinand III., dem Heiligen, wurden Córdoba, Murcia und Sevilla erobert, vom Maurenreich blieb nur Granada übrig – als Vasall. Der König konnte sich Extravaganzen erlauben, und als er 1219 in der Kathedrale von Burgos Beatrix von Hohenstaufen heiratete (und damit für seine Nachkommen den Anspruch auf den deutschen Königs- und Kaisertitel erwarb), fand er diese für zukünftige Festlichkeiten nicht prächtig genug. Sein persönlicher Freund Bischof Mauricio, der ihm schon die Braut aus Deutschland mitgebracht hatte, riet zu einem völligen Neubau in den Formen der neu-

Die Kathedrale

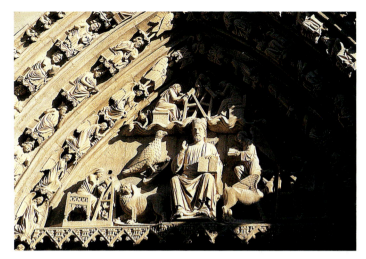

Burgos, Südportal der Kathedrale, Tympanon

esten französischen Kathedralen, von denen man so viel hörte: Saint-Denis, Notre-Dame in Paris, Reims, Bourges. Bereits 1221 war Baubeginn für die neue Kathedrale, sie wurde, zumindest in ihrer ersten Phase, ein Beispiel früher französischer Kathedralgotik auf spanischem Boden. Bis 1230 wurde nach dem Vorbild von Bourges der Hochchor mit Seitenschiffen und (nicht erhaltenem) Kapellenkranz errichtet. Die Südfassade des Querschiffs mit der Puerta del Sarmental stand am Ende dieser ersten Phase. Namen sind nicht überliefert, so wenig wie aus der zweiten Phase, die zwischen 1243 und 1260 die Vollendung von Quer- und Langhaus sah, so daß 1260 die Weihe vorgenommen werden konnte.

In einer dritten Phase, die zeitlich direkt an die zweite anschließt, wurde der Einfluß der französischen Hochgotik bedeutsam, der sogenannten Rayonnant-Gotik, nach den feinen Rosettenfenstern so genannt. Ausgehend vom Neubau des Langhauses in Saint-Denis wurden die durch Säulenkapitelle unterbrochenen Stützen (meist Rundpfeiler) der frühgotischen Bauten durch solche ersetzt, die sich nur noch als Dienstbündel begriffen und deren vorgelagerte Dienste ohne Unterbrechung vom Sockel bis zum Gewölbe durchlaufen konnten. Ein feingliedriges, komplexes Strebewerk ermöglichte es, wie im Langhaus des Straßburger Münsters die Außenwände auf ein Minimum zu reduzieren und durch Glas zu ersetzen. In der Kathedrale von Burgos entstanden in dieser Phase das dritte Geschoß der Westfassade, der zweistöckige Kreuzgang und ein völlig neuer Kapellenkranz um den Chor. Mit diesen Bauten begann die Hochgotik in Spanien. Der Baumeister dieser Phase ist bekannt: Meister Enricus, der 1277 starb, wirkt auch an der 1255 begonnenen Kathedrale von León mit. Noch später entstanden Westtürme, Vierungsturm und Capilla del Condestable.

Burgos

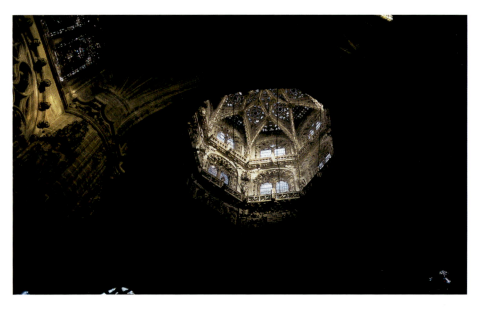

Burgos, Kathedrale, Blick in den Cimborrio

Beim Eintreten passiert man den **Eingang zum Kreuzgang**, ein Werk der dritten Bauphase (nach 1260, neuerdings erst mit »um 1295« datiert), vergleichbar mit dem nördlichen, dem Coronería-Portal. Möglicherweise geht er, wie der Kreuzgang selbst, auf den Meister Enrique zurück und damit auf Pariser Vorbilder. Das Pariser Vorbild wird besonders bei den Apostelfiguren deutlich, die mit Skulpturen der Sainte-Chapelle verglichen wurden, während andere Skulpturen eher zum Neubau von Saint-Denis gestellt werden.

Ein paar Schritte weiter, und Sie befinden sich vor der Vierung, die man jedoch – wie den *Coro*, den Chorbereich und die Umgangskapellen – nur mit dem Sakristan bzw. einem Führer betreten darf. Dennoch ist der Blick auf den **Vierungsturm**, den *cimborrio*, möglich, der den ursprünglichen, von Hans von Köln geschaffenen, ersetzt. Dessen Vierungsturm stürzte 1537 ein, Ersatz wurde nach einem Entwurf Felipe Vigarnys bis 1568 geschaffen. Francisco de Colonia arbeitete mit, der Enkel des Hans von Köln. Als 1642 erneut Einsturz drohte, gelang es diesmal dem königlichen Architekten Juan Gómez de Mora, den *cimborrio* zu sichern.

Der Vierungsturm ist ein außergewöhnliches Meisterstück, das sich mit keinem anderen der europäischen Kunstgeschichte vergleichen läßt. Der von unten wie ein Spitzengewebe wirkende durchbrochene Stern über einem mehrfach gestuften und mit Figuren belebten Oktogon verbindet Formen flamboyanter Gotik mit architektonischen Mitteln und Dekorelementen der Renaissance. Die Art, wie der Stern in ein Netz von Lichtpunkten eingebaut ist, kreisförmigen, dekorativ gruppierten Öffnungen der Kuppelschale, geht wiederum auf arabische Kuppelvorbilder zurück, ist also ein Mudejar-Element. Die Mischung anscheinend unvermischbarer Stile zu einem in sich geschlossenen Ganzen und der Rückgriff auf verschiedenste Inspirationsquellen ist typisch für die spanische Kunst. König Philipp II. meinte, man solle dieses Kunstwerk in einen Schmuckkasten packen und es nur selten zeigen.

Unter dem Vierungsturm weist eine schlichte Grabplatte darauf hin, daß hier der Cid und seine Frau Jimena begraben sind. Im **Chor** *(capilla mayor)* zieht die Altarwand alle Blicke auf sich, die Rodrigo und Martín de la Haya im letzten Viertel des 16. Jh. rund um das silberne Sitzbild der María la Mayor, Schutzherrin von Burgos, gestalteten. Der **Coro** wartet mit einem hervorragenden Gestühl auf, das Felipe Virgany um oder nach 1500 in den Formen der Renaissance schnitzte. In der Mitte des Vordergrunds steht isoliert ein Grabdenkmal, es enthält die sterblichen Überreste des Bischofs Mauricio, der 1221 den Grundstein für die Kathedrale gelegt hatte. Auch das abschließende Gitter ist einen aufmerksamen Blick wert.

Ein Rundgang erschließt die Fülle der Ausstattung der Kathedrale mit ihren zahlreichen Kapellen. Leider ist vom mittelalterlichen Glasbestand kaum etwas übriggeblieben, eine Pulverexplosion zerstörte 1813 alle Scheiben mit der Ausnahme des flämischen Glases in der Capilla del Condestable (13). Beginnend an der Puerta del Sarmental stößt man zuerst auf die noch im Querschiff liegende **Capilla de la Visitación** (17), die Kapelle der Heimsuchung, das erste Werk des Hans von Köln nach seiner Ankunft in Burgos (nach 1440) und eines der ersten Werke niederrheinisch-flämischen Kunsteinflusses in Spanien. Die Galerie mit durchbrochener Brüstung und Wappenträgern gilt als erstes Beispiel und prototypisch für diesen sogenannten hispano-flämischen Stil, der auch als Florído-Stil bezeichnet wird (eine spanische Übersetzung von Flamboyant). Die **Capilla de la Presentación** (19; Darstellung Jesu im Tempel) hat ein Sterngewölbe, dessen Idee von der Capilla del Condestable kopiert ist. Das Grabmal des Gonzalo de Lerma, eines Kanonikers der Kathedrale, stammt aus der Werkstatt des Felipe Vigarny, das Madonnenbild des Altars ist von Sebastiano del Piombo (1520).

Die **Capilla del Santo Cristo de Burgos** (20) ist ein langer, dunkler Schlauch, der ein noch heute hochverehrtes Bild des Gekreuzigten beherbergt. Es ist, typisch spanisch, aggressiv lebensecht und aus Holz, Leder und Haar gestaltet. Der Legende nach wurde es von Nikodemus angefertigt, dem jüdischen Schriftgelehrten, dem Zeuge der Kreuzigung war (s. S. 223). Ein Kaufmann aus Burgos soll es entdeckt haben, als es auf dem Meer dahintrieb, oder es in Flandern gekauft haben. Spätestens seit der Mitte des 15. Jh. gehört es zu den berühmten Heiligtümern und Pilgerzielen der Stadt (bis 1835 im Augustinerkloster). Die Straußeneier zu Füßen des Gekreuzigten symbolisieren wie sonst in der Ostkirche üblich die Auferstehung.

Über dem ersten Joch des Mittelschiffs befindet sich an der Nordseite eine Uhr von 1519, die für die Figur berühmt ist, die bei jedem

Burgos

Burgos, Grundriß der Kathedrale
1 Hauptportal
2 Puerta de la Coronería
3 Puerta de la Pellejería
4 Puerta del Sarmental
5 Kreuzgang
6 Capilla de Santa Tecla
7 Capilla de la Concepción y de Santa Ana
8 Escalera dorada (Goldene Treppe)
9 Capilla de San Nicolás
10 Capilla de Nuestra Señora
11 Capilla de San Antonio Abad
12 Capilla de San Gregorio
13 Capilla del Condestable
14 Capilla de Santiago
15 Sakristei
16 Capilla de San Enrique
17 Capilla de la Visitación
18 Capilla de San Juan de Sahagún
19 Capilla de la Presentación
20 Capilla del Santo Cristo de Burgos
21 Capilla de San Juan Bautista
Diözesanmuseum:
22 Capilla de Santa Catalina
23 Capilla Corpus Cristi
24 Kapitelsaal

Glockenschlag den Mund aufreißt, als wolle sie nach einer Fliege schnappen: *Papa-moscas,* Fliegenschnäpper, heißt sie auch. Die **Capilla de Santa Tecla** (6) wurde erst ab 1736 erbaut, dabei riß man vier kleine Kapellen und die angrenzende Pfarrkirche ab. Der Architekt des in prächtigstem Spätbarock gehaltenen Raums ist kein anderer als Alberto Churriguera, dessen Handschrift dem ganzen üppigen Stil den Namen gab.

Die folgende **Capilla de la Concepción und der Santa Ana** (7) hat sich nach 1477 der baubegeisterte Bischof Luis de Acuña als Grablege einrichten lassen. Die Pläne entwarf Hans von Köln, den Bau vollendete sein Sohn Simon 1488. Gil de Siloé schuf mit dem Schnitzaltar der unbefleckten Empfängnis (1486–88) ein spätgotisches Meisterwerk, das gleichzeitig in seiner Monumentalität zum Vorbild für die weitere Entwicklung in Kastilien wurde. Kunstvoll verbinden sich Wurzel Jesse und spätgotische Schnitzarchitektur,

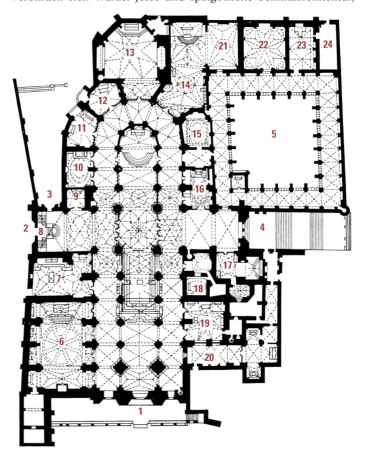

Die Kathedrale

Vergoldung und Farbenpracht zu einem Schauspiel, das sich nicht weit von niederrheinischen Schnitzaltären entfernt hat. Von seinem Sohn, Diego de Siloé, stammt das lebensnahe Grabdenkmal des Bauherrn in Alabaster.

Man passiert nun die prunkvolle **Escalera dorada** (8), die vergoldete Treppe, die Diego de Siloé errichtete, um den krassen Niveauunterschied zwischen dem Nordportal, der **Puerta de la Coronería** (1230 –1257; 2), und dem Niveau des Kirchenschiffs auszugleichen, und den königlichen Herrschaften einen standesgemäßen Auftritt zu ermöglichen. Die Kapellen des nördlichen Chorumgangs sind bei aller Qualität und Opulenz der Ausstattung von geringerer Bedeutung, nur ein Kunstwerk prägt sich ein: In die Wand der ersten Kapelle, der **Capilla de San Nicolás** (9), ist das Grabdenkmal für den Archidiakon Pedro Fernández de Villegras eingelassen, eines der Prunkstücke flämisch-spanischer Bildhauerkunst der Spätgotik.

Mit den Ausmaßen eines zweiten Chors schließt sich die **Capilla del Condestable** (13) an den Chor der Kathedrale an, vergleichbar dem Typus der Lady Chapel einer englischen Kathedrale (Gloucester!), jedoch in der Form eines Oktogons. Sie verbindet sich im Chorscheitel mit dem Kirchenbau, nicht ganz exakt in der Achse der Kathedrale. Als Familiengrablege genutzte Chorscheitelrotunden treten in der gotischen Architektur der iberischen Halbinsel mehrfach auf. In Burgos gelang es Doña Mencía de Mendoza 1482, die Genehmigung des Kapitels für den Bau einer Familienkapelle für sich und ihren Gemahl Pedro Fernández de Velasco, Graf von Haro und erblicher Condestable von Kastilien, zu erhalten. Simon von Köln entwarf für sie ein Prunkstück spanischer flamboyanter Spätgotik. Die zwölfjährige Bauzeit war kein großes Problem, die Stifterfamilie gehörte zu den reichsten Kastiliens. Mit Blick auf den Hauptaltar und die Darstellung im Tempel von Felipe Vigarny liegen die Figuren der Auftraggeber auf den Tumben, geschmeichelt, aber lebensecht (samt Doppelkinn), von Felipe Vigarny (?) in Carraramarmor geschnitten. Außen wie innen zeigt sich der Stolz der großen Adelsfamilie in den großformatigen Wappenreliefs und Ordenszeichen. Das Sternrippengewölbe der Kapelle ist im Zentrum wie im späteren *cimborrio* geöffnet, dadurch ist sie der hellste Raum der gesamten Kathedrale, die eine ganze Reihe dunkler Löcher enthält. Schönes flämisches Glas ist in den hohen Fenstern des Baus erhalten geblieben, es wurde von Arnao de Flandes aus Tournai im Jahre 1511 geschaffen, als er auf Einladung des Domkapitels seine Werkstatt in Burgos aufschlug, wo er bis mindestens 1515 blieb. Glasfenster wie das der Anbetung der Könige gehören in technischer Raffinesse und Detailliertheit der Darstellung zum besten, was die spätmittelalterliche Glaskunst geschaffen hat. An der Nordwand hängt ein flämisches Triptychon des späten 15. Jh. Verkündigung, Geburt und Darstellung im Tempel sind um eine Gottesmutter mit Kind und musizierenden Engel in einer flämischen Landschaft gruppiert, deren Vordergrund mit Akeleien, Veilchen, Gänseblümchen und Lilien mit besonderer Liebe gemalt ist.

Die anschließende **Capilla de Santiago** (14) besitzt ein Sterngewölbe, das 1524–34 nach Plänen Juan de Vallejos entstand, die hervorragenden Buntglasfenster wurden von Diego de Santillana gefertigt. Den nächsten Eingang übergehend sollte man sich nun noch die **Capilla de San Enrique** (16) am Ende des Chorumgangs ansehen. Erzbischof Enrique Peralta faßte nach 1670 zwei Kapellen des gotischen Chorumgangs zu seiner Grabkapelle zusammen. Seinem Namenspatron, dem heiligen Kaiser Heinrich II., ist der Altar gewidmet, das Grabdenkmal zeigt den frommen Stifter in vergoldeter Bronze auf den Knien.

Zurück zum übergangenen Eingang, er führt durch den **Sakristeivorraum** (15) zum **Kreuzgang** (5) des späten 13. Jh. und zum **Diözesanmuseum** (22–24). Es handelt sich um das zweite, 1265–70 errichtete Stockwerk, das untere, das auf dem Niveau der städtischen Straßen liegt (Einblick von der Calle Paloma an der Plaza de San Fernando!), wurde 1260–1265 errichtet. Die figurengeschmückten Eckpfeiler des Kreuzgangs zeigen unter anderem die lebendige Szene der Anbetung der Heiligen Drei Könige und die Verkündigung, wahrscheinlich Werke des Meisters des Coronería-Portals. Am berühmtesten sind die Skulpturen eines königlichen Hochzeitspaars an der Nordwand, wahrscheinlich die Stifter, König Fernando III. und Beatrix von Schwaben. Das Bildprogramm der Skulpturen des Kreuzgangs ist stark von Königshaus und Klerus bestimmt; weitere Stifterfiguren treten auf, nochmals Fernando III. mit Bischof Mauricio in der Südostecke, weitere Bischöfe und Domkapitel. Man bekommt den Eindruck, daß sich das Domkapitel seine Stellung als bevorrechtigte Einrichtung im Königreich Kastilien in Stein hauen ließ, die Darstellungen der christlichen Heilsgeschichte laufen nur daneben her. Weitere Schätze sind die Grabdenkmäler im Kreuzgang, kostbare Gewänder, Tapisserien, Gemälde und Skulpturen in den Kapellen und im Kapitelsaal mit prachtvoller Artesonado-Kassettendecke des 15. Jh., darunter eine in leuchtendes Rot gekleidete Gottesmutter mit Kind von Hans Memling in einer Berglandschaft mit Wasserschloß.

Der Burgberg oder: vom Cid und einem heiligen König

Ein Spaziergang durch Burgos beginnt auf dem von Grün und vereinzelten Bäumen eingenommenen **Burghügel** (2). Von der Burg, die (vielleicht) 884 gegründet wurde und den Anstoß für die Entwicklung einer Stadt gab, ist nur eine zwar umfangreiche, aber wenig eindrucksvolle Ruine übriggeblieben, Reste eines Brands im Jahre 1739. Asturische Gebietserweiterung gegen die Mauren war der Anlaß für die Errichtung dieser Burg, die schon bald von lokalen Familien gehalten wurde. Ganz allmählich entwickelte sich im Gebiet der heutigen Provinz Burgos eine Region mit eigenen Merkmalen, die sich nicht mehr als asturisch empfand, sondern als kastilisch (der Name

Diözesanmuseum / Burghügel

Kastilien ist, wie der von Burgos, von Kastell, Burg, Festung abgeleitet), und deren Sprache eigene Züge annahm, die später für die spanische Sprache *(castellano)* maßgeblich werden sollten. Je mehr sich die Front der Reconquista vom asturischen Kernland über die Berge hinweg in die Ebenen um Burgos und León verlagerte, die wir heute als Altkastilien bezeichnen, desto mehr wuchs das Selbstbewußtsein der Bewohner. Was Grafenfamilien im 9. und 10. Jh. nur zu hoffen

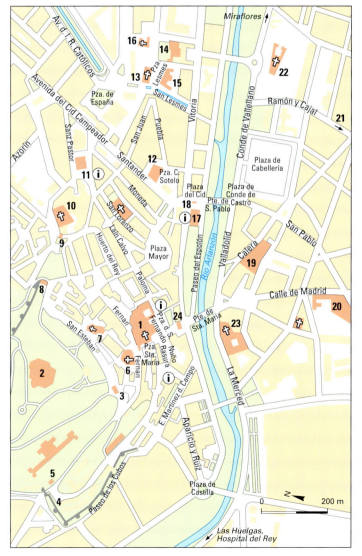

Burgos
 1 Kathedrale und Diözesanmuseum
 2 Burg
 3 Arco de Fernán Gonzalez
 4 Arco de San Martín
 5 Solar del Cid
 6 San Nicolás
 7 San Esteban und Museo del Retablo
 8 Arco de San Esteban
 9 Arco de San Gil
10 San Gil
11 Capitanía General
12 Casa del Cordón
13 San Lesmes
14 Museo Marceliano Santamaria
15 Hospital San Juan
16 ehem. Benediktinerinnenkloster
17 Teatro Principal
18 Denkmal des Cid Campeador
19 Museum von Burgos, Casa Miranda
20 Hospital de la Concepción
21 Santa Clara
22 Karmeliterinnenkloster
23 La Merced
24 Arco de Santa Maria

Burgos

gewagt hatten, wurde im 11. Jh. Realität: Bei einer Reichsteilung wurde Kastilien Königreich. Sancho III., der Große, teilte 1035 sein nordwestspanisches Reich unter drei Söhne auf, Fernando I. erhielt das neu geschaffene Königreich Kastilien mit Burgos als Hauptstadt.

Unter uns liegt die Stadt, die beiden hochgotischen Westfronttürme der Kathedrale, der kronenartige Vierungsturm der Spätgotik und der zwar spätgotische, aber leicht verfremdet wirkende Anbau der Capilla del Condestable ganz links (also im Osten) sind klar zu erkennen. Der Dom ist Nachfolger eines romanischen Baus, der 1077 begonnen worden war, Burgos war seit 1035 Hauptstadt Kastiliens. Doch mit der Eroberung von Toledo 1085 durch kastilische Truppen war die alte Hauptstadt des spanischen Westgotenreichs wieder in kastilischem Besitz. Der Hochadel, der sich brüstete, westgotischen Geblüts zu sein, mußte seine Residenz in Toledo nehmen, in einem noch aufzusiedelnden Landstrich, den wir heute als Neukastilien bezeichnen. Gewissermaßen als Entschädigung verlegten die kastilischen Könige den Bischofssitz, der vorher in Oña (in den Montes de Oca) und Gamonal gewesen war, nach Burgos, und Alfonso VI., den wir schon als nicht ganz eigennützigen Förderer von San Millán de la Cogolla kennengelernt haben (s. S. 104), stiftete den obsolet gewordenen Königspalast für den Bau der neuen Kathedrale. Obwohl Toledo, wo es ging, gefördert wurde und dem Bischof von Toledo der Primat unter den Diözesen Kastiliens zuerkannt wurde, blieb Burgos von dieser Regelung ausgenommen.

Zur Stadt hinunter führt durch den Park ein Sträßchen vorbei an einem Renaissanceportal, dem **Arco de Fernán Gonzalez** (3), das 1586 für jenen Grafen errichtet wurde, mit dem sich der erste Schritt zur kastilischen Unabhängigkeit verbindet: Unter Fernán Gonzalez wurde Kastilien 951 Grafschaft. Stadtauswärts (nach rechts) steht noch ein Stück Stadtmauer, die Straße passiert sie im **Arco de San Martín** (4), dem Bogen des hl. Martin, der zwar im Namen an frühe fränkische Zuwanderer nach Kastilien erinnert, im Baustil jedoch ganz dem arabisch beeinflußten Mudéjarstil zuzurechnen ist. Ziegelbauweise und Hufeisenform sind nur zwei der Elemente dieses Stils.

Etwas oberhalb der Straße erinnert ein Denkmal an den **Solar del Cid** (5), das Stammhaus. Hier soll das Wohnhaus des berühmtesten Sohns der Stadt gestanden haben, des Rodrigo Díaz, genannt El Cid (von arabisch *sejid*, Herr) und el Campeador (der Kämpfer). Geboren in Vivar, eineinhalb Wegstunden nördlich von Burgos, aus adeliger Familie und, obwohl mit dessen Nichte Jimena verheiratet, kein Freund Alfonsos VI. und deshalb 1081 verbannt. Der nächste Feind des kastilischen Königs war der Taifafürst von Zaragoza, in dessen Dienste der Cid prompt trat – die in der spanischen Geschichtsschreibung mit wenigen Ausnahmen übliche klare Trennung in brave Christen und gefährliche Mauren traf im Mittelalter keineswegs zu. Die Allianzen zwischen den Herrschaften wurden im Regelfall nach realpolitischen Kriterien vorgenommen und nicht aufgrund der Reli-

Der Campeador wurde schon zu Lebzeiten als Symbolgestalt der christlichen Reconquista verehrt und war Held zahlreicher rühmender Erzählungen. Der »Cantar de Mio Cid« ist das früheste Werk, entstanden um 1140, das den in Wirklichkeit zwielichtigen Helden zum hehren Maurenbezwinger umwertet. In einer einzigen Handschrift aus dem Jahr 1307 erhalten, ist es erst 1779 wiederentdeckt worden.

gionszugehörigkeit. Wo es ein Schnäppchen zu machen gab, da fanden sich Ritter, die mitmachten. Glück für die Christen, daß sie auf lange Sicht die besseren Schnäppchen machten. Der Glücksritter Rodrigo Díaz eroberte 1094 mit seinen Leuten die Taifa Valencia mitten im maurischen Herrschaftsgebiet, und verteidigte sie bis zu seinem Tode 1099. Seine Witwe konnte die Herrschaft noch weitere drei Jahre gegen die neue maurische Großmacht, die Almoraviden, halten, dann mußte sie aufgeben und ging nach Burgos zurück, wo sie 1113 starb. Erst 1921 wurden ihre sterblichen Überreste und die ihres Mannes in der Kathedrale von Burgos bestattet. Ein Unterarmknochen des Cid hat es nicht bis dahin geschafft, er liegt in einem silbernen Reliquiar im Sitzungssaal des Rathauses.

Zurück zur Stadt, zur – leider fast vollständig zugebauten – **Kirche San Nicolás** (6). Sie steht unmittelbar am Jakobsweg, der an der Nordflanke der Kathedrale vorbeiführt – das Sträßchen, auf dem Sie kamen, *ist* der Jakobsweg. Das zum Pilgerweg weisende Südportal ist der in der Anlage bescheidene, aber hervorragend gearbeitete Haupteingang (spätgotisch, vielleicht von Simon von Köln), hinter dem sich im Chorbereich eine der größten und eindrucksvollsten Altarwände befindet, die je geschaffen wurden: die Alabaster-Altarwand des Francisco de Colonia, des Franz von Köln (einem Enkel des Hans von Köln). Das um 1505 geschaffene Werk umfaßt 465 Figuren, die Szenen aus dem Leben des hl. Nikolaus von Bari und aus dem Neuen Testament darstellen. Der hl. Nikolaus von Bari war nicht nur der Patron der sizilianischen Normannen und ihrer Nachfolger, der Staufer, er war auch der vom Deutschen Orden am nachdrücklichsten geförderte Heilige. Als der Kastilier Alfonso X. 1257 römisch-deutscher König wurde, gab es eine Welle von Schenkungen altkastilischer Güter und Pfründe der Krone an den im südlichen Altkastilien residierenden Deutschen Orden (La Mota bei Tordesillas).

Geht man auf dem Sträßchen oberhalb der Kathedrale weiter, passiert man ihr dem Jakobsweg zugewandte Nordportal, die **Puerta de la Coronería** (etwa: Portal der Gekrönten; S. 116, Nr. 2), mit ihrem überwältigenden Skulpturenschmuck, der mit den Figuren der zwölf Apostel in den benachbarten Wandbereich ausgreift. Das Jüngste Gericht ist um Christus als Weltenrichter angeordnet, Engel bringen die Werkzeuge der Passion, die *Arma Christi*, und halten Wache. Der Erzengel Michael ist wie so oft mit dem Abwägen der Seelen beschäftigt und sehr grauslig sind die Schicksale der Verdammten, die in großen Höllenkochkesseln gesotten werden. Nicht nur die Jakobspilger, deren Weg hier vorbeiführte, wurden so immer und immer wieder mit ihrem Schicksal nach dem Tode konfrontiert, sondern auch und gerade die kastilischen Könige, die bei Aufenthalten in Burgos von der Burg herabkamen, um hier die Kathedrale zu betreten.

Ein paar Meter weiter hat man einen Blick auf die direkt unterhalb gelegene **Puerta de la Pellejería** (S. 116, Nr. 3), die Pforte der Jakobspilger, auf der Höhe des Querhauses und in dieses führend. Für Krethi und Plethi arbeitete man weniger aufwendig als für königliche

»*Mein Cid Ruy Díaz ritt in Burgos ein, in seiner Begleitung sechzig Lanzenträger. Aus den Häusern kamen, um ihn zu sehen, Frauen und Männer; Bürgerinnen und Bürger sind an den Fenstern, Tränen in den Augen, so groß war ihr Schmerz. Aus aller Munde kam diese Rede: ›Gott, welch guter Vasall, wenn er einen guten Lehnsmann hätte!‹ Herberge gäben sie ihm mit Freude, aber keiner wagte es: König Don Alfonso zürnte ihm gar sehr ... Jetzt sieht der Cid, daß er des Königs Gnade nicht mehr besaß. Er entfernte sich von der Tür, durch Burgos ritt er hindurch, gelangte zu Santa Maria (die Kathedrale von Burgos), sogleich steigt er ab. Er kniete nieder, von ganzem Herzen betete er. Nach vollendetem Gebet ritt er sogleich weiter, heraus aus dem Tor und über den Fluß Arlanzón.*« (»*El Cantar de Mio Cid*«)

Herrschaften, aber das Ergebnis ist trotzdem sehenswert. Francisco de Colonia (Franz von Köln) hat das Portal damals (1516) hochmodern in Renaissanceformen entworfen. Die Skulpturen von Heiligen, der Gottesmutter und des Stifters, des Bischofs Juan Rodríguez de Fonseca, stammen von Bartholomé de la Haya (bis 1532). Nun hat man auch einen eindrucksvollen Blick auf den Vierungsturm der Kathedrale und die Capilla del Condestable.

San Esteban: Museum der Altarwände

Gehen Sie beim nächsten Seitengäßchen links bergauf, zuletzt über Treppen, zu der am höchsten Punkt der Stadt gelegenen **Kirche San Esteban** (7). Die dreischiffige gotische Kirche wurde nach 1300 wohl auf romanischem Fundament errichtet, die Innenausstattung zog sich bis ins 16. Jh. hin und umfaßt Werke u. a. von Simon von Köln. Besonders eindrucksvoll der Mönchschor über dem Haupteingang und einige Grabmäler, vor allem jenes der Familie Gumiel, das in den ersten Pfeiler links im Hauptschiff diagonal zur Richtung des Schiffs eingelassen ist. Es handelt sich um ein Arcosolgrab der späten, isabellischen Gotik mit einem hervorragenden Relief des Letzten Abendmahls von Juan de Valmaseda. San Estaban ist heute ein **Museo del Retablo,** ein Altar- oder eigentlich Altarwandmuseum, und umfaßt eine Sammlung eindrucksvoller spätmittelalterlicher bis barocker Altarwände aus der gesamten Diözese. Schon ein kurzer Besuch vermittelt eine gute Vorstellung von der Entwicklung und den vielen Typen spanischer Altarwände. Allen gemeinsam ist die vertikale und horizontale Gliederung in Bildstreifen, die dekorative Anordnung aller Elemente zu einem bunten Theatervorhang, die Kombination von Techniken, die vom Ölbild bis zur Vollplastik reichen, die Schwerpunktbildung in der unteren Mitte, wo sich bei Altarwänden mit kombinierter Technik die Vollplastiken befinden, wogegen der Mittelbereich mit Halbplastiken gefüllt ist und die reinen Ölgemälde den Rand bilden. Ohne Vergoldung kommt kaum eine Altarwand aus und ebenso selten ohne den in der Mitte des Unterbaus, der Predella, eingebauten Sakramentsschrank, den *sagrario.* Da ist wie in der Altarwand der hl. Eulalia von Mérida aus Tañabueyes (16. Jh.) die Statue der Heiligen in der Mitte der unteren Darstellungsreihe (über der Predella mit Ölbildern weiblicher Heiliger) aufgestellt, links und rechts stellen Ölbilder ihre Leidensgeschichte dar. Direkt über der Statue befindet sich eine Figurengruppe mit der Gottesmutter und Engeln, zu beiden Seiten stellen Ölbilder Verkündigung und Geburt dar, aber am Außenrand schildern ebenfalls Ölbilder noch einmal Szenen aus der Heiligengeschichte. Die dritte und oberste Zone besteht aus einem einzigen Element, einer vollplastischen Figurengruppe der Kreuzigung mit Maria und Johannes. Alle Wandelemente werden von filigranen Baldachinen mit völlig vergoldetem Gesprenge gekrönt.

Der größte und wahrscheinlich bedeutendste Altar der Sammlung stammt aus Padrones de Bureba, entstand gegen 1540 und ist San Mamés (dem syrischen hl. Mamas) geweiht. Er hat bis zu neun horizontale und bis zu fünf vertikale Elemente, was Ausmaße von 6,33 m Breite und 5,50 m Höhe ergibt. Vollplastisch ist die Mittelreihe über dem *sagrario* mit (von unten) Gottesmutter mit Kind, Maria als Himmelskönigin und Engeln und Kreuzigungsszene mit Maria und Johannes, weiters wesentlich kleinere Heiligenfiguren in zwei flankierenden und zwei randlichen vertikalen Registern. Diese Figuren sind ein Werk des Ortega de Cordoba, der als eigener Meister der Schule von Burgos zwar von deren Hauptvertreter Felipe de Vigarny beeinflußt ist, aber auch Anregungen des zweiten großen Meisters der Zeit aufnimmt, des Diego de Siloé. Noch bedeutender sind die Ölbilder, die von zwei verschiedenen Künstlern stammen. Die Predellabilder und die vier Propheten links und rechts der Kreuzigungsszene sind in einem anderen Stil als die Szenen aus dem Heiligenleben gehalten. Der Maler der Heiligenvita ist hispano-flämischen Vorbildern verbunden, gestaltet Gesicht und Körper der dargestellten Personen eher spröde und konventionell und deutet Raum durch bisweilen übertriebene Perspektiven an (wie in der Szene vor dem Stadttor links neben der Madonna). Dagegen ist der Predella-Maler stärker von der italienischen Renaissance beeinflußt, wie ein Blick auf den Evangelisten Johannes (2. v. links) zeigt, übernimmt deren malerische Beherrschung des menschlichen Körpers und weicht, wie die Propheten ganz oben zeigen, auch Porträts nicht aus.

Die östliche Altstadt

Geht man oberhalb San Esteban entlang des Parks weiter, stößt man auf ein Stück der alten Stadtmauer samt Tor, den **Arco de San Esteban** (8) in Mudéjartradition. Etwas unterhalb findet sich nochmals ein Stadttor, der **Arco de San Gil** (9) neben der gleichnamigen Kirche. In **San Gil** (10; hl. Ägidius) wird ein *Santisimo Cristo* aufbewahrt, ein Christus am Kreuz, der zu Zeiten Peters des Grausamen (1276–1285) vierzehn Tropfen Blut geschwitzt haben soll, die heute noch in einem Reliquiar verwahrt werden. In der gotischen Kirche befinden sich bedeutende Altäre: eine (noch) spätgotische Altarwand von Gil de Siloé in der Marienkapelle, eine schon mehr Renaissanceformen verhaftete Altarwand des Felipe de Vigarny in der Weihnachtskapelle (Capilla de la Natividad) und eine gotische Altarwand mit Kreuzigungsszene in der Kapelle des Santo Cristo, die von Juan de Vallejo erbaut wurde.

Über die Plaza Alfonso Martínez mit der klassizistischen **Capitanía General** (11) erreicht man die Einkaufs- und Kneipenstraßen der Altstadt. Die beiden mittleren führen an der barocken Kirche San Lorenzo vorbei zum Hauptplatz der Stadt, der ovalen **Plaza Mayor,** einem der schönsten Plätze Spaniens. Ruhen Sie sich hier vom lan-

Burgos

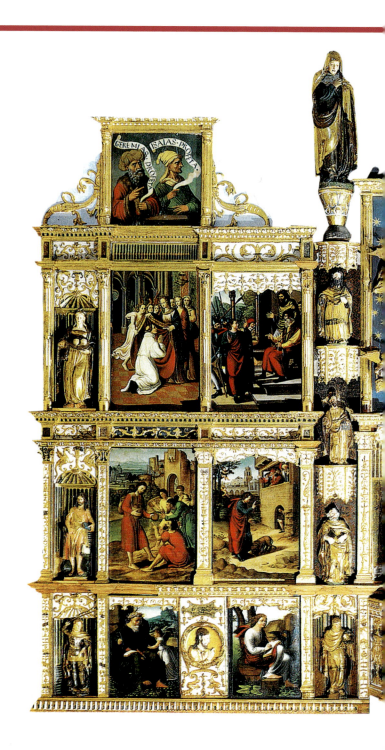

San Estebán, Museo del Retablo

Burgos, Museo del Retablo, *Altar San Mamés aus Padrones de Bureba* (1540)

gen Spaziergang aus, vielleicht auf der östlichen Platzseite, wo man die durchbrochenen Turmhelme der Kathedrale über den Dächern der gegenüberliegenden Häuser betrachten kann.

Über die Plaza Santo Domingo de Guzmán erreichen Sie die Plaza Calvo Sotelo vor der **Casa del Cordón** (12). Der Stadtpalast ist nach der als Gürtel benutzten Schnur der Franziskaner benannt, die das Wappen über dem Portal einrahmt. Die namengebende Schnur ist so frappierend, weil sie perfekt in Stein geschnitten und – wie viel später in der Pop Art – aus dem Zusammenhang gerissen und entsprechend überdimensioniert ist. Der Bau wurde 1487 von Don Pedro Fernández de Velasco, Condestable von Kastilien, und seiner Gemahlin Doña Mencía de Mendoza in Auftrag gegeben. Als Vertreter des kastilischen Königs in Burgos war die Position des Condestable eine der höchsten des ganzen Staates. Als sich der Condestable entschloß, permanent in Burgos zu residieren, mußte er sich mit diesem Haus erst den entsprechenden Rahmen schaffen. Eindrucksvoll ist vor allem der heute mit Glas überdeckte dreistöckige Innenhof, der bereits 1497 vollendet war. Die Fertigstellung der Fassade und der Zubauten zog sich noch bis ins 17. Jh. hin. Die Casa del Cordón gehört heute einer Bank, die sie vorbildlich restauriert hat, wobei der vernachlässigte Rücken des Gebäudes einem nicht uninteressanten Neubau weichen mußte. Das Haus sah den Tod Philipps des Schönen im Jahr 1506, er starb nach einem hitzigen Pelotaspiel, seine Frau Johanna verfiel in Trübsinn, sie wurde ›die Wahnsinnige‹, und hier begegnete 1526 der in der Schlacht von Pavia 1525 besiegte und gefangengenommene König Franz I. von Frankreich dem glücklichen Sieger Kaiser Karl V.: eines der großen Ereignisse in der Geschichte des Hauses Habsburg hat sich hier abgespielt.

Durch ein Neubauviertel, das sich in die alte Stadt eingeschlichen hat, erreicht man den Platz um San Lesmes und San Juan (Plaza Lesmes). In der **Kirche San Lesmes** (13) liegt das Grab des (aus Frankreich stammenden) 1097 verstorbenen Lokalheiligen und Patrons von Burgos. Vom Kloster sind Reste des Kreuzgangs und der Kapitelsaal erhalten (beide 15./16. Jh.), in letzterem befindet sich heute das **Museum Marceliano Santamaría** (14), das Werke dieses lokalen Spätimpressionisten (1866–1952) ausstellt. Vom ehemaligen **Hospital San Juan** (15), heute Kulturzentrum, ist nur noch das Nordportal (16. Jh.) original, das ehemalige Kloster der Benediktinerinnen (16; 16. Jh.), heute städtisches Konservatorium, zeigt dem Besucher die abweisende Schulter.

Zurück zur Casa del Cordón und zur Brücke über den Arlanzón. Noch vor der Brücke steht rechts das selten genutzte **Teatro Principal** (17; mit Touristeninformation und allgemein zugänglicher Bibliothek), dahinter lockt die schöne Parkanlage des **Paseo del Espolón.** Auf dem Platz vor der Brücke, Plaza del Cid genannt, steht ein **Denkmal des Campeador** (18; 1955), dessen verordnete Martialität dem Geschmack des faschistischen Spanien so zu entsprechen hatte wie die Skulpturen des Puente de San Pablo.

Stadtspaziergang

Südlich des Arlanzón

Burgos, Plaza Mayor

Jenseits der Brücke liegt in einer Seitenstraße das **Museum von Burgos** (19). Vorgeschichte und Archäologie haben in der **Casa de Miranda,** einem Renaissancebau von 1545, ihr Domizil gefunden, die benachbarte Casa de Iñigo Angulo verwahrt Kunstschätze vom Mittelalter bis zur unmittelbaren Gegenwart. Der große, von Doppelarkaden gesäumte Innenhof der Casa de Miranda erinnert in seiner formalen Strenge an Innenhöfe der römischen Renaissance. In den Sammlungen der Casa Miranda sind prähistorische Funde von der Altsteinzeit bis zum Megalithikum und römische Reste aus der abgekommenen Stadt *Clunia* (östlich Aranda de Duero) hervorzuheben. Im zweiten (vom Arkadenhof zu erreichenden) Bau stößt man gleich auf einen der größten Schätze des Museums, das Altarantependium (Frontplatte) aus Santo Domingo de Silos. Es handelt sich um eine aus Kupfer getriebene und vergoldete Platte mit Niello-Einlagen aus der 2. Hälfte des 12. Jh., die auf einen Holzkörper montiert ist, der wiederum auf hölzernen Stützen steht. In der Mitte der Platte ist Christus in der Mandorla zwischen den Symbolen der Evangelisten dargestellt, links und rechts stehen je sechs Apostel. Während die Köpfe plastisch getrieben sind, wurden die Gliedmaßen nur eingeritzt, die Kleidung ist in kostbarer Niellotechnik in Blau, Grün und Weiß ausgeführt. Daneben wird ein Elfenbeinkästchen arabischer

Herkunft (aus Cuenca, um 1060) aufbewahrt, das zu den besten seiner Art gehört, sowie ein aus San Domingo de Silos stammendes Kästchen desselben Typs, dessen Deckplatte und Schmalseiten mit Niellotechnik verziert ist. Bemerkenswert die Jagdszenen, die sich wie Ornamentik, Material und Schnitt auf fatimidische Vorbilder zurückführen lassen – ob das Kästchen in Silos gefertigt wurde und ob es Christen oder Muslime waren, die es herstellten (das umlaufende Schriftband ist arabisch), ist nicht geklärt. Der zylinderförmige Elfenbeinbehälter enthielt ein Mangala-Spiel, es gehörte, wie die Inschrift sagt, der Tochter des Kalifen Abd al-Rahman III. und entstand vor 961. Ein weiteres Meisterwerk befindet sich ebenfalls im Erdgeschoß, das prunkvolle Grabmal des Juan Padilla von Gil de Siloé (und Werkstatt), dessen Feinheit der Oberflächenbehandlung außergewöhnlich ist. Ein Page steht auch im Tod zur Verfügung des Adeligen, der sich seiner Eleganz und seines hohen sozialen Standes mehr als bewußt ist und sich in prachtvoller Kleidung gefällt. Weitere Objekte vom Mittelalter bis zur Gegenwartsmalerei finden sich in den insgesamt fünf Stockwerken dieses Museumsteils.

Carlos I (Karl V)., Statue im Arco Santa María

Zum Kathedralbezirk endlich kehrt man durch den **Arco de Santa María** (24) zurück, den im Sonnenlicht weiß aufleuchtenden Eingang in die Altstadt (s. Abb. S. 32). Nach dem gescheiterten Aufstand der *comuneros* 1520/21 (s. S. 24) wurde mit diesem Stadttor die unterwürfige Huldigung königlicher Machtvollkommenheit in Stein gemeißelt, das Werk war 1553 vollendet. Maria und der Schutzengel der Stadt nehmen nun auch Karl I. in ihre Hut. Er steht pikanterweise in einer Gruppe burdigalesischer Helden, die einst die Grundlagen für die nunmehr verlorenen Freiheiten gelegt hatten. Karl I. wird von Graf Fernón Gómez und Rodrigo Diaz de Vivar, dem Cid Campeador, begleitet: ein steingewordener Akt der Unterwerfung.

Die Kartause Miraflores – Königsgrab im Kloster der schweigenden Mönche

Hübsche Spaziergänge führen zu drei außerhalb der Altstadt liegenden Sehenswürdigkeiten. Entlang der den Arlanzónfluß begleitenden Grünanlagen des Paseo de la Quinta wandert man auf einem von der burgalesischen Bevölkerung begeistert angenommenen Fußweg bis zu einem Sträßchen, das durch Wald auf einen Hügel führt (40 Min.). Oben steht einsam wie ehedem und sehr schlicht die Kartause von Miraflores. Zwar war der Gebäudekomplex einst tatsächlich eine Kartause, doch beherbergt er ein mit klösterlichem Leben und Weltflucht kaum oder doch nur im Spanien des Spätmittelalters und der Gegenreformation zu verbindendes Element: die Grablege eines kastilischen Königspaars. Juan II. (1406–54) aus dem Haus Trastámara ließ einen kleinen Burgbau seines Vorgängers in eine Kartause umwandeln, wohl schon mit der Idee, sich hier eine Grabstätte zu schaffen. 1442 zogen die ersten Mönche ein. Kurz vor dem Tode des

Kartause Miraflores

Königs begann Juan de Colonia mit den Bauarbeiten für die Kirche, ihm folgten García Fernández de Matienzo und dann Juans Sohn Simon als Baumeister. Diego de Mendieta beendete sie im Jahre 1539. Es war ein Meisterwerk jenes spanischen Stils entstanden, der nach der Stifterin der Grablegen benannt ist: des Isabellinischen Stils.

Zu dieser Zeit war Spanien längst geeint. Königin Isabella, Tochter Juans II., hatte nach dem Tode ihres Bruders Enrique II. die Herrschaft angetreten und durch ihre Heirat mit Ferdinand von Aragón die Vereinigung von Kastilien und Aragón zu Spanien ermöglicht. Wohl im Auftrag Isabellas entstand das kunstvolle Grabmal für Juan II. und seine Gemahlin Isabella von Portugal in der Werkstatt Gil de Siloés.

Die Besichtigung der schmalen, langen Kirche (9,89 m × 56, 28 m) beginnt in einem eher kargen Vorraum. Um so überraschender ist der nächste Raum, bis zu dem die nicht zum Kloster gehörenden Gläubigen vordringen durften: Die eleganten Rippen des Gewölbes sind an den Kreuzungspunkten mit vergoldeten Schlußsteinen besetzt. Noch bedeutender sind die hier erhaltenen **Glasfenster,** die 1484 aus Flandern beschafft wurden. (Das war billiger, als sie in Spanien bei flämischen Glaskünstlern in Auftrag zu geben, was sich der Condestable in der Kathedrale leistete!) Sie sind ein Werk des Meisters Nicolae – beachten Sie die Kalvarienbergszene auf der Nordseite!

Die Pracht der Renaissanceausstattung des *Coro* der Laienbrüder und jenes der Brüder mit Priesterweihe **(Coro de los Hermanos, Coro de los Padres),** insbesondere des Gestühls, bereitet auf den Höhepunkt vor, den Chor der Kirche. Unter den mit zierlichem Maßwerk verzierten kräftigen Rippen des Gewölbes, umgeben von einem kunstvollen, mit Wappenschildern geschmückten Gitter, steht der sechsstrahlige Stern des **Grabmals der Eltern Isabellas der Katholi-**

Grabmal der Eltern Isabellas der Katholischen in der Kartause Miraflores

Burgos

schen. Das Monument aus schimmernd weißem Marmor ist die späte isabellinische Blüte gotischer Bildhauerkunst. Das Werk des Gil de Siloé war 1493 vollendet. Die frappierende Natürlichkeit des im Schlaf wiedergegebenen Paars stellt nicht einen nostalgischen Rückblick auf das Leben der Verstorbenen dar, sondern kennzeichnet die ruhige Zuversicht, mit der sie der Auferstehung von Körper und Seele entgegensehen.

Auch ihrem Bruder Alfonso, dem 1470 jung verstorbenen Infanten, ließ Isabella ein Grabmal aus der Werkstatt Gil de Siloés zukommen. An der Nordwand des Chors kniet der Infant im Gebet mit Blick auf die Altarwand, sehr ähnlich dem Grabmal für Juan de Padilla im Museum in Burgos, aufwendigst mit steinernen Spitzen, skulpturengeschmückten Fialen und Kassettenhintergrund ausgestattet.

Wie ein zu Gold geronnener Teppich füllt die **Altarwand** den Ostteil des Chores. Sie ist das letzte Werk aus dem Atelier des Gil de Siloé, entstanden in Zusammenarbeit mit Diego de la Cruz zwischen 1496 und 1499. So wie der sechsstrahlige Stern dem alten Thema des Grabmals eine neue Dimension abgewinnt, so gelingt es hier, die Kleinteiligkeit der Altarwand zu einer äußeren und inneren Einheit zusammenzufassen. Unübersehbar steht der Gekreuzigte im Mittelpunkt. Ein Kreis von Engeln betont die zentrale Funktion des von Gottvater und personifiziertem Heiligem Geist getragenen Kruzifixus. Passionsszenen, wieder in Kreise gefaßt, füllen die Zwickel zwischen den Kreuzesarmen. Das große obere Rechteck der Altarwand zeigt in weiteren Kreisen die schreibenden Evangelisten, sie sind zugleich Sockel und Baldachin für die Gestalten von Petrus und Paulus. Diese Skulpturen größerer Dimension werden durch Johannes und Maria, als Assistenz am Kreuz, und durch vier Heilige in der Sockelzone ergänzt. Am Rand dieser Zone begegnen uns wieder Juan II. und Isabella mit ihren von Engeln gehaltenen Wappen, sie knien einander gegenüber mit Blick zur Mitte, wo sich der Sakramentsbehälter befindet, der Ort der leibhaftigen Gegenwart ihres Erlösers und Garanten ihrer Auferstehung.

Las Huelgas Reales: Eine Äbtissin als gute Partie

Die Parkanlage des Paseo de la Isla auf der rechten Seite des Arlanzónflusses führt den Spaziergänger zum Puente de Malatos, der Brücke der Kranken. Wer sie überschreitet, hat eine große Parkanlage vor sich, an deren äußerstem Ende er das Ziel der Kranken findet: das **Hospital del Rey**, eine Gründung Alfonsos VIII. Die Anlagen stammen vor allem aus der Renaissance und den letzten Jahrzehnten – das ehemalige Pilgerspital ist heute Sitz der Universität Burgos. Ein aufwendiges platereskes Portal begrüßt die Besucher, die Pilger können aufatmen, denn Santiago selbst heißt sie in Form einer Sitzfigur willkommen. Betritt man den Hof, liegt rechts das frühere Pilgerhaus, links die Kirche mit einer geschnitzten Holztür, die u. a.

Altarwand der
◁ *Kartause Miraflores*

eine recht züchtige Nacktwallfahrt darstellt. Die Säulenstümpfe des zerstörten Kreuzgangs wirken wie Mahnmale für ein nicht genanntes Verbrechen.

Eine schnurgerade Allee führt von der Gebäudegruppe des Hospital del Rey durch den Park zur **Abtei Las Huelgas Reales,** deren Nonnen von Anfang an mit der Sorge für das königliche Hospital betraut waren. Diese »königlichen Erholungen«, ein Schlößchen im Grünen, wurden zur Erinnerung, als Alfonso VIII. 1187 den Bau für ein Kloster der Zisterzienserinnen stiftete, das nur dem Papst und der Aufsicht von Cîteaux unterstehen sollte. Über lange Zeit wurde in diesem Kloster das Generalkapitel der Zisterzienser Spaniens abgehalten, und die Äbtissin, oft königlichen Geblüts, wurde zu einer der einflußreichsten Personen Spaniens. Daß sie als Frauen von priesterlichen Weihen ausgenommen waren, mochten einige Äbtissinnen nicht hinnehmen, mehrfach wurde darüber geklagt, daß sie die Einsegnung der Novizinnen vornahmen, ihren Nonnen die Beichte abnahmen oder ihnen im Gottesdienst das Evangelium auslegten. Während der Gegenreformation verlor das Kloster allmählich seine Selbständigkeit, aber noch Kardinal Aldobrandini konnte um 1605 spitz bemerken: »Wenn der Papst heiraten müßte, wäre die Äbtissin von Las Huelgas die richtige Partie.«

Viele Kostbarkeiten, die sich im Lauf der Geschichte im Kloster angesammelt hatten, gingen wieder verloren, etwa als im Jahre 1809 französische Soldaten die Sarkophage öffneten und plünderten. Nur der des 1275 verstorbenen Infanten de la Cerda, des ersten Sohns Alfonso X., des Weisen, wurde dabei übersehen. Im Museo de Ricas Telas (Museum der kostbaren Textilien) kann man seine Ausstattung für die letzte Reise bewundern (alle Gräber sind 1942/43 geöffnet und untersucht worden). Bei der – wegen der Klausurbereiche der

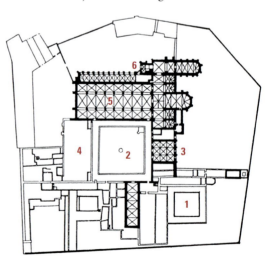

Burgos, Plan des Klosters Las Huelgas Reales
1 Romanischer Kreuzgang
2 Gotischer Kreuzgang
3 Kapitelsaal
4 Textilmuseum
5 Panteón
6 Eingang

Nonnen, die nicht betreten werden sollen – obligatorischen Führung durch Kirche und Kreuzgänge spürt man trotz der Verluste die Faszination einer seit Jahrhunderten ununterbrochenen Tradition.

Im Vorhof des Klosters sieht man zuerst eine langgestreckte Arkadengalerie, die der Nordseite des Kirchenschiffs folgt. Nach Osten anschließend öffnet sich in einer Vorhalle mit eleganter gotischer Rose mit doppeltem Speichenkranz der offizielle Zugang zum nördlichen Querhaus. Unter den ersten Äbtissinnen, Doña María Sol aus dem Hause der Könige von Aragón und Doña Constanza, Tochter des Gründerpaars Alfonso VIII. und Leonor von England, Schwester des Richard Löwenherz, entstanden der kleinere, **romanische Kreuzgang** (1) und der größte Teil der Kirche. 1279 wurden die Gebeine des Stifterpaars ins Schiff übertragen und die Altäre geweiht. Immer wieder sah das Kloster aufwendige Zeremonien des kastilischen Hofs: Ferdinand III. erhielt hier 1219 die Ritterwürde, 1254 fand die Krönung Alfons X., des Weisen, statt, samt der Zeremonie des Ritterschlags für den zukünftigen König Edward I. von England, der dann mit Leonor, der Schwester Alfonsos, verheiratet wurde.

In einer kleinen Kapelle südöstlich des Chors hat sich eine Stuckdecke im Mudéjarstil erhalten. Den Arbeiten maurischer Handwerker begegnet man wieder in der Decke des jüngeren und größeren, **gotischen Kreuzgangs** (2), vor allem in den Ecken, die sich mit ihrem der arabischen Kunst entstammenden Dekorprogramm auffällig vom gotischen Charakter des sonstigen Baus abheben. Der **Kapitelsaal** (3) ist ein hervorragendes Beispiel für den romanisch-gotischen Übergangsstil Nordspaniens. Der schöne, hohe Raum, dessen nur vier Stützen ein neunteiliges Gewölbe tragen, ist Aufbewahrungsraum einer Fahne, die nach der Überlieferung den Mauren beim Sieg von Las Navas de Tolosa 1212 abgenommen wurde. Die feine, farbenprächtige Arbeit wurde später abgewertet und als Zeltvorhang des almohadischen Herrschers eingestuft, inzwischen ist eine Herkunft von einer Kampagne Ferdinands III., des Heiligen, gesichert und die Fahne bleibt ein Heerbanner, wenn auch nicht dasjenige Sultan al-Nasirs.

Die Stoffe, die man bei der Öffnung der Gräber entnahm, sind im **Textilmuseum** (4) ausgestellt und (leider nur in Castellano) erklärt. Das mit Wappen bestickte Käppchen des Infanten Fernando de la Cerda besitzt noch die Bänder, mit denen es unter dem Kinn befestigt wurde. Der Sargüberwurf der María de Almenar aus roter Seide mit Goldfäden ist almohadischer Herkunft, eine Kufi-Inschrift und Löwen, die je zu zweit links und rechts von Dattelpalmen stehen, weisen auf sassanidische Vorbilder hin. Auffällig ist, wie viele Stücke arabischer Provenienz sind oder zumindest arabische Stoffe der Fatimidenzeit imitieren. Dies ist keine Besonderheit, die normannischen Textilregalia Siziliens, die in der Wiener Hofburg aufbewahrt werden, sowie die Kleidung deutscher Kaiser und Bischöfe, wie sie im Bamberger Dommuseum zu sehen ist, zeigen dieselbe Abhängigkeit von fatimidischer Produktion.

Im nördlichen Seitenschiff der Kirche stehen zahlreiche Sarkophage in einem **Panteón der kastilischen Könige (5).** Das Gründerpaar, Alfonso VIII. und Leonor, hat dagegen seine Ruhestätte im Chorgestühl des Schiffs gefunden, ständiger Fürbitte gewiß. Das Grabmal wurde von ihrem Neffen Ferdinand III., dem Heiligen, in Auftrag gegeben. Das kastilische Wappen der goldenen Burg auf rotem Grund und die drei gekrönten Leoparden des Hauses Plantagenet zieren die Seiten. Die für sie betenden Nonnen belegten den Steinfußboden mit schweren Holzbohlen. Nachdem man eine Stunde und länger die dem Stein entströmende Kälte der alten Bauten bis in die Knochen gespürt hat, weiß man ganz genau, warum sie das taten.

Abstecher zum heiligen Domingo von Silos

Besonders sehenswert:
Quintanilla de las Viñas
Santo Domingo de Silos ☆☆

Zumindest ein, zwei *sights* sollte man auf dem Wege nach Santo Domingo ›mitnehmen‹. Fast noch am Stadtrand liegt südöstlich von Burgos das Kloster **San Pedro de la Cardeña,** die ursprüngliche Begräbnisstätte des Cid und der Jimena. Vor dem Haupteingang des alten Benediktinerklosters ist der Cid hoch zu Pferd als Maurentöter dargestellt, ganz in der Nachfolge der Jakobusdarstellung – heiliger Cid, hilf uns gegen die Heiden!

Über Nebenstraßen (schneller über die Straße nach Soria) erreicht man die Bergkette Sierra de las Mamblas und das Dorf **Quintanilla de las Viñas.** Außerhalb des Orts und unterhalb der Ruinen der vorrömischen Festung Lara liegt die westgotische **Einsiedelei Santa María de Lara.** Nur ein Teil des Querhauses und der Chor sind erhalten. Der am Außenbau erkennbare Kontrast zwischen den umlaufenden Dekorationsfriesen und der strengen Architektur fällt gleich ins Auge. Die glatt geschnittenen Wände lassen nur durch schmale Schlitze Licht ins Innere. In den Friesen erkennt man Palmetten, Trauben, Pfauen, Greife, Sterne und Bäume sowie drei nicht zu erklärende Monogramme. Für ihre Auflösung werden verschiedene Angebote gemacht, die Stiftungsinschrift im Chorbogen bleibt ebenfalls enigmatisch.

Folgt man ab Hortigüela dem Río Arlanza, passiert man die einsam im bewaldeten Bachtal gelegenen Ruinen des 942 gegründeten **Klosters San Pedro de Arlanza,** bevor man **Covarrubias** erreicht. Das winzige Städtchen ist ein Mikrokosmos mittelalterlicher kastilischer Freiheiten mit allem, was ein Städtchen braucht: Burgruine, Stadtmauern, mit aufwendigen Wappen geschmückte Adelshäuser, stattliche Pfarrkirche, ein gotisches Marktkreuz, Stiftskirche mit sehenswertem Stadtmuseum und alten Fachwerkhäusern mit über das Erd-

Quintanilla de las Viñas / Covarrubias / Santo Domingo de Silos

Die schlichte Einsiedelei Santa Maria de Lara in Quintanilla beeindruckt mit ornamentierten Friesen.

geschoß vorkragenden, auf Stützen gestellten und zum Teil hinter einer hölzernen Galerie geöffneten Oberstockwerken. Mit dem Turm der Doña Urraca ist ein seltenes Beispiel der Festungsbaukunst des 10. Jh. erhalten, damals war Covarrubias Sitz einer praktisch unabhängigen Herrschaft. Am Ostende des Ortes bewahrt die Stiftskirche der hll. Cosmas und Damián die Gräber von Fernán González (932–970) und seiner Gemahlin Sancha, die in einem römischen Sarkophag ruht. Ein schlichter gotischer Sarkophag in der Stiftskirche wurde die letzte Ruhestätte der 1262 verstorbenen norwegischen Prinzessin Christina, der ersten Frau des Infanten Don Felipe. Dem Witwer und seiner zweiten Frau werden Sie in der Kirche von Villalcázar de Sirga (s. S. 151) begegnen. Der schönste Teil des Klosters ist der spätgotische Kreuzgang des frühen 16. Jh. Das im Kloster untergebrachte Museum besitzt ein Gemälde der hll. Cosmas und Damián von Pedro Berruguete und ein Dreikönigstriptychon von Gil de Siloé.

Noch 18 km Landstraße, und Sie haben eines der berühmtesten und kunsthistorisch bedeutendsten Klöster Spaniens erreicht: **Santo Domingo de Silos.** Das Kloster war im Mittelalter ein wichtiges und häufig aufgesuchtes Wallfahrtsziel, da dort der ob seiner vielen Wunder verehrte Dominikus von Silos gewirkt hatte. Auch Jakobspilger machten den für sie anstrengenden und nicht ungefährlichen, weil in einsame, von Räubern frequentierte Berglandschaft führenden Abstecher. Ab dem Ende des 12. Jh. sahen sie den vollendeten romanischen Kreuzgang, dessen von einem nur von hier bekannten Meister

Das Benediktinerkloster ist Klausur, kann also nicht besichtigt werden; den Kreuzgang betritt man daher durch eine Pforte neben der klassizistischen Kirche.

Burgos

In der grünen Hügel- und Berglandschaft südöstlich von Burgos gibt es zu Dutzenden Dörfer, deren Kirchen, alte Häuser oder Einsiedeleien man sich ansehen kann. Die Hauptsehenswürdigkeit, das Kloster Santo Domingo de Silos mit seinen berühmten romanischen Skulpturen, sollte nicht davon ablenken, daß diese Landschaft auch ein wunderbares Wandergebiet ist, mit tief eingeschnittenen Bachtälern, klarem Wasser und im Frühjahr von blühendem Unterwuchs erfülltem, mediterranem Wald. Selbst eingefleischten Kunstpilgern macht der kleine Spaziergang durch die Yecla-Klamm ein paar Kilometer südlich von Santo Domingo de Silos Spaß!

geschaffene Kapitelle und Reliefs zu den bedeutendsten der Romanik gehören. Auf einem von ihnen, das die Szene in Emmaus darstellt, tritt Christus als Pilger auf, mit Schultertasche, Pilgerhut und Jakobsmuschel – Verbeugung vor den frommen Pilgern auf dem Jakobsweg.

Nach seiner Priesterweihe zog sich der junge Domingo Manso in einem Tal der Sierra de la Demanda in die Einsamkeit einer Einsiedelei zurück. 1032 war er als Novize in das Kloster San Millán de la Cogolla eingetreten, daß er nunmehr einen Teil seines Lebens in einer Einsiedelei verbringen würde, entsprach seinen asketischen Vorstellungen und dem Brauch der Zeit. Sein Eremitendasein sollte nicht lange währen: König García III. de Nájera, der sich gegen seine Brüder in Aragón und Kastilien zu wehren hatte, griff nach San Millán de la Cogolla. Domingo widersetzte sich dieser Vereinnahmung, mußte aber flüchten und ging an den Hof von Garcías Bruder, Fernando I. von Kastilien. Dem König imponierte die feste Entschlossenheit Domingos und im Jahre 1041 setzte er ihn als Abt des Klosters San Sebastián ein, ganz im Westen der Sierra de la Demanda. Domingo regierte das Kloster 32 Jahre, als er 1073 starb, wurde er bereits als Heiliger verehrt. Nach seiner offiziellen Kanonisierung im 13. Jh. nahm das Kloster seinen Namen an. Wie weit die Klosterneubauten zum Zeitpunkt seines Todes bereits gediehen waren, ist nicht bekannt. Die Meisterwerke der Kreuzgangskapitelle und der Reliefs werden heute meist zwischen 1125 und 1150, u. U. sogar ans Ende des 12. Jh. datiert.

Mit der Verlängerung der romanischen Vorgängerin der heutigen Kirche nach Westen verlängerte man auch den **Kreuzgang** um eine Bogenstellung, der deshalb nicht wie üblich quadratisch ist. An den Viersäulenkapitellen im Norden und Süden erkennt man die frühere Achse des Kreuzgangs. Deutlich unterscheidet man zwei verschiedene künstlerische Handschriften: Im Süden und Westen findet man Kapitelle von der Hand eines eher provinziellen Künstlers, für dessen Arbeit es sich jedenfalls nicht gelohnt hätte, den Umweg von Burgos hierher zu machen. Die zweite Hand, die im Ost- und Nordflügel sowie in den insgesamt acht Reliefs an den Eckpfeilern erkennbar ist, hat eine deutliche und unverwechselbare Schrift, die das Genie verrät.

Betrachten Sie das eine der beiden Reliefs am Nordwestpfeiler, die Szene mit dem ungläubigen Thomas. Die dargestellte Szene, aus den zwölf Aposteln und Christus bestehend, ist in einen durch Architekturelemente betonten Bogen hineingestellt, über dem Halbfiguren von Musikanten zu erkennen sind. Obwohl das Relief, durchaus dem weichen Kalkstein adäquat, in die Tiefe geschnitten ist, fällt doch eine durchdringende Linearität auf, die sich nicht nur in der sehr flachen Zeichnung der Kleidung manifestiert, sondern auch in der die Körper und Köpfe der Apostel wie eine Welle erfassenden Bewegung. Es wirkt, als sei die Szene in Elfenbein geschnitten, dazu paßt auch der Rahmen und der begrenzende Bogen: Wahrscheinlich ist der Meister dieser Reliefs von der Elfenbeinschnitzerei zur Bildhauerei gekommen. Ein weiteres Element trägt zu diesem Eindruck bei: Christus streckt den rechten Arm mit theatralischer Geste vom Körper weg, damit Thomas die Wunde sehen und berühren kann. Dabei überdeckt seine Hand teilweise den begrenzenden Architekturrahmen, wie auch auf allen anderen Reliefs Teile der dargestellten Szene den Rahmen überlagernd dargestellt sind. Dies gibt den Szenen eine besondere Tiefe und Lebendigkeit und verträgt sich eher mit byzantinischen Elfenbeinreliefs als den Normen romanischer Skulptur.

Die genannte Szene sprengt weitere romanische Konventionen. Während bei der Darstellung einer größeren Gruppe üblicherweise von den hinten stehenden Personen nur die Köpfe gezeigt werden, gibt der Meister von Santo Domingo de Silos auch noch der obersten, der dritten Apostelreihe Körper, und die Füße der zweiten Reihe kann man zwischen den Personen der vorderen Reihe erkennen. Dieses realistische Element verrät sich auch in der Art, wie hier oder im zweiten Relief desselben Pfeilers, Christus in Emmaus, die Personen auf die Grundfläche gestellt sind. Da gibt es keine Regeln, der Meister zeigt beobachtete Fußstellungen, wenn er sie auch in den eleganten Fluß seiner Linienführung einbindet und dadurch leicht verfremdet.

Dies ist ein weiteres Stichwort, das im Emmausrelief besonders deutlich wird: Die Linienführung ist flüssig, elegant, im Detail wie im Ganzen an einen idealen Linienfluß angenähert. Die drei Körper,

Santo Domingo de Silos, Kreuzgang

Santo Domingo de Silos, Pfeilerreliefs im Kreuzgang: Der ungläubige Thomas, Verkündigung

zwei Apostel und Christus als Pilger, sind in einen zwingenden, rhythmischen Rahmen gebunden, der so unausweichbar, so absolut erscheint wie das harmonische Ideal der Renaissance.

Die Reliefs des Nordostpfeilers zeigen Kreuzabnahme und Auferstehung, unter letzterer ist in einer kleineren Szene die Grablegung dargestellt. Der Südostpfeiler umfaßt Himmelfahrt und Ausgießung des Heiligen Geistes, auf dem Südwestpfeiler sind Wurzel Jesse und Mariä Verkündigung zu finden. Gerade das letzte Relief unterscheidet sich deutlich von den anderen: Die Flächigkeit und lineare Strenge des Meisters ist hier kaum zu finden, ganz im Gegenteil, der weiche Fluß der faltenreichen Kleidung suggeriert Körper und Tiefe, und die Gestalten sind in einer Art bewegt, die sonst nicht vorkommt: Die beiden Engel, die über den Kopf der Jungfrau eine Krone halten (die Marienkrönung gehört eigentlich ikonographisch nicht hierher), müssen sich fast verrenken, so intensiv bemühen sie sich, mit ihren über den Rahmen ragenden, schlagenden Flügeln das Gleichgewicht zu halten. Sogar der Vorhang, den der Meister zwischen den Säulen und im Bogen aufgehängt hat, wird von einem unsichtbaren Wind gehoben und bewegt. Die plastische Ausdruckskraft eines Meisters, der dieses – wahrscheinlich jüngste – bewegte, volumenbetonte Relief schaffen konnte, aber auch das kühle, klare und zurückhaltende

Relief der Emmausszene, hat zu Vermutungen Anlaß gegeben, es handle sich um zwei verschiedene Künstler – wir hätten es also in diesem Kreuzgang mit drei Meistern zu tun. Tatsächlich können bei den beiden Polen, zwischen denen die Kunstwerke des Meisters von Santo Domingo de Silos anzusiedeln sind, ganz unterschiedliche Einflüsse vermutet werden, vor allem wird das Vorbild Moissac zitiert. Die bewegten, plastischen Reliefs wie die Verkündigung wurden jedoch wohl vom damals bereits fertiggestellten Pórtico de la Gloria der Kathedrale in Santiago de Compostela beeinflußt, Jahre, vielleicht Jahrzehnte nach Fertigstellung der ersten Reliefplatten.

Die Kapitelle des Ost- und Nordflügels sind vom gleichen Meister (mit Ausnahme der beiden an den Nordwestpfeiler angrenzenden Kapitelle, von ihm sind jedoch ebenfalls das vom Nordwestpfeiler aus gesehen erste und vierte Kapitell des Westflügels). Szenen des Neuen Testaments, aber auch Fabelwesen, Tiere, die keiner irdischen Rasse zuzuordnen sind, verschlingen sich in Ranken, die manchmal wie Flechtwerk wirken und dann wieder in bedrohliche, schlangenartige Lebendigkeit übergehen. Meist sind zwei Tiere oder Fabelwesen, Harpyen etwa, einander gegenübergestellt, wie es schon dem altorientalischen Darstellungskanon entsprach.

Im Westen des Kreuzgangs, dessen hervorragende Mudéjardecke aus einer Erneuerung des 14. Jh. stammt, stößt man auf die Stelle des ersten Grabs des Heiligen. Bereits drei Jahre nach seinem Tod 1076 hatte man die Gebeine in eine Kapelle auf der Nordseite der Kirche gebracht, der Andrang der Pilger im Kreuzgang war den Mönchen zur Last geworden. Die Stelle seines ersten Grabs wurde jedoch weiter verehrt. Eine gotische Grabplatte des frühen 13. Jh., getragen von drei Löwen, kennzeichnet noch heute die Stelle.

Vom Kreuzgang aus gelangt man zur alten **Apotheke,** 1705 angelegt und reich mit Schubladenschränken und kostbaren Fayencegefäßen ausgestattet, sie verfügt sogar über eine eigene kleine Bibliothek. Besondere Kostbarkeiten verwahrt das **Museum,** das ebenfalls vom Kreuzgang aus zu erreichen ist. Die Deckplatte des Heiligengrabes mit der Darstellung des apokalyptischen Lamms auf einer mit Braunfirnis dekorierten Fläche wurde mit einer Kopie des im Museum von Burgos aufbewahrten Antependiums zu einer Rekonstruktion der zweiten Grablege zusammengestellt. Die berühmte Beatus-Handschrift des Klosters gehört heute zu den Schätzen der British Library in London, andere Kostbarkeiten wurden ebenfalls verschleppt. Zwei besonders wertvolle Goldschmiedearbeiten verblieben: Kelch und Patene des Heiligen. Für den 30 cm hohen Kelch bezeugt eine Inschrift auf der Unterseite die Herkunft: »*In nomine Domini ob honorem s(an)c(t)i Sebastiani Dominico abbas fecit*«. (Im Namen des Herrn, zu Ehren des heiligen Sebastian, des ursprünglichen Patrons des Klosters, hat Abt Dominikus diesen Kelch in Auftrag gegeben.) Der schlichte silberne Kelch, der noch geringe Spuren von Vergoldung aufweist, ist einer der größten des Mittelalters.

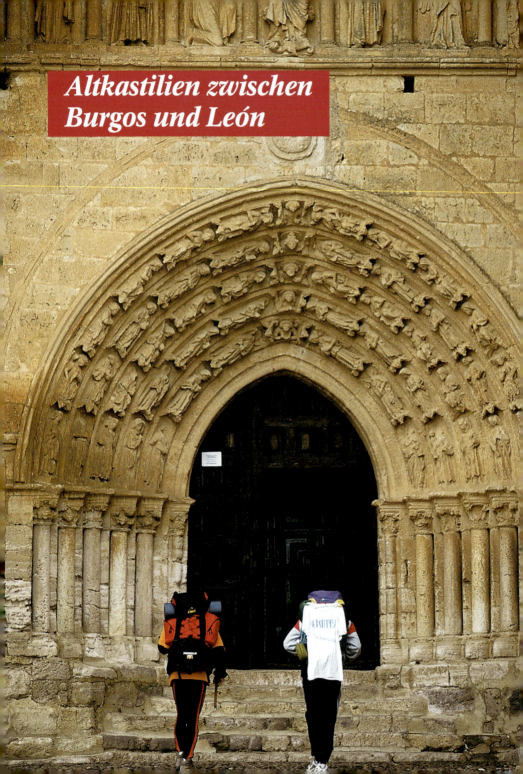

Altkastilien zwischen Burgos und León

Altkastilien

Besonders sehenswert:
Frómista ☆
Palencia ☆
Carrión de los Condes
San Miguel de Escalada ☆

Es ist gerade die sparsame Gliederung dieser Landschaft, die sie aus der Erinnerung hervorhebt. Manches Bergland kann man trotz der Fülle individueller Formen nach ein paar Jahren nicht mehr heraufbeschwören, es hat sich mit anderen Erinnerungen vermengt und verwirrt. Wer die nur schwach gegliederte, fast nur durch menschliche Werke akzentuierte altkastilische Hochebene einmal erlebt hat, wird sie auch nach zwanzig Jahren noch vor dem inneren Auge sehen können. Selten ist die Ebene wirklich platt, meist wellt sie sich ein wenig und versteckt das nächste Dorf unter dem Horizont. Flußtäler durchbrechen sie, aber die Höhenunterschiede schwanken nur zwischen 800 m und 900 m ü. d. M. Das Meer ist fern, das Klima kontinental, eine Steppe wie in den amerikanischen Great Plains, wie in den Weizenebenen der Ukraine. Das Gebirge im Norden sorgt für den Regenschatten, aber nicht für Windschutz: Kalte Winterstürme und staubige Sommerwinde fegen ungebremst über Felder und magere Schafweiden. Im Sommer kann es lange trocken sein, Dürreperioden sind keine Seltenheit. Im Winter liegen die Temperaturen wochenlang unter dem Gefrierpunkt, der Schnee bleibt in Nordlagen, windverblasen, bis weit ins Frühjahr liegen.

Der Jakobsweg zieht sich quer über die Hochebene. Der alte Fußweg wird auf seiner ganzen Länge wieder begangen, die Herbergen haben wieder eröffnet, Zehntausende wandern jährlich auf ihm. Die Autostraßen haben sich völlig andere Wege gesucht, die Richtung Ost–West war jahrhundertelang aus der Mode gekommen, nur noch der Weg nach Norden zu den Handels- und Hafenstädten der Küste und nach Süden in die Hauptstadt Madrid hatte noch Bedeutung. Die heutigen Fußwanderer durchqueren eine fast entvölkerte Landschaft: Die Auswanderung hat vor Jahrhunderten eingesetzt, als bessere Lebensmöglichkeiten zunächst in Neukastilien, dann im Kolonialreich, dann in den Industriestädten Amerikas zu finden waren. Sie geht weiter: Die Weizenproduktion ist zwar heute nach wie vor bedeutend, aber die Arbeitsplätze werden weniger und weniger – trotz oder wegen der Subventionen aus Brüssel. Andere Arbeit gibt es nicht, es gibt kein Gewerbe, keine Industrie, nicht einmal landwirtschaftliche Sonderkulturen. Die Taubenhäuser, die heute noch, manchmal allein, dann wieder in Gruppen in den Feldern stehen, werden nicht mehr genutzt, es gibt niemanden mehr, der sich der Taubenzucht widmen will. In vielen Dörfern leben nur noch alte Menschen. Auch die Schafpferche verfallen, Schafzucht ist nicht mehr profitabel, die Wollindustrie Kastiliens, Motor der wirtschaftlichen Entwicklung des Mittelalters und bis ins 19. Jh. von Bedeutung, ist praktisch tot. Manche Dörfer haben nicht einmal eine Bar – wer Spanien kennt, weiß, daß dies das Todesurteil ist.

Für den Besucher scheint die Zeit stillgestanden zu sein. Manche Dörfer tragen immer noch den Stempel des mittelalterlichen Jakobswegs, manche Herbergen auf dem Weg haben ihre Funktion nie geändert, dienen den Pilgern heute wie vor 900 Jahren. Wer immer hier unterwegs ist, sollte den Weg zu Fuß erleben, dieses Stück zumindest.

»*Die Dörfer mit ihren Häusern aus erdbraunen Lehmziegeln fallen in der Landschaft kaum auf. Es sind ärmliche Orte, nur eine Handvoll Hütten, aber sie tragen wohlklingende Namen, die an den Pilgerweg erinnern: Calzadilla de la Cueza, Terradillos de los Templarios, San Nicolas del Real Camino. Hier scheinen heute kaum noch Menschen zu wohnen. Ich treffe einen alten Mann. Schlurfend läuft er über den buckeligen Dorfweg, eine Schubkarre vor sich herschiebend.*«
(Carmen Rohrbach)

◁ *Villalcázar de Sirga, Portal der Kirche Santa Maria la Blanca*

Campos Góticos – im Land der verlassenen Dörfer

Der mittelalterliche Pilgerweg verläuft auf dem Teilstück zwischen Burgos und Frómista zumeist auf Feldwegen und Landstraßen, die Autoverbindung über die gut ausgebaute Nationalstraße Burgos – León läuft weiter nördlich. Zumindest Castrojeriz ist den Abstecher wert, schon die Lage des alten Ortes im Flußtal am Fuß des Burgbergs lohnt die Mühe. Fußpilger werden mit einer sanft bewegten Landschaft konfrontiert, riesige Getreidefelder sind nicht Zeugen des realen Sozialismus sondern nach wie vor ungeteilten Großgrundbesitzes. Die Dörfer liegen meist in Mulden, wo sich Wasser findet, die schlichten Bauten aus Fachwerk, Kalkstein oder Lehmziegeln, je nach Materialverfügbarkeit, verfallen häufig, ganze Dörfer sind aufgegeben worden. **Tardajos,** 9 km westlich von Burgos, wo der Fußweg von der Straße abzweigt und nach dem Dorf in die Felder führt, zeigt mit den vielen Adelswappen ein und derselben Familie, daß

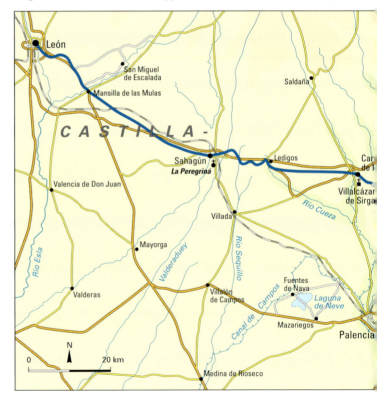

Tardajos / Hornillos del Camino / Castrojeriz

manche Dörfer ganz im Besitz eines Grundherrn waren. Tatsächlich lag bis in die Neuzeit, teilweise bis ins 19. Jh., die Gerichtsbarkeit in Altkastilien in der Hand der Grundbesitzer, von kleinen und großen Adelsfamilien, geistlichen und weltlichen Orden; königlicher Besitz machte nur einen kleinen Anteil aus. In **Hornillos del Camino,** wo sich die niedrigen, zum Teil verfallenden Häuser links und rechts der einzigen Straße aufreihen, eben dem Jakobsweg, ist die Vergangenheit vielleicht am deutlichsten präsent. Man hat hier schon bessere Zeiten gesehen: Kloster, Krankenhaus, Herberge gibt es seit dem 12. Jh., die Kirche Santa María besaß einen Ablaß von 40 Tagen, den Pilger erhielten, die hier zu bestimmten Zeiten ihr Gebet verrichteten. Heute gibt es wieder eine Pilgerherberge, aber außerhalb der Sommersaison sagen sich hier immer noch Fuchs und Hase gute Nacht. Das ausgedehnte Dorf **Castrojeriz** liegt unterhalb der Reste einer alten Burg, Sitz einer frühen kastilischen Grafschaft (10./11. Jh.). In der ehemaligen Stiftskirche der Virgen del Manzano, einem gotischen Bau, findet man eine wundertätige Marienstatue (13. Jh.), die einmal sehr berühmt war. Die Gemälde des Hochaltars stammen, eine Überraschung an diesem Ort, von Anton Raphael Mengs (1728–79), des-

Altkastilien zwischen Burgos und León

sen subtile Porträts von klassizistischer Überzeugung (er war ein enger Freund Winkelmanns) berühmter sind als seine religiösen Arbeiten. Als Hofmaler König Carlos III. hatte er sich auch mit Aufträgen wie diesem zu arrangieren.

Über Castrillo de Matajudíos (»kleine Burg der Judentöter« – neuerdings weniger offensiv und weltanschaulich neutral Castrillo de Cabezón genannt) erreicht man den Río Pisuerga und, südlich von **Itero del Castillo,** die von Alfonso VI. in Auftrag gegebene Brücke mit neun Stützen. Erst jenseits betritt man im engeren Sinne die **Tierra de Campos,** deren Reichtum früher aus Weizen, Wein, Milch und Honig bestand, deren aus Lehmziegeln errichtete Häuser sich in Großdörfern scharen, die zumindest entlang des Jakobswegs von den großen Steinbauten der Kirchen überragt werden. Auf dem Weg nach Westen wird **Boadilla del Camino** berührt, dort steht vor der gotischen Kirche Santa María ein prunkvolles Wegkreuz des 15. Jh.

Frómista

Inmitten der Campos liegt Frómista. Hier schneiden sich zwei historisch wichtige Verkehrsachsen Nordspaniens, die Verbindung von Santander nach Palencia und Valladolid und die Ost-West-Achse des Jakobswegs. Heute bestimmen Eisenbahn und Canal de Castilla, die zentrale Ader der Bewässerungssysteme Kastiliens, den Verkehr. Im 11. Jh. war der Jakobsweg mit seinem Pilgeraufkommen noch von größerer Bedeutung als die Verbindung nach Santander. Doña Sancha, Witwe des Königs Sancho III., ließ sich hier nach dem Tod ihres Gemahls nieder. Die fromme Frau stiftete ein Kloster mit Kirche, ihr mit 1066 datiertes Testament markiert einen Zeitpunkt, als die Kirche bereits im Bau war.

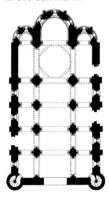

Frómista, Grundriß der Kirche San Martín

Der Platz um die **Kirche San Martín** trennt sie heute vom restlichen Ort ab, die zugehörigen Klostergebäude wurden im Zug der Restaurierung im 19. Jh. abgebrochen. Die glatten, wie frisch geschnitten wirkenden Wände lassen zuerst den Verdacht aufkommen, man habe einen Bau des Historismus vor sich. Die gründerzeitliche Restaurierung war überperfekt, hat aber auch ihre guten Seiten: Einige Kapitelle wurden ersetzt und sind heute im Museum von Palencia zu sehen, die Kopien hat man, ungewöhnlich für die damalige Zeit, gekennzeichnet (mit einem R für *restaurado).*

San Martín in Frómista gehört neben San Isidoro in León und den Kathedralen von Jaca und Santiago de Compostela zu den frühesten romanischen Großbauten Spaniens. Die dreischiffige Hallenkirche wirkt wie aus einem Guß; wahrscheinlich wurde sie ohne Bauunterbrechung errichtet, die ursprüngliche Bauidee blieb so bis zum Ende der Bauarbeiten erhalten. Zum ersten Mal wird hier in der hochromanischen Architektur Spaniens eine Halle mit Tonnengewölbe errichtet, deren durch seine Breite betontes Querschiff die Höhe des Mittelschiffs erreicht, die Vierung wird durch einen achteckigen Vierungsturm überhöht. Die Westseite wird von zwei schmalen runden Treppentürmen flankiert, sie wirken wie spätere Zubauten. Dekor wurde sparsam eingesetzt, außen sind es vor allem die etwa 350 Konsolsteine, die als Tierköpfe, Fratzen, sich windende menschliche Figuren gestaltet sind, daneben horizontale Schmuckbänder in Form von Würfelfriesen, halbrunde Vorlagen und in die Rundfenster eingestellte Säulchen.

Der Bauschmuck beschränkt sich im Inneren auf die Kapitelle, die besonders bei den Halbsäulen, die den Gurten des Tonnengewölbes unterlegt sind, sehr hoch angesetzt sind. Biblische Szenen, Kapitelle mit Tieren, pflanzliche und rein dekorative Flecht- und Korbkapitelle, vor allem aber auch an antike Muster erinnernde Darstellungen finden sich. Das Vorbild für einige Reliefs soll ein antiker Sarkophag mit Orestes-Motiven gewesen sein, der sich im nahen Ort Husillos befand. Das Kapitell des südlichen Chorbogens ist so nah mit einer Darstellung dieses provinzialrömischen Sarkophags verwandt, daß keine andere Erklärung als direkte Übernahme in Frage kommt. Die Szene zeigt mehrere Personen, die Schlangen in den Händen haben, die sie anscheinend einander überreichen, während aus einem Mon-

Frómista, San Martín

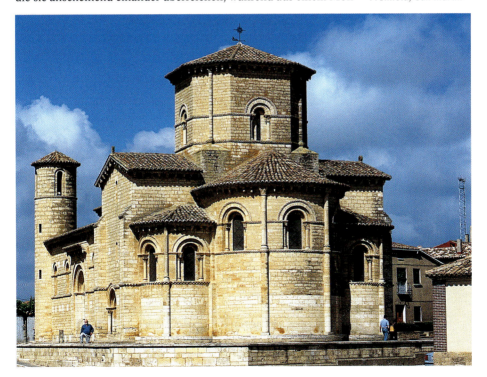

Am Canal de Castilla, der im 18. Jh. als Schiffahrtsweg errichtet wurde und heute vor allem für die Bewässerung benutzt wird, läßt es sich in Muße spazierengehen. Der in vielen Bereichen naturnahe Wasserlauf ist ein wichtiges Vogelhabitat. Rad- und Wanderwege folgen seinen 207 km, die fertiggestellt wurden, bevor das utopische Projekt, Madrid mit dem Atlantik zu verbinden, als zu kostspielig und technisch nicht zu bewerkstelligen eingestellt wurde.

stermaul ein Tuch herausgezogen wird, mit dem sich nackte muskulöse Männer den Unterkörper bedecken. Die antikem Formgefühl verpflichtete Körperlichkeit der Szene steht in deutlichem Kontrast zu anderen Darstellungen, deren Körperlosigkeit, Überbetonung des Kopfes und Frontalität viel eher den Konventionen des Frühmittelalters entsprechen. Es ist faszinierend zu sehen, wie hier ein einzelner Meister auf antike Vorbilder zurückgreift und sie in die Kunst seiner Zeit einbringt. Für die spanische Kunst der Romanik ist diese herausragende Leistung des Meisters von Frómista um 1070 der Beginn einer eigenständigen Entwicklung.

Die polichromen Statuen des heiligen Martin (12. Jh.) und des hl. Jakob als Pilger (15. Jh.) sollten nicht übersehen werden. Frómista hat noch weitere interessante Kirchen, vor allem die spätgotische **Kirche San Pedro** mit ihrem Renaissanceportal samt Vorbau und italienischem Renaissancealtar lohnt besonders einen Besuch.

Abstecher nach Palencia

Von Frómista bietet sich ein Abstecher nach Süden an. Die Provinzhauptstadt Palencia ist nur 40 km entfernt, eine halbe Stunde Autofahrt auf einer guten Straße (außerdem läßt es sich in Palencia wesentlich komfortabler nächtigen als in Frómista). Der Stadt haftet trotz ihrer fast großstädtischen Einwohnerzahl (80 000) etwas Provinzielles an, dabei war sie eine der frühesten Universitätsstädte Spaniens (1208, 1239 nach Salamanca verlegt), und wer das **Museo Arqueológico** (1) im Renaissancebau der Casa del Cordón besucht, kann sich anhand hervorragender römischer Büsten von mehr als zweitausend Jahren Stadtgeschichte überzeugen. Das Ensemble um die von Arkaden gesäumte **Plaza Mayor** mit dem Renaissance-**Rathaus** (2) und der benachbarten Plaza San Francisco mit der gleichnamigen Kirche ist besonders reizvoll. **San Francisco** (3) ist als typische Bettelordenskirche in schlichten gotischen Formen gehalten. Auch **San Miguel** (4) lohnt den Besuch, der frühgotische Bau wird von einem riesigen Glockenturm mit überdimensionierten Fensteröffnungen mit Maßwerk, das wie Riesenspielzeug aussieht, überragt – in der Vorgängerkirche wurden übrigens der Cid und Jimena getraut.

Der wichtigste Bau Palencias ist die **Kathedrale San Antolín** (5; hl. Antolianus), die gleichzeitig mit jenen von Salamanca und Sevilla noch einmal gotische Formen verwendete, als anderswo bereits die Renaissance über das Formenvokabular gebot. Reste einer westgotischen Kapelle für den heiligen Antolín bilden die heutige Krypta, über der ehemals ein westgotischer Bau stand. Im 14. Jh. wurde die heutige Kathedrale begonnen und 1516 im wesentlichen fertiggestellt. Das Südportal (Puerta del Obispo) versammelt alle Elemente eines großen gotischen Kathedralenportals: die Dreiteilung des Tympanon, die

Apostelfiguren in den Wangen, die figurenbelebten Archivolten, darüber ein Wimperg mit Krabben und anderem plastischen Dekor. Das alles ist eingespannt in einen rechteckigen Rahmen, der oberhalb noch waagerechte Bildstreifen freiläßt. Diese werden, typisch spätgotisch und typisch spanisch, stark horizontal betont: Der Gesamteindruck ist horizontal, nicht vertikal. Das Nordportal, die Puerta de los Reyes, entstand zur selben Zeit. Heute blickt sie auf einen fast unbelebten Platz, früher zogen durch diese Pforte die königlichen Herrschaften ein. Bis auf den Sohn Juans I. –, der ließ sich für seine Hochzeit mit Catherine aus dem Hause Lancaster eine eigene Pforte bauen, die Puerta de los Novios (14. Jh.) rechts vom unvollendeten Turm.

Das Innere der dreischiffigen Kirche mit relativ schmalem Querhaus und Chorumgangskapellen ist kostbar ausgestattet. Von besonderem Interesse ist der *Trascoro*, dessen Nord- und Südseite von Gil de Siloé und Simon von Köln mit Reliefs und Maßwerkrahmen ausgestattet

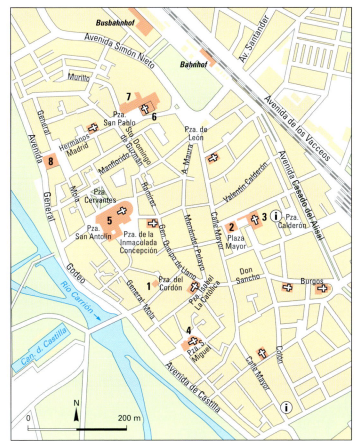

Palencia
1 Museo Arqueológico, Casa del Cordón
2 Rathaus
3 San Francisco
4 San Miguel
5 Kathedrale
6 San Pablo
7 Kloster de la Piedad
8 Bischofspalast

wurden, wogegen der Westteil von Juan de Flandes gestaltet wurde. Der üppige spätgotisch-plantereske Bauschmuck dieser Außenseiten ist allein schon den Besuch der Kathedrale, wenn nicht von Palencia wert. Spätgotisch ist auch die vergoldete Altarwand der Capilla Mayor, ein Gemeinschaftswerk von Pedro de Guadalupe, Pedro Manso, Juan de Torres und – für die Plastiken – Felipe Vigarny (1506–16). In der dahinterliegenden Capilla del Sagrario sind zwei Königinnen bestattet, Urraca von Navarra (12. Jh.) und Ines de Osorio (15. Jh.). Die Chorumgangskapellen sind um 1500 entstanden, ihre Ausstattung ist meist platteresk, die Achskapelle enthält einen sehr schönen Altar des 18. Jh.

Der Kreuzgang wurde von Juan Gil de Hontañón erbaut, der sich vor allem mit dem letzten gotischen Bau der Architekturgeschichte, der Kathedrale von Segovia, ein Denkmal setzte, der aber auch am Bau der neuen Kathedrale von Salamanca und der von Sevilla beteiligt war. Von hier aus ist das Kathedralmuseum zugänglich, das u. a. einen El Greco besitzt (Martyrium des hl. Sebastián), hervorragende flämische Wandteppiche, eine hl. Katharina Francisco Zurbaráns und religiöse Gegenstände aus Gold und Silber.

Nur wenige Kilometer südlich von Palencia liegt bei Baños de Cerrato eines der bedeutendsten und schönsten Beispiele westgotischer Architektur: **San Juan de Baños.** Eine Inschrift über der Hufeisentonne der Hauptapsis überliefert das Datum 661 (das Datum ist neuerdings umstritten, da die Hypothese aufgestellt wurde, daß die Kirche aus

Palencia, Kathedrale

Palencia / San Juan de Baños

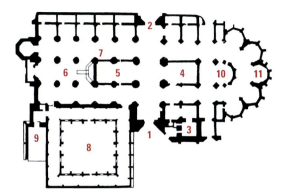

Palencia, Grundriß der Kathedrale
1 Puerta de Obispo
2 Puerta de los Reyes
3 Turm
4 Capilla Mayor
5 Coro
6 Treppe zur Krypta
7 Trascoro
8 Kreuzgang
9 Dommuseum
10 Capilla del Sagrario
11 Capilla del Monumento

vorhandenem Material zu einem späteren Zeitpunkt errichtet wurde) und den königlichen Stifter Rekkeswind, der die Kirche am 3. Januar dem hochverehrten Johannes dem Täufer übereignete (dies ist das einzige westgotische Weihedatum, das sich erhalten hat). Er hatte sich in den nahen Bädern seine Gesundheit wiederherstellen lassen und war wohl in Spendierlaune, der wir auch die prachtvolle Gold-Votivkrone aus Toledo verdanken, die sich heute im Archäologischen Museum Madrid befindet. Ein Großteil des ursprünglichen Baus steht noch, die im Süd- und Nordosten an das verkürzte Querhaus anschließenden Kapellen sind verschwunden. Die Hufeisenbögen, die hier ohne jeden Zweifel vor der arabischen Eroberung erscheinen, haben zu der Behauptung Anlaß gegeben, die maurische Kunst habe den »arabischen« Hufeisenbogen erst durch den Kontakt mit den westgotischen Bögen geschaffen. Da Hufeisenbögen im arabischen Raum eineinhalb Jahrhunderte später und ohne verbindende Formen erstmals im Osten des abassidischen Reichs erscheinen, ist dies recht unwahrscheinlich. Von San Juan de los Baños bleiben die Wucht der Marmorsäulen, die Kraft der aus germanischer Tradition stammenden Flechtbanddekoration, die Roheit der Imitation antiker Kapitelle und der straffe Schnitt des Quaderbaus in Erinnerung.

San Juan de Baños

Westlich von Palencia befindet sich in der Nähe des Orts Fuentes de Nava der Jahreszeitensee **Laguna de Nava.** Dieses auf derzeit 369 ha (ehemals bis zu 5000 ha) ausgedehnte Feuchtgebiet wurde in den 40er Jahren des 20. Jh. durch Kanäle entwässert, aber seit 1990 durch engagierte Naturschützer und mit Beteiligung und Unterstützung der Region Castilla-León neu geschaffen. Inzwischen ist es wieder eines der bedeutendsten Vogelschutzgebiete Spaniens. Kranich, Stelzenläufer, Kuhreiher, Seidenreiher, Weißstorch und Schwarzstorch, Schwarzmilan und Rotmilan (Gabelweihe), Rohrweihe, Kornweihe und Wiesenweihe, fünf Falkenarten, darunter der Rotfußfalke, sechs Entenarten, darunter die Löffel- und die Knäkente, das Rotfuß-Rebhuhn *(Alectoris rufa),* Wasserralle, Rohrammer, Weidenlaubsänger (Zilpzalp), Drosselrohrsänger und Teichrohrsänger, Wiesenpieper und Strandpieper sind nur einige der mehr als 220 hier beobachteten

Altkastilien zwischen Burgos und León

Die Straße zwischen Mazariegos und Fuentes de Nava führt mitten durch das Schutzgebiet, wer Augen hat zu sehen, wird vor allem im Winter und den Übergangsjahreszeiten eigene Entdeckungen machen können. Ein neues Informationszentrum, eingerichtet in einem schönen Bau des 17. Jh. in Fuentes de Nava, bietet in mehreren Räumen auch multimediale Informationen zum Ökosystem und zu den Vögeln von La Nava.

Vogelarten. Für mittel- und nordeuropäische Graugänse ist die Laguna de Nava eines der drei wichtigsten Überwinterungsgebiete. Von großer Bedeutung für die stark gefährdete Großtrappe ist die Steppenlandschaft im Umfeld der Seen. Auch sie muß dringend unter Schutz gestellt werden, um das Ökosystem der gesamten Lagune dauerhaft zu bewahren.

Tierra de Campos: Von Frómista bis León

Westlich Frómista erstreckt sich die Tierra de Campos in ungebrochener Eintönigkeit über viele Wegstunden. Am Ende fester Tagesreisen standen und stehen für den Pilger Herbergen und Pilgerkirchen, die eng um sie gescharten Orte träumen einen seit Jahrhunderten währenden Dornröschenschlaf. Den Fußweg hat man neuerdings mit großem finanziellem Aufwand auf einen geschotterten Weg parallel zur asphaltierten Straße verlegt, was die Fußpilger zwar von der gefährlichen Straße herunterbringt, ihren Weg durch die Campos aber noch eintöniger macht.

Villalcázar de Sirga erinnert an die frühere Bedeutung und den Rang der den Ort passierenden Straße: *Sirga* bedeutet »gepflasterte Straße«, ein für das Mittelalter so ungewöhnlicher Zustand, daß er in den Ortsnamen Aufnahme gefunden hat. Templer unterhielten hier eine Herberge, an die eine Plakette erinnert. Wie im Mittelalter dominiert schon von weitem der gotische Bau von Santa María la Blanca den Ort. Hier begann im frühen 13. Jh. die Gottesmutter dem Apo-

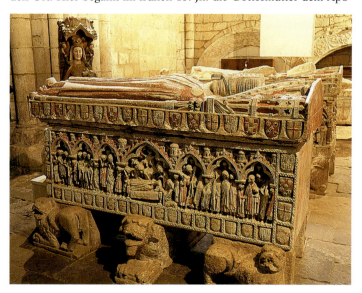

Villalcázar de Sirga, Grabmal des Don Felipe

stel Jakobus Konkurrenz zu machen. Wunder geschahen vor einem bescheidenen romanischen Marienbild, Heilungen erfolgten, wo die Wallfahrt nach Santiago erfolglos geblieben war. In seinen *cantigas*, die alle Maria gewidmet sind, erzählt König Alfons X., der Weise, auch von den Wundern, die sich in Villasirga abspielten (und von jenen in Castrojeriz). Rasch blühte die den Templern übergebene Kirche auf, es wurde an die bestehende Kirche angebaut, was man an der Westseite noch recht gut erkennen kann, und die ungewöhnlich hohe Vorhalle entstand. Sie schützt die Apostel, Christus als Richter des jüngsten Gerichtes und Maria mit den anbetenden Heiligen Drei Königen und der Verkündigungsszene in der Ebene darunter. Im Chor des dreischiffigen Baus mit zweischiffigem Querhaus steht die eindrucksvolle Renaissance-Altarwand des Meisters Alejo, der platereske Altar mit Santiago als Pilger ist von Cristobál de Herrera (16. Jh.). Bedeutender sind die Denkmäler in der Jakobuskapelle: Dort befinden sich drei Grablegen, darunter die des Don Felipe, des Bruders Alfons des Weisen. Der jüngere Bruder war für die geistliche Laufbahn bestimmt, wurde Kanoniker der Kathedrale von Toledo, Abt in Covarrúbias und Valladolid, Bischof von Osma und schließlich Erzbischof von Sevilla. Vor den letzten Weihen ließ er sich in den Laienstand zurückversetzen und heiratete die von seinem Bruder verstoßene Braut, Christina von Norwegen, ohne Formalitäten und diplomatisches Protokoll zu berücksichtigen. Der Bruder verzieh ihm dies auch nach dem frühen Tod Christinas nicht (s. S. 135). Don Felipe heiratete in zweiter Ehe Doña Leonor Ruiz de Castro, was seinen Bruder auch nicht mit ihm aussöhnte. Er starb 1274, ein Jahrzehnt vor seinem Bruder, seine Frau überlebte ihn nicht lange, beide wurden hier begraben. Die beiden kostbaren Sarkophage, für die der Bildhauer Antón Pérez de Carrión als Schöpfer genannt wird, geben mit ihren szenischen Schilderungen der Begräbnisfeierlichkeiten einen farbigen Einblick in das späte 13. Jh. Die auf Löwen ruhenden Sarkophage mit den seitlichen Reliefs tragen Liegefiguren der Verstorbenen. Don Felipe, Sohn der Beatrix von Hohenstaufen, Königin von Kastilien, ist mit einer seinen königlichen Rang unterstreichenden Krone geschmückt, er hält das Schwert in der einen, den Falken in der anderen Hand, Symbole für seinen Ritterstand; Stauferadler und kastilische Festung zieren Krone wie Gewandborten. Diese Sarkophage gehören zu den unumstrittenen Meisterwerken frühgotischer Plastik in Europa.

Ein paar Kilometer weiter liegt **Carrión de los Condes,** eine ehemals wohlhabende Stadt, die sich heute als Ackerbürger- und Marktstädtchen durchschlägt. Als der Autor des *»Cantar de Mio Cid«,* der wohl um 1140 geschrieben wurde, nach einer glänzenden Stadt suchte, aus der zwei Schwiegersöhne des Cid (und Negativabdrucke des Helden) stammen sollten, da wählte er eine fiktive Grafenfamilie aus Carrión (de los Condes!). Der Autor schrieb den beiden Grafensöhnen jede Feigheit zu: Vor einem ausgebrochenen Löwen versteckten sie sich, vor der Schlacht mit den Mauren, die Valencia bedroh-

»Jetzt beginnen die Infanten von Carrión sie zu schlagen. Grausam peitschen sie sie mit den schmiegsamen Gurten; mit den scharfen Sporen, die ihnen sehr wehtun, zerfetzten sie beiden die Hemden und das Fleisch. ... Schon können Doña Elvira und Doña Sol nicht mehr sprechen; für tot ließen sie (die Damen) im Eichenwald von Corpes zurück ... Die Infanten von Carrión ließen sie für tot zurück; keine vermag der anderen zu helfen. In den Wäldern, die sie durchquerten, rühmten sie sich: ›Für unsere Heirat sind wir nun gerächt. Nicht einmal zu Kebsweibern hätten wir sie nehmen dürfen, ohne uns darum bitten zu lassen, da sie uns nicht gleichwertig genug waren, um in unseren Armen zu liegen ...‹ «
(*»El Cantar de Mio Cid«*)

ten, schreckten sie zurück und erbaten Urlaub, um angeblich den Ehefrauen ihren Besitz zu zeigen. Kaum außer Sichtweite, ließen sie die vorher mißhandelten Frauen in einem Wald nackt und dem Tode geweiht zurück, doch die beiden wurden gerettet. Die beiden Grafen ereilte in einem Gottesurteil das gerechte Schicksal. Die Witwen ließ der Autor in ausgleichender Gerechtigkeit Königinnen von Aragón und Navarra werden.

Tatsächlich heiraten die Töchter des Cid, Cristina und Maria Rodriguez, in königliche Familien ein, sie wurden mit dem Infanten Ramiro von Navarra bzw. mit Ramón Berenguer III. von Barcelona vermählt. Die Geschichte der Infanten von Carrión dagegen legt zwar in dichterischer Freiheit den Standesdünkel des Hochadels bloß, wird aber nicht von den zeitgenössischen Quellen überliefert. Gerade in der Unabhängigkeit von der historischen Realität gewinnt die Schilderung adeligen Lebens ihren exemplarischen Charakter und bietet die bunte Folie für die Darstellung der makellosen Heldengestalt des Campeador, dessen eigene Schwächen nicht erwähnt werden. Kein Wort von seinen Diensten für den Taifafürsten von Zaragoza!

Gleich hinter den Resten der Stadtmauer steht rechts die Kirche Santa María del Camino, deren zum Jakobsweg gewandtes Südportal die Geschichte der Heiligen Drei Könige darstellt, für uns Heutige chronologisch ungewöhnlich von rechts nach links. Der Stern erscheint den drei schlafenden Königen, wie in Autun (Kathedrale Saint-Lazare) sind sie zu dritt in einem Bett liegend und mit einem einzigen Tuch zugedeckt dargestellt. Die Stierköpfe zu beiden Seiten des Portals sollen an einen Vorfall erinnern, der sich in maurischer Zeit zutrug: Ein böser maurischer Herrscher verlangte hundert Jung-

Carrión de los Condes, Christus in der Mandorla, umgeben von Evangelistensymbolen, an der Fassade der Kirche Santiago

frauen als Tribut. Als sie sich versammelt hatten, sprengten plötzlich zwei Stiere heran, die alle Mauren vertrieben.

Der Jakobsweg quert den Hauptplatz und zieht nach halbrechts hinauf, hier steht gleich rechts die Kirche Santiago, deren Fassade von 1160 sich erhalten hat. Man muß in der engen Gasse mit hochgerecktem Hals zum Tympanon hinaufschauen, um die Darstellung Christi als Richter des Jüngsten Gerichts bewundern zu können. Die Szene ist die übliche: Christus in der Mandorla, begleitet von den vier apokalyptischen Wesen. Aber die Ausführung ist von einer künstlerischen Qualität, die skulpturelle Behandlung des Steins von einer technischen Leichtigkeit und Eleganz, der Ausdruck des Christuskopfs von einer Expressivität, die nur einem ganz großen Künstler zuzuschreiben sind. Die 24 Musikanten in den Archivolten sorgen für eine Überraschung. Statt der zu erwartenden 24 Ältesten der Apokalypse spielen hier auch junge Herren und sogar emanzipierte junge Damen auf ihren Instrumenten!

Jenseits des Flusses steht direkt an der Straße das ehemalige **Benediktinerkloster San Zoilo,** das jahrelang und mit großem Aufwand restauriert wurde, wobei Kirche und Kreuzgang des 16. Jh. in plateresken Renaissanceformen (im Erdgeschoß des Kreuzgangs Renaissancestützen, die ein gotisches Netzgewölbe tragen) im Zentrum stehen. Das ehemalige Jesuitenkloster und spätere Diözesanseminar ist heute ein komfortables Hotel.

Sahagún hat noch einen Schatten seiner einstigen Bedeutung in die Gegenwart gerettet. Der Ort an einer wichtigen Straßenkreuzung war im Mittelalter so ausgedehnt wie heute. Die hier beginnende Schnellstraße nach Astorga und weiter nach Galicien umgeht den Ort, so kann er sich weiter in seine Geschichte einspinnen, in einen Kokon aus Erinnerungen, die in der Gegenwart bedeutungslos sind. Hier erlitten die Legionäre Facundus und Primitivus nahe dem Ufer des Cea ihr Martyrium, auf dem Umweg über *Santfagund* wurde die heutige Form des Ortsnamens gebildet. Alfonso VI., König von León (wo Sie sich bereits befinden) und Kastilien, wählte sich hier die Stätte seines Grabes und führte im Jahre 1080 die Reform des Klosters nach dem Vorbild von Cluny durch. Die wenigen Spuren des großen Klosters San Facundo, das jahrhundertelang das bedeutendste Benediktinerkloster Spaniens war, liegen am westlichen Ortsrand, ein Turm des 18. Jh. blieb nur erhalten, weil sich in ihm die Uhr befindet. Ein Torbogen, der Arco de San Benito, der einst den Zugang zum Klosterbezirk ermöglichte, überspannt die heutige Straße.

Mit dem benachbarten San Tirso blieb der früheste Backsteinbau im Gebiet der steinlosen Campos erhalten. Mit San Lorenzo am Ortsrand und der Ruine des Franziskanerklosters La Peregrina auf einem Hügel oberhalb des Ortes ist Sahagún das Zentrum dieser Mudéjar-Baukunst. Die bis in den Fundamentbereich freigelegte Apsis von San Tirso zeigt wie der Chor der 5 km weiter südlich am Cea liegenden Klosterkirche San Pedro de Dueñas, daß Backstein für die romanische und frühgotische Architektur ein reizvolles Baumaterial sein

Altkastilien zwischen Burgos und León

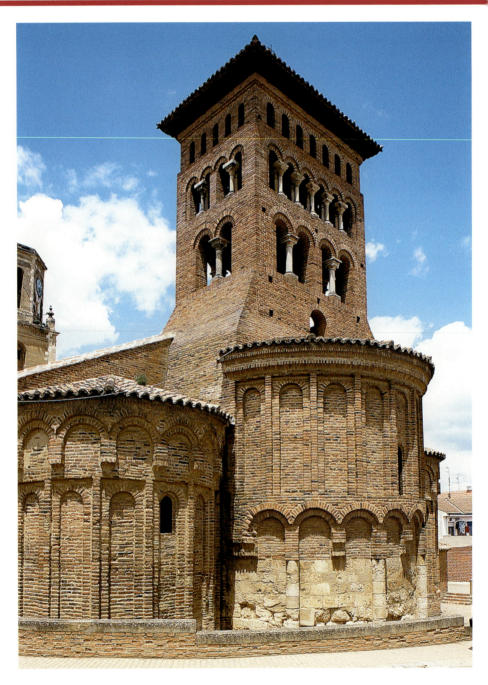

konnte, das zu ungewöhnlichen Lösungen herausforderte. Als Vorbild diente die maurische Backsteinarchitektur, von der nicht nur das Material, sondern auch Elemente der Konstruktion übernommen wurden. So erscheinen in San Tirso Ansätze zu Hufeisenbögen ebenso wie sich in rechteckigen, gestuften Arkaden und Wandgliederungen die Bedingungen des Materials offenbaren. Die statische Sicherheit des Backsteins ermöglicht auch die hohen Vierungstürme, die zunächst an Festungstürme erinnern, aber durch zahlreiche Fenster gegliedert sind, im Falle von San Tirso durch Bi- und Polyforen mit Steinsäulchen und ebensolchen Kapitellen. Die Form dieser Vierungstürme hat außerhalb der christlichen Kunst ein ganz klares Vorbild: Es sind die Minarette der almohadischen Zeit, wie sie sich in ihrer perfektesten Ausprägung in Rabat, Marrakesch und Sevilla erhalten haben. Der dreischiffige Bau von San Tirso ist nur noch im Querschiff- und Chorbereich im Original erhalten, die anderen Wände entsprechen zwar dem alten Plan, wurden aber ergänzt. Als erstes Objekt für ein zukünftiges Museum hat man das Chorgestühl der Kirche de la Peregrina hier aufgestellt.

Der Pilgerweg quert die flachwellige Getreidelandschaft. Der kleine Ort **Mansilla de las Mulas,** der noch immer von einem mittelalterlichen Mauergürtel umschlossen ist, sichert den schmalen Übergang über die achtbogige Brücke des Esla. Eine schmale Straße führt von hier nach **San Miguel de Escalada.** Eine heute verlorene Weiheinschrift gibt die ältesten Hinweise auf die Kirche. Sie berichtet, daß Abt Alfonso den von alters her dem Erzengel Michael geweihten Bau als verlassene Ruine vorgefunden habe. Alfonso war wohl 911, also zwei Jahrhunderte nach der arabischen Invasion, mit wenigen Mönchen von Córdoba in das junge christliche Herrschaftsgebiet gezogen. Rasch wuchs die Zahl der Mönche, und, so die Inschrift, binnen zwölf Monaten wurde die prächtige Kirche errichtet, wie es heißt, von den Mönchen selbst. Das war zur Zeit von König García I. (910–14), 913 konnte Bischof Gennadius von Astorga den Bau weihen.

Das Äußere der Kirche umfaßt ein Rechteck von nur 20 m × 13,5 m, südlich schließt eine Säulengalerie mit Hufeisenbögen an, sie schützt und rahmt die dortigen Zugänge. Der westliche führt ins Schiff der Laien mit einer doppelten Reihe von Hufeisenbögen, der östliche in das der Geistlichkeit vorbehaltene Querhaus. Ein dreibogiger Triumphbogen akzentuiert die Trennung im Hauptschiff, Chorschranken trennen sie hier die Seitenschiffe ab. Die dunklen Räume der Apsiden sind voll in das Mauerwerk der Ostwand eingelassen, ihr Grundriß ist hufeisenförmig. Auch hier trennen wieder reich ornamentierte Chorschranken die äußeren Apsiden vom Querhaus ab. Nur die mittlere öffnet sich mit einer Arkade über Säulen zum Querhaus. Die ornamentierten Chorschrankenplatten und die korinthisierenden Marmorkapitelle in Schiff und Südgalerie ähneln den älteren der asturischen Kirche Santa Cristina de Lena (s. S. 257, von denen sie aber in stilistischer Sicherheit und Qualität der Ausführung übertroffen werden.

Im Unterschied zum arabischen Hufeisenbogen, der bei zwei Dritteln des Radius schließt, ist dies beim westgotischen bei einem Drittel des Radius der Fall. Nur beim westgotischen Hufeisenbogen verlaufen – wie in San Miguél de Escalada – die Innen- und Außenbögen an der Basis parallel.

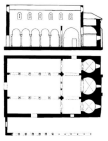

San Miguel de Escalada, Grundriß und Schnitt

◁ *Sahagún, San Tirso*

León

Die Großstadt León setzt sich aus drei sehr heterogenen Wachstumszonen zusammen. Von außen dringt man zuerst in den Ring aus Wohn-, Gewerbe- und Verkehrsbauten ein, den die letzten zwanzig oder dreißig Jahre um die älteren Stadtteile gelegt haben. Man ist erleichtert, nach Querung dieses hektischen und lauten Pandämoniums auf eine gründerzeitliche Stadt zu stoßen, deren breite Straßen mit den mehrstöckigen Bürgerhäusern ästhetischen Minimalansprüchen an eine Stadt genügen. Endlich die Altstadt. Sie ist im Norden und Osten noch von Mauern umgeben, deren Ursprung teilweise noch in der Römerzeit liegt. Doch die gründerzeitliche Stadterweiterung hat alles Leben aus der Altstadt gezogen, die Gäßchen sind wenig belebt, nur am Abend wird es lebendiger, wenn sich die Bars und Restaurants zu füllen beginnen. Neubauten sind in diesem dicht verbauten Viertel kaum möglich, heutige Repräsentationsbauten entstehen in der Peripherie der gründerzeitlichen Stadt, wie das postmoderne **Gebäude der Junta von Castilla-León** (13) hinter San Marcos oder der glatte, neo-konstruktivistische Parallelflachbau des Post- und Telegrafenamts (9). Isoliert in diesem Altstadtviertel, ein riesenhafter, spitzenbewehrter Fremdkörper, steht die Kathedrale auf ihrem viel zu großen Platz, außerhalb der Sommersaison einsam und nur noch im Rücken einer Bevölkerung, die anderswo anderes zu tun hat.

León ist eine alte Stadt, ihr Name selbst weist darauf hin. León (was Löwe bedeutet) ist wahrscheinlich eine Verballhornung von *Legio* und wurde der lateinischen Bezeichnung der Legion, die hier 70 n. Chr. ein Lager gründete, entnommen: *Legio VII Gemina Pia Felix*. Die Stadtmauer enthält noch römische Fundamentteile, römische Funde aus der Stadt lassen sich in den verschiedenen Museen, vor allem im Museo de León bewundern. Die Westgotenzeit (540–717) hat keine Spuren hinterlassen, die von den arabischen Eroberungstruppen verwüstete Stadt wurde verlassen. Als der asturische König Ordoño II. (910–24) seinen Herrschaftsbereich vom Atlantik über das Kantabrische Gebirge in die nordwestspanische Hochebene vorgetrieben hatte, suchte er einen neuen Standort für seine Hauptstadt, von dem aus die Truppen rascher an die Front der Reconquista gebracht werden konnten, als vom durch die Gebirgskette abgetrennten Oviedo. Er entschied sich für die Ruinenstadt, die León damals war. Die Feldzüge Almanzors, des Feldherrn der Kalifen von Córdoba, verwüsteten die königliche Residenz am Ende des 10. Jh., daß sich aus dieser Zeit gar nichts erhalten hat, zeigt wie vollständig diese Verwüstung war. Der spätere Aufstieg der Stadt, die für Generationen zur Hauptstadt eines Reiches werden sollte, das sich von der heutigen portugiesischen Grenze bis nach Südfrankreich erstreckte, war um so bemerkenswerter. Ihre Glanzzeit erlebte die Stadt unter Alfonso V. (999–1027), der ihr zahlreiche *fueros* verlieh.

León ☆☆
Besonders sehenswert:
San Isidoro
Kathedrale
Kathedralmuseum
San Marcos

León hatte um 1900 nur ca. 15 000 Einwohner (heute fast das Zehnfache), die auf dem Reißbrett geplante Stadterweiterung verdreifachte die Siedlungsfläche. Die im Kutschenzeitalter großzügig bemessenen Straßen sind heute zu beiden Seiten mit parkenden Autos zugestellt, es gibt viel zu wenige Garagen.

◁ *Cruz de Ferro*

Unter ihm wurde San Isidoro begonnen, die Grabstätte der Könige, die sich bald nicht mehr als asturische, sondern als Könige von León bezeichneten. 1230 wurden León und Kastilien zusammengelegt, längst war Toledo zu Hauptstadtwürden aufgestiegen, aber León hatte immer noch die Bedeutung und das Geld, sich eine Kathedrale im Stil der französischen Kathedralgotik errichten zu lassen. Was später kam, war allmähliches Sich-Abfinden mit der zunehmenden Provinzialität, unterbrochen durch den Aufstand der Comuneros 1521, als sich die Stadt als Stützpunkt der Aufständischen beim Königshaus nicht unbedingt beliebt machte. Nach der Mitte des 16. Jh. entstanden keine bedeutenden Bauten mehr, auch was heute gebaut wird, ist trotz aller Ambitionen nur provinziell.

San Isidoro

Der verschachtelte Baukomplex von San Isidoro (1) am Rand der Stadtmauer ist ein Nationalheiligtum. Nur mit einem Führer darf man das Panteón der Könige von León, Kreuzgang, Bibliothek und Schatzkammer besichtigen. Die spanischen Touristen, die am Rundgang teilnehmen, sind mit der Erwartung hierher gekommen, einen Ort zu sehen, an dem die Geschichte ihres Staates gemacht wurde, und sie werden nicht enttäuscht. In der Kirche ruhen die Reliquien des hochverehrten hl. Isidoro im Hauptaltar, der Heilige wird gleichzeitig als Matamoros wie Santiago (über dem Portal zum Kirchenschiff) sowie als Kirchenlehrer (seit 1722) verehrt. Bis zum Jahre 1063 ruhten seine Gebeine in Sevilla, wo er bis zu seinem Tod 636 als Erzbischof gewirkt hatte. Warum seine Gebeine heute in León liegen, ist eine Geschichte, die erzählt werden muß:

Als König Sancho I. im Jahr 966 für die Reliquien des jugendlichen Märtyrers Pelayo (Pelagius) aus Córdoba ein Kloster stiftete, galt ein danebenliegender Bau, der Vorgänger des heutigen Klosters San Isidoro, bereits als alt. Nach den Zerstörungen Almanzors errichtete König Alfonso V. einen bescheidenen Neubau, in den er aber bereits die Gebeine seiner Vorgänger übertrug. Seine Tochter Sancha wahrte diese Tradition und überzeugte ihren Gemahl Fernando I., sich hier begraben zu lassen. Im Jahr 1063 konnte die Weihe vollzogen werden, neben der königlichen Familie waren neun Äbte anwesend, unter ihnen der später heiliggesprochene Domingo von Silos und Bischof Pierre von Le Puy. Am Tag darauf wurden die Reliquien des hl. Isidoro an ihre neue Ruhestätte gebracht.

Eigentlich hatte Fernando I. an eine Märtyrerin gedacht, als er nach entsprechenden Verhandlungen mit al-Mutawid von Sevilla zwei Bischöfe auf die Reise in den Süden schickte. Sie sollten die Gebeine der Märtyrerin Justa holen, die aber in Sevilla nicht aufzufinden waren. Statt dessen erschien Isidoro einem der Bischöfe im Traum, verriet seinen Aufenthaltsort und prophezeite, daß der Bischof binnen einer Woche sterben werde. Man fand die verhießenen Reliquien am angegebenen Platz, der Bischof starb innerhalb der genannten Frist: Konnte es mehr Beweise für die wundertätige Aura geben, die diese Gebeine umgab? Im Todesjahr Fernandos (1065) erwarb man noch die Reliquien des heiligen Vicentius aus Avila, so daß sich die Königsfamilie der Fürsprache bedeutender Heiliger beim Jüngsten Gericht sicher sein konnte, man ruhte ja gewissermaßen Tür an Tür. Die Witwe Fernandos, Doña Sancha, die bereits 1067 verstarb, deren Tochter Urraca und Alfonso VII. vollendeten die Grablege der königlichen Familie. Erst 1230, mit dem Tod Alfonsos IX. und der endgültigen Vereinigung der Königreiche León und Kastilien unter Fernando III. von Kastilien, verlor das Kloster seine einzigartige Stellung.

Das **Panteón de los Reyes** ist der älteste Teil des Baukomplexes, einmal abgesehen von den römischen Bestandteilen der Stadtmauer. Der Grundriß zeigt, daß diese Anlage ursprünglich die Vorhalle einer schmaleren, kleineren Kirche war. Nach 1063 ließ Doña Sancha das eigentliche Panteón de los Reyes errichten, es stellt den Beginn romanischer Architektur und Bildhauerkunst im Königreich León dar. Weitere Räume entstanden in den folgenden Jahren, der Kreuzgang ist spätgotisch.

Nichts kann auf die Farbenpracht der romanischen Ausmalung des Panteón vorbereiten. Der nur 8 m × 8 m messende Raum ist in drei Schiffe mit drei Jochen eingeteilt, die von einem vollständig ausgemalten, auf zwei freistehenden Säulen und zwei Bündelpfeilern ruhenden Gewölbe überspannt wird. Rottöne und Farbabstufungen zwischen Blau und Braun dominieren auf weißem Hintergrund, Darstellungsgruppen und einzelne Bilder werden von Dekorbändern in

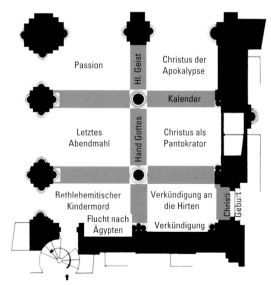

León, San Isidoro, Panteón de los Reyes: Schema der Darstellungen

Von León nach Lugo

León, romanisches Fresko im Panteón de los Reyes: Christus in der Mandorla, umgeben von den vier Evangelisten

diesen Farben getrennt. Nur in katalonischen Kirchen gibt es eine vergleichbare Farbenpracht und Qualität der Zeichnung, doch nirgendwo anders hat sich in Spanien eine Ausmalung an einem Ort mit dermaßen hoher politischer und religiöser Bedeutung erhalten.

Der ursprüngliche Eingang zum Panteón wird heute durch den Altar im Westen verdeckt, doch ist von diesem Blickpunkt aus das Szenengefüge konzipiert, so daß man sich am besten dorthin stellt, um die Inhalte der Szenen zu erfassen. Als erstes begegnet der Blick Christus als Weltenrichter in einer Mandorla, die von einem Zacken- und Wellenmuster eingefaßt ist. Ihn umgeben die Evangelisten, deren Köpfe ihren Symbolen bzw. den wichtigsten Heilstatsachen entsprechen: Der Engel (Männerkopf) steht für Matthäus und die Menschwerdung Christi, der Stier für Lukas und den Opfertod, der Löwe für Markus und die Auferstehung, der Adler für Johannes und die Himmelfahrt. An den benachbarten Wänden und Gewölbeteilen wird dieses Bild der Wiederkehr Christi mit Szenen aus seinem Leben von der Verkündigung bis zur Kreuzigung ergänzt. Besonders eindrucksvoll ist das Letzte Abendmahl, das mit sichtlichem Gusto essende, trinkende und wild gestikulierende Apostel zeigt, die sich von einem reich gedeckten Tisch bedienen, Diener bringen nochmals Wein und Brot.

Unter der Kreuzigungsszene sind die betenden königlichen Auftraggeber auf Knien liegend dargestellt. Neben der Königsdarstellung weist sie der Schriftzug FREDENANDO REX als Fernando I. und seine Gemahlin Sancha aus. Wann die Fresken entstanden, ist umstritten, ein Zeitraum gegen Ende des 11. Jh. wird hoch gehandelt.

Ihren besonderen Charme erhalten die Fresken durch Darstellungen ohne Bibelbezug, ganz besonders durch die Monatsbilder mit den entsprechenden Arbeiten aus der Landwirtschaft. Hier wird Einblick in die Verhältnisse des spanischen Alltags gewährt, wie ihn auch die Szenen rings um die Verkündigung an die Hirten schildern. Voll naiven Reizes, voll Können und mit dem Mut, sich von den schematischen Vorbildern der kanonischen Themen zu lösen, werden alltägliche Vorgänge des Hirtenlebens skizziert.

In den Kapitellen begegnet man Moses mit den Gesetzestafeln, der Opferung Isaaks und, im Osten des Panteóns, der Heilung des Leprakranken und der Auferweckung des Lazarus, die vielleicht eindrucksvollsten Szenen. Die aufgestellten Sarkophage enthalten die Gebeine von elf Königen, Königinnen und Prinzen. Die Plünderung durch napoleonische Soldaten hat sie aber jeder kostbaren Beigabe beraubt.

Im oberen Stockwerk liegt die **Schatzkammer,** eingerichtet im sogenannten Saal der Doña Sancha. Einige der Kostbarkeiten von San Isidoro wurden im 19. Jh. ins Archäologische Museum in Madrid überführt, darunter das Elfenbeinkreuz von Don Fernando und Doña Sancha und ein aus Elfenbeintafeln zusammengesetztes Kästchen, die *Arqueta de las Bienaventuranzas.* Was blieb, ist immer noch von unfaßbarer Kostbarkeit. Von hohem künstlerischen Wert ist der **Schrein für die Reliquien des heiligen Isidor,** dem zwar 1808 zwei der in Silber getriebenen Reliefs verlorengingen, der aber sonst vollständig und hervorragend erhalten ist. Hauptthema der bereits 1065 fertiggestellten Reliefs, die an ottonische Arbeiten wie die Bronzetüren Bischof Bernwards in Hildesheim erinnern, sind die Erschaffung Adams, Sündenfall und Vertreibung aus dem Paradies. Der Schrein ist mit kostbaren Stoffen maurisch-islamischer Herkunft ausgestattet, es handelt sich wohl um jene Stoffe, die der Herrscher von Sevilla den Gebeinen des Heiligen mitgab, wie es der Bericht von der Auffindung und Überführung des Leichnams erzählt.

Von León nach Lugo

Wahrscheinlich wurde die **Arca de los Esmaltes,** das Emailreliquiar in Form einer Kirche, aus Südfrankreich eingeführt, die Emaileinlagen sind wohl in Limoges entstanden. Christus in der Mandorla und die Kreuzigung sind zwischen Reihen von Aposteln und Engeln dargestellt, Limoges-Blau dominiert in der Farbgebung. Neben zahlreichen anderen Arbeiten mittelalterlicher Schatzkunst, darunter einem kleinen, virtuos geschnitzten arabischen Elfenbeingefäß, ist der **Kelch der Doña Urraca** der künstlerische Höhepunkt. Er ist eine Stiftung der Tochter König Fernandos und seiner Gemahlin Sancha, die ihren Ruhm und ihren Beinamen »La Zamorana« der erfolgreichen Verteidigung Zamoras zu Ende des 11. Jh. verdankte. Zwei kostbare antike Achatschalen wurden mit Gold und Edelsteinen zu diesem Prunkstück verarbeitet. Eine weitere Station des Rundgangs ist die **Bibliothek** mit ihren Schätzen, von denen aber nur wenige Handschriften in Vitrinen zu sehen sind. Der Raum befindet sich an der Stelle des romanischen Königspalasts und wurde 1534 bei Juan de Badajoz, dem Architekten der Kathedrale, in Auftrag gegeben. Er ist mit seiner farbigen Fassung der frühen Renaissance den Besuch wert.

Die **Kirche San Isidoro** nebenan gehört zu den frühesten romanischen Großbauten Spaniens. Den Bau Fernandos und Sanchas ließ bereits die Tochter Urraca erweitern, dabei wurden wohl nach 1100 der erste repräsentative Zugang geschaffen, die **Puerta del Cordero,** das Portal des Lammes zum südlichen Schiff. Das Tympanon erzählt die Geschichte von der Opferung Isaaks auf volkstümliche Art. Das namengebende apokalyptische Lamm findet sich im oberen Teil. Das dreifach gestufte Säulenportal mit seinen bemerkenswerten Kapitellen wurde als selbständiger Baublock vor die Wand des Schiffs gesetzt. Ähnlich wie an Saint-Sernin in Toulouse oder an der Kathedrale von Santiago de Compostela traten die größeren Skulpturen neben das Portal. Die Heiligen Isidor und Pelayo stammen von einem Bildhauer, dessen Eigentümlichkeiten, etwa das lange gewellte Haar des Pelayo, auch in Santiago und Toulouse zu finden sind.

Erst unter Alfonso VII. wurde die Kirche vollendet. Zu den letzten Bauarbeiten gehörte die nach 1120 entstandene **Puerta del Perdón,** durch die einst die Pilger in die Kirche einzogen. Die Erzählung dieses Tympanons kreist um das Geheimnis der Auferstehung Christi. Mit der Kreuzabnahme im Zentrum werden die Darstellungen der drei Marien am leeren Grabe und der Himmelfahrt Christi verbunden.

Die weiten Tonnengewölbe des Schiffs und des Querhauses üben einen gewaltigen Druck aus, das erklärt die nachträglich verstärkten Pfeiler, die man an Schiff und Querhaus beobachten kann. Auch der Einbau einer Empore im 15. Jh. ist darauf zurückzuführen, sie verstärkt noch den Eindruck von Dunkelheit im Inneren. Den großen Reichtum der Kapitellplastik vom späten 11. bis ins 12. Jh. entdeckt man erst, wenn sich die Augen an die Dunkelheit gewöhnt haben. Zusätzlicher Schmuck sind eine gotische Verkündigungsgruppe, die Querhaus und nördlichen Vierungspfeiler verbindet, und eine Skulptur des heiligen Isidor (Mitte 13. Jh.). Die Hauptapsis ist nach 1513

León, San Isidoro,
Puerta del Cordero,
(Portal des Lamms)

durch den langgestreckten plateresk-spätgotischen Neubau ersetzt worden, der Architekt war auch hier Juan de Badajoz. Die Kirche hat das päpstliche Privileg, das Sakrament ständig zu zeigen (in anderen Kirchen muß es außerhalb der Gottesdienste weggeschlossen werden), aus diesem Grund ist die Kirche meistens gut besucht (im Winter mag die ausgezeichnete Heizung dazu beitragen …).

Die Kathedrale

Von San Isidoro spaziert man durch den Nordteil der Altstadt, vielleicht vorbei an **Santa Marina la Reál** (2; in der man die Virgen del Rosario des Juan de Juni von 1545 bewundern sollte) in Richtung **Kathedrale Santa María la Regia** (3), deren gewaltiger Baukörper plötzlich vor dem Betrachter steht, der aus den schmalen Gassen auf die Plaza de Regla hinaustritt. Sie ist die französischste der spanischen Kathedralen, zu einer Zeit entstanden, als mittelalterliche Architekten gelernt hatten, Wände so zu durchbrechen, daß diese wie aus Fenstern zusammengesetzt wirken, und sie mit farbigem Glas auszufüllen, dessen Leuchtkraft und Farbenpracht dem Raum eine Vorstellung vom Himmlischen Jerusalem gaben. In der Kathedrale von León hat sich ein Großteil der ursprünglichen Buntglasfenster erhalten, ihr Inneres ist ein begeisternd schönes Wunder gotischer Glaskunst.

Ordoño II. hatte in den Ruinen der Thermen der *Legio VII.* seinen königlichen Palast eingerichtet, den er noch während seiner Regierungszeit für eine erste Kathedrale stiftete. Für den nach den Zerstörungen durch Almanzor notwendig gewordenen Nachfolgebau wurde 1198 unter Bischof Manrique der Grundstein gelegt. Aber erst 1254, als Martín Fernández, enger Berater König Alfons X., des Wei-

Von León nach Lugo

León, Grundriß der Kathedrale
1 *Westfassade und Vorhalle*
2 *Trascoro*
3 *Coro*
4 *Capilla Mayor*
5 *Puerta de la Virgen del Dado*
6 *Kreuzgang und Museum*
7 *Capilla de San Nicolás und westliche Museumssäle*
8 *Stiege des Juan de Badajoz*
9 *Sala de Piedra und östliche Museumssäle*

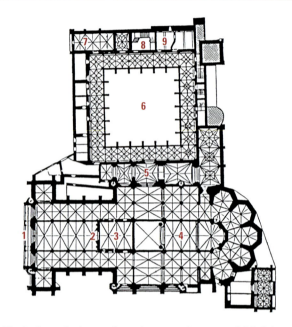

sen, Bischof von León wurde, nahm man den Bau wirklich in Angriff. Bis zum Ende seiner Amtszeit im Jahre 1289 reißen die Nachrichten von Aktivitäten am und für den Neubau nicht mehr ab. 1255 bestätigte Alfonso seinem Bischof alte Privilegien und gewährte neue, die finanzielle Quellen erschließen und Land für die Gewinnung von Bauholz zur Verfügung stellten. Im Jahr darauf stiftete der König eine jährliche Rente von 500 Maravedís im Austausch gegen Gebete für sein Seelenheil und das seiner Vorfahren. 1258 stellte er dem Bischof seine Einkünfte aus dem Bistum zur Verfügung, und eine Synode der spanischen Bischöfe in Madrid sprach denjenigen Ablässe zu, die sich finanziell für den Bau der neuen Kathedrale engagierten. Martín Fernández wußte die Gelder anderer für seinen Bau in Bewegung zu setzen, brachte aber auch sein eigenes Vermögen ein. 1259 machte wieder Alfonso X. ein größeres Geldgeschenk, und 1273 gewährte eine spanische Synode neue Ablässe.

Die Bauarbeiten leitete Meister Enrique, der bereits seit 1235 die Arbeiten an der Kathedrale von Burgos führte. In León zeigt sich seine französische Herkunft und Schulung deutlicher als in Burgos. Für den Grundriß des Baus und den Zuschnitt der Chorkapellen griff er auf die Kathedrale von Reims zurück, bei der Anlage der West- und Querhausfassaden ließ er sich von Saint-Denis anregen. Die großen Maßwerkfenster sind ohne die Vorbilder Saint-Denis und die Pariser Sainte-Chapelle nicht zu denken. 1277 starb Meister Enrique in Burgos, 1289 folgte ihm der Bauherr ins Grab, nicht ohne ausreichende Mittel für Stiftungen zu hinterlassen.

León, Kathedrale

Dann ließ die Bauleidenschaft nach. Erst im 16. Jh. wurden die Gewölbe geschlossen. 1631 brach das Gewölbe der Vierung in sich zusammen, und da keine Sicherungsarbeiten folgten, stürzte 1743 ein Teil des südlichen Querhauses ein. Statt nun endlich zu sichern, griff man zu einer echt barocken Lösung: Der Architekt Navedo errichtete eine gewaltige Kuppel über der Vierung, die bald darauf Joaquin Churriguera durch vier schwere barocke Fialen vor dem Zerfall retten wollte. Das so erreichte empfindliche Gleichgewicht von Schub der Kuppel und Druck der Fialen zeigte im frühen 19. Jh. Zeichen der Beanspruchung. In Verkennung der statischen Verhältnisse beseitigte man die Fialen, und der ganze Bau geriet in Bewegung. Erst als 1868 Juan de Madrazo die Bauleitung übernahm, bekam man die Verhältnisse langsam wieder in den Griff. Er ließ die barocke Kuppel verschwinden und versuchte, die gotische Konzeption wiederherzustellen, was ihm so gut gelang, daß die neuen Bauteile sich heute fast unmerkbar in den Bau einfügen.

Die **Fassade** (1) ist trotz der Frankreichverbundenheit des Meisters Enrique eine völlig unfranzösische Lösung. Statt eine Einheit zwischen Innen und Außen, zwischen Schiff, Türmen und Fassade herzustellen oder den inneren Aufbau nach außen zu spiegeln, entschied sich Meister Enrique (oder sein Nachfolger Juan Pérez?) für eine ästhetisch gelungene, aber funktional problematische Lösung. Er stellte die einzelnen Bestandteile der Fassade so elegant und in so harmonischer Sequenz nebeneinander, daß sie eine optische Einheit ergeben. Die Türme stehen neben dem Schiff, und nur die weit vorgezogene Vorhalle verklammert Portalzone und Türme. Darüber treten deutlich die Strebepfeiler des Hochschiffs hervor, das als selbständiger Baukörper von den Türmen gerahmt wird – Außen und Innen wurden verbunden, indem man auf eine konstruktive Verklammerung verzichtete.

Die tiefe Vorhalle hat die Skulpturen des **Hauptportals** gut geschützt. Höhepunkt ist die Darstellung des Jüngsten Gerichts, mit brodelnden Höllenkesseln für die Verdammten und einem Engel an der Orgel, der den Einzug der Seligen ins Paradies begleitet. Die lächelnde aristokratische Figur der Nuestra Señora la Blanca am Trumeaupfeiler darunter (das Original wird inzwischen im Inneren der Kathedrale aufbewahrt) zeigt dieselbe Handschrift, sie hat unübersehbare Ähnlichkeit mit der Darstellung des gleichen Themas an der Puerta de la Coronería der Kathedrale in Burgos (s. S. 117).

Der raffinierte Schnitt der Bögen der Vorhalle – die großen Bögen werden durch je einen etwas niedrigeren, schmalen getrennt, die der Vorhalle ihre optische Leichtigkeit geben – läßt die Aufstellung eines merkwürdigen Pfeilers zwischen nördlichem und Hauptportal zu. Der Marmorpfeiler trägt die ins 11. Jh. datierte Inschrift LOCUS APELLATIONIS und die Wappen von Kastilien und León. Am Portalgewände dahinter thront mit höfischem Lächeln und dem Stab des Richters König Salomon. Haben hier die königliche Gerichtssitzungen stattgefunden? Es scheint alles dafür zu sprechen.

»Das Innere, durchweg im Stil des XIV. Jahrh., macht mit seinen fein gegliederten Rundpfeilern, seiner zierlichen Triforiengalerie und den bis zu 12 m hohen Maßwerkfenstern (im ganzen 230) einen ungemein edlen und schlanken Eindruck. Die Höhenentwicklung ist von solcher Kühnheit, daß man bald nach der Vollendung mehrere Fenster in den Seitenschiffen mit Mauerwerk ausfüllen zu müssen meinte, das jedoch jüngst zum Vorteil der Gesamtwirkung wieder beseitigt wurde.« (»Baedeker's Spanien und Portugal« von 1906)

Von León nach Lugo

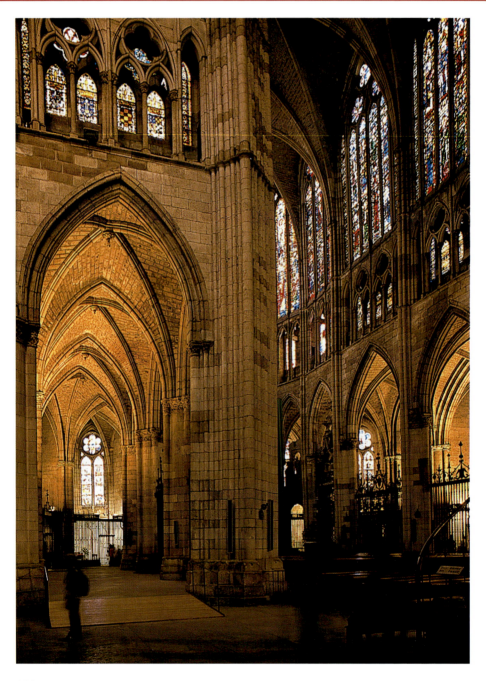

Die beiden seitlichen Portale schildern in den Tympana Szenen aus dem Leben Mariens, der Patronin der Kathedrale. Das beginnt links mit einem fröhlichen Zug von Engeln, beladen mit Kronen und Musikinstrumenten. Darüber dann Heimsuchung, Geburt und der warnende Traum Josephs mit der Verkündigung an die Hirten. In der dritten Ebene folgen die Anbetung der Heiligen Drei Könige und die Flucht nach Ägypten, im Abschnitt darüber der Kindermord zu Bethlehem. Der Tod Mariens im Beisein der Apostel und die Krönung Mariens sind die Themen des rechten Seitenportals.

Das Innere der Kathedrale ist vom farbigen Licht der **Buntglasfenster** erfüllt, darunter Wunderwerke hochgotischer Glaskunst wie die herrlichen Fensterrosen des Westbaus (niemals restauriert!), des Chors und des nördlichen Querschiffs, oder der Spätgotik, wie die Schöpfungen Diego de Santillanas in der Capilla de Santiago. Die Kristallglaswand in der Front des eingebauten *Coro* spiegelt die Westrosette gegen die Glasfenster des Chors (der Capilla Mayor): Wenn man auf sie zugeht, verschieben sich die Bilder in einem wahren Kaleidoskop von Farben und Formen. Die besonders in den Seitenschiffen detailfreudigen Darstellungen schwelgen in den Farben Blau und Rot, nur die aus der flämischen Schule stammenden Glasfenster des 15./16. Jh. lassen Gelb-, Gold- und Brauntöne zu, woran sie leicht erkannt werden können. Die Gesamtfläche der Buntglasfenster erreicht 1800 m².

Der 30 m hohe **Innenraum** der dreischiffigen Kathedrale wirkt durch die steilen Proportionen und die Lichtfülle höher, als er tatsächlich ist. Der **Coro** (3) verstellt wie in den meisten großen Kirchen des Landes den direkten Blick auf den Hochaltar. Hier wird die Beeinträchtigung durch das verglaste Mittelportal des **Trascoro** (2) gemindert, er wurde von Juan de Badajoz d. J. in den Formen der Renaissance errichtet. Das Gestühl im *Coro* ist aus Nußbaumholz und wurde im 3. Viertel des 15. Jh. von flämischen und holländischen Meistern geschnitzt. Vor der spätgotischen **Hauptaltarwand** des Nicolás Francés (um 1425) steht der Schrein des heiligen Froilan, eine ebenso streng zugeschnittene wie reich dekorierte Silberschmiedearbeit des Enrique de Arfe, der als Heinrich von Harff 1501 aus Köln nach León gerufen wurde. Er, sein Sohn Antonio und sein Enkel Juan haben auch für andere Kirchen Goldschmiedearbeiten angefertigt.

Juan de Badajoz d. J. begann nach der Vollendung des *Trascoro* 1540 mit den Bauarbeiten für den **Kreuzgang** (6), die Vollendung zog sich bis ins 17. Jh. hin. Man betritt ihn durch die **Puerta** (**Portada**) **de la Virgen del Dado** (5), das ehemalige Nordportal, dessen Skulpturen vom Ende des 13. Jh. noch polychrom gefaßt sind. Der Kreuzgang ist im typischen Übergangsstil zwischen Spätgotik und Renaissance gehalten, in die Wand eingelassene Arcosolgräber und andere Grabdenkmäler wetteifern im Schmuck mit dem üppigen Dekor des Netzrippengewölbes.

Vom Kreuzgang aus sind die beiden Bereiche des **Kathedralmuseums** (7 und 9) zu erreichen. Im ersten Stock der Capilla de San

◁ *León, Innenraum der Kathedrale*

Von León nach Lugo

León
1 San Isidoro
2 Santa Marina la Reál
3 Kathedrale und Kathedralmuseum
4 Bischofspalast
5 Altes Rathaus
6 Palast des Conde de Luna
7 San Marcelo
8 Neues Rathaus
9 Post- und Telegrafenamt
10 Casa de Botines
11 Palacio de los Guzmanes
12 San Marcos mit Museo de León
13 Junta von Castilla-León

Nicolás sollte man sich die Aquarelle ansehen, die vor den Restaurierungen des späten 19. Jh. von den Glasfenstern gemacht wurden. Über den platéresken **Stiegenaufgang** (8), die Juan de Badajoz d. J., auch »el Mozo« genannt, errichtete, gelangt man zu drei Museumsstockwerken, die Kunstschätze zeigen, die von teilweise noch farbig gefaßten Originalfiguren der Kathedralfassade bis zu einer Sammlung romanischer Sitzmadonnen reichen, und von Giulio Romanos farblich eindrucksvoller Heiliger Familie bis zu einer Reihe mittelalterlicher *calvarios*, die den Gekreuzigten zwischen Maria und Johannes dem Evangelisten darstellen.

Die Altstadt und San Marcos

Ein interessanter Spaziergang führt von der Kathedrale durch Altstadt und gründerzeitliche Neustadt zur dritten großen Sehenswürdigkeit, dem Pilgerhospital San Marcos. Gleich jenseits der Calle Ancha, die mit der Avenida Ordoño II die West-Ost-Achse der Stadt bildet, passiert man den **Bischofspalast** (4) auf dem Weg zur **Plaza mayor,** einer typisch quadratischen Platzanlage, die schon bessere

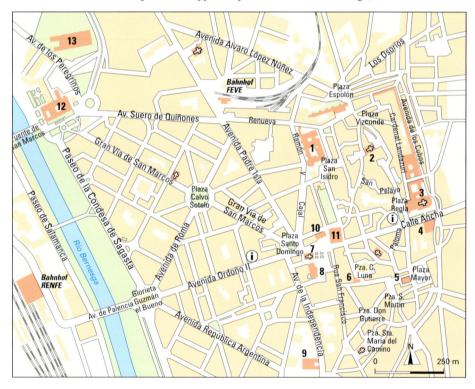

Zeiten gesehen hat. Daran kann auch das **Alte Rathaus** (5) mit seinen Balkonen nichts ändern, von denen man früher auf Festlichkeiten, Stierkämpfe und das Marktgeschehen blicken konnte. Durch die Fußgängerzone quert man zum **Platz der Conde de Luna,** der namengebende **Palast** (6) hat noch romanische Bauteile. Neben dem **Neuen Rathaus** von 1585 (8; den Giebel hat man vom alten mitgenommen) liegen Plaza und **Kirche San Marcelo** (7), knapp außerhalb der heute verschwundenen römischen Mauerzüge. Der hier verehrte Centurio Marcellus hat der Legende nach in León im 3. Jh. mitsamt seiner Familie das Martyrium erlitten. Die im 12. Jh. erbaute, im 16. Jh. modernisierte Kirche bewahrt seine Gebeine. Auf der anderen Seite der Calle Ancha stehen die **Casa de Botines** (10), die 1891–93 nach Plänen Antonio Gaudís entstand, und der **Palacio de los Guzmanes** (11), der 1559–66 für Bischof Juan Quiñones y Guzmán von Rodrigo Gil de Hontañón errichtet wurde. Der Renaissancebau mit schönem Patio wird heute vom Provinziallandtag genutzt, der *Diputación Provincial.*

Die Haupteinkaufsstraße Avenida Ordoño II führt schnurgerade zum Ufer des Bernesga-Flusses, wo sie in der großen Glorieta Guzmán el Bueno mit prächtigem Springbrunnen einen Straßenstern bildet. Boutiquen- aber auch Restaurant- und Barsucher nehmen besser die parallelen Straßen wie den Burgo Nuevo und die Seitenstraßen. Am Flußufer kann man durch die Parkanlage angenehm nach San Marcos spazieren.

Das riesige **Pilgerhospital San Marcos** (12) an der Brücke über den Bernesga, und damit an der Pilgerstrecke in Richtung Astorga, war zugleich Komturei des Santiago-Ordens. So erklärt es sich, daß Santiago über dem Haupteingang wieder einmal als Matamoros, als Maurentöter erscheint. Die Planung des äußerst aufwendigen Baus geht auf die Katholischen Könige Ferdinand und Isabella zurück, aber erst unter Karl I. wurde der Bau zwischen 1513 und 1549 nach Plänen von Juan de Badajoz errichtet. Das Kreuz der Santiago-Ritter an der Fassade, die als einer der reichen Ritterorden Spaniens seit 1168 ihre Aufgaben in der Reconquista erfüllten, und die Jakobsmuscheln an der Fassade der unvollendeten Kirche legen bis heute Zeugnis von der ursprünglichen Bestimmung des Baus ab. Mittlerweile haben sich zwei neue Nutzer gefunden: Den linken Teil okkupiert das Fünfsternehotel »Parador de San Marcos«, im mittleren Teil neben und hinter der Kirche ist heute das Museo de León untergebracht. Man betritt das Museum durch die **Kirche,** deren isabellinische Entstehungszeit sich wie zu erwarten in einem Bau plateresker Renaissance mit einigen spielerisch eingesetzten spätgotischen Formelementen verrät. Ähnlichkeiten mit San Zoilo (s. S. 153) sind so deutlich, daß man daran erinnert wird, daß in Carrión de los Condes derselbe Meister tätig war. An den Reliefs wirkte in einigen Fällen Juan de Juni mit.

Das Lapidarium des **Museums** quillt vom ersten Saal in den schönen Kreuzgang des frühen 16. Jh. über, von dem man einen Blick in

Von León nach Lugo

den Fernsehsaal des Hotels bekommt, dessen großartige Artesonadodecke hoffentlich von allen Gästen gewürdigt wird. Bemerkenswert sind die prähistorischen iberischen und eisenzeitlichen keltiberischen Steine mit Ritzungen, die in einigen Fällen als Idolsteine interpretiert werden.

In der ehemaligen Sakristei hinter der Kirche werden kostbare Objekte aus der Geschichte der Stadt und der Region aufbewahrt. Die besonders im Deckenbereich opulente Renaissancedekoration wurde von Juan de Badajoz d. J. im Jahre 1549 geschaffen, sein Selbstporträt befindet sich über dem Eingang. Der Elfenbeinchristus aus dem Kloster Carrizo (11. Jh.) mit den schmalen, kurzen Gliedern, dem zu großen Kopf und dem elaborierten Faltenwurf des Hüfttuchs ist hier ebenso zu finden wie ein romanischer Calvario aus Corrullón und mehrere Skulpturen des Juan de Juni.

Über den Rabanalpaß ins grüne Bierzo

Besonders sehenswert:
Astorga ☆
Rabanalpaß ☆
Santiago de Peñalba ☆
Las Medulas ☆
Villafranca del Bierzo ☆

Der Reichtum León-Kastiliens, die Gelder, mit denen die Kathedrale von León und San Marcos bezahlt wurden, kamen nicht von irgendwoher, sondern aus dem Handel mit Merinowolle. Seit dem 12. Jh. bestockten die Militärorden ihren neuerworbenen Großgrundbesitz südlich des Tajo mit Merinoschafen. Der Sommer dort in der Extremadura ist sehr trocken, die verdorrte Vegetation bietet den Schafen kein Futter. Die Ordensleute kamen daher auf die unerhörte, aber logische Idee, ihre Schafe in die nördlichen Berge Leóns zu schicken, um sie dort den Sommer auf saftigen Weiden verbringen zu lassen. Das System der **Trashumancia,** der Weidewechselwirtschaft, war geboren, und die meisten anderen Großgrundbesitzer der Extremadura übernahmen das System. Merinowolle wurde *der* Exportschlager: Engländer, Holländer, Franzosen – alle Länder mit großer Bevölkerung, die mit Wollstoffen versorgt werden wollte, wurden von Importen aus Kastilien abhängig. Die Hafenstädte der Nordküste von A Coruña bis San Sebastián/Donostia machten ein Vermögen mit Transport und Handel. Alfonso X., jener König, der so freigiebig für den Bau der Kathedrale in León sorgte (s. S. 163f.), schuf 1273 ein nationales Gremium für die Organisation der Trashumancia, den *Honrado Consejo de la Mesta*, kurz *Mesta* genannt. Er funktionierte, nachdem er unter den *Reyes Católicos* zum Staatsmonopol geworden war, bis 1836. Die Mesta sorgte für die Offenhaltung der Weideflächen in der Extremadura, der *dehesas*, und sie kümmerte sich um Bau und Erhaltung der rechtlich geschützten und in der Breite normierten Triebwege zwischen Extremadura und den nördlichen Gebirgen, den *cañadas*. Die Besitzer der Schafe waren adelige und kirchliche Großgrundbesitzer aus dem Süden, später auch Madrilenen, die mit Handel und Gewerbe Geld gemacht hatten und nun in den Landbesitz drängten. Die Arbeit

Trashumancia

machten – und machen bis heute – Hirten aus den Bergen nördlich der Stadt León. Während im 18. Jh. noch jährlich 3,5 Mio. Schafe zweimal jährlich den langen Weg gingen, sind es heute nur etwa 100 000. Die Gründe für den Niedergang sind die – vor allem nordeuropäische – Konkurrenz, die seit dem 18. Jh. Merinowolle auf die europäischen Märkte brachte, der Preisverfall der Wolle im 19. Jh. bedingt durch ein hohes Angebot und billigere Konkurrenzstoffe, vor allem Baumwolle, schließlich in den letzten Jahrzehnten die stark gewachsenen Kosten menschlicher Arbeit.

Immer noch gibt es ein paar Schafherden, die regelmäßig den langen Weg von der Extremadura in die Cordillera Cantábrica nördlich León und zurück nehmen. Die *puertos,* die alten Schafalmen in den Hochtälern oberhalb des Luna, des Bernesga (der im Unterlauf durch León fließt) und des Torío existieren noch, wenn auch die wenigsten noch bestockt sind. Daß die Trashumancia ein bedeutendes Element der Kultur der Iberischen Halbinsel war und ist, haben inzwischen viele Menschen erkannt. Die alten Triebwege, die Cañadas, wurden 1995 durch die spanische Regierung rechtlich geschützt, die alten Regelungen der Trashumancia wurden wieder eingesetzt. Triebwege und andere alte Wege von insgesamt etwa 84 000 km Länge und mit einer Fläche von wohl 5000 km^2 wurden unter Schutz gestellt, großteils abgekommene Wege, viele von ihnen zerstört, überbaut, verwachsen, nur etwa 11 % sind in gutem Zustand. Am 27. Oktober 1996 zog zum ersten Mal wieder eine Schafherde durch Madrid, 2000 Merinoschafe mit fünf Hirten; das spanische Fernsehen übertrug das Spektakel und ist seither jährlich dabei.

Die Kantabrische Kette ist von León nur eine Autostunde entfernt (auf der Autobahn nach Oviedo 20 Min.). Einer der wichtigsten

Von León nach Lugo

Triebwege kommt aus dem Gebiet der Gemeinde La Tercia im oberen Bernesgatal (an der N 630 von León nach Oviedo) mit einem Zweig aus dem Toríotal. Die beiden vereinigen sich, nachdem sie auf unterschiedlichen Wegen die Stadt León im Osten passiert haben, vor der Brücke Puente Castro südöstlich von León, wo sie den Toríofluß überschreiten. Dieser Triebweg führt weiter nach Tordesillas, wo der Duero überquert wird, es folgt die Querung der Sierra de Gredos, dann wird der Tajo überschritten und bei Trujillo vereinigt sich diese Cañada mit dem Triebweg de la Plata aus dem nordwestlichsten Kastilien. Gemeinsam erreichen sie nach 650 km ihr Winterziel um den Ort Segura de León (!) in der Provinz Badajoz.

Die Triebwege sind in der Landschaft immer gut zu erkennen: breite, seitlich durch Mauern, Zäune oder Gebüsch begrenzte Schneisen, die sich über Berg und Tal durch eine anders genutzte Kulturlandschaft schlagen. In den Bergen haben sich ebenfalls alte Zeugen der Schafalmen erhalten, es gibt noch einige *chozos,* die meist runden Behausungen der Hirten. Von den älteren haben sich nur die den Wind abhaltenden Steinsetzungen erhalten, die eigentlichen Hütten, Kegel aus Schilf oder Ästen, sind verfallen.

Von León nach Astorga durchquert man noch die altkastilische Hochebene, danach erreicht man die Berge, zuerst die isolierten Montes de León, die sich über den mittlerweile asphaltierten Rabanalpaß und damit auf dem Jakobsweg überqueren lassen, dann die Kantabrische Kordillere. Die Berge hier sind Rückzugsgebiet, einsam,

Von León nach Santiago de Compostela

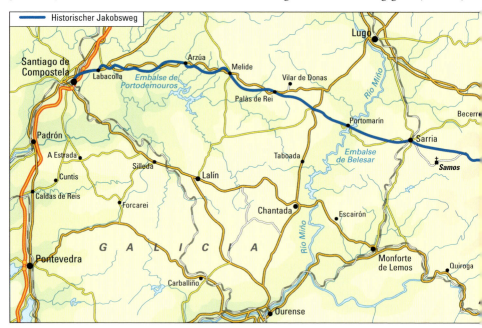

die Siedlungen häufig abgekommen, die alten Wege ungenutzt, die Felder aufgelassen. Wo noch Menschen wohnen, haben sich oft alte Lebensweisen und die mit ihnen verbundenen Objekte gehalten, wie die Almwirtschaft und die *chozos*, die Hirtenunterkünfte, als Teil der Trashumancia, wie die *pallozas*, die Rundhäuser der Sierra de O Ancares, wie die abergläubische Sicht der Welt, die die Menschen hier mit jenen des nahen Galicien verbindet.

Ein paar Kilometer außerhalb von León liegt rechts der Straße ein auffälliger moderner Kirchenbau, die **Virgen del Camino.** Ein steiles Betonskelett als Turm und zugleich Kreuzeszeichen markiert den Ort, an dem zwischen 1502 und 1511 die Jungfrau Maria mehrmals einem Hirten erschien und den Bau einer Kirche an der Stelle ihres Erscheinens verlangte. Der heutige Bau wurde 1961 geweiht, als Architekten hatten die Dominikaner, die den Wallfahrtsort mittlerweile betreuen, ihren portugiesischen Ordensbruder Francisco Coello beauftragt. Als Bildhauer für die dreizehn immerhin je 6 m hohen Bronzeskulpturen der Fassade, Maria und die Apostel, wählten sie José María Subirach. Keine Idealisierung, keine wallenden Mäntel und Bellinischen Gesichter: Diese Apostel und der Schemen einer Frau zwischen ihnen haben für ihren Glauben gelitten, es ist, als ob ihr Fleisch in der heißen Askese ihres Glaubens abgeschmolzen wäre, die Sehnen enthüllend, die den Körper zusammenhalten, um ihn vor dem endgültigen Verfall zu schützen.

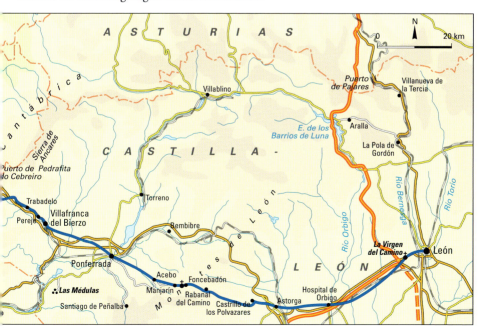

Sehr spanisch ist die Geschichte, die sich gut 20 km weiter in Richtung Astorga mit der Brücke über den Órbigo im kleinen Ort **Hospital de Órbigo** verbindet. Es ist die Geschichte des edlen Ritters Suero de Quiñones, dessen Ideal noch Don Quichote de la Mancha nacheifert, eine Figur, mit der der irrationale Kern ritterlicher Taten in einer Zeit, die keiner Ritter mehr bedarf, mit unsanfter Ironie bloßlegt wird.

Im Jahre 1434 fiel der 25. Juli, der Tag des Apostels Jakobus, auf einen Sonntag, es war also ein Heiliges Jahr, man konnte mit zahlreichen frommen Pilgern rechnen. Der Ritter Suero de Quiñones, gelangweilt von einem Dasein ohne Kämpfe und Schlachten – die paar Mauren, die es noch in Spanien gab, hatten längst Schutzverträge mit Kastilien geschlossen –, kam auf eine ungewöhnliche Idee, die sein Leben etwas aufheitern sollte. Mit Erlaubnis des Königs gelobte er, sich mit neun weiteren Kämpen je fünfzehn Tage vor und nach dem Tag des Apostels an der Brücke von Órbigo aufzustellen und alle durchziehenden Ritter, sämtlich Jakobspilger, zum Kampf herauszufordern. Damit plante er auch, sich von dem Schwur zu befreien, jeden Donnerstag eine Halsfessel zu tragen, das Zeichen seiner Gefangenschaft in den Fesseln einer edlen Dame. Herolde gaben die frohe Botschaft an ruhmdürstende Ritter weiter, und nahe der Brücke über den Órbigo wurden alle Vorbereitungen für den turniermäßigen Kampf getroffen: Zelte, Tribünen, eine Rennbahn für das Stechen und natürlich ausreichend qualifizierte Herolde, um die Ereignisse zu verzeichnen. Nach dem einmonatigen Turnier war ein Todesopfer zu beklagen, es gab zahlreiche Verletzte, aber immerhin zwei der zehn herausgeforderten Ritter hielten bis zum ehrenvollen Schluß durch. Die Halsfessel war gelöst und gehört heute zu den Schätzen der Kathedrale von Santiago de Compostela, sie schmückt jetzt eine Büste des Jüngeren Jakobus in der Reliquienkapelle.

Heute führt die Hauptstraße (N 120) nicht mehr über die zwanzig Bogen der gewundenen steinernen Brücke über den Fluß und die Wiesen in seinem Überschwemmungsgebiet. Die Brücke ist Nationaldenkmal, zwei Plaketten berichten von Don Suero de Quiñones und von den Restaurierungen. Vom Hospital sieht man nur noch Ruinen gegenüber der Kirche San Juan und zwischen beiden ein bescheidenes Steinkreuz.

Astorga

Das Land wird welliger, in der Ferne erhebt sich die erste Bergkette der Kantabrischen Kordillere, die Montes de León. Schon von weitem erkennt man die eindrucksvolle Lage von **Astorga** auf einer Terrasse über dem Tal des Tuerto, die alten Mauern, die Silhouetten von Kathedrale und Bischofspalast. Vom Parkplatz unterhalb dieser Gebäude geht man zur Stadt hinauf, dabei passiert man die Mauern an einer Stelle, an der Ausgrabungen die Fundamente eines **römischen Stadttors** freigelegt haben. Deutlich sieht man hier, wie heutiger Mauerzug und römische Fundamente übereinstimmen, die Stadtmauern wurden im Mittelalter nur erneuert, nicht neu gebaut.

Astorga ist ein alter keltiberischer Ort. Unter Kaiser Augustus übernahmen römische Präfekten die wichtige Siedlung als *Asturica Augusta*. Die Stadt wurde reich, weil sie an der Verteilung und Verarbeitung des Golds beteiligt war, das in der Tagebauzone von Las Medulas südwestlich von Ponferrada gewonnen wurde (s. S. 184). Römische Spuren wurden an mehreren Stellen ausgegraben: So hat sich gegenüber dem Rathaus eine große römische Halle erhalten, die den irreführenden Namen *La Ergástula* trägt, Sklavenarbeitsraum. Die zum Komplex des Forums gehörende Halle *Opus Caementitium* ist seit 1951 Nationaldenkmal. In der »Ergástula« und in zwei Stockwerken darüber bzw. im Nebenhaus befindet sich das sehr interessante Museo Romano mit vielen Funden aus der Stadt um Umgebung und einigen Rekonstruktionen. Bemerkenswert sind die Fresken eines Hauses im pompejanischen Stil. Eindrucksvoll ist auch die einführende Filmsequenz mit Computeranimationen.

Im Mittelalter war der Jakobsweg eine wichtige Einnahmequelle Astorgas, vor allem, weil hier die letzte Station vor den Bergen war, die man im Winter nicht überqueren konnte. Wer zu spät im Jahr kam, mußte in Astorga überwintern, das brachte Einnahmen, auch wenn kirchliche Spitäler kostenlos Logis und Verpflegung boten – die Ritter, die gerade an der Brücke über den Órbigo gekämpft hatten, werden kaum im Gemeinschaftssaal genächtigt haben. Für das Seelenheil sorgte auch ein Priester, der die Beichte in Französisch abnehmen konnte, die Franzosen waren schließlich die bedeutendste Pilgergruppe nach den Spaniern.

Im **Museo de los Caminos,** dem Museum der Pilgerwege, läßt sich von dieser Zeit ein wenig erahnen. Zahlreiche Souvenirs, die sich mit dem Pilgerwesen verbinden lassen, werden gezeigt. Stäbe, Flaschenkürbisse, Muscheln aus den verschiedensten Materialien sind mit ländlichen Skulpturen und provinziellen Gemälden zu einer bunten Sammlung vereint. Das Museum ist im **Bischofspalast** untergebracht, der 1889 nach Plänen des katalanischen Architekten Antonio Gaudí begonnen wurde. Was Gaudí für Astorga geschaffen hat, ist weder seine berühmteste noch seine beste Arbeit. Während er in Barcelona intensiv mit dem Palacio Güell und der Sagrada Familia beschäftigt war, blieb für Astorga keine geniale Idee. Zwar geht er mit den gotischen Formen virtuos um, hält sich aber insgesamt sehr eng an den von Viollet-le-Duc bestimmten Kanon neugotischer Architektur. Die frappierenden, an Lebendiges erinnernden Formen und Schmuckelemente Gaudís fehlen hier, der Palast ist Heim für ein etwas pedantisch-akademisches Schneewittchen. Als 1893 der bischöfliche Auftraggeber starb, kam es zu Auseinandersetzungen mit dem Kapitel, Gaudí trat vom Bau zurück. Erst 1913 und unter einem anderen Architekten wurde der Bau nach abgewandelten Plänen vollendet.

Die 1471 begonnene **Kathedrale** von Astorga ist die erste jener spätgotischen Kathedralen, mit denen Spaniens Architekten die goti-

Die Silhouette von Astorga wird von der mittelalterlichen Kathedrale und dem Bischofspalast des Jugendstilarchitekten Gaudi geprägt. ▷

Von León nach Lugo

Astorga

Von León nach Lugo

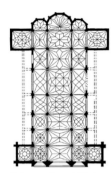

Astorga, Grundriß der Kathedrale

schen Formen noch einmal belebt und zu einigen der eindrucksvollsten Schöpfungen geformt haben, die in diesem Baustil errichtet wurden. Plasencia, Palencia, Segovia und die Neue Kathedrale in Salamanca schließen an den Bau in Astorga an, der möglicherweise von Simón de Colonia geplant wurde. Die dreischiffige Kirche besitzt kein Querhaus, die Schiffe schließen direkt an die Apsiden an, zwei im Norden und Süden an das erste Längsschiffjoch gebaute Kapellen der Renaissance bzw. des Barock (1553 resp. 1757) markieren den üblichen Platz des Querhauses. Der reiche Dekor des spätgotischen Chors, der 1524–27 mit der Verglasung beendet wurde, weicht im Bereich des Schiffs einer bewußt zurückhaltenden Wandgestaltung mit durchlaufenden Vorlagen, die ohne Unterbrechung in das Sterngewölbe übergehen. Nur in den reichen Maßwerken der Fenster läßt Rodrigo Gil de Hontañon, der 1530–59 die Arbeiten leitete (gleichzeitig mit Segovia und Salamanca), gotischen Reminiszenzen freien Lauf. 1703 waren die Arbeiten weitgehend abgeschlossen und die drei platereksen Portale der Westfassade in einen barocken Rahmen integriert worden. In den drei Jochen westlich des *Coro* mit dem hervorragenden Chorgestühl von Simóns Vater Hans von Köln und anderen Künstlern (Ende 15. Jh.) kommen die gewaltigen Pfeiler mit ihren komplex konstruierten Sockeln voll zur Geltung. Obwohl die Fenster relativ klein sind, geben sie dem Raum eine für spanische Verhältnisse große Helligkeit.

Zu den Bravourstücken der Ausstattung gehört die aufwendige, aus fünfzehn Tafeln bestehende Altarwand von Gaspar Becerra, die 1558 für den sensationellen Preis von 3000 Dukaten in Auftrag gegeben worden war. Rings um die Himmelfahrt Mariens gruppieren sich weitere Darstellungen des Marienlebens in reicher Schnitzarbeit; die Figuren sind farbig gefaßt und reich vergoldet. Die Virgen de la Majestad (11. Jh.) in der nördlichen Apsiskapelle ist eine der besten romanischen Mariendarstellungen Spaniens.

Romanische und gotische Arbeiten finden sich im **Diözesanmuseum,** dessen Eingang neben der Westfassade der Kathedrale liegt. Bedeutendstes Objekt ist ein silberbeschlagener, teils vergoldeter Reliquienkasten. Eine Inschrift weist ihn als Stiftung des Königs Alfonso III. und seiner Gemahlin Jimena aus dem frühen 10. Jh. aus.

Bevor Sie einen Stadtbummel machen, sollten Sie nochmals einen Blick auf die Apsis werfen. Vielleicht haben Sie ihn vorher schon bemerkt: den Pero Mato auf seinem Pfeiler über der südlichen Apsiskapelle. Die schlanke Gestalt mit breitkrempigem Hut und Fahne in der ausgestreckten Hand stellt seit dem 16. Jh. einen Lokalhelden dar. Pero Mato war ein heldenhafter Teilnehmer der Schlacht von Clavijo, in der im frühen 9. Jh. erstmals Santiago als Retter Spaniens erschien. Er sei ein Maragato gewesen, berichtet die Sage, Mitglied einer kleinen Volksgruppe, die viele der Dörfer zwischen Astorga und Ponferrada bewohnt. Bis heute ist nicht geklärt, auf welche Epoche der wechselhaften Geschichte Spaniens ihre Herkunft zurückzuführen ist. Die in Schwarz und Rot gehaltenen Trachten, die Stiefel und Pluderhosen der Männer und die weiten, bestickten Kleider der Frauen sieht man nur noch bei Festen.

Der Kathedralbezirk bildet den einen, die Gegend um das **Rathaus** den anderen Pol der Stadt. Die beiden Bronzefiguren, die an der Rathausuhr die Stunde schlagen, sollen Maragatos darstellen, man erkennt die Pluderhosen des Manns. Das Kloster des hl. Franziskus, heute von Redemptoristen geführt, wurde 1273 zur Erinnerung an den Besuch des Heiligen anläßlich seiner Wallfahrt nach Santiago de Compostela gegründet, die gotische Kirche stammt noch aus der Gründungszeit.

Zeit zum Abendessen? Am besten Cocido Maragato, ein deftiger Eintopf nach Art der Maragatos. Statt der üblichen weißen Bohnen gibt man Kichererbsen zu Zwiebeln, Blutwurst, Schweinebacken und -ohren.

Über den Rabanalpaß

Von Astorga nach Ponferrada über den noch heute einsamen Paß von Rabanal benötigt ein Fußpilger zwei Tage. Im Winter war früher kein Durchkommen, moderne Schneeräumgeräte machen den Paß heute ganzjährig befahrbar.

Die Dörfer der **Maragatería** bestehen zunächst noch aus einem roten Stein, **Castrillo de los Polvazares** bleibt als rotes Dorf in Erinnerung. Jahrhundertelang war das Leben hier durch das Fuhrgewerbe bestimmt, die breiten und hohen Hofeinfahrten weisen darauf hin. Im 17. Jh. zählte man 39 Fuhrleute mit 215 Maultieren. Dann ändert sich die Farbe des Gesteins und der Dörfer, Häuser, Wegkreuze, Mauern, Brücken zu Schiefergrau, die Landschaft verliert ihre Fruchtbarkeit, mediterrane Baumarten verschwinden und mitteleuropäische lösen sie ab. An der winzigen Kirche de la Asunción im Dorf **Rabanal del Camino** hängt ein Anschlag, der zur Pilgerherberge weist, ein Brunnen plätschert etwas unterhalb direkt am Jakobsweg, der hier

»Ich habe den schweren Kiesel abgeladen, den ich den Berg hinaufschleppte. Auf dem Weg zwischen Rabanal del Camino und dem einfachen Kreuz auf einer hohen Stange blieb viel Zeit, den Stein zu betrachten ... Jetzt habe ich meinen Stein zu den unzähligen Steinen der Pilger von tausend Jahren und mehr geworfen und versucht, damit alles loszulassen, was mich belastet, bedrückt und bedroht. Nur das Loslassen macht wirklich frei, aber wie schwer muß manchmal diese Freiheit bezahlt werden, weil sie uns zwingt, uns zu trennen.«
(Roland Breitenbach)

noch ein Weg ist. Knapp unterhalb der Paßhöhe liegt das verlassene Dorf **Foncebadón.** Die Häuser bestehen aus Bruchsteinmauern, einige Pallozas sind schon verfallen, werden aber wieder restauriert – der starke Pilgerstrom macht's möglich – archaische Bauten mit Wohnraum und Stall unter einem Dach, mit ovalen Mauern und Strohdach. Hospital und Kirche San Salvador de Monte Irago (so hießen die Montes de León) entstanden, als Foncebadón eine wichtige Etappe auf dem Pilgerweg war. Heute befindet sich wieder eine Pilgerherberge im restaurierten Gebäudekomplex.

Auf dem 1500 m hohen Puerto de Rabanal steht inmitten eines ständig wachsenden Steinhaufens ein eisernes Kreuz, das **Cruz de Ferro.** Hier pflegen Pilger und andere, die des Weges ziehen, einen Stein abzulegen, er sollte mit Schwung geworfen werden. Der Pilger erbittet so Schutz für den weiteren Weg, der Stein ist Zeichen für die Sünde, von der er oder sie sich befreien möchte. Der ursprüngliche Steinhaufen war eine Grenzmarkierung – auf diese ›Merkurberge‹ mußten nach römischer Tradition Reisende einen Stein werfen.

El Acebo, das Dorf, das man nach längerer Talfahrt erreicht, ist überraschenderweise noch bewohnt. Das gepflasterte Sträßchen durch den Ort ist der Jakobsweg, die Holzbalkone der Obergeschosse der schmalen Häuser engen ihn noch weiter ein. Alte Menschen sitzen und starren auf den Fremden, ein alter Mann bringt Feuerholz, eine Frau streichelt abwesend ihre Katze. Zwei Gasthäuser gibt es inzwischen, Fuß- und Radfahrer auf dem Camino sind im Sommer zur Selbstverständlichkeit geworden.

Von Acebo führt ein Nebensträßchen in das Tal des Merueloflusses und zur Siedlung **Compludo,** deren Kirche noch Reste des westgotischen Klosters birgt, die San Fructoso hier im 7. Jh. gründete. Aber deswegen allein kommt man nicht hierher. Nach kurzem Fußweg erreicht man eine der vielen Eisenschmelzen der Region Bierzo. Sie wurde hervorragend restauriert und zeigt anschaulich die einfallsreiche Kombination von Wasserkraft für den Antrieb eines Hammers und Ausnutzung des Unterdrucks in einem Venturi-Rohr für die Luftzufuhr beim Schmelzvorgang.

Templerburg und Wallfahrtskirche in Ponferrada

Geschäftig, staubig und lärmend ist der erste Eindruck, den man von **Ponferrada** gewinnt, dem Zentrum der fruchtbaren Landschaft des Bierzo mit seinen seit römischer Zeit genutzten Goldgruben. Ende des 11. Jh. ließ Bischof Osmundo von Astorga eine mit Eisen verstärkte und gesicherte Steinbrücke, die *pons ferrata,* über den Sil erbauen. Die Einkünfte des Brückenzolls erhielt der Bischof von Astorga, die Herrschaft über den aufstrebenden Ort der Templerorden. Der ließ die malerisch am Abhang über dem Flußtal gelegene Festung zu Beginn des 13. Jh. errichten. Das Bauwerk ist genau das, was man sich unter einer Ritterburg vorstellt, samt Rundtürmen, Zin-

Cruz de Ferro / El Acebo / Ponferrada

Blick auf Santiago de Peñalba

nen und Verliesen. Ritter der Festung sollen um 1200 ein altes Marienbild wiederentdeckt haben, das lange zuvor versteckt worden war, um es vor den Arabern zu verbergen. Der hl. Toribius, ein Bischof von Astorga, soll es von einer Wallfahrt nach Jerusalem mitgebracht haben. Der heutige Bau der vielbesuchten Wallfahrtskirche **Nuestra Señora de la Encina** (Unsere Liebe Frau von der Eiche) wurde ab 1573 nach Plänen von Juan de Alvar errichtet, der Turm und der prunkvolle (drehbare) Schrein des Gnadenbilds samt Hochaltar von Gregorio Fernández in der Mitte des 17. Jh. Sehenswert sind die reichen Schätze der Schatzkammer in der prunkvollen Sakristei.

Von der einstigen militärischen Bedeutung des Orts spürt man heute nur noch wenig. Der **Torre del Reloj,** der Uhrenturm, engt als letzter Zeuge der Stadtmauer die schmale Straße im Stadtzentrum noch mehr ein. Das nächste Haus ist der ehemalige **Palast des Consistoriums,** 1572 bis 1968 Gefängnis für das Bierzo und gleichzeitig Rathaus der Stadt. Das Wappen über dem Eingang führte Philipp II., der 1556 die Mittel für Grundstückkauf und Bau zur Verfügung stellte. In dem schlichten Gebäude befindet sich heute das **Museo del Bierzo,** ein sehenswertes Regionalmuseum. Hier findet man unter anderem Informationen über die Templerburg, es werden Funde von der Mittelsteinzeit bis zur Römerzeit ausgestellt und Trachten, Gerätschaften und Dinge des Alltagsgebrauchs im Bierzo präsentiert.

In der Umgebung von Ponferrada und in den südlichen Bergen liegen einige Ausflugsziele, die man nicht übersehen sollte – das große Ziel Santiago überschattet ja, je näher man ihm kommt, desto mehr die Orte der näheren Umgebung. Aus dem 10. Jh. stammt das mozarabische Kirchlein **Santo Tomás de las Ollas** am östlichen Stadtrand von Ponferrada. Der bescheidene Doppelkubus der Kirche

Das römische Goldabbaugebiet Las Medulas ▷

Von León nach Lugo

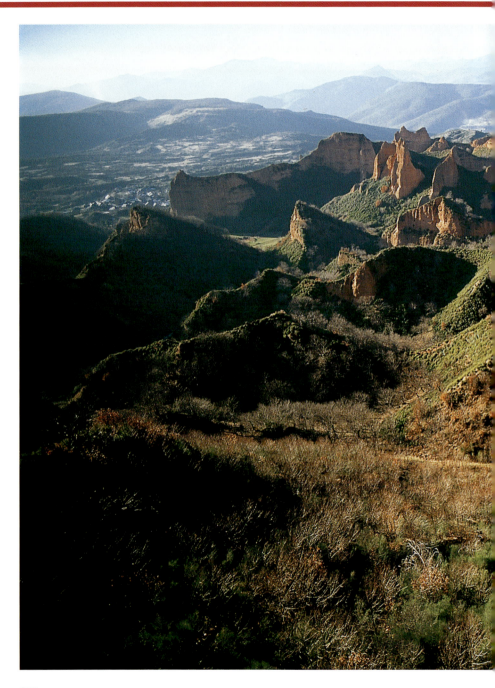

Las Medulas

Von León nach Lugo

umfaßt ein einfaches Schiff, ein Hufeisenbogen leitet in den Altarraum über. Dieser ist ein bis auf den schmalen Eingangsbereich vollständiges Oval, dessen Wände durch eine Arkade aus neun schlichten Bögen in Hufeisenform geschmückt werden. Kein weiterer Bauschmuck – gerade die einfache Form gibt diesem Raum die Würde.

Hoch in den Montes Aquilianos südlich von Ponferrada liegt ein Juwel mozarabischer Kunst: die zierliche Kirche von **Santiago de Peñalba**. In der Einsamkeit des Bergtals unter den *Peñas Albas*, den weißen Felsgipfeln, hatten schon vor einem Jahrtausend Bischof Gennadius von Astorga und seine Mönche Ruhe gesucht. Gennadius verbrachte die letzten beiden Jahrzehnte seines Lebens an diesem Ort. Im 16. Jh. ließ die Herzogin von Alba seine Gebeine nach Valladolid übertragen. Nichts blieb vom Kloster außer der Kirche. Der einschiffige Raum mit zwei Apsiden entstand wohl vor 937, für den Gründer der Mönchsgemeinschaft wurde dabei die Westapsis reserviert. Eine Kuppel überragt das von einer Tonne überwölbte Schiff in der Vierung. Immer wieder griff man auf Hufeisenbögen zurück: Die schönsten sind die des Südportals, wo ein von drei zierlichen Säulchen getragener doppelter Hufeisenbogen ganz auf arabische Art in ein Rechteck eingeschrieben ist.

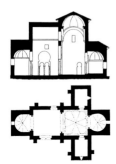

Santiago de Peñalba, Grundriß und Schnitt

Ebenfalls in die Montes Aquilianos führt ein Abstecher nach **Las Medulas**, einem riesigen Goldabbaugebiet der Römerzeit. Das hervorragend dokumentierte und durch Schautafeln erklärte Bergwerk wurde vor allem im Tagebau betrieben. Die Erträge waren enorm hoch, ohne das Gold aus Las Medulas wäre der römische Goldstandard im sich ausweitenden Weltreich kaum zu halten gewesen. Die pittoreske Landschaft mit ihren isolierten Bergruinen, die wie ein begrüntes Arizona aus einem Wildwestfilm wirkt, entstand durch die Abtragung von ca. 100 Mio. m^3 Abraummaterial. Das Schwemmgold in Nuggetform, das sich in den miozänen Sedimenten des Gebiets verbarg, wurde durch ein hochkomplexes hydraulisches System gewonnen. Von weither führende Zuleitungssysteme brachten große Mengen Wasser, der längste Aquädukt war mehr als hundert Kilometer lang und zapfte den wasserreichen oberen Duero an. Das Wasser wurde in waagerechte und senkrechte Stollen eingeleitet, die durch das anstehende Sediment getrieben worden waren. Das gelockerte Sediment wurde durch die Vergrößerung der Wassermenge und der Fließgeschwindigkeit zum Einsturz gebracht. Man rechnete mit Opfern – und setzte daher Sklaven ein, deren Verlust die Betreiber nicht so schmerzte. Über Waschkanäle in Form von Holztreppen wurde dann das Gemisch aus Wasser und Gestein sortiert, bis nur noch das schwerste Element, das Gold, übrigblieb – bis is 20 Jh. wurde dieser Teil des Goldwaschens nicht anders betrieben. Neben den Tagebaueinrichtungen hat man mehrere keltiberische Fluchtsiedlungen ausgegraben, die in der Römerzeit in einigen Fällen aufgesiedelt und wohl als ›Werkswohnungen‹ verwendet wurden. Selbst die Edelkastanien der Zone sind ein römisches Relikt, man pflanzte sie, um die Sklaven damit billig ernähren zu können.

Villafranca del Bierzo

Der Name Villafranca del Bierzo leitet sich von *Villa Francorum* ab und bezieht sich auf eine Besiedlung des Orts durch Franzosen. Das war 1070, als Alfonso VI. nicht nur cluniazensische Mönche, sondern auch Siedler aus Frankreich ins Land rief. Von Anfang an war eine der Hauptaufgaben der Mönche die Versorgung der vielen Pilger, die den Ort querten und vor der anstrengenden und gefährlichen Überschreitung des Cebreiropasses ein letztes Mal ausruhen wollten. Fußwanderer erreichen die am Ausgang eines Bergtals liegende Kleinstadt bei der Puerta del Perdón der **Kirche Santiago,** einem schlichten Portal im romanisch-gotischen Übergangsstil. In den Kapitellen der eingestellten Säulchen auf der linken Seite reiten die Heiligen Drei Könige dem Stern nach, den sie, wie in Carrión de los Condes (s. S. 152), im gemeinsamen Bett geschaut haben. Wer die restliche Strecke durch Galicien wegen Krankheit nicht überstanden hätte, erhielt bereits hier die Absolution, die ihm sonst erst in Santiago zugestanden hätte. Im Pilgerfriedhof gleich nebenan liegen viele von denen, die es nicht bis Santiago geschafft haben. Vorbei an der Burg des Marqués von Villafranca aus dem späten 15. Jh., die trotz ihres Alters immer noch sehr wehrhaft aussieht, mit kräftigen Mauerzügen und Rundtürmen, steigt man zur Stadt hinunter. Kirchen, Klöster, Herbergen, Bürgerhäuser, der Palast der Torquemada in den Formen des spanischen Barock vereinigen sich zu einem gedrängten städtischen Ensemble. Die spätgotisch-plachereske Stiftskirche, die **Colegiata de Santa María,** ist die Nachfolgerin des Baus der Cluniazenserbrüder. Prachtvoll ist die bunte Mudéjar-Artesonadodecke (15. Jh.) in der Franziskanerkirche (13.–17. Jh.).

Villafranca del Bierzo

Von León nach Lugo

Galicien!
Die letzten Etappen des Camino Francés

Besonders sehenswert:
Cebreiro ☆
Samos
Lugo ☆

Durch das enge Tal des Valcarce führt der Pilgerweg zum Pedrafitapaß. Die Dörfer im Tal, Pereje und Trabadelo, drängen sich eng an die steilen Hänge, um den alten Pilgerweg zwischen den Reihen niedriger Häuser passieren zu lassen. Hoch über den Dächern, entlang der Bergflanken und durch Tunnel verläuft der Betonstrang der neuen *autovía*. Der Pedrafitapaß (1109 m) ist einer der niedrigsten Übergänge über die Kantabrische Kordillere. Hier erreichen Jakobsweg, Nationalstraße und Autovía die Grenze zwischen León-Kastilien und Galicien. Santiago ist nicht mehr fern.

Über den windigen Bergkamm von Cebreiro

Galicien (mit c geschrieben, um es vom polnisch-weißrussischen Galizien zu unterscheiden) liegt im äußersten Nordwesten Spaniens, vom restlichen Land durch einst schwer zu überschreitende Gebirgsketten getrennt, mit einer eigenen Sprache, dem *galego*, das dem Portugiesischen wesentlich näher verwandt ist als dem *castellano* (das gemeinhin als »Spanisch« bezeichnet wird), mit einem regenreichen Westwindklima, das diesen Teil der Iberischen Halbinsel in ganzjähriges Grün taucht und den allgegenwärtigen Stielkohl zu enormen Wuchshöhen anregt, mit Menschen, die ihre Herkunft auf keltische Zuwanderer zurückführen und deren Brauchtum samt Dudelsack und Steinkreuzen mit Kreuzwegdarstellungen nicht zufällig mehr an die Bretagne erinnert als an andere Regionen des spanischen Staats – Galicien ist nicht nur geografisch ganz am Rand Spaniens.

Auf den Höhen der **Sierra do Rañadoiro** und der **Sierra de O Ancares** im Westen respektive im Osten des Pedrafitapasses gibt es noch Dörfer mit den herkömmlichen *pallozas*. Dieser primitive Haustyp besteht aus einem ovalen, manchmal kreisförmigen oder quadratischen Steinbau von etwa 2 m Höhe mit zwei Eingängen, getrennt für Vieh und Mensch, die beide drinnen untergebracht sind, und einem Strohdach. Einen Rauchfang gibt es ursprünglich genausowenig wie Fenster. In der Sierra de O Ancares sind in Villorello, Donís und vor allem in Piornedo mit seinen fünfzig Einwohnern noch gut erhaltene, doch seit kurzem nicht mehr bewohnte Pallozas zu sehen. Auf dem nach Westen führenden Jakobsweg ist es **Cebreiro** in dem sich Pallozas erhalten haben. Hier wie in Piornedo bringt der Tourismus inzwischen gutes Geld ins Dorf, die alten Gebäude werden emsig restauriert und umgewidmet, wodurch sie allerdings in den meisten Fällen ihren Charakter verlieren.

Alfonso VI. ließ im Jahr 1072 in Cebreiro, das auf einem ausgesetzten, windigen Rücken in 1300 m Höhe liegt, ein Priorat der Benedik-

Pallozas in Cebreiro. In den altertümlichen Steinbauten lebten einst Menschen und Tiere unter einem Strohdach.

tinerabtei von Aurillac einrichten. Ein Kloster, das Pilger aufnehmen konnte, war in dieser Bergeinsamkeit dringend fällig, die Pilger brauchten nach dem langen, anstrengenden Aufstieg durch Regen, Sturm und den häufigen Nebel eine Mahlzeit und ein Nachtlager. Eine Kirche bestand damals schon, die schlichten Arkaden der dreischiffigen Anlage gehen wie die rechteckigen Apsiden auf diesen Bau zurück, der schon vor der Jahrtausendwende stand. Die Außenmauern der Seitenschiffe und die Westfront mit der Kapelle für den Taufstein, der noch zum Untertauchen eingerichtet ist, sind jüngeren Datums.

In der Kirche wird eine polychrome Marienskulptur des 12. Jh. verehrt. In der Kapelle der Südwand werden ein romanischer Kelch, die zugehörige Patene und ein Doppelreliquiar aufbewahrt. Sie sind alljährlich am 8. September Ziel einer Wallfahrt. Es soll um 1300 gewesen sein, daß hier einer der Mönche des Priorats unwillig und voll Zweifel die Messe feierte. Ein Bauer, der das schlechte Wetter nicht gescheut hatte, war der einzige Besucher der Kirche. Der Mönch dachte bei sich, daß der ein Esel sei, der für das bißchen Brot und Wein den ganzen Weg gemacht hatte. Da verwandelten sich Brot und Wein vor den Augen des Mönchs in Fleisch und Blut. Das Wunder von Cebreiro ist eines von vielen Hostienwundern, die nach dem 4. Laterankonzil auftraten, auf dem 1215 das Dogma der realen Gegenwart Christi in Wein und Hostie beschlossen worden war.

Zwei Pallozas wurden zu einer neuen Pilgerherberge zusammengefaßt, eine Gruppe anderer beherbergt heute ein Volkskundliches Museum, in dem Lebensweise, Geräte und Produkte der Bevölkerung gezeigt werden. Das Museum ist Teil des *Parque etnolóxico do Cebreiro*, den die Regierung von Galicien plant.

Durch weiche, grüne Hügellandschaft fährt man hinunter zur Königlichen Abtei des hl. Julián und der Basilika von **Samos.** Das mächtige, unnahbar wirkende Kloster im grünen Tal geht auf eine westgotische Gründung zurück. Das mozarabische **Kirchlein El Salvador** am Santallabach, einsam in einer Wiese unter einer riesigen Zypresse, ist der älteste Bau des Orts. Er entstand nach der Wiederbesiedlung des Klosters im Jahr 922 durch siebzehn Mönche, die der hl. Virila hierher geschickt hatte.

Der heutige **Klosterbau** besteht aus Bauten des 12. bis 19. Jh., die man im Rahmen einer Führung besichtigen kann. Die Benediktinermönche sind stolz auf die lange Vergangenheit und den hervorragenden Zustand ihres Klosters. Die Kirche mit ihrer spätbarocken Thea-

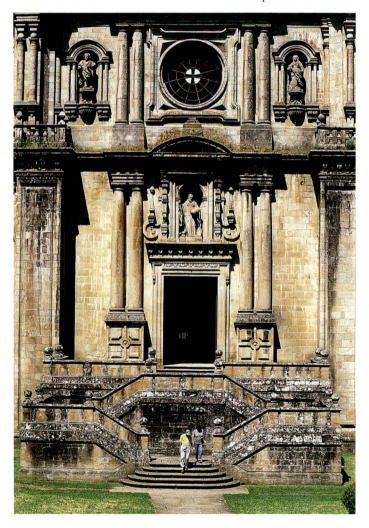

Samos, Klosterkirche San Julián

terfassade, die über eine repräsentative Treppenanlage erreicht wird, ist ein Werk des 18. Jh. und wurde von einem Mönch des Klosters entworfen, Juan Vázquez. Man besichtigt die Kirche als letztes, zuerst wird man in den riesigen Kreuzgang des 18. Jh. geführt, ein zweistökkiges klassizistisches Quadrat von 54 m × 54 m. Im zweiten, dem Claustro Gótico, der 1533 begonnen wurde, sind wie meist in spanischen Bauten der Zeit gotische Formen und Renaissance-Elemente verschmolzen, der Gesamteindruck jedoch ist gotisch. In der nördlichen Wand des Kreuzgangs hat sich der Südeingang der früheren, romanischen Kirche erhalten, ein schönes Portal (12. Jh.). Den vielleicht größten Eindruck macht die Sakristei, die im 18./19. Jh. als Zentralbau errichtet wurde. Sie ist ein Oktogon mit Halbkugelkuppel, in den Zwickeln zwischen Arkaden und Tambour sind polychrome Büsten des Erlösers und der christlichen Kardinaltugenden eingefügt.

Über **Sarria**, eine häßliche Stadt, deren ältester Teil zu beiden Seiten des Jakobswegs sich auf einem Hügel über der heutigen Siedlung befindet und so dankenswerterweise dem Verkehr entzogen ist, verläuft der Weg nach Portomarín. Oder nach Lugo, das man mit einem kleinen Schlenker an dieser Stelle in die Reise einbeziehen kann …

Lugo

Andere Orte, Rom eingeschlossen, haben »einen gut erhaltenen Abschnitt der römischen Stadtmauer«, »Reste einer römischen Stadtmauer« oder »auf römischen Fundamenten errichtete mittelalterliche Mauern«. Nicht so Lugo: Lugo besitzt eine komplett erhaltene **römische Stadtmauer** von 2,13 km Länge, durchschnittlich 11 m Höhe und einer Dicke zwischen 3 und 4,5 m, durchbrochen von sieben Toren und durch 85 halbrunde Türme verteidigt. Sie ist seit 2000 als Weltkulturerbe klassifiziert. Die Mauer wurde im Mittelalter an einigen Stellen kräftig ausgebessert, aber der Gesamtcharakter wurde nicht beeinträchtigt. Ohne jede Diskussion gilt: Von den fünfzig erhaltenen römischen Stadtmauern auf der Iberischen Halbinsel ist die von Lugo bei weitem die eindrucksvollste. Sie wurde im 3. Jh. als Ersatz für einen Mauerzug aus der Zeit des Augustus errichtet. Der Spaziergang auf der etwa sechs Meter breiten Mauerkrone rund um die Stadt gehört zum schönsten, was Sie in Lugo machen können!

Das **Jakobustor** (1) der Stadtmauer, mit einem Santiago Matamoros über dem Bogen, durch das die Pilger, die den Weg über Lugo wählten, traditionell die Stadt betraten, öffnet sich zur Praza Pio XII (*praza* steht in Galicien für das spanische *plaza*) vor der klassizistischen Westfassade der **Kathedrale** (2), deren Türme Sie schon von den Mauern aus bewundern konnten. Die Fassade täuscht, dahinter verbirgt sich der romanische Bau, der nach 1129 von Raimondo de Monforte entworfen wurde. Dabei ist es nicht ganz leicht, das Romanische aus der barocken Umhüllung herauszulösen, die auch den größten Teil der Ausstattung prägt. Deutlich wird der

Etwa 25 km nordöstlich von Lugo liegt nahe der N 460 (in Richtung Ribadeo und Oviedo) das Castro Viladonga. Das von einem hohen, nahezu kreisförmigen Wall umgebene Wehrdorf wurde ab 1971 ausgegraben und ist eine der bedeutendsten Stätten der Castro-Kultur im Lande. Die Grundrisse der einzelnen Wohn- und Nutzbauten haben sich gut erhalten, auch einige Funde wurde in situ belassen. Das zugehörige Archäologische Museum (Museo Arceoloxíco do Castro de Viladonga) gibt in vier Sälen einen teilweise multimedialen Einblick in die Castro-Kultur. Besonders interessant sind die Rekonstruktionsversuche, die Verteidigungsanlagen, Häuser, Hausdächer und Instrumente betreffen.

Von León nach Lugo

Lugo, Grundriß der Kathedrale
1. *Westportal*
2. *Nordportal*
3. *Coro*
4. *Capilla Mayor*
5. *Heutige Standorte des ehemaligen Hauptretablo*
6. *Capilla de la Virgen de los Ojos Grandes*
7. *Capilla del Pilar*
8. *Capilla del Buén Jesús*

Diözesanmuseum
9. *Kreuzgang*
10. *Sakristei*
11. *Schatzkammer*

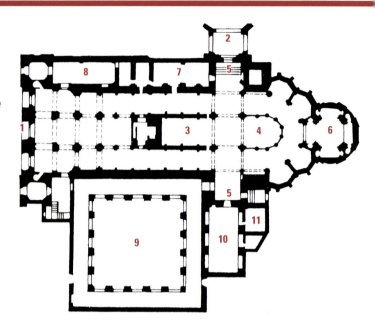

romanische Charakter am Nordportal, dessen Tympanon im 12. Jh. entstand. Bei dieser Gelegenheit sollten Sie die aufgeregte Architektur des Ostteils der Kathedrale begutachten, man sieht sie besonders gut vom Bischofspalast jenseits der Praza de Santa María: Die verschieden hohen, verschieden geneigten, eng gedrängten Baukörper von Chor und Anbauten bilden ein sehr spannungsreiches und doch in sich geschlossenes Ensemble.

Die Portalwände des Querhauses tragen heute die ehemals riesenhafte Altarwand des Cornelis de Holanda, ein manieristisches Werk, das er 1531–34 schnitzte. Es mußte dem Altar des 18. Jh. Platz machen, der heute die Capilla Mayor beherrscht, ein opulentes Schaustück spätbarocker Theatralik. Bei der Gelegenheit wurde dieser Teil der Kirche vom französischen Architekten Charles de Lemaur auch gleich nach neuestem Geschmack umgebaut (1762). Die in der Längsachse liegende größte Kapelle des Chorumgangs ist der romanischen »Madonna mit den großen Augen« gewidmet. Die Kapelle wurde 1726–37 nach Plänen des Architekten Fernando de Casas y Nóvoa errichtet, der auch die Pläne für die Westfassade der Kathedrale von Santiago de Compostela zeichnete.

Der klassizistische Kreuzgang und die Schatzkammer der Kathedrale, die auf den Kapitelsaal ausgreift, verdienen einen Besuch, und sei es nur wegen des silbernen Armreliquiars des San Froilán, des Stadtpatrons (die nordwestlichste Kapelle der Kathedrale ist ihm gewidmet). Wenn die Zeit knapp wird, sollte allerdings ein Stadtbummel Vorrang haben, der zum Museo Provincial führt. Er beginnt am

Nordportal der Kathedrale, schräg rechts gegenüber steht der schlichte **Bischofspalast** (3), dessen Spätbarockfassade einen mittelalterlichen Bau verbirgt. Das **Rathaus** (4), hier *Casa Consistorial* genannt, steht am Südende der nahen Praza maior. Der Barockbau des 18. Jh. bekam im 19. Jh. seinen Uhrturm. Vom Rathaus geht man durch die Gasse Raiña zur Praza Santo Domingo mit der spätromanisch-frühgotischen Klosterkirche **Santo Domingo** (5; der Augustinerinnen) und weiter zum **Museo Provincial** (6) an der Praza Soedade.

Dieses für eine Provinzstadt außergewöhnliche Museum ist im ehemaligen **Kloster San Francisco** untergebracht. Klosterbauten wie der Kreuzgang des 13. Jh. sind in das Museum integriert, die Kirche (15. Jh.) dient heute als Pfarrkirche San Pedro. Im ehemaligen Refektorium sind interessante Modelle von Gebäuden der Region aufgestellt, darunter Pallozas und Mühlen. Die Küche ist im Original erhalten, der Kamin ist, wie es in Galicien Tradition war, so groß, daß man nicht nur darauf kochen, sondern auch darin sitzen und essen kann. Um Platz zu gewinnen, kann man den Tisch über die Seitenbank hochklappen. Absolute Höhepunkte sind die keltischen Gold-Torques (offene Halsreifen mit knotenartig verdickten Enden) von unschätzbarem kulturhistorischem und materiellem Wert, die keltiberischen Inschriftsteine, die aufschlußreiche Sammlung von *azabaches,* den Objekten aus dem leicht bearbeitbaren Material, für das

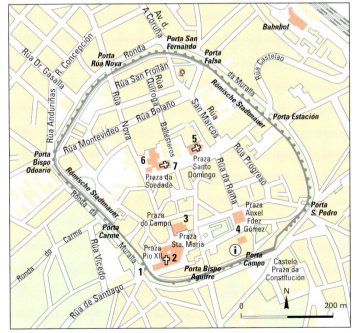

Lugo
1 Jakobustor
2 Kathedrale
3 Bischofspalast
4 Rathaus
5 Santo Domingo
6 San Francisco mit Museo Provincial und Museo Nelson Zumel
7 San Pedro

Von León nach Lugo

Lugo, Kathedrale und römische Stadtmauer

Santiago ein Monopol hatte (s. S. 213), die Vitrinen mit Porzellan aus der Königlichen Manufaktur Sargadelos und die Sammlung römischer Funde, die zu den bedeutendsten Spaniens gehört (sie ist zum Teil im Kreuzgang aufgestellt, zum Teil, wie der Schmuck, im Ersten Stock). Der neueste Zuwachs, ein großes Fußbodenmosaik, wurde in einem überglasten Bereich ausgelegt, der das Museum auf intelligente Weise mit dem Mitte der 90er Jahre des 20. Jh. eröffneten **Museo Nelson Zumel** verbindet, das dem namengebenden Maler gewidmet ist.

Von Portomarín nach Santiago

Der Name **Portomarín** kommt von *Pons Minei*, Brücke über den Miño. Die Querung des großen Flusses, der weiter abwärts die heutige Grenze zwischen Spanien und Portugal bildet, war schon in römischer Zeit ein Problem, das durch eine Brücke gelöst werden mußte. Johanniter bauten gegen 1120 eine neue Brücke über älteren römischen und frühmittelalterlichen Fundamenten. Portomarín war eine bedeutende Station auf dem Jakobsweg, die Brücke so wichtig wie die Herbergen an dieser Stelle.

1962 wurde der Miño aufgestaut, und Portomarín versank im Stausee des Kraftwerks Belesar. Zuvor hatte man die wichtigsten Gebäude des Ortes abgebaut, nun entstanden sie wieder auf einer Terrasse über dem sich langsam füllenden Stausee. Im Ort um den neuen alten Hauptplatz mit seinen Arkaden erheben sich jetzt wieder das romanische Kirchlein San Pedro und die *pazos*, wie in Galicien Adelssitze genannt werden, der Condes de Maza, der Berbetoros und der Pimenteles. In einer Kurve unterhalb des Orts wurde ein Teil der romanischen Brücke wieder aufgebaut, wie der Rest eines verfallenden Aquädukts sieht sie nun aus. Das bedeutendste Bauwerk ist die den Hauptplatz überragende, Stein für Stein übertragene Wehrkirche San Juán, ein romanischer Bau des späten 12. Jh. Fünf zinnenbewehrte Türme überragen die gerade abschließende Fassade, Erinnerung an die immer wieder umkämpfte Lage des Ortes. Portale im Westen, Süden und Norden zeigen das Jüngste Gericht, den neuen Patron San Nicolás und die Verkündigung an Maria.

Die Landschaft wird westlich Portomarín wenn möglich noch grüner, noch üppiger, doch als Baum dominiert der Eukalyptus. Dieser Baum ersetzt seit einigen Jahrzehnten im gesamten Nordwesten Spaniens bis hin nach Kantabrien die einheimischen Gehölze. Eukalyptus wächst schnell und entwickelt gerade Stämme, genau richtig für einfache Möbel und vor allem für die Zellstoffindustrie. Daß die Landschaft dadurch völlig verändert wird, daß in Eukalyptuswäldern kein Unterwuchs zu sehen ist, keine Schmetterlinge schaukeln und keine Vögel singen, weil die starken Öle der Pflanze von der lokalen Flora und Fauna nicht vertragen werden, interessiert die Aufpflanzer leider nicht. Doch bestimmt hier nicht der Wald, sondern Felder und Weiden das Bild. Seit 1605 ist Mais in Galicien bekannt, innerhalb dreier Generationen ersetzte er die bis dahin angebaute Hirse. Der Mais wird in den großen, auf Stützen stehenden und durch zwischengelegte Steinplatten für Mäuse und anderes Getier unerreichbar gemachten Speichern aufbewahrt, den charakteristischen *hórreos* (auf Galego *cabaceiros*; s. S. 40, 230). Ein schönes Exemplar dieser Speicher steht in **Villar de Doñas** im Hof neben der Kirche. Ein dreifacher Bogen rahmt den Zugang zur kleinen romanischen Kirche San Salvador, ehemals Teil eines Nonnenklosters, die heute als Pfarrkirche dient. Zwei Sarkophage mit Rittergestalten und Wappen, dabei auch das Wappen des Santiago-Ordens mit Muschel und Schwert, erinnern an eine glänzende Vergangenheit. 1184 stiftete der Dekan der Kathedrale von Santiago die Einkünfte und Besitzungen des kleinen Nonnenklosters dem zweiten Großmeister des 1175 gegründeten Santiago-Ordens, aus dem Nonnenkloster wurde ein Ordenskapitel. Hier trafen sich alljährlich die galicischen Santiagoritter zu ihren Kapitelsitzungen, und noch im frühen 19. Jh. war Villar de Doñas ein Priorat des Ordens, der seinen Hauptsitzes im Hospital San Marcos in León hatte. Ein reich gearbeitetes Portal ohne Tympanon wird noch von Türen mit den romanischen Eisenbeschlägen verschlossen. Der schlichte Raum mit seinen zahlreichen Grabstätten weist im Osten drei Apsiden auf, die gotische Wandmalereien tragen (14. Jh.). Die präzise Steinmetzarbeit der Außenwände dieser Apsiden ist sehenswert.

Über Melide mit seinen verglasten Hausfronten und Arzúa führt der Weg weiter Richtung Westen. In **Labacolla,** wo sich heute der Flughafen von Santiago de Compostela befindet, pflegten, so notiert der *Codex Calixtinus,* die französischen Pilger ihren gesamten Körper, »*apostoli amore*«, aus Liebe zu Jakobus, zu waschen und zuvor auch die Kleidung abzulegen. Was man nicht alles tut, um einem Apostel gefällig zu sein.

Am Stausee des Miño, den Sie übrigens mit Ausflugsbooten befahren können, ist Ihnen vielleicht der Wein aufgefallen, der dort in kleinen Weingärten wächst, weiter flußabwärts wird er in winzigen Terrassen an allen Südhängen produziert. Der Großteil wird zu Tresterschnaps gebrannt, zu aguardiente oder orujo, wie er in Galicien heißt. Traditionell war die Herstellung von Schnaps durch die Bauern illegal, was niemand davon abhielt zu brennen – eher im Gegenteil. Der kleinere Teil wird zu Wein verarbeitet, zu weißem, rotem und vor allem zu einem ausgezeichneten Rosé, den Sie in Portomarín kosten können.

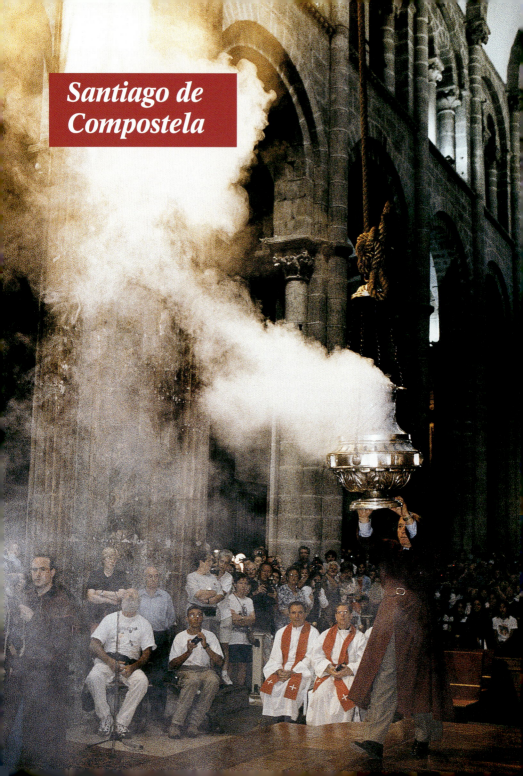
Santiago de Compostela

Die Erfolgsgeschichte des Jakobsgrabes

Es regnet viel in Santiago de Compostela. Touristen mit Plastiktüten auf dem Kopf (Schirm? Wozu denn, in Spanien regnet's nie!) sprinten von Arkadengang zu Arkadengang und neiden jedem Einheimischen den Regenschirm. Die Quarzkristalle im grau-beigen Granitpflaster glänzen und glitzern und wetteifern mit den spiegelnden Pfützen. In den Cafés und Bars rücken die Studenten noch enger zusammen, wenn erschöpfte Besucher ihren *café con leche* im Sitzen konsumieren wollen. Auf der Praza des Praterías steht ein junges Paar unter einem Dachvorsprung der barocken Fassade der Casa del Cabildo und musiziert, er bläst den Dudelsack und sie singt mit heller, fester Stimme ein galicisches Volkslied. Auf der anderen Seite des Platzes sitzt König David seit 850 Jahren mit übergeschlagenen Beinen am Südportal der Kathedrale und spielt selbstvergessen auf seiner Fiedel.

Santiago ist eine widersprüchliche Stadt. Ihre Entstehung verdankt sie einem kirchenpolitischen Ziel: die asturische Kirche zu einer apostolischen zu machen, eigenständig und unabhängig von Rom. Zuerst stellte sich das christliche Spanien unter den Schutz des Apostels Jakobus, dann erst wurde sein Grab gefunden, mußte es gefunden werden, planmäßig im einzig unabhängigen christlichen Fürstentum der Halbinsel, in Asturien. Planmäßig half der geschätzte Apostel durch seine Wunder den Christen dann in ihren Schlachten gegen die Mauren, hoch zu Roß als Maurentöter, als *Matamoros*, planmäßig entstand und entwickelte sich Santiago de Compostela über dem wiederaufgefundenen Apostelgrab, die Stadt und alles in ihr wurde der Verehrung des Apostels unterworfen.

Für das heutige Santiago ist der Apostel immer noch bestimmend, direkt durch den Zustrom an Pilgern, der die Stadt jeden Sommer überfällt, ganz besonders in den heiligen Jahren (1999, 2004, 2010 und 2021), indirekt durch den allgemeinen Tourismus, der Geld in die Stadt bringt und den Gastronomen und Hoteliers volle Kassen. Nicht zufällig wurde die frühere Pilgerherberge der *Reyes Católicos* in einen luxuriösen Parador umgewandelt. Aber – und auch das ist typisch für diese Stadt, in der Vergangenheit Gegenwart ist – dort werden täglich dreißig kostenlose Mahlzeiten an Bona-fide-Pilger ausgegeben. Andere Funktionen sind hinzugekommen: Santiago de Compostela ist (seit 1532) Universitätsstadt, und viele Bauten kirchlicher Herkunft wurden zu Uni-Einrichtungen umgewidmet, auch die Hochschule ist ein bedeutender Wirtschaftsfaktor der Stadt. Daß Santiago seit der Einrichtung der autonomen Region Galicien (1978) Sitz der Regierung, der *Xunta de Galicia* ist, hat der Stadt ein weiteres finanzielles Standbein gegeben. Seit 1985 wird Santiago von der UNESCO als Welterbe geführt, ob das Gelder fließen läßt? Der Apostel mag den Ausschlag dafür gegeben haben, daß Santiago de Com-

Santiago de Compostela ☆☆
Besonders sehenswert:
Kathedrale

◁ *Glanzpunkt einer Messe in der Kathedrale von Santiago de Compostela: das Anzünden des Botafumeiro*

Santiago de Compostela

Die frühe Kirche kannte keinen Rechtsprimat Roms. Erst die Berufung des römischen Bischofs auf den Apostel Petrus als ersten Bischof gab Rom den entscheidenden Vorsprung vor anderen Bistümern, eben die Apostolizität. Seit Leo I. (440–461) sahen sich die römischen Bischöfe als Nachfolger des Apostels und kraft ihres Amtes mit den Befugnissen versehen, die Christus dem Apostel verliehen hatte. Spätere Versuche, dem Primat Roms zu widersprechen, konnten nur mit anderen apostolischen Befugnissen begründet werden, so wie es in Asturien mit der Apostolizität durch den Apostel Jakobus versucht wurde.

postela im symbolträchtigen Jahr 2000 zu einer der Kulturhauptstädte Europas gewählt wurde.

Zu den Widersprüchlichkeiten Santiagos gehört, daß nicht einmal die Legende konsistent ist, die sich mit den Reliquien des Apostels Jakobus verbindet. Bereits die Predigt zum Fest des Heiligen, die im *Codex Calixtinus* unter dem Namen des Papstes Calixt II. überliefert wird, wettert gegen Konkurrenzlegenden. Jakobus soll, um die wichtigsten Elemente der Legende zusammenzufassen, vor der Enthauptung durch Herodes Agrippa in Spanien missioniert haben. Zwei seiner Jünger, Athanasius und Theodorus, legten den Leichnam in ein Boot, das, von Engeln geleitet, binnen sieben Tagen Galicien erreichte. Von der Landestelle Padrón brachten die Jünger den Leichnam nach Compostela und bauten ein Grab sowie eine kleine Kapelle. Neben dem Apostel fanden auch die beiden Jünger dort ihre letzte Ruhestätte. Dann geriet der Ort in Vergessenheit.

Im 9. Jh., zu Zeiten des Bischofs Theodemir von *Iria Flavia*, wurde der Einsiedler Pelayo durch Lichterscheinungen auf das Grab des Apostels und seiner Gefährten aufmerksam gemacht. (Nach der nicht minder populären Version des Pseudo-Turpin erschien der Apostel Karl dem Großen im Traum und zeigte ihm die leuchtende Spur der Milchstraße als Wegzeichen für seinen Kreuzzug zur Befreiung des Apostelgrabs im fernen Galicien.)

Ein erster Kirchenbau am Apostelgrab entstand während der Herrschaft Alfons II., des Keuschen, (791–842). Bischof Theodemir ließ sich im Jahre 847 in einem kleinen Anbau an der Südseite dieser Kirche beisetzen, seine Grabplatte wurde im Jahr 1955 entdeckt. Sie lautet etwa: »In diesem Grab ruht der Schüler Gottes Theodemir, Bischof von Iria, der am 13. Tag vor den Kalenden des Novembers 885 der Era starb« (also am 20. Oktober 847).

Endlich am Ziel: Pilger an der Wurzel Jesse

Geschichte

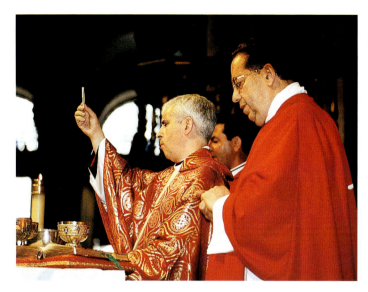

Pilgermesse in der Kathedrale – der Höhepunkt der Pilgerreise

Zum Zeitpunkt der Grabauffindung war es längst beschlossene Sache, daß der Apostel Jakobus sein Grab in Nordwestspanien gefunden hatte. Hatte nicht bereits 776 Beatus von Liébana in seinem Apokalypsekommentar klargemacht, daß der Apostel mit seinem zweijährigen Aufenthalt in Spanien dessen Kirche die Apostolizität gegeben hatte? War nicht die asturische Kirche bei den Konzilien in Regensburg (792) und Köln (794) als selbständige Kirche aufgetreten? In einem Hymnus aus dieser Zeit, als dessen Dichter ebenfalls Beatus von Liébana in Frage kommt, setzt er die zwölf Apostel mit zwölf Edelsteinen gleich, beschäftigt sich aber in zwei Dritteln des Texts vorwiegend mit Jakobus: »Oh wahrhaft würdiger, heiliger Apostel, goldglänzendes Haupt Spaniens, unser Schutz und hilfreicher Patron …«.

Das Grab mit den Reliquien des Apostels und seiner beiden Jünger wurde zum religiösen Mittelpunkt des kleinen asturischen Reiches und zum Rückgrat seiner Rückeroberungsstrategie. Unter Alfonso II. und Ordoño I. wurde Santiago mit allen Mitteln gefördert: Verlegung des Bischofssitzes von *Iria Flavia* dorthin, Schenkung allen Landes im Umkreis von drei Römischen Meilen um das Grab an die Kirche, Übernahme der Kosten für eine erste Bischofskirche, die am 6. Mai 899 im Beisein des Königs Alfonso III. geweiht werden konnte. Erst später wurde der Apostel zum direkten Helfer in den Schlachten der christlichen Staaten gegen die Mauren: Sein Erscheinen am Tag der Eroberung von Coimbra durch Fernando I. im Jahr 1064 und vor allem sein Eingreifen in der Schlacht von Clavijo, Ramiro I. und dem Jahr 844 zugeschrieben, sind erst in der Mitte des 12. Jh. niedergeschrieben worden.

Santiago de Compostela

Für das Jahr 951 erfahren wir erstmals von einer grenzüberschreitenden Pilgerfahrt; Bischof Godescalcus (Gottschalk) von Le Puy hat sie mit zahlreichen Begleitern unternommen. Sie wird kaum die erste gewesen sein: Bis ein Bischof sich einer Wallfahrt anschließt, muß sie schon eine beachtliche Bedeutung erlangt haben. Zahlreich sind die Heiligen wie Franziskus und Dominikus, die Könige und Kaiser, zahllos die hochedlen Damen und Herren, die sich im Lauf der Jahrhunderte bis heute auf den weiten Weg nach Santiago de Compostela machten. Neben Rom und Jerusalem galt Santiago als eine der drei großen Wallfahrten des Mittelalters und der frühen Neuzeit. Nach 200 Jahren Unterbrechung hat das Wallfahrtswesen seit der Wiederbelebung in den 60er Jahren des 20. Jh. heute wieder eine große und weiterhin zunehmende Bedeutung erlangt.

Der Pilger bekommt heute mehr von den Reliquien zu sehen als je zuvor. Über Treppen hat man Zugang zur Krypta, in der die 1879 bei Ausgrabungen entdeckten Gebeine des Apostels und seiner Gefährten in einem silbernen Schrein auf dem Altar ausgestellt sind. Bis dahin konnte man nur, wie heute noch üblich und für jeden Pilger von der Tradition vorgeschrieben, eine schmale Treppe hinter dem Altar hochsteigen und das silberbeschlagene Bildnis des Apostels über seinem Grab küssen. Über den Gräbern war schon zur Zeit Theodemirs ein bescheidener Altar errichtet worden, wohl jener, der heute im Museum der Abtei San Payo (Pelayo) de Antealtares gezeigt wird. Über ihm entstand später die barocke Altararchitektur, die heute das in Gold und Silber prangende Zentrum der Kathedrale ist. Wer daran zweifelte, daß sich die Gebeine des Apostels wirklich unter dem Altar befanden, der würde, so warnten die Hüter der Reliquien den rheinischen Ritter Arnold von Harff im Jahre 1496, unverzüglich verrückt werden wie ein tollwütiger Hund. Die letzten Zugänge zu den Reliquien hat man 1589 verdeckt, als Sir Francis Drake nach dem Untergang der glorreichen Armada in A Coruña landete und drohte, nach Santiago zu marschieren. Die 1879 wiedergefundenen Reliquien wurden aufwendig untersucht und schließlich mit der Bulle »*Deus Omnipotens*« Papst Leos XIII. 1884 der Verehrung der Gläubigen empfohlen. Aber auch die Zweifel setzten wieder ein. In einem berühmt gewordenen Aufsatz wies der große französische Gelehrte Louis Duchesne im Jahr 1900 erstmals und grundlegend bis heute auf die großen Lücken in der Überlieferung hin, die sichere Schlüsse unmöglich machen.

Die Reliquien des Apostels Jakobus bleiben wohl bis auf weiteres ein unerschöpfliches Thema für Diskussionen, da objektive Befunde keine endgültige Entscheidung zulassen. Denn neben Santiago de Compostela beanspruchte auch Saint-Sernin in Toulouse, die Reliquien des Apostels zu besitzen, und schließlich kann man immer noch Zweifel daran hegen, daß der Leichnam des Apostels überhaupt Palästina verlassen habe. Für Millionen von Pilgern ist das keine Frage, denn sie glauben per definitionem an die Präsenz des Apostels. Für die anderen Besucher stellt sie sich erst gar nicht, die Frage, ob

Geschichte / Kathedrale

das der wahre Jakob ist, sie geben sich dem Reiz hin, den diese Stadt auf sie ausübt.

Santiago ist heute eine barock überformte Stadt. Während der Gegenreformation ließ es sich kaum ein Orden nehmen, hier eine Niederlassung zu errichten, allen voran die in Spanien gegründeten Jesuiten, die eine wahre Ordensburg an die Reste der mittelalterlichen Mauer stellten. Die Stadt wurde im Barock über dem mittelalterlichen Grundriß grundlegend erneuert. Nur wenige Gassen im Viertel südlich der Kathedrale behielten ihr mittelalterliches Flair, aber auch dort entstanden neue Häuser auf den alten Fundamenten. Absoluter Höhepunkt barocker Architektur ist die Westfassade der Kathedrale, ein Meisterwerk des spanischen Barock.

Die Kathedrale

Die Westfassade

Die **Praza do Obradoiro,** der Platz des goldenen Werks, nämlich der im Abendlicht oft golden leuchtenden Westfassade der Kathedrale, ist einer der schönsten Plätze Europas. Nichts weist hier darauf hin, daß sich hinter der barocken Fassade eine fast vollständig erhaltene romanische Kathedrale verbirgt.

Einer der ersten Schritte für die barocke Neugestaltung betraf den Zugang zum Westportal. Um den Standort des Hauptaltars über dem am Hang gelegenen Apostelgrab zu wahren, war schon für die romanische Kathedrale nur die Verlängerung nach Westen in Frage gekommen, wobei ein massiver Unterbau notwendig wurde, die sogenannte **Alte Kathedrale** (1). Ihr Portal trägt das mit der Jahreszahl 1626 versehene Wappen des Maximilian von Österreich, Bastard des Kaiserhauses und ohne eigene Einkünfte, also die ideale Besetzung für den Posten des Erzbischofs von Santiago. Maximilian brachte den Architekten Ginés Martínez nach Galicien mit, der einen doppelläufigen Treppenaufgang zum Vorplatz der Kathedrale schuf, Schauplatz des letzten Aktes des Schauspiels, das Prozessionen damals waren. Das Vorbild des Architekten war wahrscheinlich die Goldene Treppe des Diego de Siloé in der Kathedrale von Burgos (s. S. 117), nachgeahmt wurde sein Werk bis ins Detail im Treppenaufgang zur Klosterkirche in Samos (s. S. 188).

Die endgültige Barockisierung begann mit der Ankunft des neuen Kanonikers José de la Vega y Verdugo, Graf von Alba Real. Er verfaßte zwischen 1658 und 1660 einen umfangreichen Bericht mit Vorschlägen zur Umgestaltung der Kathedrale, die er eigentlich, wäre genug Geld vorhanden gewesen, durch einen völligen Neubau hätte ersetzen wollen. Zu unserem Glück war das nicht der Fall, es blieb bei kosmetischen Korrekturen.

Das Schiff hat gewaltige Dimensionen: Länge: 94 m, Breite des Querschiffs: 63 m, Höhe des Mittelschiffs: 24 m, Höhe der (späteren) Vierungskuppel: 33 m. Die Außenmaße der Kathedrale betragen 100 m × 70 m. Alle Gebäude des Kathedralbereichs zusammen nehmen 2,3 ha Fläche ein.

Santiago de Compostela bei Nacht ▷

Santiago de Compostela

Die Kathedrale

Santiago de Compostela

Als wichtigster Architekt war in diesen Jahren Domingo de Andrade tätig. Im Jahr 1670 vollendete er den südlichen Turm der Westfassade, die **Torre de las Campanas** (2). Ähnlichkeiten mit dem 1568 vollendeten Umbau der Giralda, des Minaretts der Großen Moschee in Sevilla, sind wohl kaum zufällig. An der Fassade des südlichen Querhauses stellte er zwischen 1676 und 1680 sein Meisterwerk fertig, die **Torre del Reloj** (3), den Uhrenturm mit 72 m Höhe.

Das waren die Voraussetzungen für Fernando de Casas y Nóvoa, der 1738–50 seine Pläne für eine neue Westfassade, das **Obradoiro**(5)**,** verwirklichen konnte. Die **Torre de la Carraca** (4). wurde als Pendant zu Andrades Glockenturm erbaut, sie beherbergt die hölzernen Ratsche für den Karfreitagsgottesdienst. Davor schob Casas y Nóvoa die Szenerie seiner eigenen Architektur. Wie es sich für das Bühnenbild zur Aufführung großer Prozessionen gehört, stehen inmitten der großen Säulenordnungen, gerahmt vom Reichtum churriguerresker Ornamente, die Hauptakteure der Legende. In der obersten Nische steht der Apostel als Pilger, unter ihm sein von den Wellen getragener Sarkophag, flankiert von den getreuen Jüngern Athanasius und Theodosius. Das Ziel des Umbaus, einen repräsentativen Vorhang für den dahinter liegenden romanischen Eingangsbereich mit genügend Fensterfläche für die Beleuchtung des Schiffes zu verbinden, war schwer zu erreichen. Der Architekt löste das Problem, indem er die Fassade ganz unbarock durch zwei riesige Fenster über dem Doppelportal aufbrach, die er aber durch einen Überfangbogen und die der Fassade vorgeblendeten Säulenstellungen so elegant einband, daß man sich ihrer Größe nur bewußt wird, wenn man sie etwa mit der Höhe des Portals vergleicht. Die kunstvolle und detaillierte Ausführung der Fassade trug ihr den Namen *Obradoiro* ein, Goldschmiedearbeit.

Die barocke Fassade verbirgt die von ihr geschützte romanische Fassade, den **Pórtico de la Gloria** (6)., bis zum letzten Moment. Wenn sich endlich die Vorhalle öffnet, wird wohl kaum ein Besucher unbewegt bleiben angesichts der Pracht dieses bedeutendsten aller romanischen Portale Spaniens, eines der eindrucksvollsten Kunstwerke der Romanik überhaupt. Die Person des Meisters Mateo, mit dessen Bauhütte sich Plan und Ausführung der drei Portale verbinden, bleibt trotz dessen Signatur im Dunkeln. Man weiß nicht woher er kam, man weiß nicht, wo er gelernt hat, ob er Spanier war oder Franzose, ob Ávila oder Vezelay seine Vorbilder waren. Seine Meisterschaft wächst noch ganz aus romanischen Wurzeln, zu einem Zeitpunkt als die nordfranzösische Entwicklung der Kathedralkunst in Saint-Denis bereits den Weg zu einem neuen Stil gefunden hatte.

Der erste Schritt des Pilgers in die Vorhalle endet im Kniefall vor dem Mittelpfeiler des Hauptportals, der **Wurzel Jesse**. Mit allen Fingern seiner Hand greift er in eine Reihe von Vertiefungen, Spuren der Millionen Pilger vor ihm, dabei berührt er mit der Stirn den Kopf Jesse, der aus der Säulenbasis ragt. Mit diesem archaisch-magischen

Gleichzeitig mit dem Pórtico de la Gloria entstand in Meister Mateos Steinmetzwerkstatt der Mönchschor als ein »Neues Himmlisches Jerusalem«. Dieser Coro wurde 1603 abgerissen, seine Teile hat man für die Füllung des Treppenaufgangs zum Obradoiro verwendet. Von 1955 bis 1999 wurden die wieder aufgefundenen, zum Teil stark beschädigten Chorelemente zu 17 der ursprünglich aus 36 Sitzen bestehenden Anlage zusammengesetzt.

Die Kathedrale

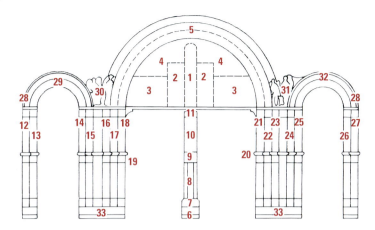

Schema der Darstellungen am Pórtico de la Gloria:
1 Christus als Weltenrichter   2 Die vier Evangelisten   3 Engel mit Arma Christi   4 Die Seligen: das Volk der triumphierenden Kirche   5 Die 24 Ältesten der Apokalypse mit Musikinstrumenten   6 O Santo d'os Croques (Rückseite)   7 Zwei Löwen und bärtiger Mann   8 Wurzel Jesse   9 Hl. Dreifaltigkeit   10 Santiago (hl. Jakobus d. Ältere)   11 Die Versuchungen   12–15 Propheten   16 Prophet Jeremias   17 Prophet Daniel   18 Prophet Jesaia   19 (in der Laibung) Moses mit Gesetzestafeln   20 (in der Laibung) Apostel Petrus   21 Apostel Paulus   22 Apostel Jakobus d. Jüngere   23 Johannes der Evangelist   24 und 25 Apostel   26 Apostel Bartholomäus   27 Apostel Thomas   28 Engel mit Posaunen   29 Blatt-Rollwerk, Adam und Eva (nackt) mit dem Erlöser und Patriarchen des Alten Testaments   30 Ein Engel bringt Kinder ins Haus Gottes, ein anderer hält das Volk Israel (kleine Figur) auf dem Arm   31 Ein Engel hält die Gläubigen (kleine Figur) auf dem Arm, ein Engel bringt Kinder ins Haus Gottes   32 Jüngstes Gericht, die Guten links mit Engeln, die Bösen rechts mit Monstern, in der Mitte der Archivolten zwei Büsten, Gottvater und Sohn (?)   33 Wilde Tiere (Bären, Löwen, Adler) und bärtiger Mann

Ritual unterwirft sich der Gläubige dem göttlichen Willen und streift einen Hauch des von dem Bildnis ausgehenden Segens ab.

Die fein ziselierte Marmorsäule der Wurzel Jesse endet in einer Marienfigur unter einem Kapitell mit der Darstellung der Dreieinigkeit. Darüber thront als Mittler zwischen den flehenden Menschen und dem Weltenrichter der Apostel Jakobus. Über ihm öffnet sich der Himmel und der Gläubige erschaut im **Tympanon** die apokalyptische Vision der Rückkunft Christi. Direkt über dem Apostel thront Christus, der die fünf Wunden seines Opfergangs an Händen, Füßen und Seite vorweist, die Füße sind auf Akanthusblätter gestützt, Symbole der Auferstehung. Den Erlöser und Weltenrichter flankieren die vier Wesen der Apokalypse, zugleich Symbole der Evangelisten. Engel tragen die Werkzeuge der Passion, die »Arma Christi«: Geißelsäule,

Kreuz und Dornenkrone, Nägel und Lanze, Essigkrug, Geißel und Stab mit Schwamm. Den Rest des Tympanons füllen die von Engeln geleiteten Seligen, denen bereits die Anschauung Gottes gewährt ist. In der rahmenden Archivolte musizieren die vierundzwanzig Ältesten auf allen Instrumenten, die es zur Entstehungszeit des Portals gab, darunter, direkt über der Gestalt Christi, das von zwei Personen gespielte Organistrum, eine Art Drehgitarre, Vorform der *zanfonia*, der Drehgeige.

Im Türsturz des Mittelportals steht ein Text. Er berichtet, daß Meister Mateo am 1. April des Jahres 1188 die Portale, deren Bau er von Anfang an leitete »meisterhaft« vollendet habe. Dieser Meister Mateo tritt erstmals im Jahre 1161 beim Bau einer Brücke auf, der hohe Rang seiner Leistung wird wenige Jahre später, 1168, in einer Urkunde König Fernandos II. anerkannt. Dieser setzte dem Meister ein Einkommen von 100 Maravedís jährlich auf Lebenszeit aus – hundert Goldstücke entsprachen den Einkünften eines Adligen. An der Innenseite des Sockels des Mittelpfeilers am Hauptportal kniet, ins Gebet versunken, eine jugendliche Gestalt. Nach lokaler Tradition wird der Beter als Meister Mateo identifiziert und als *O Santo d'os Croques* bezeichnet, als Heiliger der Beulen, denn an seiner steinernen Stirn reibt man, manchmal ein wenig unsanft, die Stirn der Kinder, damit sich etwas vom Genie des Meisters Mateo auf sie übertrage.

Dem Apostel Jakobus leisten nach links acht Propheten des Alten Testaments, nach rechts acht Apostel des Neuen Testaments Gesellschaft, geführt von Petrus. Gegenüber, an der Innenseite der Westfassade, werden sie durch zwei Frauen des Alten Testaments, Judith und Esther, und (vermutlich) Hiob ergänzt. Zu den Aposteln treten drei der Evangelisten: Markus, Lukas und Johannes. Alle Skulpturen, die nur von Christus selbst an Größe überragt werden, sind von ausgeprägter Individualität. Sie sind zu Paaren ins Gespräch vertieft; der wie immer jugendliche Johannes hört dem hier nochmals dargestellten Jakobus mit leicht spöttischem Lächeln zu, wahrscheinlich ist er in dogmatischen Fragen nicht ganz der Meinung seines Gesprächspartners. Die Reste der im 18. Jh. erneuerten farbigen Fassung betonen die Lebendigkeit der Gestik.

Die eigenständige Konzeption des Pórtico de la Gloria setzt sich links und rechts des großen Tympanons in Engelsgestalten fort, die sich fürsorglich um auferstandene Seelen kümmern und, ganz außen, die Trompeten des Jüngsten Gerichts ertönen lassen. Das Thema der Apokalypse wird auch in den Archivolten über den seitlichen Zugängen weitergeführt. Da dem Engel neben dem linken Portal ebenso wie den Köpfen in den Archivolten des rechten Portals zwar Schriftbänder beigegeben, die Inschriften aber nicht erhalten sind, werden die Themen der Seitenportale nicht mehr deutlich. Verbergen sich inmitten der paradiesischen Pflanzenwelt links die Seelen der Vorväter aus der jüdischen Vergangenheit? Rechts treten Engel mit Seelen in ihrer Hut beutebeladenen Dämonen der Hölle gegenüber. An den Innenseiten des Portalgewändes ist jeweils eine kostbare, reich dekorierte und in sich gedrehte Marmorsäule eingesetzt. Ähnlich wie in Berninis Altarbaldachin in St. Peter in Rom deuten solche Säulen seit dem frühen Mittelalter den Bau, an dem sie erscheinen, als Tempel in der Nachfolge des Tempels Salomonis in Jerusalem, dessen Maße und Formen göttlichem Auftrag entsprangen.

Das Innere

Als Pilgerkirche mußte die Kathedrale von Santiago geräumig sein und ein ausladendes Querschiff besitzen, in dem die Pilger dem Gottesdienst folgen konnten, das Hauptschiff war ja wie üblich durch den Mönchschor versperrt. Auf den Emporen war Platz zum Übernachten. Selbstverständlich mußte um den Chor mit dem Apostelgrab ein Umgang führen, so daß man dem Kirchenpatron seine Reverenz erweisen konnte, ohne den Pilgerstrom aufzuhalten. Diesen Raumtyp teilt Santiago nur mit der gleichzeitig entstandenen, ebenfalls auf dem Jakobsweg liegenden und mit Santiago um den Besitz der echten Reliquien des Apostels streitenden Kirche Saint-Sernin in Toulouse. Wieweit die beiden Bauten voneinander abhängig sind und wo die Bindeglieder sind, ist jedoch genauso wenig geklärt wie die Frage, warum andere große Kirchen am Jakobsweg diesen Raumtyp nicht übernommen haben.

Jakobusstatue am Mittelpfeiler des Hauptportals des Pórtico de la Gloria

Seit dem Abbau des barocken *Coro* (1945) bietet sich ein freier Blick bis fast zum Altar. Da das Kirchenschiff bis in die Nähe der Vierung auch frei von Gestühl ist, vermag der Blick die romanische Architektur, zu erfassen, so wie sie der Architekt plante: vom Sockel der Pfeiler über die Arkaden bis zu den Öffnungen der Empore und den Gurtbögen des Tonnengewölbes. Der grandiose Bau entstand als dritter Kirchenbau über dem Grab des Apostels. Der erste bescheidene Bau aus der Zeit König Alfonsos II., den sich Bischof Theodemir als Grablege wählte, hat kaum Spuren hinterlassen. Er wurde noch im selben Jahrhundert durch einen Neubau ersetzt, dessen Fundamente durch Ausgrabungen nachgewiesen sind. Auch der zweite Bau, unter König Alfonso III. und Bischof Sisnando 899 geweiht, war bescheiden. Von der Apsis des heutigen Chores reichte er gerade über die Vierung hinaus und wurde während der Bauzeit der romanischen Kathedrale vollkommen von deren Mauern umschlossen.

Der dritte Bau, die heutige Kathedrale, wurde unter Bischof Diego Peláez 1075 begonnen. Nahezu ein Jahrhundert lang hatte man noch mit der 997 von Almanzor verwüsteten und geplünderten Kathedrale leben müssen, sie wurde restauriert und unter Erzbischof Gelmirez († 1140), von dem die wichtigsten Impulse für den Neubau ausgingen, bis zur Mitte des 11. Jahrhunderts mit Westtürmen versehen. Selbst die Glocken hatte Almanzor geraubt, sie wurden auf dem Rücken versklavter Christen nach Córdoba gebracht. Nach der Eroberung Córdobas durch kastilische Truppen im Jahre 1237 traten sie dann wieder die Rückreise an. Der Pilgerführer im *Codex Calixtinus*,

Santiago de Compostela

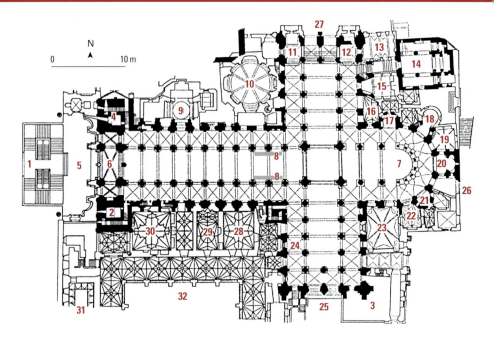

Santiago de Compostela, Grundriß der Kathedrale
1 Unterkirche »Alte Kathedrale«   2 Torre de las Campanas   3 Torre del Reloj   4 Torre de la Carraca
5 Obradoiro-Fassade   6 Pórtico de la Gloria   7 Capilla Mayor mit Krypta und Hochaltar   8 Orgel
9 Capilla del Cristo de Burgos   10 Capilla de la Comunión   11 Capilla de Santa Catalina   12 Capilla
de San Antonio   13 Capilla de San Andrés   14 Capilla de la Corticela   15 Capilla del Espiritu Santo
16 Capilla de la Concepción   17 Capilla de San Bartolomé   18 Capilla de San Juan   19 Capilla de
N.S. la Blanca   20 Capilla del Salvador   21 Capilla de la Azucena   22 Capilla de Mondragón
23 Capilla del Pilar   24 Clavijo-Tympanon   25 Portada de las Platerías   26 Puerta Santa
27 Portada de Azapacheria   28 Sakristei   29 Capilla de San Fernando   30 Capilla de las Reliquias
(29–30 Schatzkammer)   31 Bibliothek und Kapitelsaal   32 Kreuzgang (31 – 32 Kathedralmuseum)

der notiert, daß man als Pilger einen Kalkstein von Triacastela nach Castañeda mitnimmt, damit er dort zu Mörtel verarbeitet werde, nennt auch die Namen der Baumeister. Sie lassen eine Herkunft von jenseits der Pyrenäen vermuten, wo man Mitte des 11. Jh. mit Saint-Martin in Tours den Typ der Pilgerbasilika entwickelt hatte. Zahlreiche stilistische und konstruktive Parallelen deuten auch auf Toulouse und seine Kathedrale Saint-Denis.

Der Innenraum von Santiago gehört zu den großen Erlebnissen am Ende einer langen Fahrt. Seit der lateinische Pilgerführer im *Codex Calixtinus* erstmals Begeisterung formulierte, ist der Eindruck gleich geblieben: »In dieser Kirche wird kein Riß, kein Verderb gefunden, sie ist wunderbar gearbeitet, groß, geräumig, hell, von gehöriger Größe, in Breite, Länge und Höhe abgestimmt, wundervoll und uner-

Die Kathedrale

schütterbar gebaut.« Und wer die Schönheit der Kirche geschaut habe, fährt er fort, wird glücklich und fröhlich, wenn er zuvor traurig war.

Die Würdigung der Ausstattung dieses grandiosen Innenraums mag unter der Vierungskuppel beginnen. Vom barocken Prunk der Liturgie bekommt man eine Vorstellung, wenn man an einem Festtag den *botafumeiro,* das große Weihrauchfaß, in Aktion sieht (s. S. 194). Das mächtige versilberte Gerät – Vorgänger sind bereits aus dem 14. Jh. bezeugt – ist außerhalb der Festtage in der Bibliothek des Kapitels zu besichtigen. In der Vierung, die erst 1384–1445 ihre heutige Gestalt erhielt, hängt in der Zwischenzeit nur der Dornenkronleuchter als Aufhängevorrichtung für das Weihrauchfaß. Diese Anlage läßt das Weihrauchfaß seit Ende des 16. Jh. in riesigem Bogen durch beide Querhäuser schwingen.

Barockem Schwung entspricht auch der **Hochaltar** (7), der Mitte des 17. Jh. vom Architekten Peña de Toro ausgeführt wurde. Im Mittelpunkt eines theatralischen Spektakels, das von überdimensionierten Engeln gekrönt wird, sitzt der Apostel, eine Figur, die trotz Überarbeitungen ihren romanischen Charakter noch nicht verloren hat. Darüber tritt der Apostel noch zweimal auf, einmal als Pilger und zuoberst, hoch zu Roß, als Matamoros, als Maurentöter. Die Apostelfigur markiert den Standort der darunter liegenden **Krypta.** Als Pilger geht man heute zuerst in die Krypta, um dem Sarkophag mit den Gebeinen des Apostels die Reverenz zu erweisen, dann steigt man ein Treppchen hinter dem Hochaltar hinauf, um die Rückseite

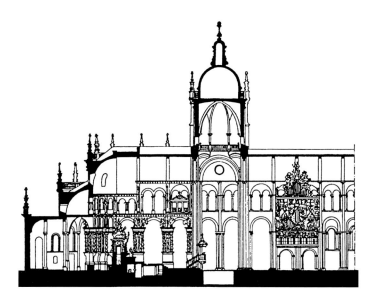

Santiago de Compostela, Schnitt durch die Kathedrale

der Apostelskulptur zu küssen, Abschluß und Krönung der Pilgerfahrt.

Während der *Coro* mit seinem barocken Chorgestühl abgebaut wurde, blieb die **Orgel** (8) des frühen 18. Jh., erbaut von Manuel de Viña aus Salamanca, bestehen. Sehr dekorativ mit ihren klassischen spanischen Trompeten ist sie im zweiten Joch westlich der Vierung an der Südseite des Schiffs eingebaut, aber hindert nicht den freien Blick durch das Kirchenschiff.

Ein Rundgang vom Pórtico de la Gloria aus, der zu einigen der 18 Kapellen führt, schließt sich an. An der Nordseite des Schiffes wird in der barocken **Capilla del Cristo de Burgos** (9; 1665) das Gnadenbild der Kathedrale von Burgos verehrt, zwei Erzbischöfe liegen hier begraben. Im Winkel zwischen nördlichem Querhaus und Schiff entstand Ende des 18. Jh. der ebenso kühle wie elegante klassizistische Kuppelbau der **Capilla de la Comunión** (10), der Betenden vorbehalten ist (Glasscheiben erlauben den Einblick). Links vom Nordportal residiert heute in der kleinen **Kapelle der hl. Katharina** (11) auch die Muttergottes von Lourdes. Ein Gitter schützt die im Zugang in einer Nische aufgestellte Prozessionsfigur des Santiago Matamoros, die im 18. Jh. entstand und sehr detailgenau und farbenfroh schildert, wie der Apostel auf seinem Schimmel unter die Mauren sprengt und ihnen die Köpfe absäbelt. Als Gegenstück befindet sich auf der Ostseite des Querhauses die **Kapelle des hl. Antonius** (12). Sie diente im 17. und 18. Jh. als Pfarrkirche San Fructuoso, nachdem der dortige Bau abgetragen worden war, um dem Kloster del Pilar Platz zu machen (die Gemeinde hat ihre Pfarrkirche heute in Santa María Salomé). Daneben führt eine Pforte zuerst zur **Capilla de San Andrés** (13) und dann durch einen schmalen Gang zur **Capilla de la Corticela** (14). In dem kleinen dreischiffigen Kirchenraum werden die kleinen Werktags- oder frühen Sonntagsmessen gelesen. Es handelt sich um den ältesten Bauteil der Kathedrale, die Stiftung Alfonsos II. geht noch auf das 9. Jh. zurück. Grabungen haben die Spuren seines Baus in den Mauern des heutigen aus dem 13. und 18. Jh. wiedergefunden. Das schöne Portal mit Tympanon, der die Anbetung der Hl. Drei Könige darstellt, ist romanisch.

An der Ostseite des nördlichen Querhauses öffnen sich noch die Zugänge zur **Capilla del Espíritu Santo,** des Heiligen Geistes (15) und zur spätgotischen **Capilla de la Concepción** (16), der Unbefleckten Empfängnis, in der neben zwei Domherren auch der Architekt Domingo de Andrade sein Grab gefunden hat. Auf der Nordseite des Chorumgangs ist die **Capilla de San Bartolomé** (17) das am besten erhaltene Beispiel der Chorkapellen des romanischen Baus. Bischof Pedro von Pamplona weihte sie im Jahre 1102. Das Renaissancegrab des Kanonikers Diego de Castilla ist wie die platereske Altarwand ein Werk des Mateo Arnao, eines Meisters flämischer Herkunft. Die folgende **Capilla San Juán** (18) mit dem Evangelisten und Apostel Johannes als Patron ist barock erweitert worden, während die benachbarte **Marienkapelle N. S. La Blanca** (19)

Die Kathedrale

Der hl. Jakobus als Matamoros auf dem Hochaltar

als gotischer Neubau eingefügt wurde. Die **Capilla del Salvador** (20; Kapelle des Erlösers) weist Inschriften auf, die ihre Entstehung vor 1088 und den Baubeginn der Kathedrale für 1075 bestimmen. Der romanische Grundriß, quadratisch mit Nischenpaar, blieb erhalten. Der platereske Altar von 1532, eine etwas süßliche Wand in Blau, Silber und Rot, geht auf Entwürfe des Architekten Juan de Alava zurück.

Santiago de Compostela

Neben der Achskapelle öffnet sich nur in Heiligen Jahren die **Puerta Santa** (26). Die Heilige Pforte begrüßt den Eintretenden mit zwei Skulpturen aus der Werkstatt des Meisters Mateo. »Es kommen alle Völker und rühmen dich, Herr«, kommentieren ihre Spruchbänder den Strom der Pilger. Der Zugang von außen wurde als eine der ersten Maßnahmen der barocken Umgestaltung in den Chorumgang gebrochen (1611–22), dabei wurden 24 Statuen des romanischen Chors wiederverwendet. Über ihnen steht wieder einmal Santiago als Pilger, begleitet von den beiden unvermeidlichen Jüngern. Im gekrümmten Zugang in den Chorumgang der Kathedrale erhält man einen Blick auf das noch erhaltene Äußere des romanischen Chors.

Als nächste bewahrt die **Capilla de la Azucena** (21) mit dem Grab der Doña Mencía de Andrade noch die romanische Struktur unter der barocken Ausstattung, der Entwurf für die Altarwand stammt übrigens vom Architekten der barocken Westfassade, Fernando de Casas y Nóvoa. Flämische Spätgotik des frühen 16. Jh. dominiert in der **Capilla de Mondragón** (22), die den Namen des stiftenden Domkanonikers trägt. Der Hauptaltar enthält eine bewegte und bewegende Darstellung der Kreuzabnahme in Terrakotta von Miguel Perrín (1526).

Den anschließenden Winkel zwischen Chor und südlichem Querhaus füllt die **Capilla del Pilar** (23). Das wundertätige Marienbild von Zaragoza wird an der Stelle verehrt, an der Jakobus der Legende nach eine Marienerscheinung hatte. Die seit der Gegenreformation besonders geförderte Marienverehrung konnte mit diesem Wunder die für das Mittelalter charakteristischen Heiligenverehrungen elegant ablösen. Mit dem aufwendigen Bau der Marienkapelle und Grabkapelle ihres Stifters, des Erzbischofs Fray Antonio Monroy, konnte noch Domingo de Andrade 1696 beginnen, aber erst Fernando de Casas y Nóvoa vollendete sie 1715. In der Verbindung dieser beiden für die barocke Umgestaltung der Kathedrale so wichtigen Architekten kann die Kapelle als wichtiges Beispiel des compostelanischen Barock angesehen werden. Ihre leichte Oktogonkuppel, die mit Wappen und Pilgermuschelon geschmückt ist, stellt ein Meisterwerk dar. Die imposante Altarwand ähnelt in ihrer mehrschichtigen Gliederung und schlanken, nach oben strebenden Eleganz so sehr der Fassade der Kathedrale, daß sie nur einem Entwurf von de Casas y Nóvoa entstammen kann – genau das ist der Fall.

Auf der gegenüberliegenden Seite des südlichen Querhauses finden Sie die spätgotischen Eingänge zu Kreuzgang und Sakristei. Neben ihnen und über dem Grabmal des Kanonikers Martin Lopez (1477) befindet sich das berühmte **Clavijo-Tympanon** (24) mit der Darstellung des Apostels Jakobus als Kämpfer in der Schlacht von Clavijo, das einst wohl den Zugang zum romanischen Kreuzgang markierte. Zu Pferd, mit Fahne und blankem Schwert, von Engeln umgeben, danken ihm links und rechts je drei junge Doncellas die Errettung aus der legendären Tributzahlung der hundert Jungfrauen. Die Legende war wichtig: In der Schlacht von Clavijo im Jahre 844

◁ *Puerta Santa, im Heiligen Jahr Zugang von außen*

Der Pilgerführer im Codex Calixtinus beschreibt das Südportal der Kathedrale so: »In der oberen Reihe über den vier Türen, zur Empore der Basilika hin, leuchtet aus dem Stein eine wunderbare Reihe aus weißem Marmor: aufrecht steht dort der Herr und zu seiner Linken der hl. Petrus mit den Schlüsseln in der Hand; auf der rechten Seite sieht man den seligen Jakobus zwischen zwei Zypressenbäumen und neben ihm seinen Bruder, den hl. Johannes. Rechts und links davon befinden sich die übrigen Apostel. Oben und unten, rechts und links hat man die Wand also herrlich verziert mit Blumen, Menschen, Heiligen, Tieren, Vögeln, Fischen und anderen Kunstwerken; wir könne sie nicht alle beschreiben. Doch zu erwähnen sind vier Engel über den Torbögen; jeder bläst eine Posaune, um den Tag des Gerichts zu verkünden.«

hatte der Apostel zum ersten Mal persönlich in die Geschichte eingegriffen und die Gläubigen vor Schaden bewahrt, *alle* Christen, nicht nur die Spanier. Wenn alle Christen durch den Apostel Gnaden erfahren hatten, konnten auch die gläubigen Individuen auf Gnaden hoffen. Und die Kirche bestimmte die Form, in der man sich dem Apostel annähern konnte, um Gnaden zu erbitten. Die eine Form war die Wallfahrt und die abschließende ritualisierte Teilnahme an der Messe in der Kathedrale. Die zweite war die Förderung der *votos de Santiago*, der frommen Stiftungen, etwa für das Lesen von Messen oder für den Bau von Kirchen und Klöstern, aber auch ganz schlicht als Geldspende an die Kirche.

Bevor Sie den Museumsbereich der Kathedrale betreten, sollten Sie das Süd- und das Nordportal bewundern. Das Südportal, die **Portada de Platerías** (25), die Pforte der Silberschmiedearbeiten, hat eine komplexe Geschichte. Sie ist der einzige Eingang, der sich aus dem frühesten Bauabschnitt der romanischen Kathedrale erhalten hat, Anlage und einige der Skulpturen stammen noch aus dem letzten Viertel des 11. Jh. Über einem doppelten Rundbogen befindet sich ein aus Stücken unterschiedlicher Herkunft zusammengesetzter Figurenfries, der von einer geraden Konsole abgeschlossen wird. Über dieser sind in den Achsen der Portale zwei Rundfenster angebracht, deren Archivolten vegetabilen Schmuck tragen. Schäden an der Fassade verbinden sich mit der Zeit des Bischofs Diego Gelmírez, Sohn eines kleinen Adligen, der im Jahre 1100 zum Bischof gewählt wurde. Dem umtriebigen Mann gelang es, 1120 von Papst Calixtus II. die Erhebung seines Bistums zum Erzbistum zu erreichen. In den Auseinandersetzungen zwischen Königin Urraca und ihrem zeitweiligen Gemahl Alfonso I. el Batallador, König von Aragón, ergriff er Partei für die Dame. Ein Aufstand der Bürger gegen den Bischof, Königin Urraca und Diego Gelmírez führte zum Brand der in Bau befindlichen Kathedrale, und nur die eilige Flucht rettete das Leben des Bischofs.

Der in den Jahren nach dem Aufstand geschriebene *Codex Calixtinus* beschreibt die bildhauerische Ausstattung bereits in etwa so, wie wir sie heute sehen. Bis ins späte 19. Jh. hinein hat man hier immer wieder Fragmente romanischer Skulpturen eingefügt. Es entstand so eine Art Lapidarium der romanischen Kathedrale, eine faszinierende Sammlung herausragender Skulpturen.

Das linke Tympanon kreist um das Thema der Versuchung Christi. Man beachte die Demut der Dämonen und die dienenden Engel. Aber auch andere Fragmente sind hier untergebracht, wie die Frau mit dem Totenkopf im Schoß (als Symbol der Ehebrecherin). Offensichtlich wurde die Platte beschnitten, damit sie bei den Wiederaufbauarbeiten nach dem Aufstand von 1117 hier eingefügt werden konnte. Im rechten Tympanon wurden Teile einer Passionsdarstellung verarbeitet. An die Heilung des Blinden links schließen sich Dornenkrönung, Geißelung und Gefangennahme an. Stark beschädigt ist die Szene der Anbetung der Heiligen Drei Könige in der

Die Kathedrale

Ebene darüber, mit Spuren der Krippe links samt dem legendären Ochsen und rechts einem willkürlich zugefügten Engel.

Schmuckstücke ersten Rangs sind die drei vordersten Marmorsäulen der Portalanlage. Sie sind offensichtlich vollrund gearbeitet und zeigen auf drei Ebenen je vier Gestalten. Im Zwickel zwischen den beiden Portalen tritt über zwei Löwen das Christusmonogramm auf, das in der frühen romanischen Portalausstattung entlang des Pilgerwegs nicht fehlen durfte. Von höchster bildhauerischer Qualität ist der spätromanische Christus darüber, die ihn umgebenden Szenen sind mehr oder weniger zufällig zusammengewürfelt. Drei der großartigsten Arbeiten sind in die Wand links vom Portal eingesetzt worden: die Erschaffung Adams, eine Christusdarstellung und König David mit der Fiedel, der mit abgewandtem Haupt nach innen hört.

Auf den Stiegen unter dem Doppelportal sitzen üblicherweise Horden von Menschen, die diese kostenlose Sitzgelegenheit und die Südausrichtung genießen. Sie blicken auf den Platz der Silberschmiede, von denen es heute noch genügend gibt, und den zu Beginn des 19. Jh. errichteten Brunnen. Mit dem hohen Uhrturm, der **Torre del Reloj,** 1676–80 nach den Plänen des Domingo de Andrade errichtet, wird der Platz zu einer rhythmisch gegliederten Einheit.

An der Heiligen Pforte vorbei erreicht man die üblicherweise geschlossene Pforte zum **Quintanaplatz** (eine Tautologie: *quintana* bedeutet Platz), ein Werk des 18. Jh. Durch sie zieht der Bürgermeister am 2. November an der Spitze der Prozession zum Gedenken an die Toten, die im Friedhof bestattet waren, der sich hier erstreckte, bevor in der Barockzeit der Quintanaplatz geschaffen wurde.

Das Nordportal oder **Azabachería-Portal** (27) ist ebenfalls barock, es wurde ab 1765 von einem Schüler de Casas' errichtet und sieht aus, als ob es vom Lehrer wäre. Auf dem Platz wurde *azabache* angeboten, heute noch *das* Mitbringsel aus Santiago. Das einträgliche Geschäft mit diesem Material war ein Monopol Santiagos, die Zunft der Azabach-Schneider wachte eifersüchtig über ihre Privilegien.

Neben der Sakristei (28) liegt die Kapelle des hl. Fernando (29), die zugleich als **Schatzkammer der Kathedrale** dient. Prunkstücke sind die Prozessionsmonstranz des Antonio de Arfe, des Sohns des aus der Nähe von Köln stammenden Enrique. 1539 wurde die aufwendige Goldschmiedearbeit in Auftrag gegeben, 1546 war sie vollendet. Neben Goldschmiedearbeiten und kostbaren liturgischen Gewändern findet man auch typische Erzeugnisse aus lokaler Herstellung: Objekte aus Azabach. Diese tiefschwarze, polierfähige Braunkohlenart wird gern als »Schwarzer Bernstein« bezeichnet, was sie ohne jeden Zweifel *nicht* ist. Den Römern war das Material als »Gagat«, dem 19. Jh. als »Jett« geläufig, es ist im Abendland immer wieder als Material im Kunstgewerbe verwandt worden. Hier im Schatz begegnet man besonders großen Teilen wie einer Skulptur des Apostels.

Die **Capilla de las Reliquias** (30) diente gleichzeitig als Grablege der königlichen Familie. Im Vorraum ist die Grabplatte Bischof The-

König David an der Portada de Platerías

Kleine und größere Souvenirs aus dem schwarzen Azabach findet man heute noch in vielen Geschäften der Stadt, oft in der Form der zur Fica (»Hörnchen«) geschlossenen Hand, die als Amulett Unheil abwehren soll, dabei ist der ausgestreckte Finger an die Stelle des antiken Phallus getreten.

213

Santiago de Compostela

odemirs aufgestellt, des Zeitgenossen der Auffindung des Grabs. In der Reliquienkammer entdeckt man die vor 1322 entstandene Reliquienbüste für das Haupt des Apostels Jakobus des Jüngeren mit dem Halsband, das als Stiftung aus dem Waffengang Suero de Quiñones bei der Brücke von Órbigo (s. S. 174) in den Besitz der Kathedrale kam. Neben dem Reichtum an Reliquien, darunter auch ein Haupt einer der Begleiterinnen der heiligen Ursula aus Köln, sieht man eines der schönsten Beispiele englischer Alabasterkunst: ein Altarretabel, das im Jahre 1456 John Gudguar, Pfarrer von Cheil auf der Insel Wight, der Kathedrale stiftete. Es schildert Szenen aus der Legende des Apostels bis zu seiner Ankunft per Boot in Galicien. Unter den Grabdenkmälern, mit denen Könige und Königinnen die Nähe des Apostels im Jüngsten Gericht suchten, ist das für Fernando II. von León († 1188) sicher das schönste. Meister Mateo wird es wohl selbst für seinen Gönner gefertigt haben. Auch Alfonso IX., Königin Berenguela, Gemahlin König Alfonsos VII. und Graf Pedro Froilaz, der Erzieher des jungen Alfonso VII., sind hier bestattet worden.

Den ausgedehnten Komplex des **Kreuzgangs** (32) und seiner Nebenräume betritt man von der Praza do Obradoiro. In einem Architektenwettbewerb, wie er seit der späten Gotik üblich war, entschied man sich zur Zeit von Erzbischof Alonso de Fonseca III. für den Entwurf von Juan de Alava gegen Juan Gil de Hontañon, Juan de Badajoz und Alonso de Covarrubias. 1521 wurde mit den Bauarbeiten begonnen, als Juan de Alava 1537 starb, übernahm Juan Gils Sohn Rodrigo Gil de Hontañon die Fortführung der Arbeiten. Der Generationengegensatz spiegelt sich im reichen Prunk der Gotik innen, die nur im Detail Formen der Renaissance zuläßt, und der Strenge des Äußeren, die bereits den herben Ton der Zeit Philipps II. anschlägt.

Die zahlreichen Räume des Kreuzgangs beherbergen mehrere **Museen.** Man kann sich mit kostbaren Tapisserien beschäftigen, darunter Gobelins nach Entwürfen von Goya. An anderer Stelle werden die wichtigsten Funde aus den Grabungen um und unter der Kathedrale ausgestellt, oder man besichtigt die Bibliothek mit dem Botafumeiro und den anschließenden Kapitelsaal mit seiner teilvergoldeten spätbarocken Stuckdecke. Ein beeindruckender Blick auf die Praza do Obradoiro und die Stadt öffnet sich von der Galerie im obersten Geschoß.

Dieselbe Eintrittskarte gibt Einlaß in die sogenannte **Alte Kathedrale,** den Unterbau, den Meister Mateo für die Westerweiterung der Kathedrale und das schwere Gewicht des Portico de la Gloria schuf. Der Raum hat den Charakter einer Krypta, aber nicht deren Funktion, welche Funktion er aber einmal hatte, ist heute vergessen. Die Kapitelle der Halb- und Dreiviertelsäulen an den schweren Pfeilern, vor allem aber die Schlußsteine regen zusammen mit hier zusammengetragenen Funden mehrerer Ausgrabungsperioden dazu an, sie mit den an den Wänden ausgestellten Fotos des Pórtico de la Gloria zu vergleichen.

Die Stadt

Nach einem kunsthistorischen Schwergewicht wie der Kathedrale ist es nicht einfach, weiteren Besichtigungen Geschmack abzugewinnen, wenn man nicht eine längere Pause eingeschoben hat. Gott – (oder dem Apostel Jakobus) – sei Dank ist Santiago auch eine gastronomisch-kulinarische Stadt, in der es Jakobsmuscheln nicht nur in Form von gemeißeltem Stein, sondern auch als Vorspeise gibt, das Schalentier heißt hier übrigens *vieiro*. Kaffeehäuser und Bars gibt es in allen Gassen rund um die Kathedrale, eine richtige »Fressgaß« ist die Rúa do Franco, die an der Praza do Obradoiro beginnt.

Stadtplan in der hinteren Umschlagklappe

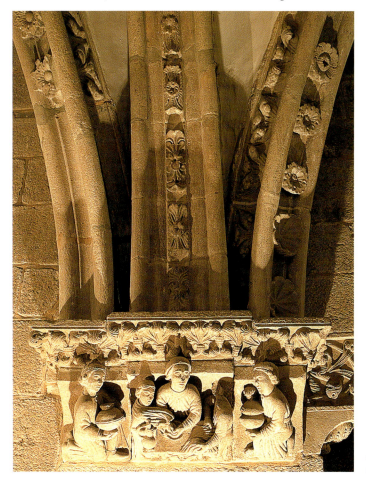

Konsolfiguren am Palacio de Gelmirez

Santiago de Compostela

Zurück also zur Praza do Obradoiro! Dort steht das **Colegio de San Jerónimo** (2), das Ende des 15. Jh. von Erzbischof Alonso III. de Fonseca an anderer Stelle gegründet worden war. In den heutigen Bau, der jetzt als Rektorat der Universität dient, wurde die Einrichtung erst 1652 verlegt. Dabei übertrug man das Portal des alten Baus an die jetzige Stelle, wo es für Verwirrung bei Datierungsversuchen sorgt. Auch der nach Süden anschließende Bau des **Colegio Mayor de Fonseca** (3) mit seinem prunkvollen Portal, heute ebenfalls von der Uni genutzt, geht auf eine Stiftung dieses Erzbischofs zurück.

Diego Gelmírez, unter dessen Herrschaft als Bischof und Erzbischof die Kathedrale die wichtigste Phase ihrer Baugeschichte erlebte, begegnet dem Besucher erneut im von ihm in Auftrag gegebenen **Pazo de Xelmírez/Palacio de Gelmírez** (4), dem bischöflichen Palast links neben der Kathedrale. Nach dem Aufstand des Jahrs 1117 stand der Bischof vor den Trümmern seines Palasts. Der damalige Neubau bildet die Grundlage des bis vor ein paar Generationen immer wieder erweiterten Baukomplexes. Von der Praza do Obradoiro gelangt man zuerst ins zweischiffige Untergeschoß, dann in den Innenhof, von dem aus eine Treppe zum großartigen Festsaal im Obergeschoß führt. Mit einer Länge von 32 m und einer Breite von mehr als 8 m ist hier unter Erzbischof Juan Arias um 1260 eine hochherrschaftliche Halle entstanden. Synoden und Beratungen fanden hier ausreichend Platz. Die skulptierten Konsolen des Kreuzrippengewölbes schildern, daß auch üppige Festmähler mit Unterhaltungsprogramm, in Gegenwart von König und Königin, abgehalten wurden. Der Saal ist eines der bedeutendsten und sicher prächtigsten Beispiele weltlicher mittelalterlicher Architektur in Spanien.

Mit dem **Hostal de los Reyes Católicos** (5), dem von den Katholischen Königen Isabella und Ferdinand 1492 gestifteten Hospital, war auf der Nordseite des Platzes bereits eine strenge Abgrenzung gezogen worden. Die Bauarbeiten an dem riesenhaften Komplex mit seinen kreuzförmig gegliederten Innenhöfen wurden erst Ende des 18. Jh. abgeschlossen. Die Grundkonzeption entwickelte Enrique de Egas, den die beiden Monarchen mit den Planungen für ihre Stiftung zugunsten der Pilger beauftragten. Zwischen 1509 und 1512 wurden die beiden vorderen Kreuzgänge vollendet. Die Schlichtheit der beginnenden Renaissance verbindet sich immer wieder mit prunkvollen spätgotischen Portalen des *gótico florido*. Die beiden hinteren Innenhöfe entstanden erst im 18. Jh. unter der Leitung von Fray Manuel de los Mártires. Damit rückte die Kirche im Kreuzungspunkt der vier inneren Bautrakte mit der hohen Kuppel als Schmuckelement endgültig in den Mittelpunkt. Ihr Sterngewölbe entstand 1527 nach dem Entwurf Juan de Alavas, der nun die Bauarbeiten leitete. Die Fassade des Hostal erhielt ihre heutige Gestalt Ende des 17. Jh., das Portal selbst mischt gotischen Umriß mit Renaissancedetails. In Rundmedaillons werden die beiden Stifter geehrt, ihre Wappen erscheinen im Großformat links und rechts des Portals. Das Hostal wird heute als Parador genutzt, es gehört zu den komfortabelsten

Praza do Obradoiro

Hostal de los Reyes Católicos

Hotels Spaniens. Kirche und Innenhöfe können auch von Nicht-Hotelgästen besichtigt werden.

Den breitgelagerten westlichen Abschluß der Praza do Obradoiro schuf erst das späte 18. Jh. Erzbischof Bartolomé Rajoy y Losada ließ den heute als Rathaus genutzten Bau des **Pazo Raxoi/Palacio Rajoy**(6) als Seminar der Beichtväter der Kathedrale, mit Räumen für die Sitzungen des Konsistoriums, für die Chorknaben und als Gefängnis erbauen – eine aparte Mischung. Vom Giebel bewacht sie Santiago Matamoros auf sich aufbäumendem Pferd.

Nördlich der Kathedrale steht an der Praza da Immaculada der Baublock des **Klosters San Martín Pinario** (7). Das barocke Gebäude wird heute als Priesterseminar genutzt, nur die Kirche darf besichtigt werden, was wegen der goldglänzenden hochbarocken szenischen Altarwand von de Casas y Nóvoa (um 1730) zum Pflichtprogramm jedes kunstinteressierten Besuchers der Stadt gehört.

Ein optisch noch eindrucksvollerer Effekt gelingt dem **Kloster San Pelayo oder San Payo Antealtares** (8) an der Praza da Quintana im Osten der Kathedrale. Der Titelheilige ist jener Einsiedler, dessen Aufmerksamkeit durch Lichterscheinungen auf das Apostelgrab gerichtet wurde. Das zunächst Petrus geweihte Kloster lag nahe dem Grab, zu nah für den romanischen Neubau. Ein Vertrag zwischen Bischof Diego Peláez und dem heiligen Fagildo, dem Abt des Klosters, bewerkstelligte 1077 die Verlegung an einen neuen Standort. Der 1152 nun Pelayo oder Payo geweihte Neubau mußte zu Beginn des 18. Jh. dem nächsten Neubau weichen. Nur Teile des Klosterbereichs, der den Platz östlich der Kathedrale so grandios abriegelt, sind zu besichtigen. Hier ist auch ein **Museum Sakraler Kunst** untergebracht, in dem u. a. der erste Altar, der über dem Apostelgrab aufgestellt worden war, gezeigt wird.

Auf der Südseite der Plaza de la Quintana schließen die **Casa de la Conga** (9), 1709 von Domingo de Andrade erbaut, und die **Casa del Cabildo** (10), das Haus des Kathedralkapitels aus der Mitte des 18. Jh., den Rundgang im Kathedralbezirk ab. Unbedingt sollte man ein Kloster besuchen, das vor den Mauern der mittelalterlichen Stadt stand, die **Abtei Santo Domingo de Bonaval** (11), eine Gründung des hl. Domingo de Guzmán von 1220 auf dessen zweiter Santiagopilgerfahrt. Im zweistöckigen Klosterkreuzgang von Leonell de Avalle (17. Jh.) wurde ab 1976 das **Museo do Pobo Galego** eingerichtet, das Museum des galicischen Volkes, das einen hochinteressanten ethnographischen Überblick erlaubt. So gibt es eine große Anzahl von Architekturmodellen traditioneller Haustypen mit erklärenden Schautafeln. Es gibt Sammlungen zur Fischerei und zur Seefahrt, darunter eine komplette *gamela*, den Schiffstyp der galicischen Küstenfischer, Säle zu den verschiedenen Handwerken, zur Landwirtschaft, zur Textilherstellung und Schmuckerzeugung und zu Musikinstrumenten, darunter natürlich der Dudelsack, die *gaita*. Die Stockwerke verbindet eine fantastische dreifache Wendeltreppe, ein Wunderwerk aus der Hand des Domingo de Andrade.

Links neben dem Kloster steht der äußerlich wenig einladende, standorttypisch granitgraue Kasten des **Galicischen Zentrums für Zeitgenössische Kunst** (12; *Centro Galego de Arte Contemporanea*) von Alvaro Siza Vieira, erbaut 1990–95. Hinter der grauen ungegliederten Front verbirgt sich ein kompliziertes, um einen dreieckigen Innenhof angeordnetes Gefüge von Räumen in Weiß. Der Rundgang durch den Ausstellungsbereich endet auf der Terrasse mit herrlichem Blick auf die Altstadt von Santiago. Mit dem Museo de Pobo Galego teilt sich das Zentrum den **Park Santo Domingo de Bonaval,** der von Alvaro Siza Vieira in Zusammenarbeit mit der Gartenarchitektin Isabel Aguirre gestaltet wurde.

Pilger werden auf jeden Fall das **Museo das Pelegrinacións/ Museo de las Peregrinaciones** (13) in einem gotischen Haus an der Praza da San Miguel besuchen, wo in zwei Gängen und acht Sälen ein Überblick über das Pilgerwesen gegeben wird, Hauptthema sind natürlich der Jakobsweg und Santiago de Compostela.

Unter den vielen Kirchen, Klöstern und Kapellen, die es in und um Santiago zu entdecken gibt, ist die **Kirche Santa María la Real de Sar** vielleicht am interessantesten, sie liegt südöstlich der Altstadt jenseits der Avenida de Lugo und der Bahn im immer noch grünen Tal des Río Sar. Die dreischiffige romanische Klosterkirche, die gleichzeitig mit der Kathedrale von Santiago entstand (fertiggestellt vor 1172), wurde im 18. Jh. mit massiven Stützpfeilern vor dem Auseinanderfallen bewahrt. Im alten Kreuzgang haben sich neun romanische Bögen mit 24 Kapitellen erhalten, deren Qualität außergewöhnlich ist, sie werden als Arbeit aus der Werkstatt des Meisters Mateo angesehen.

»Das Bauwerk ist ein fortwährendes Experimentieren mit Texturen und Stofflichkeiten, aus dem Siza fließende, bisweilen eigenwillig frakturierte Räume schafft, die sich trotz ihrer Individualität zu einer komplexen Einheit verketten, in der sich der Ort, die Gebrochenheit der Architektur des ausgehenden Jahrhunderts und der Expressionismus eines Hauses Scharoun widerspiegeln« (Ginés Garrido)

Barocke Altarwand in der Klosterkirche San Martin Pinario ▷

Plaza de la Quintana / Museo do Pobo Galego / Pilgermuseum

Galicische Jakobswege

Nicht nur auf dem Camino Francés ließ sich das Pilgerziel Santiago erreichen. Zum einen führten im Mittelalter sowieso alle Wege zu erstrangigen Pilgerzielen, also nach Rom und Santiago, so selbstverständlich wie Jerusalem im Zentrum der Weltscheibe lag, zum anderen konnte man die im Binnenland liegende Stadt ja aus allen Himmelsrichtungen erreichen, daher haben sich auch von allen Seiten Pilgerwege erhalten. Von Portugal im Süden kommt der **Camino Portugués,** er bleibt meist in reichlichem Abstand von der stark gegliederten Küste. Aus Südkastilien kommt die **Vía de la Plata,** die Silberstraße, sie setzt bei Ourense über den dort schon breiten Miño. In den Hafenorten Ferrol und A Coruña erreichten vorwiegend englische Pilger das Festland, der Weg von dort nach Santiago ist folgerichtig als **Camino Inglés** bekannt. Den ältesten Weg, den **Camino del Norte,** nahmen bereits die ersten asturischen Pilger, die von Oviedo kamen. Sie blieben bis zur Mündung des Rio Masma an der Küste und zogen dann über die alte Bischofsstadt Mondoñedo und Vilalba nach Santiago. Mit der Ausnahme des ersten und des letzten, die beim Monte del Gozo vor der Stadt zusammentreffen, erreichten alle Wege die Stadt von verschiedenen Seiten, durch jeweils eigene Tore, von denen heute nur noch die Namen existieren.

Die Vía de la Plata bis zur Bischofsstadt Ourense und der Camino Portugués lassen sich zu einem Ausflug von Santiago aus verbinden, als Zwischenglied dient das Untere Miñotal. Auf dem küstennahen Rückweg sind ein paar Abstecher zur und entlang der Küste einzuplanen, wilde Naturlandschaft, traditionelle Volksarchitektur und die Begegnung mit den zurückhaltenden aber freundlichen Menschen der Rías Baixas lohnen den zusätzlichen Zeitaufwand. Ein Abstecher zum westlichsten Zipfel Kontinentaleuropas, dem Cabo Fisterra, darf genauso wenig fehlen wie der Besuch von A Coruña am Anfang des Camino Inglés. Den Heimweg machen Autofahrer am besten über den Camino del Norte, sie sollten weder seine Länge noch die Menge seiner Sehenswürdigkeiten unterschätzen!

Besonders sehenswert:
Ourense ☆
Hio
Pontevedra
Cabo Fisterra ☆
Costa da Morte ☆
A Coruña ☆

Ourense: Die Vía de la Plata

Der direkte Weg von Santiago nach Ourense, die N 525, führt durch eine intensiv grüne, hügelige Landschaft. Ein Abstecher in die Berge zum **Kloster Santa María La Real de Oseira** bringt die Begegnung mit einem der großen Klöster Spaniens. Eindrucksvoll ist das Innere der Kirche im romanisch-gotischen Übergangsstil: das von ganz romanischen Säulen getragene frühgotische Chorgewölbe, die romanische Apsis, die Renaissancekuppel über der Vierung, die nach dem großen Klosterbrand von 1552 ergänzt wurde. Das frühere Zisterzienserkloster besitzt drei Kreuzgänge, die unter Einbeziehung romanischer Reste zwischen dem 16. und 18. Jh. erbaut wurden. Absolu-

◁ *Tui, Altstadt mit Kathedrale*

Galicische Jakobswege

Ourense, Kathedrale

ter Höhepunkt ist der Kapitelsaal im isabellinischen Stil, in dem leicht gedrehte, sehr schlanke Säulen in einen äußerst dichten Fächer übergehen, der an Palmwedel erinnert. Die Verbindung der einzelnen Fächer wird durch ein höchst einfallsreiches, sich im Einzelnen nicht wiederholendes Netzgewölbe mit hervorragenden Schlußsteinen geleistet.

In der römischen Gründung **Ourense** residierten im 6. und 7. Jh. die swebischen Könige. Der Miño fließt hier langsamer, ruhiger als oberhalb, wo er sich durch ein Engtal quälen muß, der Bau einer Brücke war hier leichter möglich als an irgend einer anderen Stelle dieses Flusses unterhalb Portomarín. Die römische Brücke ist vielleicht in der romanischen, die heute noch den Fluß überspannt, aufgegangen. Ein Neubau (1230) ist jedoch wahrscheinlicher. Die Altstadt liegt nicht am Fluß, sondern geschützt an den Hängen darüber. Adelsschilder finden sich auf vielen Häusern, besonders in der Straße Santo Domingo und um die Praza do Ferro, kaum eines ist jünger als das 16. Jh.: Ourense verlor mit der Vertreibung seiner jüdischen Händler unter den Katholischen Königen sein Handelsnetz und verarmte.

In den engen und oft steilen Gassen steht auch die im Kern romanische **Kathedrale San Martiño.** So steil ist das Gelände hier, daß ihre Westfassade nur über eine Stiege zugänglich ist, die eine darunter vorbeiführende Straße überspannt. Die drei Figurenportale der Westfront sind, man ist sich dessen sofort sicher, Nachfolger des Pórtico de la Gloria in Santiago de Compostela (s. S. 202). Tatsächlich ist der 1218–48 entstandene **Pórtico del Paraíso,** dessen polychrome Fassung zum Teil hervorragend erhalten ist, das Werk eines Steinmetzen aus der Bauhütte des Meisters Mateo, der vorher oder gleichzeitig am Gelmírez-Palast in Santiago beschäftigt war. Der Apostel selbst sitzt am Mittelpfeiler, in der Linken hält er ein Buch, in der Rechten ein bewegliches Schwert, das wahrscheinlich für den Ritterschlag des Santiago-Ordens verwendet wurde. Über dem Apostel steht die Gottesmutter mit Kind; Propheten, Apostel und die 24 Ältesten der Apokalypse bilden ihren Hofstaat. Die Instrumente, auf denen die Ältesten der Apokalypse spielen, wurden wie in Santiago von Musikwissenschaftlern rekonstruiert, sie geben aufschlußreiche Hinweise auf die mittelalterliche Musik. Wie in Santiago wurde der romanischen Portalzone eine barocke Fassade vorgeblendet.

Im Inneren der leider recht dunklen Kathedrale dominiert der 1521 fertiggestellte Hochaltar des Cornelis de Holanda (ein anderer Hochaltar dieses Meisters steht in Lugo, s. S. 190), hinter einem Chorgitter mit platereskem Detail. Das Gestühl im *Coro* schufen Diego de Siloé und Juan de los Angeles. In der üppig spätmanieristisch ausgestatteten Capilla del Santísmo Cristo am nördlichen Querschiff wird ein Kruzifix aufbewahrt, das, wie es heißt, nach dem Ende der Kreuzfahrerzeit vom Heiligen Land bis an die galicische Küste geschwommen sei. Fromme Vorstellung sieht es als eines der vier Nikodemusbilder.

Das Diözesanmuseum im Kreuzgang besitzt einige schöne religiöse Utensilien, besonders bemerkenswert ist ein Prozessionskreuz des Enrique de Arfe (16. Jh.). Im Archäologischen Provinzmuseum an der Praza Maior, dem ehemaligen Bischofspalast, stehen prähistorische, römische und swebische Funde im Vordergrund, einige von ihnen lassen sich durch Glaswände auch von außen erkennen.

Von Ourense fährt man zunächst durch das Miñotal nach Westen bis **Ribadavia,** einem gut erhaltenen mittelalterlichen Städtchen.

Jakobsstatue mit beweglichem Schwert in der Kathedrale von Ourense

Wie dem Evangelisten Lukas nachgesagt wird, Bilder der hl. Jungfrau mit dem Kind gemalt zu haben (Lukasbilder), behauptet die volksfromme Tradition, daß der jüdische Schriftgelehrte Nikodemus Jesus Christus gemalt habe (Nikodemusbilder). Der Evangelist Johannes berichtet zwar, daß Nikodemus die Strafverfolgung durch die staatliche Verwaltung hinauszögern konnte und sich an der Bestattung Jesu beteiligte (Joh. 7,50 f., 19, 39), von einem Porträt weiß er nichts.

Galicische Jakobswege

Der Miño bei
Cortegada

Galicische Jakobswege

Galicische Jakobswege

Die Burg von Ribadavia

Don García rief im Jahr 1063 Juden ins galicische Königreich, außer in Ourense siedelten sie sich vor allem hier an. Von der Praza de la Magdalena, wo ehemals die Synagoge stand, gehen die Gäßchen der *judería* ab. Die Juden betrieben Weinhandel und arbeiteten in allen handwerklichen und gewerblichen Berufen. Wie überall in Spanien wurden sie in der frühen Neuzeit vertrieben. Erst in jüngster Zeit ist die eigene jüdische Vergangenheit wieder ins kollektive Bewußtsein der Spanier gedrungen, und so wird seit 1988 eine *Festa da Istoria* gefeiert, die sich vor allem mit der jüdischen Vergangenheit des Orts befaßt. Bei dieser Gelegenheit gibt es in den Bäckereien jüdisches Brot (Mazze). Das Ethnographische Museum bietet zusätzliche Informationen zu diesem Thema.

Ribadavia liegt mitten im Weinanbaugebiet des Ribeiro-Weins. Die Reben werden einzeln auf Granitpflöcken gezogen, die bestens die Tageswärme speichern. Nicht nur die Weinterrassen sind hier sehr klein, die Betriebe sind es nicht minder. Ribadavia war einst eine wichtige Exportstadt für den Ribeiro-Wein, die Konkurrenz der Portugiesen hat dem im 18. Jh. ein Ende gesetzt. Der Mehltau (ab 1853), die Peronospora (ab 1885) und die Reblauskatastrophe (ab 1892) haben andere Teile Galiciens stärker beeinträchtigt als den Ribeiro-Bereich, der heute als einziges zusammenhängendes größeres Weinbaugebiet Galiciens sehr gute Weiß-, Rot- und Roséweine liefert.

Die Autovía führt weiter über die Berge nach Porriño, wo sie in die Autobahnverbindung A Coruña–Lissabon mündet. Eine Weiterfahrt entlang des Flusses ist auf spanischer wie auf portugiesischer Seite etwas langwierig, aber landschaftlich äußerst reizvoll.

Der Camino Portugués

In **Tui** erreichten die aus Portugal kommenden Pilger den Boden Spaniens. Heute verbinden eine kombinierte Bahn- und Straßenbrücke und die Autobahnbrücke den Ort mit dem portugiesischen Valença do Minho. Tui war schon in der Swebenzeit Bischofsstadt, zeitweise auch Hauptstadt dieses Reichs. Nach dem maurischen Intermezzo und der asturischen Eroberung um 860 hatte Tui mit seiner in Friedenszeiten günstigen Brückenlage zu kämpfen: Sarazenen und Wikinger segelten auf ihren Schiffen den Fluß herauf, und zumindest letztere zerstörten es nicht nur ein Mal. Nach der Loslösung Portugals von Léon-Kastilien war Tui plötzlich Grenzstadt, was ihm auch nicht guttat, jetzt waren die Portugiesen mit dem Zerstören dran. Das hat sich inzwischen nachhaltig geändert, die beiden Staaten sind Nachbarn im Vereinten Europa, die Kontrollstellen stehen leer, für die nahe Autobahnbrücke hat man erst gar keine mehr gebaut.

Tui, Portal der Kathedrale

Galicische Jakobswege

Tui, oder zumindest der alte Teil der Stadt, liegt am Hang unter der wie eine Festung ausgebauten Kathedrale (s. S. 220). Die Straßen sind schmal, einige von Treppen durchsetzt, die Häuser oft in schlechtem Zustand. Das alte Stadttheater vergammelt, die Menschen wohnen heute in den Neubaugebieten, hier könnte man ja nicht mal parken. San Telmo ist ein Kirchenbau in lusitanischem (portugiesischem) Barock. Die 1769–1803 entstandene Kirche wurde über den Gebeinen des in Frómista geborenen hl. Telmo (1184–1246) errichtet, über dem Portal steht in einer Nische eine Statue des Heiligen. Am Fuß des Hangs steht die Kirche San Bartolomé, ein vorromanischer bis romanischer Bau, der vor der heutigen Kathedrale deren Funktion hatte.

Die **Kathedrale** wurde im 12. Jh. begonnen. Das aus dieser Zeit stammende Nordportal ist eine originelle Version zum Thema Trichterportal: Es wird von einer doppelten Blendarkade überfangen, deren Mittelkapitell statt auf einer Säule auf dem Scheitel der Archivolte aufsetzt. Frühgotisch ist das reich skulptierte Westportal mit sieben Archivolten, der Innenraum stammt aus derselben Entstehungsphase, für den *cimborrio* stand die Kathedrale in Santiago Pate. Die Ausstattung umfaßt einige gute Stücke. Wer von Plätzen fasziniert ist, die in einem klaren historischen Kontext stehen, sollte die Kapelle des hl. Telmo aufsuchen: Hier liegt Don Diego de Torquemada, Rektor der Universität Salamanca und Bischof von Tui begraben, der berühmt-berüchtigte Großinquisitor aus der Zeit der Katholischen Könige.

Die Küstenstrecke nach Norden macht mit den **Rías Baixas** (spanisch: Rías Bajas) bekannt, einer im Meer ertrunkenen Flußlandschaft. Diese Landschaft besteht aus mehreren tief in das hügelige Innere Galiciens eingreifenden Meeresbuchten, einem Wechsel felsiger Küsten mit bewaldeten Abschnitten und herrlichen Sandstränden. Das graue kristalline Gestein ist oft ganz glatt abgeschliffen, anderswo wirkt es wie von einem riesigen Hammer zersplittert. In den geschützten Meeresbuchten lebten die Menschen vor allem von der Fischerei, aber auch Maisspeicher stehen vor den Häusern (in Combarro sogar direkt am Meeresufer) und zeigen, daß der Fischfang allein die Menschen nicht ernähren konnte. Heute ist der Fischfang nur noch von geringer Bedeutung, besonders Vigo und Pontevedra-Marín bieten alternative Arbeitsplätze im Transportwesen, dem Gewerbe und der Industrie. In den Rías schwimmen große Fischfarmen, in denen die in ganz Spanien so beliebten Miesmuscheln an langen Schnüren gezogen werden, die wenigen Arbeitsplätze dort haben mit traditionellem Fischfang nichts zu tun. Die relativ hohe Siedlungsdichte der Küste in diesem Bereich – verglichen mit dem menschenarmen Inneren Galiciens – hat leider gerade den schönsten Gebieten Schäden zugefügt. Erst im letzten Moment konnten Naturparadiese wie die Islas Cíes in der Ría de Vigo vor dem Ansturm der illegalen Ferienhausbauer gerettet werden.

A Garda ist der erste größere Ort an der Küste. Auf dem Berg der **Santa Tecla** oberhalb der Stadt wurde eine ausgedehnte keltiberische Siedlung aufgedeckt, von den etwa tausend eng aneinander gebauten

Tui / Rías Baixas

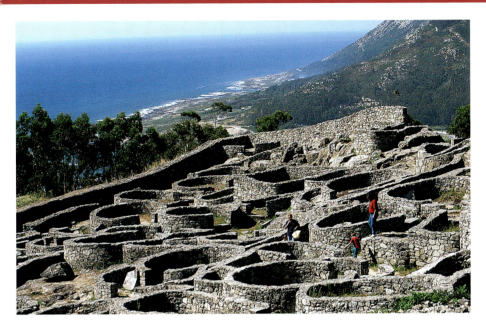

Rundhäusern hat man zwei für Besucher rekonstruiert. Wenn sie mit ihren Stroh- bzw. Rieddächern wie die Pallozas der Bergregionen aussehen, ist das sicher kein Zufall.

Das fashionable Seebad **Baiona** hat eine Vergangenheit als Handelshafen mit transatlantischen Beziehungen hinter sich: 1493 landete hier die »Pinta«, ein Schiff des Christoph Kolumbus, nach der Entdeckung Amerikas. Heute hat **Vigo** Baiona als Handelsort abgelöst, die ausufernde Großstadt besitzt einen der wichtigsten Häfen Spaniens. Von dort aus erreicht man übrigens die **Islas Cíes**.

Auf der anderen Seite der Ría de Vigo liegt die **Halbinsel von Morrazo,** der man nachsagt, daß es hier besonders viele Hexen gibt. In **Hio** steht vor der Ortskirche der wohl schönste, aber auf jeden Fall eindrucksvollste *cruceiro* Spaniens, ein Granitkreuz mit aufgesetzter, in das graue Gestein gemeißelter Kreuzabnahme und anderen Darstellungen (Adam und Eva). Diese Cruceiros sind in ganz Galicien verbreitet; wie der Dudelsack, die *gaita*, und die vielen keltischen Worte des Galego erinnern sie immer wieder an Gemeinsamkeiten mit der Bretagne, Cornwall, Irland und Schottland.

An den ehemaligen Reichtum des inzwischen versandeten Hafens von **Pontevedra** erinnert der spätgotisch-isabellinische Prunk der Basilika Santa María la Maior. Die Renaissance-Hauptfassade stammt von Cornelis de Holanda, dem Sie auch in Lugo (s. S. 190) und Ourense (s. S. 223) begegneten. Karl V. und seine Gemahlin, Isabella von Portugal, die der Bildhauer neben dem Portal dargestellt hat, bestimmen den Entstehungszeitraum. Durch ein schmales Gäß-

Santa Tecla, Fundamente keltischer Rundhäuser

Cruceiro in Hio

229

Galicische Jakobswege

chen, die Calle Isábel II, geht man vorbei an zahlreichen Häusern mit Holzbalkonen und durch Arkadengänge hinunter zum Stadtzentrum um den Platz Eirado de la Leña mit dem Provinzmuseum, das in drei alten Häusern untergebracht ist. Unbedingt sehenswert ist die Gemäldegalerie mit Werken von El Greco, José de Ribera, Bartolomé Esteban Murillo, Francisco Ribalta, Francisco de Zurbarán, Guercino, Veronese, Luca Giordano, Giovanni Battista Tiepolo u. a.

Der Fischerort **Combarro** besteht aus Reihen zweistöckiger Häuschen, die an zwei Straßen parallel zur Küste aufgefädelt sind. Die vorspringenden oberen Stockwerke besitzen offene Veranden mit Holzbrüstungen, sie werden von Säulenstützen getragen. Jedes Haus hat einen *hórreo*, der im Falle der untersten Reihe zwischen Ufer und Straße steht, erst dahinter liegt das Haus. Die steinernen Maisspeicher – es müssen steinerne sein, hölzerne würden in der scharfen Meeresluft zu schnell zerfallen – haben einen rechteckigen Grundriß und sind verschieden groß. Schmale, parallel eingeritzte Luftschlitze sorgen dafür, das das Korn nicht schimmelt (s. Abb. S. 40).

Galicien: Rías Baixas

Baiona

Von der westlich von Sanxenxo vorspringenden Halbinsel wird eine kleine Bucht umfangen, in die der Umiafluß mündet. Die gesamte Bucht um die Insel **A Toxa** und der Mündungsbereich stehen unter Naturschutz. Besonders im September/Oktober und Februar/März ist dies Aufenthaltsort vieler Zugvögel. Auf der durch eine Brücke mit dem Festland verbundenen Insel A Toxa (La Toja) liegt übrigens das einzige Seebad Galiciens, das über die Grenzen Spaniens hinaus Bedeutung hat.

Die letzte Station auf diesem Weg nach Santiago ist **Padrón.** Im alten Hafen des römischen *Iria Flavia* landete der Legende nach das Boot mit dem Leichnam des Apostels Jakobus. Unter dem Altar der Pfarrkirche wird hinter einer Platte der Pfeiler gezeigt, an den das Boot anstieß und an dem man es befestigte. Der Apostel Jakobus war im Tode in das Land zurückgekommen, das er missioniert hatte. Pech für *Iria Flavia*, daß die Gebeine dann 20 km weit entfernt gefunden wurden. Diese Entdeckung sorgte dafür, daß der Ort seinen Bischofssitz an den Aufsteiger Santiago de Compostela abtreten mußte. Daß hier Rosalía de Castro gelebt hat, Galiciens erste und bedeutendste Dichterin (s. S. 49), liegt uns Nachgeborenen etwas näher. In einer ihrer berühmtesten Gedichtsammlungen »*Viudas de vivos*« (»Witwen der Lebenden«) schildert sie die Trauer, Einsamkeit, Verzweiflung der galicischen Frauen, die sich ohne ihre Männer durchschlagen müssen, die auf der Suche nach Broterwerb ausgewandert sind. Überall in Galicien begegnet man diesen Zurückgelassenen, wenig hat sich geändert. Der galicische Fotograf Virgilio Vieitez hat in den 60er Jahren des 20. Jh. eine von ihnen aufgenommen, sie sitzt auf einem Stuhl, neben ihr, auf einem zweiten Stuhl, steht ein Radio. Ihr nach Amerika ausgewanderter Sohn hat ihr Geld geschickt, damit sie sich ein Radio kaufen kann, zum Zeitvertreib. Das Bild hat sie ihm geschickt, er soll sehen, daß sie nicht mehr allein ist ...

Galicische Jakobswege

Cabo Fisterra:
Auf Umwegen zum Ende der Welt

Wie schon die mittelalterlichen Pilger können auch heute nur wenige Besucher von Santiago der Versuchung widerstehen, bis ans Ende der Welt weiterzureisen, zum Cabo Fisterra, dem westlichen *Finis terrae* Galiciens, Spaniens und Europas.

Von Santiago fährt man durch hügeliges Land nach **Noia** an der Ría de Muros y Noia. Die Straße folgt in etwa dem alten Pilgerweg derjenigen englischen, irischen, schottischen und niederländischen Pilger, die in Noia an Land gingen. Der Hafen ist heute versandet, das Städtchen gerade deshalb, weil es den Anschluß an die Neuzeit verpaßt hat, einen Besuch wert. Adelswappen schmücken die schönen Häuser in den engen Gäßchen des Stadtkerns. Die spätgotische Wehrkirche San Martiño besitzt ein romanisches Westportal, je drei Apostelfiguren stehen im Gewände, in der inneren Archivolte sitzen Christus und die zwölf Apostel, in der äußeren sind Engel mit dem Jubilieren beschäftigt. Im Friedhof um die gotische Kirche Santa María stehen mittelalterliche Cruceiros, darunter einer mit Kreuzreliefs. Die Spitzenklöpplerei – wer muß dabei nicht an die Bretagne denken? – ist dank dem Tourismus wieder im Kommen.

Von Noia kann man in die Berge der Halbinsel von Barbanza fahren. Die 624 m erreichende **Sierra de O Barbanza** ist ein Granitberg-

Das »Ende der Welt« am Cabo Fisterra

land von großer Schönheit, mit Wasserfällen, Mooren und herrlichen Ausblicken auf die Küstenlandschaft der Rías Baixas. Ein außergewöhnliches Naturschauspiel bietet die Landschaft des **Naturparks von Corrubedo** an der Südwestspitze der Halbinsel. Dort gibt es innerhalb einer großen Dünenzone einen Wanderdünenbereich, der sich allmählich über die ebenfalls geschützte Salzmarsch hinwegbewegt.

Die Küstenstraße zwischen Noia und Cabo Fisterra muß zahlreiche größere und kleinere Buchten ausfahren, der Verkehr ist mit Ausnahme der Monate Juli und August sehr schwach. Muros mit seinem alten Fischerhafen und Corcubión sind die beiden größten Ortschaften an der Strecke. Das Klima ist trotz Sturm und Regen sehr mild, wenn Sie Palmen sehen, darf Sie das nicht verwundern. Überall stehen die alten Steinkreuze und die alten Hórreos, in Carnota steht mit dem Hórreo de Santa Columba der wohl größte Galiciens.

Cabo Fisterra, Europas Westkap (nicht ganz genau, das eigentliche Westkap ist das nahe Cabo de la Nave, aber das ist nicht so spektakulär), ist ein Granitkap mit Leuchtturm am Ende einer schmalen Halbinsel. Es gibt überhaupt keinen Zweifel, daß die Welt hier zu Ende ist, wenn man über die wütenden Brecher unter sich auf das graue, aufgewühlte Meer hinausblickt, wobei man sich schräg gegen den Sturm stemmen muß, um nicht weggeweht zu werden. Schiffe, die von hier nach Westen fuhren, gerieten in Gefahr, zu nahe an den Rand der Weltscheibe zu fahren und in den Sog der in die Unterwelt hinabstürzenden Wassermassen zu geraten. Wer will das schon?

Galicische Jakobswege

Costa da Morte und A Coruña

Schwere See macht der Schiffahrt auch noch weit draußen im Ozean zu schaffen – vor der Costa da Morte geriet am 14. November 2002 der 26 Jahre alte einwandige Öltanker »Prestige« in Seenot. Das Abschleppen des mit 70 000 Tonnen Rohöl beladenen Schiffes auf hohe See erwies sich als fatale Maßnahme. Es zerbrach wenige Tage später in der stürmischen See und verursachte eine der bisher schwersten Ölkatastrophen. An der Costa da Morte, auf die sich bei vorherrschend östlicher Meeresströmung der Ölteppich zunächst zubewegte, waren die Schäden am schlimmsten, aber auch die Aufräum- und Reinigungsarbeiten am intensivsten. Wie und wann sich die Population der Entenmuscheln an der Costa da Muerte und den Rias Altas erholen wird, ist allerdings noch nicht abzusehen.

Die Costa da Morte oder Todesküste zwischen dem Cabo Fisterra und dem Cabo de San Adrián verdient ihren Namen. An ihren sturmumtosten und wegen vorgelagerter Felsen besonders gefährlichen Klippen sind viele Schiffe zerschellt. Die Steinkreuze entlang der Küste, etwa am Cabo Roncudo, erinnern an lokale Fischer, die beim Ernten von *percebes* (Entenmuscheln) von einer besonders hohen Welle ins Meer gezogen, gestürzt und von der Flut eingeholt wurden und dabei den Tod fanden. Trügerische Einfahrten führen zu Untiefen, in schmalen Rías zieht sich das Meer weit ins Binnenland, andere Buchten sind durch lange, blendend weiße Sandzungen abgeschnit-

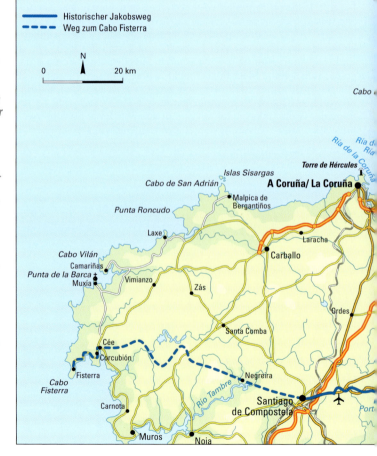

Galicien: Costa da Morte und Rias Altas

ten, auf denen sich im Sommer ein windabgehärtetes, sonnenhungriges Publikum sammelt, das jederzeit mit längeren Sturm- und Regenphasen rechnen muß. Nur der Glaube kann gegen diese äußeren Gefahren ankommen. Dieser Glaube wird für den greifbar deutlich, der vom Fischerdorf **Muxía** an der Ría de Camariñas zur Punta da Barca fährt. Auf den vom Meer glattgeschliffenen und an Bruchstellen rötlich leuchtenden Granitplatten der Landspitze steht der graue Klotz der **Wallfahrtskirche Virxe da Barca,** U. L. Frau vom Boot, die über die tagtäglich gefährdeten Fischer und Schiffer an dieser Küste wacht. An den hohen Marienfeiertagen kommen tausende Pilger, jene aus Camariñas, jenseits der Ría, in einer Meeresprozession. Wie es der uralte Brauch will, versuchen sie anschließend, unter der Pedra dos Cadrís durchzukriechen und die Pedra de Abalar, einen Wackelstein, umzustürzen.

Trotz moderner Taucheranzüge ist die Gefahr für die percebeiros nicht geringer geworden, immer noch riskieren sie ihr Leben, wenn sie im Gezeitenbereich die Entenmuscheln von den Felsen abschaben.

Galicische Jakobswege

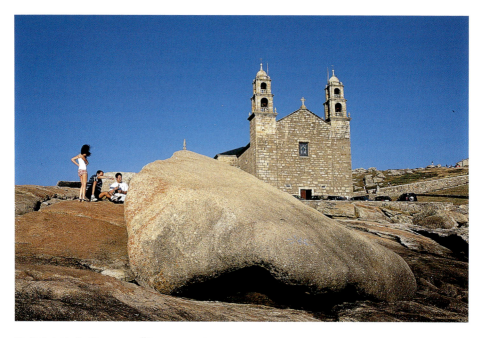

Wallfahrtskirche Virxe da Barca

Über den Hafenort **Camariñas,** in dem es noch Spitzenklöpplerinnen gibt, führt ein Sträßchen zum **Cabo Vilán** mit Leuchtturm. Deutlicher noch als am Cabo Fisterra ist hier die Welt zu Ende. Trottellummen und Krähenscharben (eine Kormoranart) teilen die grandiose Einsamkeit mit den wenigen Besuchern, die außerhalb der Sommermonate hierher kommen.

Die Straße erreicht noch einmal bei Laxe die Küste, verläuft dann aber weiter im Binnenland. Abstecher zur Küste sind möglich und lohnend, besonders nach **Malpica,** einem Fischerdorf, das gerne als »malerisch« bezeichnet und entsprechend besucht wird.

Die nächste große Meeresbucht besteht aus drei Rías, an denen sich jeweils bedeutende Häfen befinden, die Ría de A Coruña, die Ría de Betanzos und die Ría de Ferrol.

A Corunã

A Coruña (spanisch: La Coruña) ist heute der größte und bedeutendste dieser Orte, eine Stadt von 300 000 Einwohnern, einer der wichtigsten Häfen Spaniens mit großstädtischem Ambiente. Nicht unbedingt ein Aufsteiger: Der einsam auf einem Kap vor der Stadt Wache haltende **Torre de Hércules** (1; Herkulesturm) war schon vor 2000 Jahren das, was er heute noch ist, ein Leuchtturm. Der Bau ist der einzige römische Leuchtturm, der erhalten geblieben ist und sogar

A Coruña, römischer Leuchtturm »Torre de Hércules«

seine Funktion beibehalten hat. Daß die Stadt *Adobicum Curonium* schon damals bedeutend war, ergibt sich daraus von selbst: Hier wurde galicisches Zinn verladen wie schon acht Jahrhunderte vor unserer Zeitrechnung durch phönizische Kaufleute, auf deren Kontor die Stadtgründung zurückgeführt wird. Die Hafenstadt war im Mittelalter der wichtigste Landungsort für Jakobspilger aus England, Irland, Schottland, den Niederlanden, aus Norddeutschland, Polen und dem gesamten Baltikum. Auch als Kriegshafen erlangte A Coruña Bedeutung, hier wurde die unbesiegbare Armada zusammengezogen, bevor sie 1588 in die Katastrophe der Schlacht im Ärmelkanal segelte. Ein Jahr später erschien eine englische Flotte unter Francis Drake vor der Stadt und schoß sie mit den Schiffskanonen in Schutt und Asche, einnehmen konnte sie sie nicht.

Der Reiz von A Coruña liegt in seiner Lage auf einem schmalen Landrücken, der die vorspringende Halbinsel mit der Altstadt und der Torre de Hércules mit dem Festland verbindet. Der Anblick von der südlichen Hafenseite ist von den Frontverglasungen *(Miradores)* der mehrstöckigen Häuserfront hinter den hafenbegleitenden Parkanlagen geprägt. Auf der Nordseite der Landzunge verläuft die Uferstraße direkt neben den herrlichen Sandstränden der ausgedehnten Bucht Ensenada del Orzan. Die Fußstrecke zwischen beiden ist an der schmalsten Stelle nur etwa 500 m (mit dem Auto wesentlich weiter – es gibt kein gemeineres Einbahnstraßensystem als dasjenige, das sich die Stadtväter und -mütter von A Coruña ausgedacht haben ...).

Galicische Jakobswege

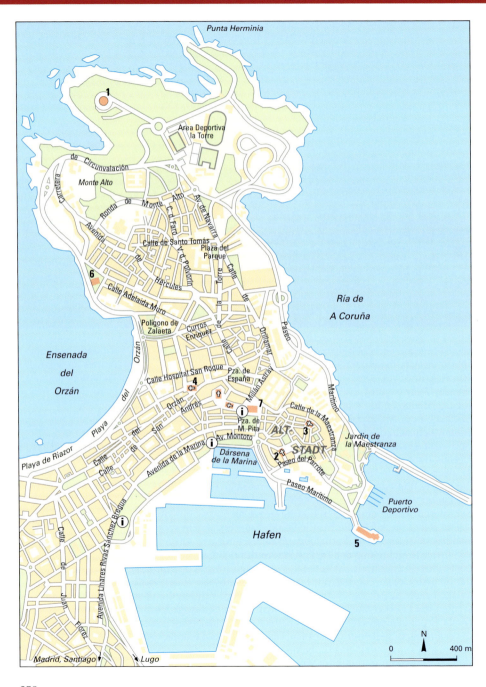

A Coruña

Vom Hafen, dessen ältester Teil sich als *Dársena de la Marina* bezeichnet, kann man um die ganze Halbinsel herumfahren (gegen den Uhrzeigersinn), dabei hat man zunächst die **Altstadt** links von sich auf einem felsigen Hügel. Die **Kirche Santiago** (2) wurde in romanischer Zeit (12. Jh.) für die Santiagopilger geschaffen und ist die älteste der Stadt. Etwas jünger ist die spätromanisch-frühgotische **Klosterkirche Santa María del Campo** (3) auf dem höchsten Punkt der Altstadt. Das schlichte, noch ganz romanische Portal zeigt Maria und die Anbetung der heiligen Drei Könige, das alte, sehr hohe Steinkreuz auf dem Platz davor ist von einer Kreuzigungsgruppe gekrönt. In einem kleinen, aber auffallend geräumigen Nebengebäude wird der sakrale Schatz der Klosterkirche gezeigt, das moderne Gebäude wurde 1982–1987 nach einem Plan von José Manuel Gallego (* 1936) errichtet. Ganz am Nordrand der Altstadt wurde 1995 das neue Kunstzentrum, das **Museo de Bellas Artes** (4) eingerichtet, das in einen transparenten, vor allem Aluminium und Glas verwendenden Neubau die Bausubstanz eines Kapuzinerklosters von 1715 integriert. Es wurde ebenfalls von Gallego konzipiert, einem der bedeutendsten spanischen Architekten und Inhaber des Lehrstuhls für Städtebau an der Universität von A Coruña. In dem Neubau kommt die hervorragende Gemäldesammlung der Stadt zur Geltung, die Liste der Großen, die hier vertreten sind, umfaßt Goya, Murillo, Velásquez und Ribera ebenso wie van Dyck, Rubens und Jan Brueghel den Älteren. In der Klosterkirche nebenan hängt nach wie vor am Originalstandort Zurbaráns Hl. Franziskus.

Auf einer winzigen Halbinsel vor der Altstadt steht das alte Sperrfort **Castillo de San Antón** (5), errichtet unter den frühen Habsburgern und später als Gefängnis verwendet. Heute befindet sich hier das **Archäologische Museum,** das u. a. wegen keltischer, swebischer und westgotischer Funde sehenswert ist.

Die knallrot bemalten Masten der um die Halbinsel führenden Straßenbahn sind nicht nur nostalgische Erinnerung an gute alte Straßenbahnzeiten, sondern vor allem Signal für die Rückwendung zu diesem lange Zeit so verachteten Verkehrsmittel nach dem großen Erfolg der Wiedereinführung der Straßenbahn in Valencia. Seit 1999 gibt es eine Wochenendverbindung für Touristen, in den kommenden Jahren soll das alte Netz mit neuen Garnituren wiederbelebt werden, um so das permanente Verkehrschaos der Stadt ein wenig zu lindern. Barcelona, Bilbao, Granada, Gijón und andere ziehen nach.

Bei der Besichtigung der **Torre de Hércules** (1) lernt man, daß der Leuchtturm ursprünglich eine Außenrampe besaß, die wohl bereits zum Originalbau (98–117) gehörte, und die Innentreppe erst später (1785) eingebaut wurde. Der Ausblick, 104 m über dem Meer (der Turm selbst ist 56 m hoch), ist phänomenal. Auf einer Klippe vor dem schönen Sandstrand del Orzán fällt ein Gebäude mit einer segelartigen, dunkelgrauen Betonfassade auf. Es ist das **»Haus des Menschen«** oder Domus (6), das 1995 nach einem Entwurf von Arata Isozaki entstand, ein interaktives Museum über den Menschen.

◁ A Coruña
1 Torre de Hércules
2 Santiago
3 Santa María del Campo
4 Museo de Bellas Artes
5 Castillo de San Antón mit Archäologischem Museum
6 Domus »Haus des Menschen«
7 Rathaus

A Coruña, Plastik von Fernando Botero vor dem »Haus des Menschen«

Galicische Jakobswege

Einen Besuch verdient das Stadtmuseum, Museo das Mariñas, im ehemaligen Dominikanerkloster, dessen Sammlungen zu Römerzeit, vor allem aber zur prähistorischen Castro-Kultur bemerkenswert sind. Unbedingt zu besuchen ist die Sala do Apostolado de Rubens mit ihren dreizehn Gemälden von Rubens (oder Werkstatt) aus dem ehemaligen Hospital de San Antonio. Sehr stimmungsvoll ist der alte Kreuzgang des Klosters.

Die zweite Ría windet sich als schmaler Fluß ins Landesinnere, bis sie in einer Biegung **Betanzos** erreicht, das römische *Brigantium Flavium*, im Mittelalter Sitz mehrerer bedeutender Herrengeschlechter, so der de Andrade. Die Stadt ist ein Freilichtmuseum spätmittelalterlicher Kirchen- und Palastarchitektur. Das bedeutendste Objekt befindet sich in der 1387 errichteten gotischen Kirche San Francisco. Unter der Empore steht der Sarkophag des Stifters der Kirche, des Grafen Fernán Pérez de Andrade o Bó von 1384 (*O Bó* bedeutet *O Bueno*, der Gute). Oder besser, er steht auf einem steinernen Eber und einem steinernen Bären, den Wappentieren der Familie, die so wirken, als ob sie schon Jahrhunderte lang dort gestanden hätten, bevor man ihnen den Sarkophag auf die starken Schultern legte. Eine Jagd findet auf der Seitenplatte statt, Reiter –, der vorderste mit Hifthorn – Treiber, Hunde, Bären, Eber treiben sich herum. Auf der Grabplatte liegt der leidenschaftliche Jäger und ruht sich aus für die ewigen Jagdgründe.

In der dritten Ría liegt der Marinehafen **Ferrol**. Hier sind seit Fernando VI. (1746–59) Spaniens Kriegsschiffe verankert, heute in Gesellschaft der Kriegsschiffe anderer Nationen unter der Flagge der NATO. Jahrzehntelang hieß die Stadt *El Ferrol del Caudillo*, denn Francisco Franco, der sich *el Caudillo*, der Führer, nannte, wurde hier geboren. Mittlerweile sucht man dieses Ereignis vergeblich in den Stadtprospekten.

Die Rías Altas und Mondoñedo

Die wild gezackte Ría-Küste Nordgaliciens, die Rías Altas, ist weniger besucht und wesentlich dünner besiedelt als die Rías Baixas. Hier überwiegen ungegliederte Felsenküsten, und während die inneren Rías Baixas nach Osten und Nordosten verlaufen, so daß parallele Bergketten Regen und Wind abhalten, manchmal sogar regelrechte Trockeninseln schaffen, lassen die meist nach Norden gerichteten Rías Altas Wind und Regen ungehindert ins Binnenland. Das ist weder für den Ackerbau günstig noch für den Fischfang und entsprechend haben sich hier nur wenige Menschen angesiedelt. Für Naturliebhaber ist diese Küste jedoch ein Paradies. Das fängt bei Ferrol an, wo sich eine Reihe felsiger Vorgebirge weglos gegen das Meer stemmen, und hat seinen Höhepunkt in der bis zu 612 m hohen Sierra da Capelada, die über Dutzende Kilometer mit steiler Flanke ins Meer fällt, begleitet von Inselchen und Riffen, auf denen Seevögel brüten. Auf diesem fast menschenleeren Plateau haben sich mehrere seltene Endemismen erhalten, die für den Gelegenheitsbotaniker eher weniger spannend sind, wie die Distel *Centaurea Borjae*, jeden professionellen Botaniker aber in Entzücken versetzen. Als Ausgangspunkt für Wanderungen in diesem Bergland eignet sich **Cedeira**, in dessen

Markthalle vor der »Prestige«-Katastrophe jährlich bis zu 6 Mio. Umsatz mit Entenmuscheln gemacht wurde. Im Norden liegt an der Küste der bedeutende Wallfahrtsort San Andrés de Teixido. Das ganze Jahr über kommen Gläubige hierher, ihre Gaben füllen die Kirche und liegen neben dem heiligen Brunnen. Im Brunnen schwimmen die bunten Gebildbrote, die man mit einem Wunsch ins Wasser werfen muß: Wenn das Brot nicht untergeht, wird der Wunsch erfüllt. In den Hauptwallfahrtsmonaten September und Oktober hält mancher Wallfahrer im Auto symbolisch einen Platz frei: Wer es nicht zu Lebzeiten geschafft hat, soll doch wenigstens als Toter kommen. Das Meer hat in seinem Flutbereich riesige Granitblöcke zurückgelassen, durch die man bei Ebbe an der Küste entlangwandern kann.

Über Ortigueira erreicht man Viveiro, dabei kann man auf halber Strecke einen Abstecher zum Nordkap Galiciens machen, zum Cabo de Bares. **Viveiro** ist eine reizvolle kleine Stadt, die noch teilweise von der mittelalterlichen Mauer umgeben ist. Eines der drei erhaltenen Tore trägt das Wappen des spanischen Königs Carlos I. (als deutscher Kaiser Karl V.).

Die Küste von hier bis Foz ist wieder weniger stürmisch, und es gibt kaum noch Felsen, hier können Bauern wieder anständigen Mais ernten, und das sieht man auch, an diesem Küstenabschnitt sind die Hórreos besonders häufig. Bevor Sie aber die Küste erreichen, empfiehlt sich ein kurzer Abstecher in das grüne Tal von **Sargadelos.** Dort steht die altehrwürdige Keramikmanufaktur gleichen Namens, deren Produkte Sie vielleicht schon im Provinzmuseum Lugo bewundert haben. Tatsächlich war die 1791 gegründete Manufaktur, deren bunte Weinkrüge der dritten Periode (1845–62) in Form sitzender Männer mit großem Dreispitz besonders populär waren, seit 1875 geschlossen gewesen. Der heutige Besitzer, Isaac Díaz Pardo, fing 1970 völlig neu an, inzwischen hat er sich mit seinem durchscheinend weißen

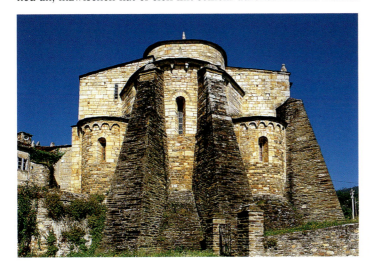

San Martín de Mondoñedo

Galicische Jakobswege

»Santa Baya de Cristamilde ist auf der anderen Seite des Berges, dort bei den Sandstränden, wo das Meer tost. Alljährlich kommen viele Gläubige zu ihrem Fest. Die Wallfahrtskapelle, hoch oben auf dem Felsvorsprung, hat eine Glocke, die mit einer Kette geläutet wird. Das Dach ist aus Steinplatten, obwohl es aus Gold sein könnte, wenn die Heilige nur wollte. ... Wo der Weg vom Berg hinabgeht, verwandelt er sich in ein weites Ödland aus harschem, knirschendem Sand. Das Meer zerschellt an den Untiefen, und von Zeit zu Zeit geht eine Riesenwelle über den höckrigen Rist der Klippen hin, die nackt aus dem Wasser aufragen, sobald die Brandung abebbt. Grollend trollt sich das Meer, und dort am Horizont erhebt es sich von neuem, schwarz und apokalyptisch, bekrönt von weißen Wollflocken. Im Hin und Her seines Flutens wahrt es den gewaltigen, geheimnisvollen Rhythmus der Welt.«
(Ramón de Valle-Inclán, »Ádega. Eine tausendjährige Historie«)

oder tiefblauen, aus dem hervorragenden galicischen Kaolin gefertigten Porzellan wie mit buntem, oftmals knallbuntem Geschirr einen festen Markt geschaffen. Außerdem gründete er im nahen O Castro das Museo de Art Contemporáneo Carlos Maside, das Istituto Galego da Información, einen Verlag und ein geologisches Laboratorium und veranstaltet regelmäßig Seminare und Ausstellungen – dem 1920 Geborenen könnte sonst vielleicht langweilig werden.

Kurz vor Foz zweigt nach links ein Sträßchen zur Kirche **San Martín de Mondoñedo** ab, einer einsam liegenden dreischiffigen ehemaligen Klosterkirche des 12. Jh. von 27 m Länge, 13 m Breite und bis zu 5,25 m Höhe. Das Kloster ist sehr alt, wie es heißt, im 6. Jh. vom hl. Martin von Braga gegründet, vielleicht auch von den damals vor den eindringenden Angelsachsen aus ihrer Heimat fliehenden Bretonen, die sich in Galicien heimisch fühlen konnten, war die hiesige Bevölkerung doch ebenfalls keltischer Herkunft. Sichere Nachrichten stammen erst aus dem 9. Jh., als unter Alfonso III. das Bistum Mondunieto gegründet wurde, das sich im bereits vorhandenen Kloster einrichtete. 1112 wurde das Bistum in den heutigen Ort Mondoñedo verlegt. Die Abtei existierte zwar weiter, verlor aber immer mehr an Bedeutung und ist heute vom Erdboden verschwunden, nur die Kirche blieb. Die primitive Bauplastik des Innenraums ist besonders interessant, einige der dargestellten Szenen sind ungewöhnlich. So findet das Bankett des Herodes an einem Tisch statt, auf dem neben Tellern mit Speisen auch einer mit dem Haupt des Herodes zu erkennen ist. Das ungeschlachte Relief einer Chorschranke zeigt die apokalyptische Vision von Christus als Weltenrichter, zwei Personen in Priesterkleidung verneigen sich vor Engeln. Eine der Konsolen, die

Mondoñedo

Einer der nördlichsten Orte Galiciens ist Villa de Bares auf der Halbinsel Porto de Bares

nackte Musiker zeigt, ist von plastischer Körperlichkeit, die auch vor der Darstellung der Genitalien nicht zurückschreckt.

In **Foz** erreicht man die alte Pilgerstraße nach Santiago, die entlang der spanischen Nordküste schon von Pilgern begangen wurde, als sich der Camino Francés noch in der Hand der Araber befand. Der erste größere Ort des Landesinneren, den die Pilger erreichten, war **Mondoñedo.** Mondoñedo übernahm im Jahre 1112 den Bischofssitz und bald darauf den Namen von San Martín de Mondoñedo. Warum dieser erste Bischofssitz verlassen wurde, ist nicht bekannt, vielleicht hängt es mit der küstennahen Lage und der Gefahr von Piratenangriffen, vor allem durch Wikinger, zusammen. Ein Ort in dem grünen Waldtal war bereits vorhanden, möglicherweise handelt es sich dabei um *Britonia*, den von Bretonen gegründeten und durch die Araber wieder vernichteten Bischofssitz, dessen Nachfolge San Martín de Mondoñedo angetreten hatte.

Das kleine Städtchen erstreckt sich auf Steinwurfweite um die Kathedrale. Dieser Bau wurde noch romanisch begonnen. Nach einem Brand wurde er nach 1425 spätgotisch umgebaut, die Fassade entstand im strengen Herrerastil, die Türme und die goldgefaßte Orgel (1773) kamen im Barock dazu. Durch das romanische Trichterportal betritt man den gotischen, an Zisterzienserarchitektur orientierten Innenraum der dreischiffigen Kathedrale, die von der Fassade her durch eine Rosette mit farbigem Originalglas in Rot, Blau und Lila Licht erhält. Auf den Seitenwänden des *Coro* (die das Schiff trennende Wand wurde entfernt) sind spätmittelalterliche Wandmalereien von hoher Qualität zu bewundern, die in zahlreichen Varianten den Bethlehemitischen Kindermord schildern.

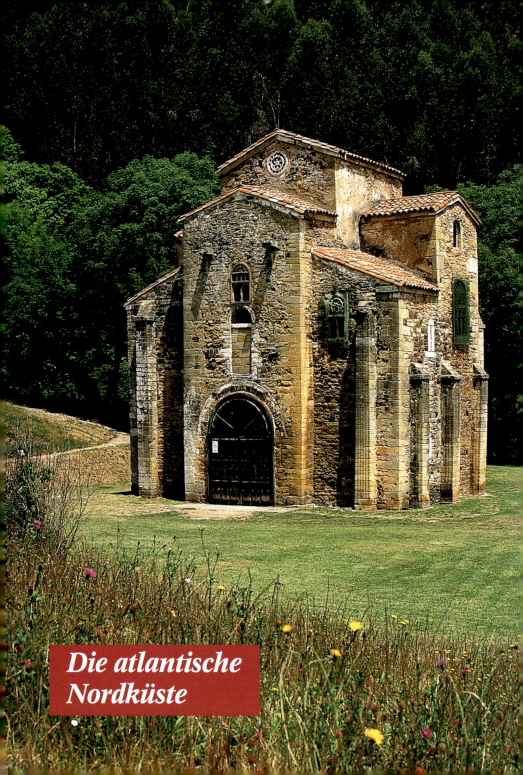

Die atlantische Nordküste

Asturien: Küste, Kirchen und Cabrales

Die Küste der Castros

Auf den letzten Kilometern vor der Regionsgrenze zeigt Galicien noch einmal, was es für wunderschöne Küsten besitzt: Der Abstecher zur **Playa de Castro,** an die sich im Osten Felsenküste mit einem Kormoranfelsen anschließt, ist ein Lehrstück in Kontrasten, das im Fischerörtchen **Rinlo** mit geschäftigem Hafen an einer Mini-Ría endet. Bei Ribadeo verläßt man Galicien und erreicht Asturien. Der westliche Teil dieser Provinz hat viele Gemeinsamkeiten mit Galicien, deren stärkste die keltische Herkunft ihrer Bewohner ist. Das bezeugen auf Landzungen und Bergspornen die keltischen Fliehburgen, die *castros*, die an vielen Stellen aufgedeckt wurden, das bezeugen Gemeinsamkeiten in der Sprache und im Alltagsleben, deutlich nachzuvollziehen in den Hórreos, die auch hier neben den Häusern stehen, und in den Pallozas, die sich in einigen Bergdörfern erhalten haben.

Besonders sehenswert:
Oviedo und asturische Kirchen ☆☆
Covadonga
Picos de Europa ☆☆
Llanes

Luarca ist einer der alten Fischerorte, die sich sturmgeschützt an einer schmalen Ría unweit des offenen Meers entwickelt haben. Sieben Brücken überspannen die zwei Meeresarme, mehrere Castros auf Hügeln über der Stadt signalisieren das hohe Alter der Siedlung. Die Häuser sind wie in vielen Küstenorten Asturiens weiß gestrichen, aber Luarca sticht durch seine reizvolle Lage alle aus. Wie viele andere größere Fischerhäfen der spanischen Nordküste war Luarca eine Walfangstation. Von der Höhe des Friedhofs aus wurde das offene Meer beobachtet, sah man die Fontäne eines vorbeiziehenden Wales, wurde er zuerst mit einem Namen bedacht, dann begann in großen offenen Booten die Jagd auf ihn. Walfänger wagten sich in der Verfolgung der heute immer seltener werdenden Tiere bereits im Mittelalter auf die hohe See hinaus. Nordspanische und baskische Walfänger erreichten die Ostküsten Nordamerikas oft noch vor den offiziellen Entdeckern, das trifft besonders für die walreiche St. Lorenzmündung zu. Mit dem durch Überjagen verschuldeten Niedergang der Walindustrie und der enormen Konzentration auf einige wenige, aber dafür riesige Fangflotten gingen auch die Hafenorte nieder, aus denen die Walfänger stammten. Die Orte blieben Ende des 19. Jh. in ihrer Entwicklung stecken, nur wenige wurden durch Badetourismus und marine Sportarten aus ihrem Dornröschenschlaf geweckt. Im Hafen von Luarca dominieren die Sportboote, aber der Fischfang stellt immer noch einen wichtigen Faktor im Leben der Stadt dar. Dabei werden, außer Hochseefisch, auch küstennahe Krusten- und Schalentiere und die in die Rías eindringenden Aalschwärme gefangen und verarbeitet.

Cudillero ist ein weiterer alter Walfangort, dessen Bewohner teilweise bretonische Vorfahren haben. **Avilés** hat ähnliche Wurzeln, wurde aber bereits im 12. Jh. von den asturisch-kastilischen Königen als Flottenhafen genutzt. Adelspaläste und aufwendige Stadthäuser

◁ *San Miguel de Lillo*

Asturien

der *indianos* kennzeichnen die Altstadt. »Indianos« werden die reichgewordenen Rückwanderer aus Amerika genannt, die ihren Lebensabend in den Häfen verbringen wollten, aus denen sie stammten. Die ganze Küste des Golfs von Biskaya ist mit solchen Indianos-Villen des 18. bis frühen 20. Jh. gesprenkelt. Avilés war bis 1950 ein wunderschöner Ort, dann schlug der Industrialisierungsplan der Franco-Ära zu und setzte der Altstadt eine Stahlhütte und zugeordnete Betriebe vor die Nase, die zunächst für ungehemmtes Wachstum und dann für enorme Arbeitslosigkeit sorgten.

Oviedo

Die geschäftige Großstadt mit Industrie, Verwaltung, Banken, Neubauten und dichtem Autoverkehr verbirgt erst einmal ihre historische Bedeutung. Die große Zahl der Neubauten legt von einem der dramatischen Kapitel spanischer Geschichte Zeugnis ab: Am 5. Oktober 1934 wurde die Stadt zum Mittelpunkt des Aufstands der asturischen Bergarbeiter. Sie sprengten am 11. Oktober die Cámara Santa mit einer Ladung Dynamit, versuchten mit der Zerstörung der Vergangenheit die Aufmerksamkeit der Gegenwart auf sich zu lenken. Monatelange Kämpfe, Belagerung und Beschießung zeichneten das Stadtbild. Die Restaurierung und der Wiederaufbau der erhaltenen Baudenkmäler, darunter einer großen Stadterweiterungszone der späten Gründerzeit, des Jugendstils und der Art-Deco-Periode wurden mit neo-historistischen Bauten der Franco-Zeit und funktionalistischen wie postmodernen Gebäuden der Zeit nach 1975 zu einem sehens- und vor allem erlebenswerten Ganzen vereinigt.

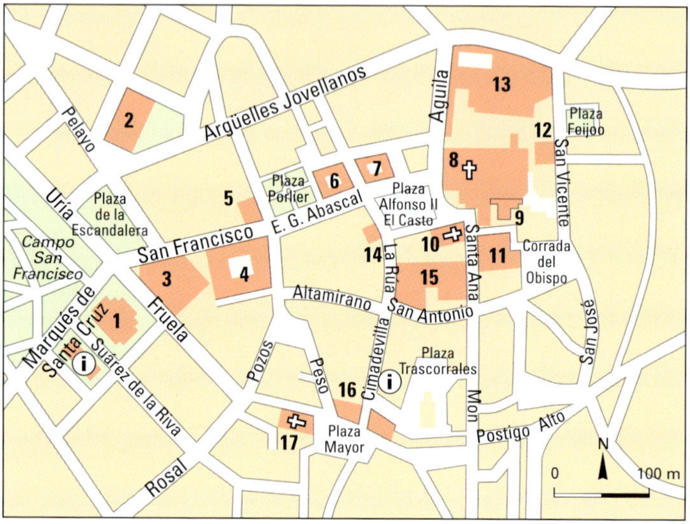

Oviedo
1 *Parlament von Asturien*
2 *Teatro Campoamor*
3 *Verwaltungsblock der Regierung*
4 *Universität (Juristische Fakultät)*
5 *Bankgebäude von 1911*
6 *Palacio de Camposagrado*
7 *Palacio de Valdecarzana*
8 *Kathedrale*
9 *Cámara Santa, Kreuzgang, Diözesanmuseum*
10 *San Tirso*
11 *Erzbischöflicher Palast*
12 *Kloster San Vicente mit Archäologischem Museum*
13 *Kloster San Pelayo*
14 *Palacio de la Rúa*
15 *Museo de Bellas Artes*
16 *Rathaus*
17 *San Isidoro*

Der riesige Park **Campo de San Francisco,** eine grüne Oase von mehr als 1 km², bildet die Klammer zwischen Alt- und Neustadt, zwischen 9. und 19. Jh. An der ebenfalls grünen **Plaza de la Escandalera,** die sich im Nordosten direkt anschließt, sieht man diese Verklammerung noch deutlicher: Die historistischen Bauten der **Regierung der Autonomen Region Principado de Asturias** (1; Fürstentum Asturien, 1910) und eines dahinter stehenden Bankgebäudes, der ebenfalls spätgründerzeitliche Bau des **Teatro Campoamor** (2; 1890), die funktionalistischen Anbauten des **Verwaltungsblocks der Regionsregierung** (3; 1985) sowie der Blick in die Calle San Francisco mit dem Turm der gotischen Kathedrale im Hintergrund sind von diesem Standort aus möglich. Also in die Calle San Francisco: rechts die **Universität** (4) mit ihrem herreresken Portal (1534–1608), links in Ecklage ein **Bankgebäude** (5) von 1911 mit prachtvollem Kassenraum samt vergoldeten Säulen, dann die **Palacios de Camposagrado** (6; 1719–52) und **Valdecarzana** (7) mit manieristisch-barockem Dekor (17./18. Jh.) und schließlich der Kathedralenplatz, die Plaza de Alfonso II. el Casto (wie sollte sie auch sonst heißen?) mit der Kathedrale. Durch ihr Hauptschiff und das südliche Querschiff erreicht man den Eingang zur Cámara Santa.

Oviedo ist die dritte Hauptstadt des einstigen Königreichs Asturien. Nach der legendären Schlacht von Covadonga, in der Pelayo eine Schar Araber besiegte (s. S. 262), wurde zunächst Cangas de Onís Residenz. Als man Galicien hinzugewonnen hatte, zog der Hof weiter westlich nach Pravia. Alfonso II., der Keusche *(el casto),* entschied sich endlich für Oviedo, das schon sein Vorgänger Silo (774–783) gegründet hatte. Der kleine Hügel zu Füßen des Berges Naranco, auf dem 761 ein Kloster zu Ehren San Vicentes errichtet worden war, lag ideal inmitten des nach Westen gewachsenen Reichs, günstig auch auf dem Weg nach León und damit zur Grenze zu den schier übermächtigen arabischen Herrschern der Halbinsel. Die Reliquien und Schätze der Cámara Santa sind Zeugen dieser frühesten Phase der Reconquista.

Die spätgotische **Kathedrale** (8) hat drei Vorgänger. Die erste Kirche, die König Fruela I. (757–68) Christus dem Retter weihte, ging 794 während des Streifzugs eines arabischen Heers unter. Das war zur Zeit Alfonsos II., des Keuschen, von dessen Neubauten nur die Palastkapelle erhalten ist. Auch von der nachfolgenden romanischen Kathedrale zeugt nur noch ein Turmrest südlich des gotischen Chors, der im 12. Jh. errichtet wurde. König Juan I. (1379–90) gab mit einem *Privilegio de los Excusados,* das zehn Steinbrüche zu Gunsten der Kathedrale von allen Lasten befreite, den Anstoß für die Weiterführung der Arbeiten am Chor der Kathedrale, die schließlich vor 1412 abgeschlossen werden konnten. Die Weiterführung des Kathedralbaus zog sich noch bis in die Mitte des 16. Jh. hin. Damals wurden die Pläne für den Turm bei Rodrigo Gil de Hontañon in Auftrag gegeben und von Juan de Cerecedo el Joven ausgeführt. So liegt nun ein leichter Hauch von Renaissance über dem Wahrzeichen der Stadt mit

Asturien

dem durchbrochenen Helm, der den Einfluß von Burgos vermeldet. Der eigentlich vorgesehene zweite Turm wurde nicht mehr gebaut.

Beim Rundgang erstaunt die selbst für spanische Verhältnisse riesige **Altarwand.** Juan de Balmaseda und Giralte de Bruselas haben den Schnitzaltar ab 1525 ganz im flämischen Geschmack gestaltet. Mit Vergoldung und farbiger Fassung wurden 1531 die Arbeiten an der Darstellung der neutestamentlichen Botschaft von der Verkündigung unten links bis zum Pfingstereignis oben rechts vollendet. In der mittleren Reihe werden Kreuzigung, Himmelfahrt Mariens und die Wiederkehr Christi als Richter des Jüngsten Gerichts herausgehoben. Alle Szenen sind in eigene Architekturen gesetzt, Fortsetzung der Architektur der Kathedrale, die Geschehnisse des Neuen Testaments und der Rahmen der Kathedrale als Himmlisches Jerusalem werden so zu einer Einheit verbunden.

Die aufwendigste der Kapellen ist der hl. Eulalia, der Patronin der Diözese geweiht, sie liegt an der Nordseite des Schiffes gleich neben dem Westportal. Diese **Capilla de Santa Eulalía** ist zugleich die Grabkapelle für Bischof Simón García Pedriján (1682–97), der die Kapelle 1690 bei Francisco Menéndez Camina in Avila in Auftrag gab. Der große quadratische Raum wird von einer hohen Kuppel überspannt. Im Zentrum steht ein Barockschrein für die Reliquien der Heiligen. In der Nordwand des anschließenden Querhauses liegt eine kleine

Oviedo, Grundriß der Kathedrale
1 *Cámara Santa*
2 *Romanischer Turm*
3 *Kapitelsaal*
4 *Kreuzgang*
5 *Pilgerfriedhof*
6 *Hauptaltar*
7 *Chorumgang*
8 *Capilla D. Gutierre*
9 *Sakristei*
10 *Portal des nördlichen Oberhauses*
11 *Capilla de la Hidria (des Krugs von Kanaan)*
12 *Portal des südlichen Querhauses*
13 *Zugang zur Cámara Santa*
14 *Capilla de Santa Catalina*
15 *Capilla de la Anunciación*
16 *Capilla de la Asunción*
17 *Capilla de San Juan Bautista*
18 *Capilla de Santa Eulalia*
19 *Capilla Velarde*
20 *Capilla de San Antonio*
21 *Capilla de San Roque*
22 *Capilla de San Martín*
23 *Capilla de Santa Barbara*
24 *Capilla del Rey Casto*
25 *Panteón Real*

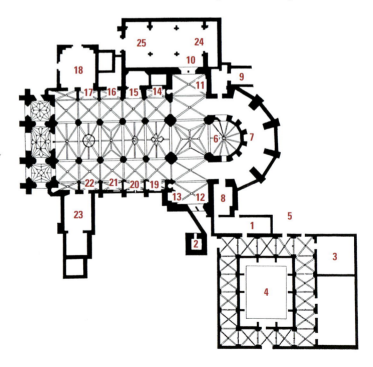

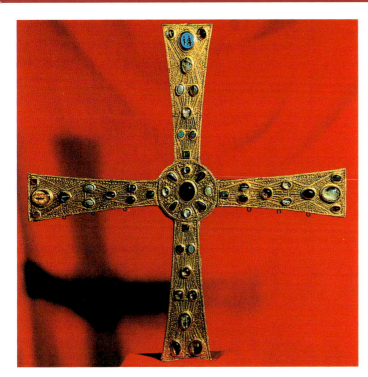

Ein Werk der Engel: Das Cruz de los Angeles in der Cámara Santa der Kathedrale von Oviedo

Kapelle verborgen, die nur an zwei Tagen im Jahr geöffnet wird, die **Capilla de la Hidria.** Sie birgt ein großes Tongefäß, das der Legende nach bei der Hochzeit von Kanaa Verwendung fand, dem ersten öffentlichen Auftreten Christi. Sie war durch Jahrhunderte Ziel der Pilger.

Vom nördlichen Querhaus aus findet man auch Zutritt zur **Capilla del Rey Casto,** die an der Stelle stehen soll, an der sich die von Alfonso II. erbaute Kathedrale befand. Nach Westen anschließend wurde das **Panteón** der asturischen Könige errichtet, das zu Beginn des 18. Jh. seine heutige klassizistische Gestalt erhielt. In der Mitte des Raums steht eine spätantik-frühchristliche Kostbarkeit, der Deckel des Sarkophags des Ithacius mit Rankenwerk und Inschrift (um 500). Von den Kapellen an der Südseite des Schiffs ist die dem Chor nächste, die **Capilla de Velarde** besonders sehenswert, in ihr wird ein vorzüglicher Kruzifixus des Alonso Berrguete (um 1540) aufbewahrt.

Die Anfänge des unscheinbaren, altersgrauen Bauwerks der **Cámara Santa** (9) gehen auf Alfonso II., den Keuschen, zurück, dessen Architekt Thioda laut dem asturischen *liber chronicorum* mit der Planung der Bauten in der neuen Stadt beauftragt wurde. Außer der Cámara Santa blieben von Thiodas Arbeiten ein Teil der Kirche San Tirso sowie die außerhalb liegende Sommerresidenz, heute San Julián de los Prados (s.S. 254) erhalten. Die zwei Geschosse, die heute als

Asturien

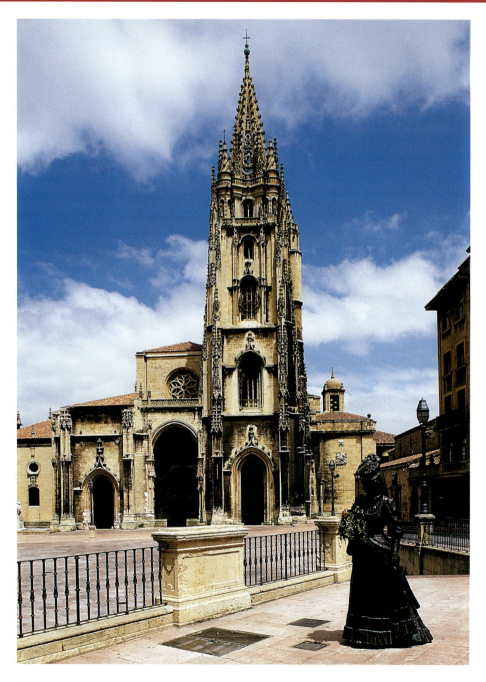

Anbau der Kathedrale erscheinen, waren ursprünglich die Palastkapelle und nur vom Palast aus zugänglich. Das niedrige Untergeschoß wird von einem Backsteingewölbe überspannt, es diente zugleich als Grablege für die Heiligen Leocadia und Eulogio, frühchristliche Märtyrer, deren Gebeine unter Alfonso III. hierher gelangten. Das niedrige Gewölbe wird von einem kleinen Chorfenster beleuchtet, dessen durchbrochene steinerne Fensterplatte von zwei Säulen gerahmt wird. Fensterplatten wie diese sind eine Spezialität (und damit ein Erkennungsmerkmal) frühasturischer Kunst, sie gehen auf Vorbilder der maurischen Kunst Spaniens zurück, indirekt damit, vermittelt durch umaiyadische Künstler, auf spätantike Kirchenfenster Syriens. Der Ostteil der Kapelle San Miguel im oberen Geschoß besitzt ein gleichartiges Tonnengewölbe, während der Westteil im 12. Jh. spätromanisch umgebaut wurde. An den Säulen, die die reich ornamentierten Gurtbögen des Tonnengewölbes tragen, stehen je zwei der zwölf Apostel, wie am Pórtico de la Gloria der Kathedrale von Santiago de Compostela ins Gespräch vertieft. Diese Statuen stehen künstlerisch in der Nachfolge des Meisters Mateo, in ihrer Qualität gehören sie zu den herausragenden Werken romanischer Plastik in Spanien.

Ein schweres Eisengitter trennt den älteren Chorteil der Kapelle San Miguél vom romanischen Westteil. Dahinter werden die kostbarsten Reliquien Spaniens verwahrt. Mühselig hat man sie nach dem Dynamitanschlag des Jahres 1934 wieder restauriert und auch die Cámara Santa selbst wiedererrichtet. Einen erneuten Verlust hatte Spanien 1977 zu verzeichnen. Das Kreuz der Engel und das Kreuz des Sieges sowie der Achatkasten wurden gestohlen und zerschlagen, aber auch wiedergefunden und erneut restauriert.

So wie man die Gebeine der hl. Leocadia und des hl. Eulogius vor den Arabern in Sicherheit brachte, so gelangten auch andere wertvolle Reliquien nach Oviedo. Als König Alfonso VI. sich in der Fastenzeit des Jahres 1075 gemeinsam mit seiner Schwester Urraca die Reliquien vorweisen ließ, stiftete er einen neuen silberbeschlagenen Schrein für die Kostbarkeiten, die damals die Kathedrale San Salvador verwahrte. Dieser Schrein steht heute an der Stelle des Altars in der Mitte des Chors. Eine umfangreiche Inschrift auf der Oberseite des Schreins, die eine Kreuzigungsszene rahmt, erzählt diesen Beschluß und berichtet über den Inhalt des Schreins: Mehrere Späne vom Holz des Kreuzes Christi, Fragmente des Grabs, Teile seines Gewands, um das die Soldaten würfelten, vom Gewand Mariens und vom Schweißtuch der heiligen Veronika, ein Stück Brot vom letzten Abendmahl, Tropfen vom Blut Christi und der Milch Mariens, alles Zeichen der Menschwerdung Jesu, ferner Reliquien der Apostel Petrus, Paulus, Bartholomäus, von Propheten und Märtyrern – kein Wunsch nach heilbringenden Reliquien blieb offen. Die Vorderseite des Schreins zeigt Christus als Richter des Jüngsten Gerichts, begleitet von den Aposteln, gerahmt von einem arabischen Text in Kufi-Schrift, die das Lob Gottes singt und so die Sprache des Feindes in christliche Dienste nimmt.

◁ *Oviedo, Kathedrale*

Asturien

Der Schriftsteller Clarín (=Leopoldo Alas) über den Turm der Kathedrale von Oviedo: »Ohne daß der Blick ermüdet, konnte man stundenlang diesen steinernen Zeigefinger betrachten, der gen Himmel wies. Es war keiner jener Türme, deren Spitzen eher schwächlich als schlank und geziert wie überelegante junge Damen, die sich zu eng schnüren, vor Zartheit wegzuknicken scheinen. Er war wuchtig, ohne dadurch etwas von seiner Erhabenheit einzubüßen. Bis zur zweiten Plattform, einer feingliedrigen Balustrade, stieg er wie eine wehrhafte Feste empor. Von dort setzte er sich in einer anmutigen, in Maßen und Proportionen unnachahmlichen Pyramide fort. Wie ein Bündel von Muskeln und Nerven wanden sich die Steine, immer weiter zurücktretend, in die Höhe, balancierten wie Seilkünstler in der Luft, und auf einer Kalkspitze saß, ein Wunder an Jonglierkunst gleichsam, wie von einem Magneten gehalten, eine große, vergoldete Bronzekugel, darauf eine zweite, kleinere und auf dieser ein Kreuz aus Eisen, das in einen Blitzableiter auslief.«

Fast einen Meter hoch ist das Kreuz des Sieges, *la Cruz de la Victoria.* Eine Inschrift berichtet, daß König Alfonso III. und seine Gemahlin Jimena es im Jahre 908 der Kathedrale stifteten. Die Legende berichtet von der Geschichte des nun aufwendig mit Goldfiligran, Edelsteinen und Perlen, mit Gemmen und Emails geschmückten Holzes. Es ist das Siegeszeichen, mit dem die Jungfrau Maria Pelayo für die Schlacht von Covadonga ausrüstete, den Wendepunkt des Siegeszugs der arabischen Eroberer und Beginn der Reconquista. Das Kreuz gilt als hervorragendes Symbol des asturischen Volks und – indirekt – der spanischen Nation.

Kleiner, aber nicht bescheidener und ein Jahrhundert länger im Besitz der Kathedrale, ist das vielfach restaurierte Kreuz der Engel, *la Cruz de los Angeles.* Engel fertigten der Legende nach das Kreuz, das laut Inschrift im Jahre 808 von König Alfonso II., dem Keuschen, gestiftet wurde. Gedacht war es als Altarschmuck: Es hing wohl über dem Hauptaltar, um wie das Siegeskreuz als Vortragekreuz zu dienen, beide sind deshalb ohne Fassung. An den Armen des fast ebenso hohen wie breiten Kreuzes mit seinen an byzantinische Vorbilder angelehnten Formen sind noch Ösen für Anhänger zu erkennen, wie sie sich an westgotischen Votivkronen erhalten haben. Die sorgfältig verteilten großen Steine wurden mit dichtem Filigran vor einen schimmernden Hintergrund gesetzt, der Goldschmied muß dabei eine wahre Engelsgeduld aufgebracht haben.

Links im Schrank kann man ein sogenanntes ›Konsular-Diptychon‹ bewundern. Die kunstvoll in Elfenbein geschnitzte Innenseite, die als Wachsschreibtafel genutzt werden konnte, verkündete dem erfreuten Empfänger den Amtsantritt des neuen Konsuls. Flavius Strategius Apion, der auf beiden zentralen Medaillons im Schmuck der neuen Würde erscheint, übernahm das Amt im Jahr 539 in Konstantinopel. Weitere Schätze kann man kaum anders als mit einem Opernglas erkennen.

Zwischen der Cámara Santa und dem Turmrest neben dem Chor der Kathedrale liegt der Zugang zum gotischen **Kreuzgang.** Bereits im August des Jahres 1300 waren Steinmetze dort mit Arbeiten beschäftigt, zwei Joche des Westflügels wurden noch gebaut, bevor wirtschaftliche Schwierigkeiten die Arbeiten unterbrachen. Erst 1348 wurden die Bauarbeiten wieder aufgenommen und zwischen 1412 und 1441 mit dem Ostflügel, der die Wappen des Bischofs Diego Ramírez de Guzmán zeigt, zum Abschluß geführt. Im 18. Jh. wurde ein zweites Geschoß aufgestockt, in dem heute das wegen seiner Fülle spätgotischer bis barocker Objekte unbedingt sehenswerte **Diözesanmuseum** untergebracht ist. Mit romanischen Skulpturen, die in die Wände eingelassen sind, mit gotischen Sarkophagen und Skulpturen, mit dem Reichtum an Maßwerk und Kapitellen ist der Kreuzgang eine würdige Ergänzung zur Architektur der Kathedrale. An der Ostseite liegt der früheste gotische Bauteil, der **Kapitelsaal** (1293–1314). Der karge hohe Raum aus Bruchsteinmauerwerk ist mit den Resten des spätgotischen Chorgestühls ausgestattet, flämische

Schnitzarbeit des späten 15. Jh. Vom Kreuzgang gelangt man in den alten **Friedhof** hinter Kathedralchor und Palastkapelle.

Gegenüber der Kathedrale steht die Kirche **San Tirso** (10). Der erst 1912 freigelegte schlichte Chorabschluß ist der einzige erhaltene Bauteil aus der Gründungszeit unter Alfonso II. el Casto. Das rechteckig gerahmte Fenster mit der gestaffelten Dreibogenöffnung entspricht der mozarabischen Architektur des 10. Jh. San Tirso ist nach einem Brand im Jahre 1513 mehrfach umgebaut worden. Die nach zeitgenössischen Chroniken prachtvolle Ausstattung der Kirche ist nicht einmal mehr zu erahnen. Tritt man aus dem Kreuzgang auf den kleinen Platz südlich der Kathedrale, hat man das Portal des **Erzbischöflichen Palasts** (11) vor sich, eine strenge, mit Wappenschildern dekorierte Angelegenheit. Im ehemaligen **Kloster San Vicente** (12) gleich links, dem Ort, an dem die Stadtgeschichte begann, ist das **Archäologische Museum** untergebracht. Wer nicht die Funde studieren will, die von der asturischen Vorgeschichte bis ins Mittelalter reichen, kann im zugehörigen Kreuzgang, der Stile von der Gotik über die Renaissance bis zum Barock verbindet, etwas Ruhe finden. Daneben erhebt sich das mächtige barocke **Kloster San Pelayo** (13).

An der Rúa, einer Einkaufsstraße, die vom Kathedralenplatz abgeht, steht der **Palacio de la Rúa** (14) des 14. Jh. mit schmuckloser Fassade, der ältesten Palastfassade Oviedos. Das **Museo de Bellas Artes** (15) gegenüber ist im spätbarocken **Palacio de Velarde** (1767) und im **Palacio Portál-Oviedo** untergebracht, die durch einen – heute überdeckten – Innenhof verbunden sind. Während die Hauptfassade zur Calle Santa Ana spätbarock ist, ist die Fassade zur Rúa (auf der wir auf diesem Stadtspaziergang eintreten) Rokoko. Das Museum verfügt über eine reichhaltige Sammlung von Gemälden spanischer Meister, die schon im Erdgeschoss in einem besonderen Saal beginnt, der einer jüngst erworbenen kompletten Apostelserie El Grecos gewidmet ist. Die zwölf Bilder wurden zwischen 1585 und 1590 gemalt und bilden einen von nur drei kompletten Zyklen von El Grecos Hand (die anderen beiden befinden sich in Toledo). Im Aufgang zum 1. Stock ziehen die 18 Tafeln des riesigen Retablo de Santa Marina (um 1500) von einem flämischen Meister die Blicke auf sich. Die Gemäldegalerie im 1. Stock enthält u. a. zwei herausragende Meléndez (Felipe V. und Luisa Gabriela von Savoyen, beide 1712), einen kleinen Murillo, ein Portrait Carlos IV. von Goya (1792), einen Zurbarán (Veronikabild von 1650), einen Ribera, Gemälde von Juan Bautista Maino und Luis de la Cruz y Rios, dessen lebensgroßes Doppelportrait eines Biedermeierpaares (Ferdinand VII. und Cristina, 1832) zum besten gehört, was realistische Biedermeiermalerei hervorgebracht hat. Im 2. Stock sind Maler des 20. Jh. zu sehen, ein schöner Picasso von 1969 und farblich interessante Bilder von Ramón de Zubiarra. Rund um die schöne Plaza Mayor mit **Rathaus** (16) und Kirche **San Isidoro** (17) sind zahlreiche Bars, *sidrerías* und Restaurants zu finden, vor allem auch um die nahe Plaza de Trascorrales

Sidrería ist die Bezeichnung für eine typisch asturische Spezialität, eine Bar mit Sidra-, also Apfelmostausschank. Sidra wird meist nur flaschenweise abgegeben und häufig nur im vorderen Barteil, nicht im Restaurantteil einer Gastwirtschaft. Eine Flasche ist Ihnen zuviel? Keine Angst, dieser Apfelmost hat nur um die 2,3 Vol.% Alkohol.

Asturien

Die Kirchen des asturischen Stils

Kulturhistorisch ist der asturische Stil als bewußter Rückgriff auf die – großenteils verschwundenen – westgotischen Vorbilder der Zeit vor der arabischen Okkupation Spaniens zu sehen, sollte doch Oviedo ein neues, glänzendes Toledo werden (Toledo war bis 711 die westgotische Hauptstadt gewesen). Auch kunsthistorisch sind einige Elemente des asturischen Stils als bewußter Rückgriff auf toledanische Vorbilder zu werten, wie (z.B. im etwas später entstandenen San Miguél de Escalada, vergl. S. 155) die Verwendung des westgotischen Hufeisenbogens.

Asturiens frühe Kirchen in und um Oviedo und in den Bergen bis an die heutige Grenze mit León stellen einen ganz besonderen Typus frühmittelalterlicher Architektur dar. Unter den Bedingungen eines ganz auf sich gestellten Kulturraums und in ständiger Konfrontation mit der ganz anders gearteten maurisch-arabischen Zivilisation entstand hier seit der Mitte des 8. Jh. ein eigenes, eigenwilliges Kirchenbauprogramm, das sich in etwa einem Dutzend Kirchen und einem zur Kirche umgewidmeten Palast bis in unsere Zeit erhalten hat. Dieser asturische Stil ist der erste Versuch der Prägung eines einheitlichen Stils, der in Europa nach dem Untergang des Römischen Reichs unter-

Santa María de Naranco

Asturische Kirchen

nommen wurde. Die Bezeichnung »asturischer Stil« für diese Kirchen des 8. und 9. Jh. ist der etwas hilflosen Bezeichnung »präromanisch« vorzuziehen, die einen nicht existierenden Bezug zur Romanik suggeriert: Die asturischen Kirchen stehen in ihrer architektonischen Strenge und dekorativen Kraft für sich allein. Drei der bedeutendsten Kirchen des asturischen Stils sind seit 1985 als Weltkulturerbe geschützt, 1998 wurde der Schutz auf alle Denkmäler dieses Stils ausgedehnt.

Im Nordosten Oviedos, unmittelbar an der Autobahn, liegt **San Julián de los Prados,** die Kirche der Sommerresidenz Alfonsos II., des Keuschen, erbaut zwischen 812 und 842. An ihr ist der hohe Anspruch, den die höfische Kultur und Architektur des im europäischen Maßstab völlig unbedeutenden Fürstentums von Anfang an sich stellte, noch am besten zu erkennen. Die Kirche wurde den hll. Julián und Basilia geweiht, die als Ehepaar den Entschluß zu mönchischem Dasein faßten und schließlich Abt und Äbtissin ihrer Klöster wurden. Die Wahl der Patrone spricht für den Einfluß Alfonsos II., der seinen Beinamen »der Keusche« nicht zufällig erhielt.

Die mit 28 m Länge und 24 m Breite für ihre Zeit große Kirche hat Schiff, hohes Querschiff und Chorraum mit drei Apsiden. Dreibogige Arkaden schmücken die Wände. Wie in der Cámara Santa in Oviedo sind die Fensteröffnungen durch Steingitter geschlossen, die hier mit komplizierten Mustern versehen sind. Vorbilder für die Muster finden sich in der umaiyadischen Kunst, vor allem in den erhaltenen Fensterfüllungen der Großen Moschee in Damaskus und jenen im Jagdschloß Qasr al-Heir ash-Sharqi, die im Nationalmuseum Damaskus aufbewahrt werden. Beide entstanden im frühen 8. Jh. Mit syrischen Künstlern und Steinschneidern, die das umaiyadische Emirat in Córdoba ab dem Ende dieses Jahrhunderts an sich zog, mögen sie nach Spanien gekommen sein.

Von herausragender Bedeutung ist das umfangreiche System von Wanddekorationen, dessen Reste freigelegt werden konnten. Über imitierter Marmorinkrustation werden mit Architekturrahmen Kirchenbauten dargestellt. Zwischen Vorhängen und Blumenschmuck ist immer wieder das edelsteingeschmückte Kreuz abgebildet. Die Malereien sind in Purpur, Schwarz und Gelbtönen gehalten. Rekonstruktionen heben auf das Vorbild römischer Wandmalerei ab, besonders auf die erhaltenen Beispiele in Pompeji und Boscoreale aber auch auf spätantike Werke in Ravenna und Rom.

Santa María de Naranco (nur über das Stadtgebiet erreichbar) ist mit schlanker und eleganter Silhouette sicher eine der berühmtesten Bauten der asturischen Architektur. König Ramiro I. (842–850), ein baubegeisterter Monarch, ließ am Südhang des Narancoberges auf aussichtsreicher grüner Wiese ein Jagdschlößchen bauen. Der Bau war nicht groß, er wies nur einen repräsentativen Saal mit Aussichtsbalkon auf, dazu ein Bad und einen Raum für Dienstboten. Das Untergeschoß ist mit einem Tonnengewölbe versehen, das durch kräftige Gurtbögen verstärkt wird. Dies wiederholt sich im Oberge-

Das Vorbild der römischen Raumdekoration wurde auch anderswo aufgegriffen und umgestaltet: im germanischen Ravenna, wo sich sogar die halb aufgezogenen Vorhänge von San Julián de los Prados wiederfinden, im zum Großteil zerstörten Mosaikschmuck der Großen Moschee in Damaskus, wo Architekturdarstellung mit dem gleichen Rückgriff auf römische Konventionen falscher Perspektive erfolgt wie hier.

Asturien

schoß, das über eine doppelläufige Treppe an der Nordseite erreicht wird. Nach Westen und Osten öffnen sich zwei Loggien. Alle Nebenbauten, königlichen Villen und andere Bauten der Umgebung sind verschwunden, nur das westliche Drittel der Kirche San Miguel de Lillo ganz in der Nähe blieb erhalten.

Daß auch im Obergeschoß ein Gewölbe errichtet werden konnte, wird von den Chroniken der Zeit zu Recht hervorgehoben. Damit stehen diese Bauten im damaligen christlichen Europa einzigartig da: Nicht das winzige Asturien hinkte der Entwicklung hinterher, sondern der Rest Europas. Die Konstruktion ist bemerkenswert gut durchdacht: Der Druck der auf Kragsteinen ruhenden Gurtbögen der Gewölbe wird außen von schlanken Strebepfeilern aufgenommen. Zusätzliche Absicherung geben die Anbauten im Süden und Norden und die Öffnung der langgestreckten Anlage durch die Loggien im Osten und Westen.

Die fragmentarische Inschrift des Altars in der östlichen Loggia nennt König Ramiro und dessen Gemahlin Paterna als Stifter des Altars für Maria im Jahre 848, damals kann der Palast nur einige Jahre alt gewesen sein. Aus den Gesinderäumen wurde die Krypta der Kirche, das Bad verlor seine Funktion, aus dem Großen Saal wurde der Kirchenraum.

Die Dekoration des Baus ist in der Gliederung antiken Mustern verpflichtet, was sich in den von Halbsäulen getragenen Arkaden und den in den Zwickeln angebrachten Medaillons äußert. Im Detail sind westgotische Formen Vorbilder, z. B. der *sogueado*, die schnur- oder seilartige Riffelung der Säulen. Die Oberflächen der Kapitelle sind in dreieckige und trapezförmige Flächen zerlegt, die von Sogueado-Stäben gerahmt werden. Diese Felder werden von stark abstrahierten Figuren gefüllt, dasselbe gilt für die kleinen Reliefs, die über den Medaillons den Ansatz der Gurte schmücken. Trotz des aufwendigen Quadermauerwerks muß man sich den Bau geschlämmt, teils verputzt und farbig gefaßt vorstellen, nobler Hintergrund für einen Hof, der sich auch in einem Jagdpavillon ein wenig Luxus gönnen wollte und, das ist das Faszinierende daran, auch die Mittel zur Ausführung hatte.

Wenig höher, nur drei Minuten Fußmarsch entfernt, steht noch das westliche Drittel der ebenfalls von Ramiro gestifteten Kirche **San Miguel de Lillo** (s. S. 244). In der Ortsbezeichnung Lillo oder Liño erscheint noch die Bezeichnung für die Sommerfrische *Ligno*, die die Chronik von Albelda für die Bauten Ramiros nennt. Grabungen haben 1916/17 den Grundriß mit einem drei Joche umfassenden Schiff, einem schmalen Querhaus mit Anbauten und drei Chorkapellen aufgedeckt. Neben dem aufwendigen Westteil ist nur noch das westlichste Joch des Schiffs erhalten. Die Kapitelle und Basen der Pfeiler sowie die mit einem komplizierten Muster versehenen, aus einer einzigen Platte gearbeiteten Fenstergitter und die beiden Seiten des Türgewändes des Westeingangs sind skulptiert. Letztere greifen als Vorbild auf spätantike und frühbyzantinische Elfenbeinschnitzereien zurück. Der neue Konsul, ausgestattet mit Stab und *mappa*,

Asturische Kirchen

Santa Cristina de Lena

thront zwischen zwei Begleitern, zu seinen Füßen stehen ein Gaukler und ein Löwenbändiger für die von ihm eröffneten Zirkusspiele. Die obere Szene wird, um den zur Verfügung stehenden Raum auch zu füllen, unten wiederholt. Das Relief ist flach, das randliche Dekor stereotypisiert, aber der Wille zum Anschluß an antike Formen, wie er durch die Bildauswahl belegt ist, erfüllt dieses Kunstwerk wie die gesamte asturische Kunst dieser Zeit.

Auf dem Weg nach **Santa Cristina de Lena** folgt man der alten Verbindung, über die Spaniens christliche Wiedereroberung nach Süden getragen wurde. Die Kirche dort ist die wohl bedeutendste des asturischen Stils, ein Juwel im satten Grün des hier rasch ansteigenden Gebirges. An das gerade 10 m Länge messende Rechteck des Kernbaus sind Anbauten in Kreuzform gesetzt. Das Äußere wird durch dicht gesetzte Strebepfeiler straff gegliedert, das Innere durch Trep-

Das Konsularrelief in San Miguel de Lillo entstand nach einem Vorbild aus Elfenbein, dem 506 entstandenen Konsular-Diptychon des Areobindus. Diese 30 x 40 cm großen Elfenbein-Schreibgeräte, die in der spätrömischen Kaiserzeit für einen Konsul zum Amtsantritt angefertigt wurden, waren im weströmischen Reich noch bis 534 in Gebrauch. 44 Exemplare, meist in Kirchenbesitz, blieben erhalten.

Asturien

pen, Brüstungen und Arkaden raffiniert inszeniert. Im Westen hat man zwei Seitenräume und eine Tribüne eingebaut, im Osten mit drei Bögen über vier Säulen eine liturgische Bühne abgegrenzt, die einer Ikonostase gleicht. Zwischen den mittleren Säulen wurden Reliefplatten als Chorschranken aufgestellt.

Diese Platten sind neben den Säulen im Stil des Sommerpalasts Ramiros I. auf dem Naranco-Berg der künstlerische Höhepunkt des Raums. Das tief reliefierte, aus Kreuzen und pflanzlichen Motiven komponierte Dekor wurde von einem Steinmetz mit großer Erfahrung, hervorragenden handwerklichen Kenntnissen und einem an der Antike geschulten Sinn für Ordnung geschaffen. Für die Brüstungsplatten in San Miguel de Escalada bei León waren sie sicher Vorbild, nur war der dortige Meister nicht auf der künstlerischen Höhe desjenigen von Santa Cristina de Lena. Eine schriftliche Nachricht, die einen über die Architektur und Skulptur hinausgehenden Anhaltspunkt für die Datierung liefert, liegt nicht vor.

Gijón

Gijón, eine Stadt mit 2000-jähriger Geschichte, wurde im Spanischen Bürgerkrieg fast vollständig zerstört. Der Wiederaufbau dieses Zentrums des Widerstands gegen das Franco-Regime geschah ohne

Das Fischerviertel von Gijón

Skulptur »Elogio el Horizonte« von Eduardo Chillida.

Plan und unter Mißachtung elementarster städtebaulicher Regeln. Das »schöne Seebad« des Baedeker für Spanien und Portugal von 1906 wurde im DuMont Kunstreiseführer für Nordwestspanien von 1987 nicht einmal erwähnt. Inzwischen hat der Strukturverbesserungsplan von 1985 gegriffen. Die Stadt auf dem Schwemmland zwischen der felsigen Halbinsel Santa Catalina und dem Festland mit ihrem wunderbaren Stadtstrand de San Lorenzo hat wieder ein präsentables Gesicht bekommen, moderne Bauten haben abrißreife Auswüchse der Nachkriegszeit ersetzt. Viertel, die vorher nur als Slums bezeichnet werden konnten, wurden begrünt und bekamen eine akzeptable Infrastruktur. Die enge Altstadt mit ihren Arkadengängen, kleinen Plätzen und alten, wenn auch oft nur teilweise originalen Stadtpalästen wurde einem Fassadenlifting unterzogen. Das frühere Viertel der Fischer, Cimadevilla, wurde unter Denkmalschutz gestellt und entwickelte sich zu einem Bar- und Kneipenbezirk. Auf dem höchsten Punkt der Halbinsel Santa Catalina steht ein Kunstwerk, das den enormen Ausblick in einer majestätischen steinernen Umarmung einfängt, die Skulptur *Elogio del Horizonte* von Eduardo Chillida (1990).

Das Museumsangebot dieser Stadt mit einer Viertelmillion Einwohnern gleicht dem einer Millionenstadt. Zumindest drei sollte man gesehen haben. In der Altstadt liegt das **Museo de las Termas Romanas,** das über einem für die spanische Nordküste einzigartigen römi-

Asturien

Asturien

schen Thermenbereich errichtet wurde und über das Thermenwesen im Römischen Reich informiert. Am Stadtrand liegt das **Freiluftmuseum Pueblo de Asturias,** ein Bauernhausmuseum, das die traditionelle Architektur und die Lebensweise Asturiens zeigt. Auf demselben Gelände wurde der **Pabellón de Asturias** aufgestellt, der Pavillon Asturiens bei der Weltausstellung in Sevilla 1992, in dem ein anregender und informativer Überblick über Geschichte und Kultur des Fürstentums Asturien gegeben wird.

Auf der östlichen Küstenstraße (teilweise als Autovía ausgebaut) erreicht man **Villaviciosa**, eine Kleinstadt zwischen mittelalterlichen Mauern, in der u. a. ein Teil des Azabach für Santiago produziert wird. Fährt man von hier ein paar Kilometer in Richtung Oviedo, erreicht man die Kirche **San Salvador de Valdediós**. Im grünen Tal von Boides lag schon im Frühmittelalter ein königliches Gut, auf das sich wohl Alfonso III. zurückzog, nachdem seine drei Söhne ihn entmachtet hatten. Die neue Kirche mußte seinem Anspruch genügen. Sie ist wie San Miguel de Lillo (s. S. 256) dreischiffig, mit einer jüngeren Vorhalle an der Südseite und einer Empore im Westen, allerdings ohne Querhaus. Der Raum wirkt hoch und steil, das Hauptschiff ist nur 2,80 m breit, aber 8,20 m hoch, bei einer Länge von 16,60 m. In dem Bau von 893 wird der kulturelle Einfluß der während der Regierungszeit des Königs geförderten mozarabischen Zuwanderung sichtbar, besonders in den Kapitellen des Portals und der Schiffe. Aber die Kapitelle des Chors und die Rahmungen der Fenster des Obergadens werden noch mit Seilstäben wie am Berg Naranco verziert. Die behutsame Restaurierung der wenigen erhaltenen Wandmalereien hat deutliche Parallelen zu San Julián de los Prados (s. S. 253) aufgedeckt, der von dort übernommene Dekorationskanon wurde jedoch stark vereinfacht.

Im Land des Apfelweins

Etwas südlich liegt **Nava,** das Zentrum der asturischen Apfelweinproduktion. Man sieht freilich wenige Apfelplantagen, selbst um Nava gibt es praktisch keine modernen Kulturen, sondern nur bäuerliche Obstwiesen, die häufig einen sehr vernachlässigten Eindruck machen – man wird den Eindruck nicht los, daß ein Teil der arturischen *sidra* aus eingeführten Äpfeln hergestellt wird. Einige Bauern sind zur Direktvermarktung übergegangen, der von ihnen produzierte Most kann im Garten unter den Apfelbäumen an langen Holztischen genossen werden, auch eine Kleinigkeit zu essen wird dazu serviert, ein paar Oliven, sauer eingelegte Sardinen, Tintenfisch in schwarzer Sauce, Würfelchen vom wunderbaren Blauschimmelkäse Asturiens, dem Cabrales. In Nava dreht sich alles um die Sidra, es gibt ein Apfelmostmuseum und ein Apfelfest im Herbst, seit 1998 findet eine Internationale Apfelmostmesse statt, die auch interessierten Konsumenten zugänglich ist, in den Restaurants, Bars und Sidrerias wird natürlich Sidra ausgeschenkt, und wenn Sie jetzt immer noch nicht genug haben, dann können Sie sich im Stadtpark auf bronzene Äpfel setzen.

Die Sidra ist ein altes Getränk, das man in vielen Gegenden Europas kennt, aber vor allem in Südengland, Nordwestfrankreich, dem Untermaingebiet, dem österreichischen Donautal und eben hier in Asturien hat es sich gegen Bier und Wein halten können. Nachdem sie lange Zeit *out* war, wird sie jetzt wieder als akzeptabel, ja schick angesehen, das geht den Leuten in Nava glatt hinunter. Sidra wird nicht einfach eingegossen, die Prozedur, die bei möglichst abgewendetem Gesicht den Strahl des Mosts aus großer Höhe in das tief gehaltene Glas lenkt, muß man gesehen haben. Wer keinen Most mag, der sollte zumindest einen Apfelmostessig mit nach Hause nehmen, so wird die Erinnerung an Asturien immer wieder aufgefrischt.

So wird Sidra ausgeschenkt

Asturien

Zum asturischen Nationalheiligtum: Covadonga

In Arriondas zweigt die Straße in die Picos de Europa ab. Hier findet alljährlich im August der bekannteste Kanutenwettbewerb Spaniens statt, der *Descenso del Sella,* der bis hinunter zur Mündung nach Ribadesella führt. Er erinnert an die Erstbefahrung des Río Sella im Jahr 1930. Bei dieser Gelegenheit sind die wenigen Hotelzimmer in den beiden Orten völlig ausgebucht. Am Nachmittag beginnt außerhalb von Ribadesella ein großes Fest mit Essen unter freiem Himmel, Volkstanz und Musik, das abends im Ort weitergeht und bis zum Morgen des nächsten Tages währt. Die leichte Kanustrecke ist übrigens auch für Anfänger kein Problem, an Wochenenden und im August ist sie deshalb oft gut besucht. Kanus und Ausrüstung können an Ort und Stelle gemietet werden.

Das spanische Nationalheiligtum Covadonga erreicht man von Arriondas auf einer guten Straße über Villanueva und Cangas de Onís. In **Villanueva** wurde 1998 im früheren Kloster San Pedro de Villanueva, einem Nationalmonument, der Parador Cangas de Onís eingerichtet. Die Nächtigung an den Ufern des unter den Fenstern rauschenden Baches bleibt unvergeßlich. Die kleine romanische Abteikirche mit ihrem präzisen Steinschnitt, der noch aus der Gründungszeit unter Alfonso I. stammt, ist auch von außen zugänglich. Der Fries des Portals schildert den Jagdunfall König Fávilas, bei dem ein Bär dafür sorgte, daß die Macht im asturischen Fürstenhaus vom Sohn des Pelayo auf den Schwiegersohn überging, auf Alfonso I., den Katholischen.

Kurz vor **Cangas de Onís** lohnt sich der Blick auf die romanische Brücke über den Sella, die eine römische ersetzte. Sie diente in römischer wie in mittelalterlicher Zeit dem Transport des wertvollen Erzes. Einen Halt lohnt auch die Kapelle Santa Cruz, die der Überlieferung nach erstmals von Fávila, dem nur zwei Jahre regierenden Sohn Pelayos erbaut wurde. Bevor er auf der Jagd einem Bären zum Opfer fiel, setzte er damit an der ersten Residenz der asturischen Könige ein Denkmal für die Schlacht von Covadonga. Erbaut wurde die Kapelle an der Stelle eines römischen Tempels, der über einem prähistorischen Grabhügel errichtet worden war. Der Dolmen ist vom Inneren der Kapelle aus zugänglich. Neben Ritzzeichnungen ist auch noch eine Inschrift aus der Zeit König Fávilas zu erkennen. Die Kapelle kann derzeit nicht besichtigt werden.

Die Menschen in den Autokolonnen, die im Sommer die schmale Straße hinauf nach **Covadonga** schleichen, sind auf der Suche nach den historischen Wurzeln Spaniens. Ihr Ziel ist eine Höhle in den steilen Hängen der Sierra de Covadonga, deren Lage schon ohne die historische Bedeutung romantisch genug ist. Hierher zog sich Pelayo mit wenigen Getreuen zurück, als er von den Arabern als Aufrührer und entflohene Geisel gesucht wurde. Die Geschichte Pelayos ist oft erzählt und ebenso oft ausgeschmückt worden, die historische Wirklichkeit dahinter kaum noch freizulegen. Die drei großen Werke, die

Covadonga

Villanueva / Cangas de Onís / Covadonga

Asturien

über ihn berichten, sind sämtlich erst nach 800, lange nach den erzählten Ereignissen entstanden, von den zeitgenössischen Erwähnungen sind nur vier vor diesem Zeitpunkt zu datieren. Pelayo war vielleicht aus königlich westgotischem Geschlecht, wie andere Westgoten hatte er sich nach der verlorenen Schlacht von Jerez de la Frontera 711 nach Norden zurückgezogen. Aber auch hier vertrat bald der in Gijón residierende arabische Statthalter Munuza die neuen Herren Spaniens. Den aufmüpfigen Pelayo schickte er nach Toledo in die Verbannung. Pelayo floh, kehrte in den Norden zurück, und rief zum Widerstand gegen die noch längst nicht gesicherte arabische Herrschaft auf. Als sich Pelayo in höchster Gefahr sah, von einer Truppe arabischer Soldaten gefangengenommen zu werden, erschien ihm in der Höhle von Covadonga (*cova dominica,* Höhle der Herrin) die Jungfrau Maria und wies ihm das Kreuz als Siegeszeichen. Ein rasch aus Eichenholz geschnitztes Kreuz wurde zum *Cruz de la Victoria,* zum Kreuz des Siegs, das nun, mit Gold beschlagen und mit Edelsteinen verziert, in der Cámara Santa in Oviedo zu bewundern ist (s. S. 248). Der Trupp Araber wurde vernichtet, und auch Munuza verlor bald darauf Gefecht und Leben. In Toledo aber hatten die dortigen Befehlshaber anderes zu tun, als sich um diesen Rebellen in einem unwegsamen und uninteressanten Bergland des Nordens zu kümmern, war man doch gerade dabei, die Eroberung des Frankenreiches vorzubereiten. Das christliche Spanien sieht diese meist in das Jahr 722 datierten Ereignisse als den Beginn der Reconquista, die bald zum Programm der asturischen Könige wurde. Sie sollte erst 770 Jahre später mit der Eroberung Granadas abgeschlossen sein.

Wichtigstes Ziel der Pilger und Touristen ist die **Cueva Santa,** die Heilige Höhle, mit dem erneuerten Bildwerk der *Virgen de las Batallas,* der Jungfrau der Schlachten. Sie war es, die Pelayo die Form und das Zeichen des asturischen Kreuzes wies, das noch heute Mittelpunkt des Wappens Spaniens ist. Ein Brand von 1777, wohlmeinende Spenden Königin Isabellas II. nach ihrem Besuch von 1858 und Bürgerkriegsschäden haben die alten Bauten praktisch vernichtet, vor der in eine Felsennische eingebauten neoromanischen Kapelle findet sich vor allem Zeitgenössisches. Die Gräber für Pelayo, seine Gemahlin Gaudiosa und seine Schwester Hermensinda wurden erst im 12. oder 13. Jh. hierher übertragen, das Grab Alfonsos I., des Katholischen im 16. Jh. Die große, neoromanisch-historische Basilika (1877–1901) auf einem nahen Felsen hoch über dem Tal mit der Zufahrtsstraße ist ohne Leben geblieben, die Menschen zieht es nicht zum Marienheiligtum, sondern zum Nationalheiligtum – und das liegt in der Höhle.

Hoch über dem Tal von Covadonga liegt der Heilige Felsen, die **Peña Santa,** mit 2596 m einer der höchsten Gipfel der **Picos de Europa.** Dieses Gebirge wiederum ist der höchste und am »alpinsten« geformte Teil des Kantabrischen Gebirges, das von Galicien bis zum Baskenland das maritime Küstenspanien von den großen, trockenen Hochebenen des Zentrums trennt. In dem wilden Bergland

Als Autofahrer kann man der Straße folgen, die von Covadonga zu den Bergseen Lago de Enol und Lago de la Ercina führt, die in einer Karmulde zwischen grünen Wiesen unter grauweißen Kalkgipfeln liegen. Leichte Wanderwege gehen vom stark frequentierten Parkplatz zwischen den Seen aus und führen schon nach wenigen Minuten aus dem Massenbetrieb in einsame, blumenreiche Wiesen. Der Ganztagesausflug (6 Stunden Gehzeit) zur im Sommer teilbewirtschafteten Berghütte Refugio de Ario führt über den Aussichtspunkt Collado el Jito, von dem man auf eines der mit Sicherheit eindrucksvollsten Panoramen des Gebirges blickt.

Das Deva-Tal in den Picos de Europa

existiert ein weitmaschiges Netz von Wanderwegen, große Gebiete sind völlig weglos. Auf den Hochalmen werden sommers Schaf- und Rinderherden gehalten, erstere werden von den typischen nordspanischen Hirtenhunden bewacht, den sehr großen und nicht ungefährlichen *mastíns*. Diese Hunde tragen ein mit Nägeln gespicktes Halsband, das sie im Kampf gegen Wölfe schützen soll. Ja, es gibt noch Wölfe, Einzelgänger zumeist, die über das gesamte Kantabrische Gebirge verteilt sind, scheue Tiere, deren Bestand immer noch durch illegale Fallen gefährdet wird. Dasselbe trifft leider auch auf die Braunbären zu, deren Bestand in der gesamten Kordillere auf nur noch 60 bis 80 Tiere geschätzt wird, die sich auf zwei getrennte Verbreitungsgebiete von insgesamt ca. 3000 km^2 verteilen. Allein 18 Exemplare zählten Bärenschützer im Naturpark von Somiedo (Kantabrien). Im trennenden Bergland werden nur sehr selten Spuren von Bären gefunden. Die Populationen sind so klein, daß sie durch jeden Eingriff von außen gefährdet sind, wenige Unfälle in einer der von Wilderern aufgestellten Bärenfallen könnten sie auslöschen.

Von Covadonga nach Colombres

Wenn man bei Soto de Cangas nach Osten abbiegt, erreicht man die Cabralesgegend, in der Asturiens berühmtester Käse und Spaniens bedeutendster Blauschimmelkäse *(azul)* hergestellt wird, der *cabrales*. Er darf nur in den Dörfern der Cabralesgegend (Concello de Cabrales) und in drei weiteren Dörfern im Osten der Picos de Europa hergestellt werden. Die Impfung des aus der Milch von Ziege, Schaf und Kuh hergestellten Frischkäses durch *Penicillium roqueforti* erfolgt auf natürlichem Weg durch Lagerung in den Höhlen der örtlichen Hersteller. Mit fünfzehn weiteren spanischen Käsen teilt er die Auszeichnung einer geschützten Herkunftsbezeichnung. Darunter sind noch drei aus den Picos de Europa: der Picón Bejes-Tresviso und der Quesucos de Liébana, beide aus dem Liébanatal, sowie der aus dem südlichen Valdeón stammende Käse gleichen Namens, außerdem fünf Käse aus Nordwestspanien: der Cantabria, der Roncal aus Navarra, Arzúa-Olloa und Tetilla aus Galicien, und der baskische Idiazábal – neun von sechzehn!

Vom Cabralestal führt eine kleine Straße über einen Paß der küstennahen Sierra de Cuera nach Posada an der alten Hauptstraße von Oviedo nach Santander, die heute etwas nördlich verläuft und zur Autovía ausgebaut wird. Nehmen Sie von Posada die schmale Straße an die Küste nach Barro und Celorio, sie führt zu einem der spektakulärsten Abschnitte der spanischen Nordküste. **Barro** mit seinem Hafen in der gewundenen Ría, die nur bei Flut Wasser bekommt, das einsame Kirchlein von **Celorio** und der Strand des Örtchens, der wie aus einem Bilderbuch geschnitten ist, mit hellgoldenem Sand und adrett plazierten Felsen in zwei oder drei romantischen Kulissen zu beiden Seiten, der herrliche Strand von **Poo**, auch hier Sandstrand und Felsküste – mit nur wenigen, die Landschaft nicht dominierenden Hotels ist das ein wirklich faszinierender Küstenabschnitt. Das Walfängerstädtchen **Llanes** hat noch Mauern, alte Hafenanlagen, einen Verteidigungsturm und eine ganze Reihe hübscher Häuser der späten Gründerzeit, darunter das üppig in Neobarock protzende Rathaus. Vor Andrín, wo man dann endgültig auf die Nationalstraße gedrängt wird, lockt noch einmal ein Mirador, ein Aussichtspunkt der Superklasse, der diese herrliche asturische Küste und die nahe Gebirgskette der Sierra de Cuera zu einem atemberaubenden Panorama zusammenfaßt.

Vor der Ortschaft Colombres kann man links zur **Cueva del Pindal** abzweigen, die einem alten unterirdischen Flußsystem folgt, das sich heute in eine schmale grüne Senke, dutzende Meter über dem felsendurchsetzten, brandenden Meer, öffnet. Die meist roten Malereien und die Gravuren der Höhle sind etwa 13 000 bis 14 000 Jahre alt, sie verwenden gelegentlich natürliche Formen der Oberfläche oder auffällige Kanten, um den Bildern Randschärfe und Volumen zu geben. Der interessanteste Bereich umfaßt mehrere Bisondarstellungen, punktierte Flächen und messerartige Formen, ein Ren und

Die 12 000 bis 13 000 Jahre alten Malereien der Höhle von Tito Bustillo bei Ribadesella lohnen ebenfalls den Besuch. Die vielen polychromen Wildpferddarstellungen, die man dort bewundern kann, sind auf zwei Höhlenbereiche konzentriert, die von der Wissenschaft als Heiligtümer (santuarios) gedeutet werden.

andere hirschartige Tiere, einen Elefanten, dazu einen isolierten Pferdekopf auf der anderen Seite der Höhle und die stark beschädigte Darstellung eines (Thun-)Fischs, die neben den Forellen aus der Höhle von Niaux in Südfrankreich das älteste Bild von Fischen überhaupt, das von Menschen angefertigt wurde.

In **Colombres** befindet sich in der prachtvollen Gründerzeitvilla Iñigo Noriega das *Archivo de Indianos*. Dieses Institut sammelt Informationen über die asturische Auswanderung nach Amerika und die Schicksale der oft reichen Indianos, der Rückwanderer. Häufige Ausstellungen machen das Thema auch für nichtasturische Besucher interessant.

Kantabrien

Von Unquera nach Altamira – die kantabrischen Höhlen

Kantabrien ist entweder Meer oder Gebirge, einen Mittelweg gibt es im wahrsten Sinne des Worts nicht. Daß das große Gebirge, das Nordspanien in einen atlantischen und einen kontinentalen Teil scheidet, Kantabrische Kordillere heißt, ist nur recht und billig, genauso angemessen wie die spanische Bezeichnung für den Atlantischen Ozean zwischen der Nordwestspitze Galiciens und dem Golf von Biscaya: *Mar Cantábrico*. So sind auch die Orte Kantabriens entweder Hafenstädte mit Seefahrer-Vergangenheit oder Bergnester, die noch heute, meist mehr schlecht als recht, von der Landwirtschaft leben und von dem wenigen, was der Tourismus in einer Landschaft bringen kann, die in allen Monaten Regen kennt.

In die Berglandschaft der Picos de Europa führt noch einmal von Unquera eine Straße in Richtung Liébana. Im dortigen Kloster **Santo Toribio de Liébana** schrieb Beatus, genannt von Liébana (s. S. 48), um das Jahr 776 seinen Apokalypsekommentar, der in den folgenden Jahrhunderten immer wieder abgeschrieben wurde. Die Illustrationen in späteren Handschriften gehören zu den einflußreichsten und schönsten des frühen Mittelalters. Erinnern Sie sich an diese Sätze des William von Baskerville: »Ich fand dich ohnmächtig auf dem Boden vor einem Tisch, auf dem eine prächtige mozarabische Apokalypse lag, wo das mit der Sonne bekleidete Weib – ›mulier amicta sole‹ – dem roten Drachen entgegentritt. Aus dem Geruch merkte ich gleich, daß du etwas Schlechtes eingeatmet hattest, und trug dich rasch fort.« Sie stammen aus Umberto Ecos Roman »Der Name der Rose« und beziehen sich auf den jungen Mönch Adson, der in einer einsam gelegenen Abtei ein Buch studiert. Dieses Buch ist, wie es Umberto Eco im Roman mit einer detaillierten Beschreibung eingrenzt und auch explizit (in der »Nachschrift«) bestätigt hat, die Bea-

Besonders sehenswert:
Altamira / Kantabrische Höhlen ☆☆
Santillana del Mar ☆

Kantabrien

*Kantabrien und
Baskenland*

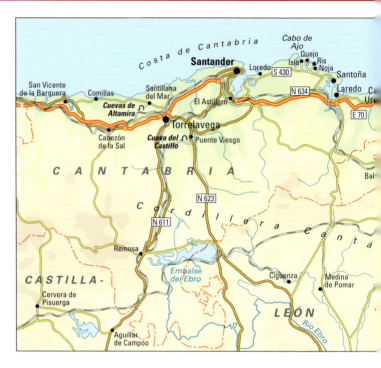

tus-Abschrift aus San Isidoro in León. Daß Umberto Eco im Roman eine Beatus-Handschrift als indirekten Auslöser der spannenden Story verwendet, hängt zwar auch damit zusammen, daß er selbst darüber wissenschaftlich publiziert hat, vor allem aber damit, daß er für den Handlungsablauf ein Werk benötigte, das im Mittelalter nicht nur gut bekannt, sondern auch besonders gesucht und wertvoll war. Santo Toribio besitzt eine spätromanische Klosterkirche und eine kostbare Reliquie des Kreuzes Christi, die der hl. Toribius von einer Wallfahrt nach Jerusalem mitgebracht hatte. Sie wird in der barocken Capilla del Lignum Crucis aufbewahrt, die übrigens von Spenden reicher Indianos bezahlt wurde. An Beatus, der nur ein einziges Mal in den zeitgenössischen Quellen erwähnt wird, erinnern nur einige Reproduktionen von Miniaturen aus seinen Kommentaren zur Apokalypse, die im barocken Kreuzgang hängen.

Und wenn Sie schon so weit ins Binnenland gefahren sind: 25 km weiter liegt auf 1070 m Höhe der staatliche Parador Fuente Dé mit bequemen und – sehr wichtig – geheizten Zimmern, von dem aus Sie eine Seilbahn zur verwegen gelegenen Bergstation auf fast 2000 m direkt unter den höchsten Gipfeln der Picos de Europa (Peña Vieja, 2613 m) bringt. Nicht zu vergessen die Aussicht da oben, besonders wenn die Landschaft darunter in einem Nebelmeer versinkt und die Bergspitzen wie Inseln darauf schwimmen!

San Toribio de Liébena / San Sebastián de Garabandal

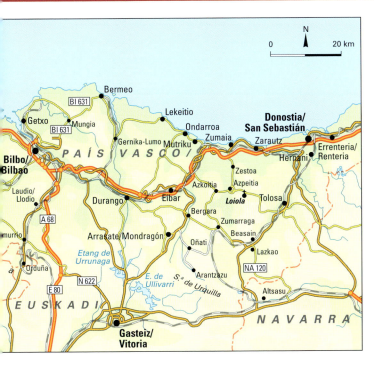

San Sebastián de Garabandal ist ein Bergdorf, das sich von anderen dadurch unterscheidet, daß es hier eine ganze Reihe neuer Häuser und mehrere Kneipen gibt, sonst undenkbar in diesen armen Bergbauerngegenden. Den bescheidenen Wohlstand hat Garabandal einer Serie von Marienerscheinungen zu verdanken, die zwar nur von 1961 bis 1963 andauerten, aber heute noch eine Menge Touristen ins Dorf locken. Die ersten Erscheinungen fanden in einem Hain aus wenigen alten Kiefern statt, in dieser baumlosen Landschaft aus Wiesen und Weiden der winzige Rest früherer Bewaldung. Der Weg dorthin ist heute zum Kreuzweg gestaltet, mit Kapelle, Bildstöcken und einzeln stehenden Kreuzen und allem zugehörigen volksfrommen Inventar bis hin zu den Krücken, die von Geheilten zurückgelassen wurden. In Garabandal, vor allem aber in den Dörfern am Weg, haben sich viele alte Häuser erhalten, die oft einen vorspringenden oberen Stock haben, der nicht auf Stützen steht wie meist in Asturien oder Galicien, sondern auf Balken ruht, die im Mauerwerk verankert sind; manchmal tragen auch Arkadengänge den oberen Stock. Die Seiten der Veranda bestehen aus massiven Steinwänden, während die Brüstung aus Holz gefertigt ist. Das Dach ist weit über die offene Veranda heruntergezogen, um den Regen abzuhalten, und mit Hohlpfannen gedeckt. Auf dem Rückweg fährt man wieder durch die schöne Tallandschaft, der Fernblick auf die 30 km Luftlinie ent-

»Seit dem 18. August 1961 gab es in Garabandal vertikale und auch horizontale Levitationen. Während diverser Exstasen wandelten die Mädchen in der Luft und legten dabei unterschiedliche und jedenfalls beträchtliche Entfernungen zurück, wobei sie in einer Höhe von etwa fünfzig Zentimetern über dem Boden wandelten, vom Chon-Haus zum Maximina-Haus...«
(José María de Dios)

San Vicente de la Barquera ▷

Kantabrien

San Vicente de la Barquera

Kantabrien

fernte abenteuerliche Felsengestalt des Naranjo de Bulnes in den Picos de Europa gehört dabei zu den Höhepunkten.

San Vicente de la Barquera ist der nächste größere Küstenort; der hervorragend erhaltene mittelalterliche Ort gehört zu den malerischsten der spanischen Nordküste. Den Hintergrund des Stadtbilds geben die Picos de Europa ab, unter denen wieder der Naranjo de Bulnes durch seine verwegene Gestalt besonders auffällt.

Comillas, 10 km weiter, hat ebenfalls mittelalterliche Wurzeln, aber es wird von Bauten der Gründerzeit und des Jugendstils dominiert, großbürgerlichen Villen vor allem, die von großem Wohlstand zeugen. Comillas war im späten 19. Jh. Wohnort des reichen Indiano Antonio López y López, der in Übersee Tabakproduktion und -handel in die Hand genommen hatte, aber auch mit Banken und einer transatlantischen Schiffahrtslinie Erfolg gehabt und Geld gemacht hatte. Zurück in seiner Heimatstadt Comillas tat er alles, um den beginnenden Badetourismus der Madrilenen zu fördern, so ließ er z. B. die erste öffentliche Straßenbeleuchtung Spaniens einrichten. Als das spanische Königspaar 1881 und 1882 auf seine Einladung hin Comillas beehrte (ist es Zufall, daß der reiche Indiano erster Marqués de Comillas wurde?), war das der Durchbruch für den Ort. Noch heute gilt die kantabrische Küste als das Meer der Madrilenen, noch heute stellen sie den Großteil der Sommerurlauber – und noch heute

Höhlenmalerei in Altamira: Wisent mit erhobenem Schweif

ist Comillas die feinste Adresse. Für Gaudí-Fans noch ein Hinweis: die **Casa »El Capricho«,** die er 1883–85 für den Marqués de Comillas entwarf, diese spielerische »Laune«, die aus Versatzstücken mittelalterlichen Festungsbauten, Elementen maurischer Innenräume und grün-blauem Kacheldekor ein amüsant-selbstbewußtes Ganzes schafft, ist als elegantes und nicht billiges Restaurant auch innen zugänglich.

Eine Besonderheit dieser Etappe sind die berühmten **Kantabrischen Höhlen** mit ihren altsteinzeitlichen Malereien und Ritzzeichnungen. Sie stellen das Gros der mehr als 200 dar, die bisher in Spanien entdeckt wurden, darunter diejenige, mit der unser Wissen um die Kunst des Cromagnon-Menschen begann: Altamira. Was nach der Entdeckung der Tierdarstellungen 1879 als Fälschung, grober Schabernack und Studentenulk abgetan wurde, ist heute ein Kunsttempel für einige auserlesene Besucher. Immer wieder werden Entdeckungen gemacht, so wurden die Malereien der Höhle El Pendo, nicht weit von Altamira entfernt, als 3000–4000 Jahre älter als Altamira bestimmt. Ocker, den man in der Höhle fand und der nur zum Zweck des Malens von Menschen in die Höhle gebracht worden sein konnte, ist älter als 35 000 Jahre! Die Menschen der Altsteinzeit haben keine Signaturen hinterlassen, aber in vielen Höhlen findet man ihre Handabdrücke, wie in der Grotte Santiván bei Puente Arce – es ist besonders bewegend, nicht nur die Werke der Künstler zu sehen, sondern auch die Abdrücke der Hände, die sie geschaffen haben. Warum und zu welchem Ziel die Höhlenmalereien geschaffen wurden, was die Menschen bewegte, die in tiefen, dunklen Höhlen längere Zeit ausharren mußten, um oft riesige Flächen mit Zeichnungen zu überziehen, das bleibt uns verborgen. Wir müssen uns auf Mutmaßungen und unser Gefühl für Bedeutungen beschränken. Die Forschung versucht heute, die Dechiffrierung der Bildsprache und der einzelnen Zeichen über die Semiologie, wie Georges Sauvet, und die Psychoanalyse zu erzwingen. Andererseits hat sich wenig an der Interpretation geändert, seit der große Abbé Breuil die Höhlen Südwestfrankreichs und jene Nordspaniens analysierte, Altamira erstmals 1911 (Jagd- und Fruchtbarkeitsmagie, schamanistische Beschwörung, zuletzt u. a. Michel Lorblanchet und Publikationen von Michel-Ange Garcia). Noch immer bleibt die Frage nach dem Warum unbeantwortet, erschöpft sich die Analyse in Datierungen, Chronologien und dem Vergleich von Stilmerkmalen. Damit ist uns nicht geholfen, die wir im Dunkel der Höhle stehen und uns fragen, was die bewegt hat, die hier eine Bisonherde malten, dort den Kopf eines Pferdes, eine Gruppe von Hirschkühen, geometrische Muster – und die ihre Hände mit roter Farbe beschmierten, um Abdrücke auf der Wand zu produzieren, als ob sie die Wand und das auf ihr Dargestellte dergestalt in Besitz nehmen könnten.

Die meisten öffentlich zugänglichen Höhlen gibt es um den Ort **Puente Viesgo** südöstlich von Torrelavega. 13 von 21 bekannten Höhlen weisen Spuren paläolithischer Menschen auf, vier von

Immer wieder werden in Kantabrien neue Höhlen mit steinzeitlichen Malereien gefunden: Die Höhle Aurelia bei Castro-Urdiales ist mit 16 Bisondarstellungen ausgemalt, die starke Ähnlichkeit mit Altamira haben; sie wurde im Juli 1999 entdeckt.

Im Museo de Prehistoria de Puente Viesgo, das kürzlich im alten Bahnhofsgebäude eingerichtet wurde, kann man sich über die Urgeschichte und die Höhlen der Region informieren.

Kantabrien

Wenn Sie Lachs lieber auf dem Teller als an der Wand sehen: Die hervorragende, auf die deftige kantabrische Bergküche und die ausgezeichneten Käse der Region spezialisierte Gastronomie von Puente Viesgo ist auch darauf eingestellt!

ihnen sind besonders sehenswert, dazu kommt die mit phantastischen Stalaktiten und Stalagmiten prunkende Höhle **Las Monedas**. **Las Chimeneas,** 1953 entdeckt, hat Felsritzungen und Konturmalereien von Tieren in Schwarz und Braun, meist Hirsche, aber auch eine Gemse. Im selben Berg liegt die Höhle **El Castillo,** in der eine Galerie mit zwei Reihen roter Punkte Rätsel über deren Bedeutung aufgibt, auch rote Handabdrucke finden sich und diverse Tiere wie Elefant, Bison, Hirsch und Pferd in Rot oder polychrom mit schwarzer Umrißzeichnung. Das faszinierendste Bild stellt einen laufenden Bison dar, dessen Körper durch einen vorspringenden Tropfsteinwulst plastisch gestaltet ist. **La Pasiega** besitzt, wie El Pindal in Asturien, eine Fischdarstellung, vielleicht handelt es sich um einen Lachs, der dort immer noch im Fluß unterhalb der Höhle vorkommt. In einer langen Galerie finden sich rote und braune Umrißzeichnungen von Bisons, Ziegen, Hirschen und Auerochsen sowie, selten in Nordspanien, eine menschliche Figur.

Für den Besuch von **Altamira,** diese »Sixtinische Kapelle der Steinzeitkunst« (so nannte sie Abbé Breuil und die Bezeichnung blieb an ihr hängen), sollten Sie sich etwas Zeit mitbringen – zehn bis fünfzehn Monate müssen es schon sein. Die Höhle ist seit Jahren nur noch für maximal dreißig Personen pro Tag geöffnet, ihr Bekanntheitsgrad und das ernsthafte Interesse des Publikums, das für einem Wochenendtermin im Sommer bis zu zwei Jahre warten muß, um die Höhle betreten zu können, sprechen für die charismatische Bedeutung dieser Bilder. Der durch die menschliche Atmung entstehende Wasserdampf hatte bei dem Massenandrang vor der Zugangsbeschränkung einen raschen Oxidationsprozeß der Bildoberflächen in Gang gesetzt, der gerade noch gestoppt werden konnte. Das ausgezeichnete neue Museum von Altamira bietet eine bis ins Detail genaue Nachbildung des großen Saales der Höhle, daneben hält es hervorragend aufbereitete Infos zum Zustand und zur Erhaltung der Malereien bereit. Auch ohne den eigentlichen Höhlenbesuch lohnt sich so die Fahrt nach Altamira.

»Magische Vorstellungen setzen voraus, daß man durch bestimmte Handlungen über Zeit und Raum hinweg auf Tiere und Menschen einzuwirken vermag. Mit dem Abbild von Tieren und Menschen glaubt man, Macht über diese selbst zu haben. Abbild und natürliches Vorbild sind scheinbar wesensmäßig miteinander verbunden: die Darstellung ist nicht bloßer Schein, sondern ein ›zweites Ich‹ des abgebildeten Wesens. Tatsächlich legen eine Reihe jungpaläolithischer Kunstwerke eine Jagd- oder Fruchtbarkeitsmagie nahe.«
(R. Drößler)

1879 besuchte der Landedelmann Marcelino Sanz de Sautuola eine Höhle, die zehn Jahre zuvor ein Hirte entdeckt hatte. Während er mit der Untersuchung von Boden und Wänden beschäftigt war, meinte seine kleine Tochter, an der Decke Bilder von Stieren zu sehen. Es waren die fast lebensgroßen Bisons der Großen Halle, und es war das erste Mal seit Tausenden von Jahren, daß ein Mensch bewußt mit der Felsbildkunst der Steinzeit konfrontiert war. Der faszinierte Landedelmann machte seine Entdeckung publik und widmete sein Leben fortan der Aufgabe, die Öffentlichkeit von der Bedeutung dieses Funds zu überzeugen. Das wurde ihm nicht gedankt, er wurde im Gegenteil mit Spott überschüttet, als Schwindler bezeichnet und verlor seine Freunde. Andere Höhlenmalereien wurden im weit entfernten Südfrankreich entdeckt, Entdeckungen folgten bald Schlag auf Schlag – aber auch damit waren die Gegner nicht zum Schweigen gebracht, die Zweifler nicht überzeugt. Es dauerte bis 1903, als zwei Publikationen von Henri Breuil über Altamira erschienen – eine davon gemeinsam mit Emilio Cartailhac, der zuvor ein wütender Gegner der Authenzität gewesen war. Erst jetzt wurden die Höhlenmalereien endlich als das anerkannt, was sie sind: Ausdruck des Kunstwillens unserer Vorfahren, entstanden vor 14 000 bis 16 000 Jahren während des Kulturzeitraums des Magdaléniens.

Die große Galerie von Altamira mißt etwa 18 m × 9 m. Auf ihrer Decke sind 25 Tiere in Flächenfarben dargestellt, die meisten von ihnen Bisons, außerdem Pferde, Hirsche und Eber. Die naturnahe Darstellung der Bisons, die in den verschiedensten Stellungen wiedergegeben sind, überrascht um so mehr, als die Tiere fast lebensgroß, bis zu 2,2 m Länge, an die unebene Decke gemalt wurden, was selbst für einen versierten Künstler keine leichte Sache ist. Für die Körper der Tiere wurden natürliche Höcker in der Decke in die Darstellung so einbezogen, daß sie besonders plastisch wirken. Die verwendeten Farben beschränken sich auf Rot, Ocker und Schwarz, was die Leistung der Künstler noch größer erscheinen läßt. Wieder stellt sich die Frage nach dem Warum. Jagdzauber, Bannung der Tiere durch schamanische Kräfte ist die meistgehörte Antwort. Wo liegen die Grenzen? Ist nicht jede Photographie eine Bannung des Dargestellten, eine Aneignung des Objekts? Wir können darüber nur spekulieren.

Santillana, Santander und Costa Smeralda

Santillana del Mar ist einer der besterhaltenen mittelalterlichen Orte Spaniens. Der Gang durch die mit Kopfsteinen gepflasterten Straßen führt durch eine Kleinstadt ohne Neubauten. Die aus großen Steinquadern errichteten Häuser sind mit den Wappen bedeutender kastilischer Familien geschmückt, die während der Reconquista zu Geld und Grundbesitz im neu eroberten Süden gekommen waren: die Salazar, Velarde Ceballos, Calderón de la Barca, Peredo, Mendoza, Marqueses de Santillana. Es ist, als ob die Zeit stehengeblieben wäre, als diese Familien nach Neukastilien zogen oder nach Amerika, wo es auch Neuland zu erobern gab und Gold dazu, als ob sie die wappengeschmückten Türen, die großen rund- oder spitzbogigen Einfahrten, die gotischen Fenster versperrt hätten, um sich die folgenden Jahrhunderte nicht mehr um ihren Besitz zu kümmern.

Aus diesem absolut intakten Ensemble, das nur mit Rothenburg ob der Tauber oder San Gimignano verglichen werden kann, ragen einige Bauten heraus, so die Casa de los Hombrones, ein Stadtpalast mit frühbarockem Wappen, das von zwei riesenhaften steinernen Rittern gehalten wird, eben den *hombrones*, der Stadtpalast des ersten Marqués de Santillana, vor allem aber die Kollegiatskirche Santa Juliana. Die namengebende Heilige (Santa Juliana – Sant'Illana – Santillana) ruht seit dem 6. Jh. an diesem Ort, die Klosterkirche mit Kreuzgang ist der letzte Rest eines der mächtigsten Klöster Nordspaniens. Schenkungen und Fueros mehrerer asturischer und später kastili-

Kantabrien

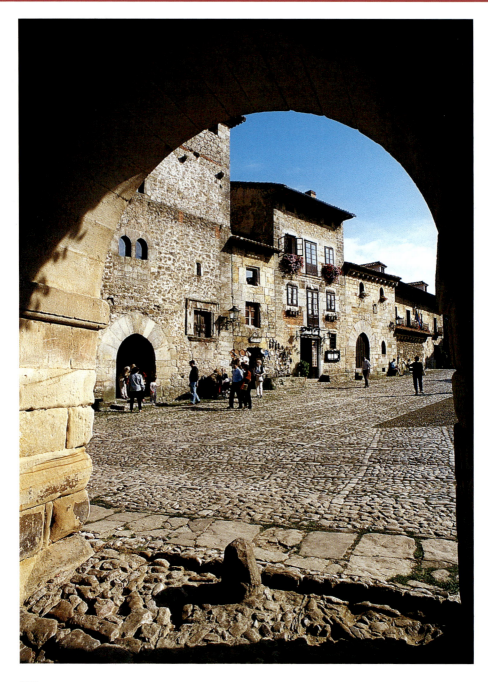

scher Könige steigerten die Bedeutung des Klosters so sehr, daß man die gesamte Region nach dem Kloster nannte. Daß sich der Landadel dieser Region in Santillana Stadtpaläste baute, versteht sich von selbst, daß er sich in der Collegiata begraben ließ, ebenfalls.

Die Kollegiatskirche Santa Juliana ist der bedeutendste romanische Bau Kantabriens. Von außen wirkt sie sehr massiv, insbesondere der Ostbau mit drei Apsiden und einem kräftigen romanischen Turm (12. Jh.). Man betritt die dreischiffige Kirche durch ein von vier monolithischen Säulen getragenes Atrium, das früher als Friedhof genutzt wurde. Im Zentrum der Kirche steht die Grabtumba der hl. Juliana, doch der eigentliche Schatz dieser Kirche verbirgt sich hinter dem in Silber getriebenen Altar-Antependium: vier romanische Apostel (11. Jh.), die in Qualität und Bewegtheit an den Meister von Carrión de los Condes (s. S. 153) erinnern. Die Altarwand dahinter ist ein prächtiges Werk des 15./16. Jh., das gotische und manieristische Renaissanceelemente verbindet, es kombiniert eher traditionelle Reliefs und vollplastische Figuren mit Ölbildern flämischen Stils, die großen Wert auf perspektivische Darstellung der Architektur legen. Der romanische Kreuzgang besitzt Kapitelle aus zwei Epochen. Deutlich erkennt man die Unterschiede zwischen den älteren Kapitellen, die figurenreich sind und oft Phantasietiere abbilden, und den rein vegetabilen Kapitellen, die wohl später entstanden sind.

Wer in Santillana nächtigen will, sollte im staatlichen Parador Gil Blas reservieren. Bettlektüre: »*Gil Blas de Santillane*« von Alain René Lesage (1668–1747). »Gil Blas« erschien bereits 1715–35, seither hat dieser Schelmenroman nichts an Witz und Aktualität verloren. Wie sagt doch sein Autor in der Vorrede: »Ich habe mir vorgenommen, das Leben der Menschen so zu beschreiben, wie es wirklich ist.« Das tut er auch – mit einem Augenzwinkern. Da sind zum Beispiel zwei junge Männer zwischen Peñafiel und Salamanca unterwegs. Müde setzen sie sich auf einen Stein an einem Brunnen. Einer von ihnen schüttet Wasser auf den Stein und kann lesen: ›Hier liegt begraben die Seele des *licenciado* (Rechtsanwalts) Pedro García‹. Der eine der beiden jungen Männer ruft: ›Was für eine Albernheit! Hier liegt die Seele begraben! Eine begrabene Seele! Den würde ich gerne kennenlernen, der eine dermaßen lächerliche Grabinschrift verfassen ließ‹, und steht auf, um weiterzugehen. Sein Begleiter jedoch meint: ›Es gibt ein Geheimnis hier, und ich bleibe, bis ich es gelöst habe.‹ Damit läßt er den anderen ziehen, und ohne Zeit zu verlieren, schneidet er mit seinem Messer in die Vertiefungen rund um den Grabstein. Das geht so gut, daß er diesen bald abheben kann. Darunter findet er eine lederne Geldtasche mit hundert Golddukaten und einem Papier, auf dem diese Worte geschrieben sind: ›Sei mein Erbe, Du, der Du genügend Intelligenz gehabt hast, den Sinn der Inschrift zu durchschauen, und ziehe besseren Profit aus meinem Geld als ich.‹«

Santander, die Hauptstadt Kantabriens, ist zum Meer ausgerichtet. Die eine Seite der Halbinsel nehmen der Große und der Kleine

Santillana del Mar,
◁ *Plaza Mayor*

Kantabrien

Die Attraktivität von Santander wurde durch das neue, direkt am Meer gelegene Museo Maritimo del Cantábrico (Meeresmuseum des Golfes von Biskaya) gewaltig aufgewertet. Das größte und modernste spanische Meeresmuseum zeigt auf mehr als 7 000 qm die ganze Vielfalt von Flora und Fauna im Golf von Biskaya: In sechzehn Aquarien finden sich 250 Tierarten vom Seestern bis zum Hai. Interaktive Programme und virtuelle Umwelten sind auf dem letzten Stand der Technik. Das MMC, wie es meist kurz genannt wird, hat Santander endgültig auf die touristische Landkarte gesetzt.

(alte) Hafen ein, die andere der wunderbare, kilometerlange Sardinero-Strand. »Die Lage innerhalb der von Hügeln umkränzten Bucht ist reizend. Das Klima ist mild, jedoch feucht und veränderlich«, vermeldet der Baedeker von 1906. Im Hafen wurde die Kriegsflotte zusammengestellt, die 1248 Sevilla für die Kastilianer eroberte, mit dem Wollexport nach Flandern machte die Stadt allerdings mehr Geld. Das heutige Stadtbild ist durch zwei Katastrophen bestimmt: Am 3. November 1893 zerstörte die Explosion einer Ladung Dynamit nicht nur das Schiff, auf dem sie sich befand, sondern fast das ganze Hafenviertel und forderte hunderte Tote. Am 15. Februar 1941 ließ sich in einer Sturmnacht ein Brand nicht löschen, die Feuersbrunst zerstörte die gesamte Altstadt. Tote mußte man nicht beklagen, doch war die gesamte Bevölkerung dieses Stadtviertels ohne Dach über dem Kopf. Erhalten blieben wenige kunsthistorisch bedeutende Objekte, so die Krypta (12. Jh.) und die barocke Altarwand der Kathedrale. Besuchenswert ist jedoch das Kunstmuseum mit Werken von Goya, Valdés Leal, Zurbarán, dazu Lokalgrößen wie Casimiro Sainz. Pflichtprogramm stellt das Museo Provincial de Prehistoria y Archeología dar, in dem die Funde aus den kantabrischen Höhlen ausgestellt werden, vor allem aber bearbeitetes Horn und Tierknochen. Im interessanten, farblich gewagten postmodernen Festivalpalast der Stadt findet jedes Jahr das »Internationale Festival von Santander« statt. Der 1984 fertig gestellte Bau mit seinen scheinbar schwebenden Kuppeln ist ein Werk des Minimalisten Juan Navarro Baldeweg. Am Sardinero-Strand steht als Erinnerung an die fashionablen Zeiten der Stadt als Seebad (heute kommen eher die »kleinen Leute«) das Gran Casino im Stil der Belle Epoque (1906).

Die Küste östlich Santander ist als **Costa Smeralda** bekannt, als smaragdfarbene Küste, und das ist nicht nur Tourismuswerbung. Besonders die kleinen Orte auf der Halbinsel von **Cabo de Ajo** östlich von Santander, Quejo, Isla, Noja vor allem, blicken auf ein klares, grünes Meer, was auch noch für die weiter östlich gelegenen, größeren Orte Santoña, Laredo und Castro-Urdiales gilt. In der großen Bucht zwischen Santoña und Laredo – Laredo war ein wichtiger königlicher Kriegshafen – suchten im August 1639 während des Dreißigjährigen Krieges zwei spanische Galeonen neuester Bauart Zuflucht vor der französischen Flotte. Die beiden Kriegsschiffe, das Flaggschiff »Wappen von Galicien« und das Admiralsschiff »Almiranta Nuestra Señora de la Concepción«, wurden von der übermächtigen französischen Flotte – 12 000 Mann auf 189 Schiffen – , die unter dem Befehl des Bischofs von Bordeaux stand, gestellt. Während das Flaggschiff von den Franzosen gekapert wurde, wurde die Almiranta nach dem Verlust der Kanonen und der Maste von der eigenen Mannschaft versenkt; man wollte vermeiden, daß die wertvolle Ladung dem Feind in die Hände fiel. Sie lag mehr als 300 Jahre auf dem Meeresgrund, bis spanische Unterwasser-Archäologen sie orteten und teilweise hoben. Die Analyse der Reste des Rumpfs brachte wertvolles neues Wissen über die Technologie spanischer Kriegsschiffe des 17. Jh. (Engländer und Franzosen hinkten damals noch der spanischen Schiffbautechnik hinterher.) Bis zu 600 Mann konnten auf diesen Galeonen befördert werden, dazu gab es eine regelrechte Artillerieplattform mit Dutzenden von jeweils zwei Tonnen schweren Kanonen. Auch die spanischen Kanonen waren damals noch den französischen und englischen überlegen: Sie waren wesentlich leichter und nicht aus Bronze, sondern aus Gußeisen.

Die baskische Küste

Bilbo/Bilbao und Umgebung

Die Hauptstadt der Provinz Bizkaia/Vizcaya liegt zu beiden Seiten einer Ría, die sich weit ins Land hineinzieht. Wo sich das Meerwasser allmählich mit dem Flußwasser des Río Nervión zu mischen beginnt, lag schon im Mittelalter eine Siedlung, die allerdings mit Laredo im Westen und Bermeo im Nordosten nicht konkurrieren konnte. Die ganze Stadt bestand aus ein paar Sträßchen zwischen dem Markt am Flußufer und der Kathedrale. Diese *siete calles*, die Sieben Gassen geben der Altstadt den Namen, heute sind sie ein Kneipendorado. Der Aufstieg der Stadt begann 1511, als die spanische Krone das *Consulado de Bilbao* einrichtete, um den lukrativen Woll- und Tuchhandel mit Flandern besser organisieren zu können. Burgos und Bilbao profitierten am meisten von diesem Monopol der Krone. Die Hafenanlagen von Bilbao begannen sich auszudehnen und in die Ría de Bilbao hinauszuwachsen, der damals aufblühende Walfang baskischer Seeleute wirkte sich ebenfalls auf das Wachstum

Besonders sehenswert:
Bilbao ☆☆
Vitoria/Gasteiz
Donostia ☆

Bilbao, Eingang zu einem U-Bahnhof, entworfen von Norman Foster

Baskische Küste

aus. Die Schiffswerften für Handels- und Walfangflotte und die Zulieferindustrie siedelten sich bald ebenfalls an der Ría an.

Die Metallindustrie entdeckte den Standort ab 1841, 1857 ging der erste Hochofen in Betrieb, bis 1925 entwickelte sich Bilbao zu einem der bedeutendsten Industrieorte Spaniens. Die gründerzeitliche Stadterweiterung wurde von Industrievierteln und eintönigen Arbeiterwohnsiedlungen umstellt. Der Niedergang der Stahl- und Metallindustrie sowie der Großwerften zwischen 1950 und 1970 wirkte sich auf Bilbao katastrophal aus. Erst ab 1985 kam der Wiederaufstieg der

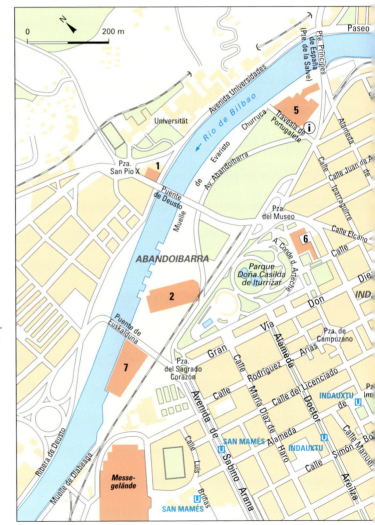

Bilbo/Bilbao
1 Kontrollwerk am Puente de Deusto
2 Palacio de Congresos y de la Música Euskalduna
3 Brücke Zubi Zuri
4 Bahnhof der Santanderbahn
5 Guggenheim-Museum
6 Museo de Bellas Artes
7 Museo Maritimo Ria de Bilbao
8 Teatro Arriaga
9 Rathaus
10 Kathedrale
11 Euskal Museoa

Bilbao

bereits totgesagten Stadt. Bank- und Versicherungswesen, schon lange ansässig, machten den Vorreiter. Von der Stadt geförderte Technologie-Parks wie der Parque de Zamudio in der Nähe des Flughafens brachten einige hundert neue Firmen nach Bilbao und schufen tausende neuer Arbeitsplätze. Wie der sprichwörtliche Phönix aus der Asche entstand Bilbao neu, schuf sich mit großem Einsatz öffentlicher wie privater Mittel ein neues Stadtbild, das der Öffentlichkeit vor allem durch das Guggenheim-Museum von Frank O. Gehry bekannt ist, aber eine ganze Reihe weiterer Bauten einschließt: die

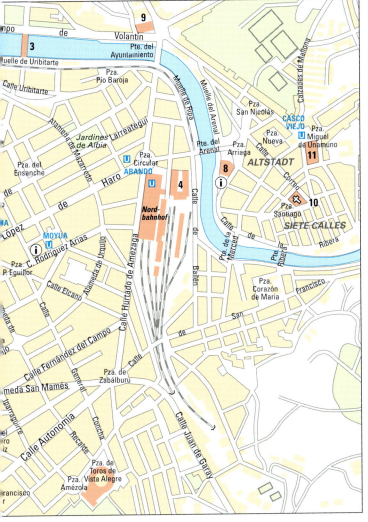

»Um 1450 war eine Flotte von mehr als sechzig baskischen Hochsee-Walfängern unterwegs und tötete Sardas in weiten Regionen des Atlantiks von den Azoren nordwärts bis hinauf nach Island. Sie richteten solche Verheerungen an, daß vor dem Beginn des nächsten Jahrhunderts auch der Sarda in europäischen Gewässern dem Aussterben nahe war. In diesem für die Zukunft des Walfangs kritischen Augenblick wurde den Basken bewußt, was für ein riesiges, bisher unberührtes Reservoir im fernen Westen des Nordatlantiks zur Verfügung stand. ... [Sie] unternahmen mit ihren Walfangschiffen etwa ab 1500 die abenteuerliche Fahrt über die Weiten des Nordatlantiks, und ihre Harpuniere ließen das westliche Sardavolk zur Ader.« (Der Sarda oder Nordkaper ist ein vom Aussterben bedrohter Bartenwal). (F. Mowat)

Baskische Küste

Untergrundbahn (1988–96) mit den von Norman Foster (Frankfurter Commerzbank, Reichstagskuppel) entworfenen futuristischen Stationen, die wie Eingänge zu im Boden verborgenen gläsernen Schneckenhäusern aussehen, ein schickes postmodernes **Kontrollwerk** (1) in Form eines Glaspavillons für den Syphon, der die Hauptstränge der städtischen Kanalisation unter dem Nerviónfluß hindurchführt, ein **Palacio de Congresos y de la Música Euskalduna**, wegen seines rostfarbenen Daches und der schiffsartigen Form »wie ein verlassenes, rostbefallenes Schiff« wirkend (so ein Kollege des Architektenteams Federico Soriano und Dolores Palacios Díaz; 2), neue Brücken wie die weiße **Brücke Zubi Zuri** (3) von Santiago Calatrava, die wie ein Knüpfkunstwerk wirkt, Erweiterung der Hafenanlagen zu einem modernen Superhafen, neuer Flughafenterminal – ebenfalls von Calatrava –, Fassadenrenovierung bei vielen gründerzeitlichen Stadthäusern wie auch am **Jugendstilbahnhof der Santanderbahn** (4). Der *effecto Guggenheim*, wie es die spanische Tageszeitung *El País* nannte, zog nicht nur Kultur- und Kunstliebhaber aus aller Welt in die Stadt, sondern wirkte sich auch auf Hotellerie und Gastronomie aus, verbesserte die Auslastung öffentlicher Einrichtungen und förderte den Neuzuzug standortsensibler moderner Industrien und das Selbstbewußtsein der Bewohner. Immer wieder macht Bilbo mit neuen gewagten architektonischen Projekten auf sich aufmerksam, zuletzt 2004 mit einer riesigen beweglichen Schrägseilbrücke über die Ria del Nervión bei Lutxana, wo sich der Fluß, an dem die Stadt liegt, bereits zum Meeresarm erweitert hat. Die bewegliche Brücke wird auch großen Schiffen die Durchfahrt erlauben.

Das erste Ziel des Stadtbesuchers ist natürlich das **Guggenheim-Museum** (5), das 1993–1997 nach dem Plan des amerikanischen Stararchitekten Frank O. Gehry errichtet wurde, dessen Werke bereits einige Male für Diskussionsstoff gesorgt hatten. Gehry sucht sich jeder Konvention zu entziehen, die Unorthodoxie ist sein Markenzeichen. Das wie aufgesplittert und von einer gigantischen Faust gequetscht wirkende Gebäude »Ginger und Fred« in Prag hatte bereits 1997 für Aufsehen gesorgt. Der mit weißsilbern glänzendem Titan umhüllte Museumskomplex von Bilbao besteht aus einem unregelmäßigen Verband ineinandergreifender zylindrischer und segelartig schwingender Baukörper. Keine Parallelen, keine ordnenden Achsen sind zu finden, keine Fläche ist eben, keine Form entspricht den üblichen Normen. Zylinder sind in der Mitte gestaucht, Rechtecke verschoben und gekrümmt – das Gebäude ist als Ganzes, von außen betrachtet und von innen erlebt, schlicht und einfach umwerfend.

Das Guggenheim Bilbao ist weniger ein Museum für ständige Sammlungen als ein Standort für Ausstellungen und Bühne für Installationen. Zwar ist die permanente Sammlung beachtenswert (bei den klassischen Modernen z. B. Alexander Calder, Marc Chagall, Juan Gris, Wassily Kandinsky, Ernst Ludwig Kirchner, Joan Miró, Emil Nolde, Egon Schiele; bei den Zeitgenössischen z. B. Jean Dubuffet, Willem de Kooning, Jeff Koons, Richard Serra, Mark

◁ *Bilbao, Guggenheim-Museum, Atrium*

Der Architekt Santiago Calatrava liebt weiche vegetabile Formen in Verbindung mit Symbolen. Sein Kontrollturm für den Flughafen Bilbao-Sondica wirkt wie eine riesige Fackel. Brücken wie Zubi-Zuri in Bilbao (mehr als 50 in vielen Ländern), Museen (Florenz, Valencia) und Bahnhöfe (Reggio Emilia, TGV-Bahnhof Lyon, Projekt Bahnhof Ground Zero in New York) sind seine Spezialität. Calatrava ist auch der Architekt der geplanten vierten Brücke über Venedigs Canale Grande

Baskische Küste

»Das Museum spricht Worte aus anderen Welten, und am Anfang erscheinen sie unverständlich. ... Für mich besteht eines der Zeichen des Erfolgs dieses Museums in der geringen Anzahl von Parodien, die darüber entstanden – kein abträgliches Wort hat sich durchgesetzt.« (Jon Kortazar, Professor für Baskische Literatur an der Universidad del Pais Vasco)

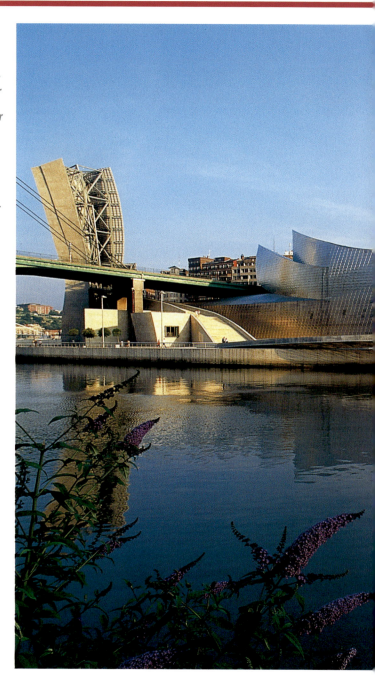

Bilbao, Guggenheim-Museum

Bilbao

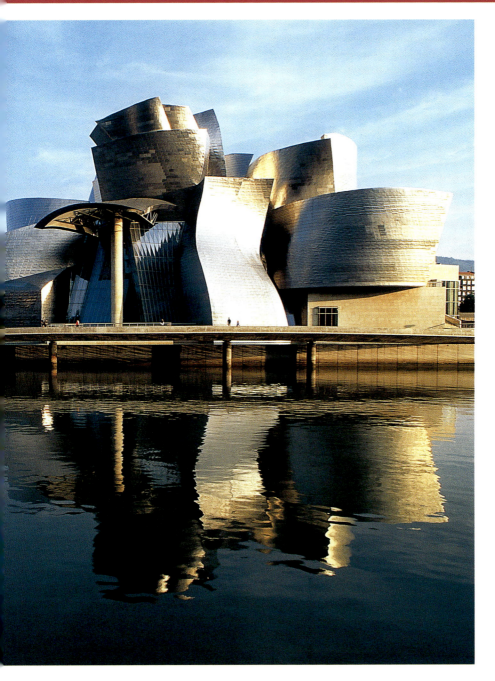

Baskische Küste

Bilbao, Grundriß des Guggenheim-Museums, Erdgeschoß
1 Rampe zum Erdgeschoß
2 Atrium
3 Große Halle

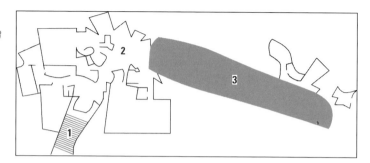

Rothko, Antoni Tàpies, Georg Baselitz, Enzo Cucchi, Anselm Kiefer), doch überwiegt die interaktive Funktion. Das riesige, verglaste Atrium ist der Kern des Baus, ein Cañon aus weißem Licht, auf dessen Grund sich der Besucher befindet. Stahlstege verbinden die Bauteile. Vor dem Eingang steht die Kolossalstatue »Puppy« von Jeff Koons, ein etwa 5 m hohes »Hündchen« mit einer Oberfläche ganz aus bunten Blumen. Ein kitschigerer und passenderer Wächter für den Kunst-Allrounder Guggenheim-Museum läßt sich kaum denken.

Kunstliebhaber seien gewarnt: Sie brauchen auch noch Zeit für das **Museo de Bellas Artes** (6), das sich fünf Minuten entfernt ebenfalls an der Ría befindet. Es wurde als *Museo de Arte Moderno* von Künstlern wie Arteta und Zuloaga (s. S. 47, 53) gegründet und besitzt Werke von internationalem Rang. Um nur einige Namen zu nennen: El Greco, Zurbarán, Goya, Francisco Ribalta, Ribera, Velazquez (Bildnis Philipps IV., vor 1660), Luis Paret, Juan Valdés Leal, van Dyck, Jan Brueghel d. Ä., Giulio Romano, Jan Gossaert, Jacob Jordaens (Flötenblasender Pan von 1640), Aurelio Arteta, Ignacio Zuloaga (das sinnliche Portrait der Contesse de Noailles von 1913), Eduardo Chillida, Picasso, Antoni Tàpies, Gauguin, Léger, Delaunay, Kokoschka, Bacon. Eine packende Studie baskischer Gesichter ist das Gruppenportrait »Bersolaris« von Valentín de Zubiaurre (1916/17).

Im **Museo Marítimo Ría de Bilbao** (7), das in einer ehemaligen Werft am Nervión bei der Euskalduna-Brücke eingerichtet wurde, wird ein Überblick zur Schifffahrtsgeschichte Bilbaos gezeigt, im Erdgeschoss läuft ein interessanter Film mit einer Computersimulation über das Wachstum Bilbaos (auch in Englisch). Auf dem ehemaligen Trockendock vor der Tür sind elf Boote ausgestellt, darunter eine 38 m lange Barke von 1902. Das bislang neueste Museum Bilbaos ist auch architektonisch interessant, das Innere suggeriert einen Schiffskörper.

Das **Teatro Arriaga** (8) am Rand der Altstadt ist ein Bau von 1886–90, der sichtlich nach dem Vorbild der Pariser Opéra entstand. Etwas flußabwärts steht das **Ayuntamiento** (9), das Rathaus von Bilbao. Die monumentale sphärische Metallskulptur auf dem Platz am Nervión gegenüber ist ein Werk von Jorge Oteiza. In der Altstadt haben sich wenige alte Gebäude erhalten, in vielen befinden sich

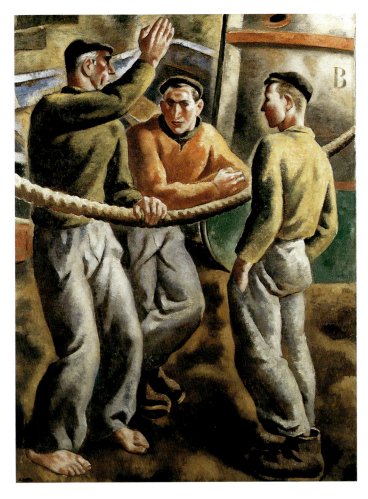

Aurelio Arteta,
»Pescadores vascos«,
Museo de Bellas
Artes, Bilbao

heute Kneipen, Bars, Restaurants. Die Kathedrale (10) Catedral de Santiago ist spätgotisch, Fassade und Glockenturm jedoch neugotisch. Das Viertel südlich der **Kathedrale** trägt den Namen »Siete Calles« und ist das Kern-Kneipenviertel Bilbaos und der Altstadt im Besonderen.

In einem Jesuitenkloster nahe der Plaza Nueva befindet sich das interessante, wenn auch wenig übersichtliche **Euskal Museoa** (11), das Museum des Baskenlandes. In seiner Belegfülle überwältigend, ist es doch thematisch gesehen ein Heimatmuseum, das alles bewahrt, was im Baskenland als überholt und gleichzeitig aufbewahrenswert gilt: alte Bootstypen, volksfromme Votivtafeln, Webstühle und Fischereiutensilien, archäologische Funde, Stücke zur frühen

Schwerindustrie und zur Zeit des Consulado de Bilbao – sehr schön auch der Kreuzgang des früheren Klosters.

Ein Abstecher nach **Bermeo**, Vorgänger Bilbaos in der Rolle der Provinzhauptstadt, gehört zum Programm. Verwaltungsfunktionen fehlen dem Ort, aber als bedeutendster Fischereihafen der gesamten baskischen und kantabrischen Küste lebt er auch nicht schlecht. Alles verbindet sich hier mit Fisch und Fischfang, früher vor allem mit Walfang: das Fischereimuseum in der mittelalterlichen Torre Ercilla am alten Hafen, in dem die Fischerboote schaukeln, die Nautikschule etwas oberhalb, die Fischgerichte in den Kneipen und Restaurants des Ortes und natürlich das Angebot auf dem Markt neben der gotischen Kirche San Francisco.

14 km südlich liegt **Gernika-Lumo/Guernica y Luno.** Der Ort erhielt im Mittelalter Fueros, die allmählich auf die Region übertragen wurden und von den Basken selbst als baskische Sonderrechte interpretiert wurden. Der kastilisch-spanische König hatte nach seiner Thronbesteigung diese Fueros jeweils zu bestätigen. Ort des Schwurs war die Eiche von Gernika. Von der ursprünglichen Eiche sieht man nur noch den Stumpf, ein Sproß entwickelte sich seit 1860 zu einer neuen Eiche.

Der Ort, der als Symbol für den Freiheitswillen und die Sonderrechte des baskischen Volkes steht, wurde am 26. April 1937 von einem Geschwader der deutschen Legion Condor bombardiert. Das geschah mit Billigung, wenn nicht im Auftrag von General Franco. Jeder zehnte Bewohner der Stadt fiel dem Angriff zum Opfer. Vom 1. Mai bis zum 4. Juni 1937 schuf Pablo Picasso seine Anklage gegen die Barbarei des Krieges, das Riesengemälde »Guernica«. Es kam erst nach Francos Tod nach Spanien, heute hängt es neben Studien und Vorzeichnungen im Museo Nacional Centro de Reina Sofia in Madrid.

Vitoria/Gasteiz und Loiola

Die landschaftlich reizvollste Verbindung nach Vitoria/Gasteiz führt durch das Tal des Altube-Flusses. In dem engen Tal erlebt man den raschen Übergang von den regengetränkten Wäldern der atlantischen Seite der Kantabrischen Kordillere zum viel trockeneren und waldarmen Südhang.

Vitoria/Gasteiz liegt auf einem flachen Hügel. Die Straßen der Stadt verlaufen wie ein System von Zwiebelschalen immer auf gleicher Höhe rund um das Zentrum. Auf dem höchsten Punkt steht die Kathedrale Santa María, sie unterbricht das brave Muster der Straßen, so wie die ganz kastilisch-quadratische klassizistische Plaza Mayor, die am anderen Ende der Altstadt die Verbindung zur Neustadt herstellt. Den typisch baskischen Doppelnamen trägt die Stadt als Erinnerung an eine zweipolige Vergangenheit: Gasteiz war ein baskisches Dorf, Vitoria ein Ort, den König Sancho VI. von Navarra 1181 auf dem benachbarten Hügel gründete und mit Fueros ausstattete, die alle späteren, dann allerdings kastilischen Könige bestätigten. Diese Vergangenheit ist für einen baskischen Ort nichts Besonderes, Castellano ist die Alltags- und Umgangssprache geworden, auch wenn die gesprayten Texte an den Wänden der Hauptstadt des Baskenlandes fast ausschließlich in Baskisch gehalten sind: Vitoria/Gasteiz ist nicht nur Verwaltungshauptort von Euskadi/Pais Vasco, sondern auch eines der Hauptzentren der organisierten baskischen Autonomiebewegung. Die **Plaza de los Fueros,** der Platz der (baskischen) Sonderrechte, wurde 1979 vom Architekten Luis Peña Ganchegui und vom Bildhauer Eduardo Chillida als kahler, kaum gegliederter Dreiecksplatz gestaltet. Die abweisende, kalte städtebauliche Installation schiebt förmlich ihre dem spanischen Einheitsstil der Gegenwart verhaftete Umgebung auseinander und schafft ein Stück Freiraum. Der Sinn ist wohl, daß nur wenn das Kastilische beiseitegeschoben ist, etwas Neues entstehen kann, dem Sinn und dem Namen des Platzes nach auf dem Boden der alten baskischen Freiheiten.

Die **Kathedrale Santa María,** die noch Wehrkirchencharakter hat, ist ein gotischer Bau (14. Jh.) auf romanischen Fundamenten. Die Vorhalle (15. Jh.) schützt ein prachtvolles dreifaches Portal. Die Gottesmutter als Himmelskönigin steht auf dem Trumeaupfeiler, das Marienleben wird im Tympanon darüber dargestellt. Die aus derselben Zeit stammende und gleichermaßen opulent skulptierte Pforte Santa Ana zum südlichen Querhaus wurde erst 1962 bei Restaurierungsarbeiten wiederentdeckt. Interessant ist ein architektonisches Detail der Kathedrale, das in dieser Form nur aus dem Baskenland bekannt ist: Die Triforien werden in Form flacher Bögen über das Querhaus hinweg zum Chor weitergeführt.

Am Südende der Altstadt steht **San Miguel,** ein gotischer Bau mit Szenen zur Legende des Erzengels im Tympanon und auf dem Hochaltar. Im Chor strahlt die Virgen Blanca, eine spätgotische Skulptur der Stadtpatronin aus Jaspis. Mehrere spätmittelalterliche Stadthäuser lohnen den Gang durch die schmalen Straßen der Altstadt.

Die Stadt besitzt mehrere Museen, darunter das erst 2003 fertig gestellte **Artium** für Kunst der Gegenwart und Ausstellungen, ein **Museum der Naturwissenschaften** und ein sehr interessantes Archäologisches Museum, das **Museo Provincial de Arqueologia,** mit vielen prähistorischen Objekten und einem Saal mit Funden aus römischer Zeit. Das **Museo de Bellas Artes** südlich der Neuen Kathedrale (in einem regelrechten Museumsbezirk) zeigt eine große Sammlung baskischer Meister des 20. Jh., darunter Zubiaurre, Zuloaga, Arteta und Maeztu y Whitney.

Nach Nordosten und der Küste zu gelangt man nach **Oñati,** das wegen seiner reizvollen Lage als das »baskische Toledo« gilt. Eine wichtige Rolle hat die kleine Stadt jahrhundertelang (1542–1901) durch ihre Universität gespielt, die einzige des Baskenlands. Die alte Universität mit ihrer platteresken Fassade zeigt in der Architektur die

Baskische Küste

Loiola, in der Basilika

Formen der Renaissance, deren Geisteshaltung sie ihr Entstehen zu verdanken hatte. Gotisch ist San Miguel, barock das Rathaus.

Nur 9 km sind es von Oñati zum Marienheiligtum **Arantzazu** in der Sierra de Urquilla. Die dortige nur noch als Grundriss erhaltene spätmittelalterliche Kirche wurde nach mehreren Umbauten von den Franziskanerpatres des Wallfahrtsortes eines Neubaus würdig erachtet, den sie in einem großen Wettbewerb ausschrieben. Er wurde von dem jungen Architektenteam Luis Laorge und Francisco Javier Saénz de Oiza gewonnen, deren Erstlingswerk die Basilika werden sollte. Die beiden jungen Männer errichteten ein Werk der Moderne, das großes Aufsehen und eine Menge anfänglicher Ablehnung erregte, unter anderem auch wegen des Apostelfrieses über dem Portal, dem Meisterwerk des Bildhauers Jorge Oteiza (1908–2003). Die Basilika hat einen schlichten Innenraum, der an einen umgekehrten Schiffsrumpf erinnert, vor allem Kritik rief jedoch die Fassadengestaltung hervor: Die beiden Risaliten der ansonsten kaum strukturierten Fassade sind wie der schlanke Turm mit spitzen Steinen gespickt, ein Dekortypus, den es schon in der Antike gegeben hatte und der in der florentinischen Renaissance weiter entwickelt wurde. Die in Arantzazu verwendeten Steine sind jedoch wesentlich spitzer als die an Diamanten erinnernden der Renaissance und geben der Fassade etwas von einem architektonischen Igel. Als Werk der »zweiten spanischen Moderne« ist die Basilika ein Markstein moderner spanischer Architektur.

Über Bergara gelangt man nach Azkoitia und Azpeitia, in die Stadt der Alpargatas, der Leinenschuhe mit Sohlen aus Hanfschnur. Zwischen den beiden Orten liegt das **Santuario de San Ignacio de Loiola.** Hier wurde 1491 der Stifter des Ordens der Jesuiten geboren, hier erholte er sich monatelang von einer Verwundung, hier erlebte er seine Verwandlung zum Soldaten Gottes (s. S. 51). 1689 wurde der Grundstein für die Kuppelkirche auf kreisförmigem Grundriß nach den Plänen des Italieners Carlo Fontana gelegt, die Bauten der Gesellschaft Jesu hatten sich damals bereits vom Asketischen zum prunkvoll Auftrumpfenden entwickelt. In den ausgedehnten Klosterbau wurde der Stammsitz der Loiola eingebaut, ein spätmittelalterlicher Wohnturm. Ignacios Krankenzimmer im zweiten Stock dieser *casa santa* kann man besichtigen.

Donostia/San Sebastián: Paradies des txikiteo

An die Bahía de la Concha, die Muschelbucht, und ihren feinsandigen Traumstrand schmiegt sich das Seebad San Sebastián, im Nebenberuf Hauptstadt der Provinz Gipuzkoa/Guipuzcoa. Das Seebad der Königlichen Familie, des kastilischen Adels und des Madrider Besitzbürgertums während der Belle Epoque hat seit der Zeit vor dem Ersten Weltkrieg an Charme noch zugelegt. Was damals einem elitären Kreis vorbehalten war, kann heute von vielen genossen werden. Die baufälligen Reste der 1813 beim Abzug der napoleonischen Truppen abgebrannten Altstadt wurden sorgsam renoviert und auf Hochglanz poliert; zu den Prachtbauten der Spätgründerzeit traten Meisterwerke der Zwischenkriegszeit – wie der Segelklub – und der Gegenwart – wie die aufregende Installation *»Peine de los Vientos«* am anderen Ende der Concha und der kühl-funktionalistische »Kursaal« Rafael Moneos. Sogar der Ruf Donostias als Hauptstützpunkt der baskischen terroristischen Organisation ETA (die gerade hier am wenigsten gefährlich ist) hatte ihr Gutes: Die Rückbesinnung auf alte baskische Werte bescherte der Stadt zum Beispiel die geplante Ausweitung des Museo San Telmo zum zukünftigen Baskischen Nationalmuseum. Nachtleben und vor allem Gastronomie sind sprichwörtlich. Für Kulturkonsumenten hat die Stadt für spanische Verhältnisse eine Menge anzubieten: Außerhalb der Internationalen Filmfestspiele im September lockt das Stadttheater mit Theater-, Konzert- und Opernaufführungen, jedes Jahr am 20. Januar zieht die

Baskische Küste

Tamborrada donostiarra, der Trommlertag, tausende uniformierter Trommlergruppen und zehntausende Zuschauer und -hörer in die Stadt, die Karnevalswoche steht immer unter einem Thema, das begeistert aufgegriffen wird. Während der *Semana Grande* im August finden Veranstaltungen aller Art statt, vom Folkloretanz bis zur Theateraufführung. Es gibt ein Jazz-Festival und einen Internationalen Feuerwerk-Wettbewerb, ein Zigeunerfest und Festspiele des Unterwasserfilms, die überregionalen und internationalen Sportveranstaltungen gar nicht gerechnet.

Donostia/San Sebastián
1 Peine de los Vientos
2 Villa Miramar
3 Rathaus
4 Segelklub
5 Santa María del Coro
6 San Vicente
7 Kloster San Telmo mit Museo San Telmo und Euskal Kulturarentzako Museoa
8 Museo Naval
9 Aquarium
10 Castillo de la Mota
11 Theater (Internationales Filmfestival)
12 Kongreßhaus »Palacio Kursaal«

Donostia/San Sebastián

Aber die eigentliche Freizeitveranstaltung in Donostia ist das Flanieren durch die Altstadt, der Besuch von *bares* und *sidrerías*, *restaurantes* und *pintxerías:* In kleinen und größeren, sich auflösenden und anders wieder zusammensetzenden Gruppen wird abends dem **txikiteo** gefrönt: Dem Kneipenbummel mit Appetithäppchen, die man andernorts *tapas* nennt und hier wie auch sonst in Nordspanien *pinchos* (baskisch: *pintxos*), mit ein paar Gläsern Wein oder eine Flasche Sidra, die man sich mit den anderen in der Gruppe teilt. Die Theken biegen sich von Tellern und Platten, auf denen die Pin-

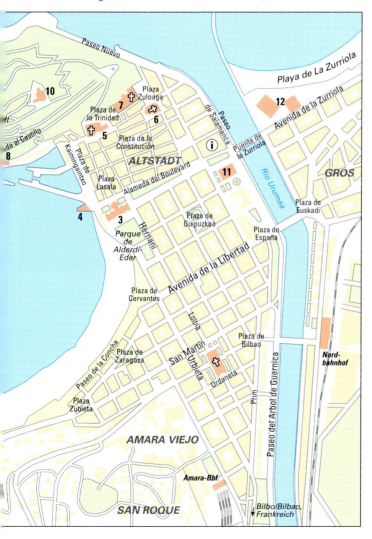

Baskische Küste

Der schönste Zeitvertreib in San Sebastián: txikiteo

Bewunderer Chillidas, aber auch alle an zeitgenössischer Kunst interessierten Besucher Nordspaniens, werden kaum um einen Besuch von Txillida-Leku (Haus Chillida) herum kommen, dem als Museum eingerichteten Haus des großen Bildhauers, das sich an der Straße zwischen Hernani und Rekalde, etwa 10 km südlich des Stadtzentrums von Donostia befindet. Im Haus des Künstlers sind seine kleineren Arbeiten ausgestellt. Im jederzeit zugänglichen parkartigen Garten befinden sich mehrere seiner überdimensionalen Stahl- und Betonplastiken. Haus und Garten waren im Herbst 2000 noch zu Lebzeiten Chillidas in Anwesenheit des spanischen Königspaares und des Regierungschefs eröffnet worden.

chos appetitanregend angeboten werden, man nimmt sich nach Gusto und bezahlt nach der Anzahl der Zahnstocher, die auf dem Teller liegenbleiben, nachdem man diese winzigen Köstlichkeiten der Neuen Spanischen Küche genossen hat. Spaniens Küche hat seit 1985, von Donostia und Bilbao ausgehend, eine wahre Revolution erlebt. Die eher deftig-rustikale Küche auch guter spanischer Restaurants wurde von den Kreationen baskischer Chefs wie Arzak, Pildain, Subijana, Berasategui, Irizar oder Arguiñano überrannt. Die delikaten Meeresfrüchtekreationen liegen aber eben nicht nur auf den Tellern der sündhaft teuren Restaurants, von denen es in San Sebastian genug gibt, sondern auch auf den Theken der Kneipen.

Die Concha von Donostia wird auf der einen Seite vom Monte Igeldo gerahmt, auf den eine Seilbahn und eine Straße hinaufführen (Ausblick!), auf der anderen vom Monte Urgull, unter dem die kleine Altstadt liegt, zwischen den beiden Höhen schwimmt mitten in der Bucht die Insel Santa Clara. Ein Morgenspaziergang sollte entlang der **Playa de la Concha** und der **Playa de Ondarreta** zum Königlichen Tennisklub unter dem Monte Igeldo führen. Vielleicht liegt noch leichter Nebel über Stadt und Meer, dann haben die Stahlarme der **Peine de los Vientos** (1), der »Windkämme« Eduardo Chillidas, als symbolische Klammer zwischen Meer, Land und Luftraum ihre stärkste Ausstrahlung. Der Architekt Luis Peña Ganchegui hat 1975/76 die Anlage unter dem Tennisplatz und die zu Chillidas Kunstwerk führenden Fußgängerrampe in eine Reihe von Plattformen zerlegt, die das Kunstwerk in der Landschaft erst allmählich, wie bei einem Theaterauftritt freigeben. Die Begegnung mit diesem Ensemble aus Landschaft und menschlichem Gestaltungswillen, Architektur und Bildender Kunst ist einer der Höhepunkte der Nordküste Spaniens.

Zurück über die langen Strände wird man sich das Badeleben vor 1914 vorstellen wollen: »Der sanft geneigte Badestrand ist vortrefflich, der Wellenschlag kräftig. Die Badekarren werden von Ochsen gezogen. Die Caseta Real ist das Badehaus der kgl. Familie.« Soviel weiß der Baedeker von 1906. Viele der eindrucksvollen bis protzigen Häuser entlang der Concha stammen noch aus der späten Gründerzeit, so die **Villa Miramar** (2) auf einem Felsvorsprung oberhalb des Paseo, die für Königin María Cristina im Stil des Neo-Tudor errichtet wurde. Auf der anderen Seite der Concha, zwischen Hafen und Altstadt, steht das **Rathaus** (3) von 1882, das ursprünglich als Spielcasino fungierte. Daneben und direkt ans Wasser gebaut wird ein wichtiger Bau der Zwischenkriegszeit gerne übersehen: der **Segelclub** (4; Club Naútico) wurde 1929 von den Architekten José Manuel Aizpurúa und Joaquín Labayen im Stil der heute bereits klassischen Moderne errichtet, noch vor den Hauptwerken Le Corbusiers, Mies van der Rohes und Frank Lloyd Wrights. Der Klub hat eine glatte, funktionale, in Form, Aufbau und Fensteranordnung an einen Schiffsrumpf erinnernde Architektur. Es gilt als einer der wichtigsten Bauten der Moderne ganz Spaniens.

Bis auf die **Plaza de la Constitución** mit ihren klassizistischen Fassaden, die bis frühmorgens das Echo der Gespräche der Nachtschwärmer zurückschallen lassen, liegen die sehenswerten Bauten der Altstadt alle am Fuß des Monte Urgull. Dort steht die **Kirche Santa María del Coro** (5) mit ihrer churrigueresken Fassade an der Plaza de la Trinidad und, an der nach dem baskischen Maler benannten Plaza de Zuloaga, die **Kirche San Vicente** (6) und das Kloster San Telmo. San Vincente wendet der Plaza die kalte Schulter zu und orientiert sich mit ihrem kräftigen Westturm vor dem spätgotischen Schiff in eine Seitenstraße. Die Renaissance-Altarwand ist ein Werk des Ambrosio de Bengoechea und steht unter starkem Einfluß der Schule Michelangelos. Das in Renaissanceformen erbaute **Kloster San Telmo** (7) beherbergt das **Museo San Telmo**, als *Euskal Kulturarentzako Museoa* wird es mit einem großen Anbau in Zukunft zum Museum für die Baskische Kultur ausgebaut. Auf 6000 m² soll es Geschichte, Kultur und Kunst des baskischen Volkes zeigen und mit Hilfe moderner Medien interpretieren. Bisher hat sich San Telmo vor allem als Gemäldegalerie und Standort baskischer Grabstelen einen Namen gemacht. Neben den baskischen Künstlern des Museums,

Rafael Moneo ist der gefeierte Architekt des Museums für römische Kunst in Merida, von Museen in Houston und Stockholm und u. a. des Rathauses in Murcia. Sein ›Kursaal‹ in San Sebastián entlockte dem Magazin Der Spiegel (21, 2002, S. 177) anlässlich eines Interviews mit dem Architekten, dessen (kath.) Kathedrale von Los Angeles gerade eingeweiht worden war, die folgende Hymne: »Sein kantiger Kursaal an der spanischen Küste vor San Sebastián sieht tagsüber gnadenlos puristisch und avantgardistisch aus. Nachts leuchtet der Glasfelsen wie ein Raumschiff, das an der Küste gelandet ist.«

Baskische Küste

darunter Zuloaga, findet man Gemälde von Peter Paul Rubens (eine Maria mit Kind), El Greco, Goya, Zurbarán (zwei weibliche Heilige) und anderen.

Im Südwesten des Monte Urgull liegen am Hafeneingang das **Museo Naval** (8), das der baskischen Seefahrt gewidmet ist, und das **Aquarium** (9), das nach einer großzügigen Erneuerung und Erweiterung zu den interessantesten Europas gehört. Nach der Fertigstellung des großen Ozeaniums, das man vom Inneren eines Acryltunnels aus besichtigen kann, wird es europäische Spitze darstellen. Der Monte Urgull kann von hier auf einem hübschen Spaziergang umrundet und bestiegen werden. Vom **Castillo de la Mota** (10) oder einer der anderen alten Befestigungen der Halbinsel hat man noch einmal einen herrlichen Blick auf die Stadt, die Bucht, die baskischen Berge im Hinterland und das offene Meer.

Im Sommer 1999 wurde der neue **Palacio Kursaal** (12) eröffnet, er ist ein Werk des navarrischen Architekten Rafael Moneo (*1937 in Tudela, Navarra). Die beiden schlichten Kuben mit Kongreßräumen und der flache Ausstellungsbau liegen wie riesige Felsblöcke im Sand der Playa de Zurriola Die beiden Glaskuben fassen in ihren Auditorien 1850 bzw. 630 Personen. Wie Bilbao mit dem Guggenheim-Museum will die Stadt mit diesem Bau ein Zeichen für das neue Jahrtausend setzen.

Die baskische Küste bei Zumoya

Tips und Adressen

Alle wichtigen Informationen für Ihre Reiseplanung und für unterwegs

Tips und Adressen

Hinweise für die Reiseplanung

Auskunft 300
Anreise. 300
    Mit dem Auto 300
    Mit der Bahn 300
    Mit dem Bus 300
    Mit dem Flugzeug. 301
Dokumente für die Einreise. 301
Klima und Reisezeit 301
Unterkunft, Essen und Trinken 301
    Hotels 301
    Paradores 301
    Pilgerherbergen 301
    Camping 302

Informationen für unterwegs – Von Ort zu Ort

Informationsbüros, Sehenswürdigkeiten, Unterkünfte,
Restaurants 302

National- und Naturparks 330

Urlaubsaktivitäten

Baden und Strände 331
Bergsteigen und Klettern 331
Kanusport, Rafting 331
Radfahren 332
Reiten 332
Wandern 332

Inhalt

Reiseinformationen von A bis Z

    Ärztliche Versorgung und Apotheken 333
    Autoverkehr 333
    Bahn und Bus 333
    Behinderte 334
    Botschaften und Konsulate 334
    Einkaufen 334
    Feiertage 334
    Feste und Veranstaltungen 335
    Geld 336
    Internet 336
    Karten 337
    Leihwagen 338
    Notruf 338
    Öffnungszeiten 338
    Pilger 338
    Post und Telefon 338
    Sprache 339
    Strom 339
    Trinkgeld 339
    Zeit 339
    Zeitungen 339

Literaturauswahl 339

Erläuterung der Fachbegriffe 342

Abbildungs- und Quellennachweis 343

Register 344

Tips und Adressen

Hinweise für die Reiseplanung

Auskunft

Spanische Fremdenverkehrsämter

... in Deutschland
Kurfürstendamm 63
10707 Berlin
Tel. 0 30/8 82 65 43
Fax 8 82 66 61
berlin@tourspain.es

Grafenberger Allee 100
»Kutscherhaus«
40237 Düsseldorf
Tel. 02 11/6 80 39 81
Fax 6 80 39 85
dusseldorf@tourspain.es

Myliusstr. 14
60323 Frankfurt/M.
Tel. 0 69/72 50 38
Fax 72 53 13
frankfurt@tourspain.es

Schubertstr. 10
80336 München
Tel. 0 89/5 30 74 60
Fax 5 32 86 80
munich@tourspain.es

... in Österreich
Walfischgasse 8
1010 Wien
Tel. 01/5 12 95 80
Fax 5 12 95 81
viena@tourspain.es

... in der Schweiz
Seefeldstr. 19
8008 Zürich
Tel. 01 2 52 79 30
Fax 01 2 52 62 04
zurich@tourspain.es

Homepage des Spanischen Tourismusministeriums mit Adressen und Telefonnummern der Fremdenverkehrsämter in Spanien:
www.tourspain.es.

Anreise

Mit dem Auto

Die Anreise mit dem Auto ist lang und anstrengend, es muß mindestens eine Übernachtung in Frankreich eingerechnet werden. Am schnellsten führt die Verbindung Straßburg/Basel – Lyon – Avignon – Toulouse – Pau zum Ziel. Die französichen Autobahngebühren erreichen zwischen Aachen und Irun für PKWs einen Betrag von mehr als 50 €! Interessant ist auch das Autoreisezugsprogramm der DB mit Zügen zwischen Deutschland (Berlin, Hamburg, Köln, München u. a.) und Narbonne. Infos unter www.dbautozug.de und Tel. 01 80/5 24 12 24.

Mit der Bahn

Umsteigeverbindungen über Basel – Lyon – Narbonne – Port Bou – Barcelona – Zaragoza bzw. Narbonne – Toulouse – Pau (weiter mit Bus zum Somport) oder Paris – Bordeaux – Irun – Donostia/San Sebastián. Fahrräder dürfen im TGV mitgenommen werden, wenn die Räder abgenommen wurden und das in einer speziellen Fahrradhülle verpackte Rad die Maße 120 x 90 cm nicht überschreitet – in allen anderen Zügen, in denen man das Rad normalerweise mitnehmen darf, ist man jedoch zwischen Deutschland und der spanischen Grenze – mit Umsteigen – um die 20 Stunden unterwegs.

Auf der Atlantikroute ist im Sommer zwischen Donostia/San Sebastián und El Ferrol (von dort normale Bahnverbindung nach Santiago de Compostela) der Hotelzug »El Transcantábrico« unterwegs, Infos bei den Spanischen Fremdenverkehrsämtern.

Mit dem Bus

Es gibt regelmäßige Busverbindungen von den großen deutschen Städten nach Bilbo/Bilbao, Oviedo, Santiago und anderen Orten. Vom Fahrplan sind die eher auf die Heimfahrbedürfnisse spanischer Arbeiter in Deutschland zugeschnitten als auf die deutschen Touristen.

Infos sind erhältlich über Deutsche Touring, Am Römerhof 17, Frankfurt/Main, Tel. 069/79 03 50, Fax 7 90 32 19, www.deutsche-touring.com.

Hinweise für die Reiseplanung

Mit dem Flugzeug

Madrid ist der Zielflughafen der meisten Direktflüge ab Mitteleuropa; die Flughäfen von Bilbo/Bilbao, A Coruña, Oviedo, Donostia/San Sebastián, Vigo und Santiago de Compostela werden auf Anschlußflügen erreicht. Lufthansa und Hapag Loyd bieten Direktflüge Frankfurt – Bilbao an, Iberia nach Santiago de Compostela. Besonders in Heiligen Jahren gibt es dorthin auch Charterflüge.

Dokumente für die Einreise

Auch wenn Grenzkontrollen für EU-Bürger üblicherweise nicht stattfinden, muß man Reisepaß oder Personalausweis mit sich führen, Autofahrer auch nationalen Führerschein, Zulassungspapiere und Grüne Versicherungskarte. Haustiere benötigen ein aktuelles amtstierärztliches Gesundheitszeugnis.

Klima und Reisezeit

Das Klima der Regionen nördlich und südlich der Kantabrischen Kordillere ist völlig unterschiedlich. An der Küste und in Galicien, auch in der westlichen Bergzone fällt Regen zu allen Jahreszeiten; die Temperaturen sind ausgeglichen, auch im Sommer werden selten einmal 25° C erreicht, dafür gibt es im Winter selten Frost.

Die Hochebenen südlich der Kordillere haben dagegen kontinentales Klima, die Sommer sind heiß und trocken, die Winter kalt und windig.

Die beste Reisezeit ist für die Küste der Sommer, also Mitte Juni bis Mitte September, für den Süden kommen eher die Übergangsjahreszeiten in Frage: Mai/Juni und September bis November. Eine Reise im Juni ist allen anderen Zeiten vorzuziehen, auf dem Jakobsweg ist es dann schon warm, aber noch nicht heiß, Urlauber (wohl aber Pilger!) sind noch nicht unterwegs. Wenn man dann über die Atlantikküste zurückfährt, ist es dort ebenfalls schon warm, aber nur wenige Urlauber bevölkern die Strände.

Unterkunft, Essen und Trinken

Hotels

Für Hotels werden offiziell einer bis fünf Sterne (von »gerade noch akzeptabel« bis »Luxusklasse«) vergeben, die konkrete Zuordnung eines Hotels entspricht allerdings oft nicht den vorgefundenen Verhältnissen. Pensionen oder *Hostales* sind in Komfort und Ausstattung völlig unterschiedlich. Sie haben meist kein Restaurant und bestehen oft nur aus einem oder mehreren Stockwerken in Stadthäusern.

Turismo Rural bietet Unterkünfte in Bauernhäusern als Zimmer mit Frühstück oder als Appartement.

Paradores

Eine spanische Besonderheit sind die *Paradores de Turismo* bzw. *Paradores nacionales* – eine Hotelkette mit Tradition für gehobene Ansprüche. Infos und zahlreiche Abbildungen bietet die Internetseite www.paradores.es/aleman/85clicks/.

Kataloge und zentrale Zimmerreservierung durch:
Ibero Hotels
40211 Düsseldorf
Tel. 02 11/86 41 50

Pilgerherbergen

Die Pilgerherbergen werden von kirchlichen, privaten und staatlichen Stellen unterhalten. Die Regeln sind sehr

---

Preiskategorien

Durchschnittliche Hotelpreise (Doppelzimmer):
*****   125–500 €
****   80–250 €
***   70–150 €
**   60–85 €
*   35–75 €
Hostales 25–85 €
Turismo Rural 25–75 €

Durchschnittliche Menüpreise:
***   über 35 €
**   25–35 €
*   unter 25 €

Tips und Adressen

unterschiedlich. Näheres im DuMont Aktiv »Spanischer Jakobsweg« von Dietrich Höllhuber, einem der Autoren dieses Buches. Der Wanderführer enthält u. a. sämtliche Pilgerherbergen mit Adressen und Telefonnummern.

Eine übergeordnete Organisation für Pilgerherbergen gibt es nicht. Die Listen der einzelnen Provinzen im Internet (z. B. http://navarra.org/camino/santi.html für Navarra) werden nicht regelmäßig nachgeführt, selten überarbeitet und sind demnach recht unvollständig.

Die beste, ausführlichste und vollständigste Liste bietet derzeit (heiliges Jahr 2004) die Seite http://caminodesantiago.consumer.es/etapas (nur in Spanisch).

Camping

Campingplätze gibt es vor allem in der Küstenregion, aber auch einige in der Nähe der großen Städte im Landesinneren. Wildes Campen ist verboten. Auskünfte erteilt: *Deutscher Camping Club*, Mandlstr. 28, 80802 München, Tel. 0 89/ 33 40 21.

Informationen für unterwegs – Von Ort zu Ort

A Coruña/La Coruña

PLZ 15001
i **Oficina de Turismo,** Dársena de La Marina, Tel. 9 81 22 18 22; **Pavillon** auf der Plaza María Pita; Jardines de Méndez Nuñez, Tel. 9 81 21 61 61, www.turismocoruna.com

Sehenswürdigkeiten

Verglaste Balkonfronten der Häuser an der **Hafenesplanade.** Römischer Leuchtturm **Torre de Herculés,** Winter tgl. 10–18 Uhr, Sommer 10–19, Fr/Sa auch 22–24 Uhr. Roman.-got. Kirche **Santiago** in der Altstadt, Winter tgl. 9.30– 13 u. 18.30–20.30 Uhr, Sommer 8.30–13 u. 18–20.30 Uhr. Klosterkirche **Santa María del Campo,** tgl. 9.30–13.30 u. 17.30–19 Uhr, im Sommer ab 8.30 Uhr, mit **Museo de Arte Sacro,** Museum für Sakralkunst, Bau des galicischen Architekten Gallego, Di–Fr 9–14 u. 17–19 Uhr, Sa 10–13 Uhr, Tel. 9 81 20 31 86. **Museo de Bellas Artes,** Plaza del Pintor Sotomayor, Kunstmuseum, modernes Gebäude von Gallego, gute Gemäldegalerie, auch alte Meister, Di–Fr 10–20, Sa 10–14 u. 16.30–20, So 10–14 Uhr, Tel. 9 81 22 37 23. **Domus – Casa del Hombre,** Santa Teresa 1, modernes interaktives Museum über den Menschen, tgl. Sommer 11–21, Winter 10–19 Uhr, Tel. 9 81 22 89 47. **Castillo de San Antón,** Paseo Parrote, alte Hafenfeste mit Archäologisch-Historischem Museum, Sommer Di–Sa 10–21, So/Fei 10–15 Uhr, Winter Di–Sa 10–19, So/Fei 10–14.30 Uhr, Tel. 9 81 20 59 94

Unterkunft

**** **Hotel Finisterre,** Paseo del Parrote s/n, Tel. 9 81 20 54 00, Fax 9 81 20 84 62; Altstadtlage mit Hafenblick, Hallenbad, das Hotel wurde jüngst renoviert

**** **Hotel Tryp María Pita,** Avda. Pedro Barrié de la Maza 1, Tel. 9 81 20 50 00, Fax 9 81 20 55 65; stadttypische Architektur mit verglaster Front, komfortabel, Zimmer nach vorne mit Blick auf den Orzán-Strand

* **Hostal Alborán,** C. Riego de Agua 14, Tel./Fax 9 81 22 65 79; Hostal mit Hotelcharakter Nähe Placa Maria Pita, modern, preisgünstig

In **Oleiros,** 5 km vom Stadtzentrum auf der andern Seite der Bucht:
* **Hotel Santa Cristina,** Calle Victor López Seoane 12, Tel. 9 81 63 82 56; familiäres kleines Hotel über dem Strand gleichen Namens, ruhig und doch nicht abgelegen

Restaurants

Restaurants und Bars um die Plaza de María Pita vor dem Rathaus und in den meisten Gassen der Altstadt
**** Río Ulla, Travesía Nueva de Buenavista 13, Tel. 9 81 28 22 65; konsequent Fisch und Meeresfrüchte vom Feinsten und nur aus lokalem Fang; *Centolla!*
*** Casa Pardo, Calle Novoa Santos 15, Tel. 9 81 28 00 21; Qualität auf höchstem Niveau mit regionalen galicischen Inspirationen
** La Penela, Plaza María Pita 12, gutes bürgerliches Restaurant mit galicischer Küche, an der Plaza María Pita

Öffnungszeiten

Für Kirchen und Klöster treffen meistens folgende Öffnungszeiten zu: tgl. 9.30/10–13/13.30 und 16/16.30–18/18.30 Uhr. Am Sonntagvormittag sind die meisten Kirchen wegen der Gottesdienste nicht zu besichtigen. Nur die großen Kathedralen haben einigermaßen verbindliche Öffnungszeiten.
 Auch die Öffnungszeiten von Museen und staatlichen wie regionalen Kunst- und Kulturdenkmälern ändern sich sehr häufig, man tut gut daran, sich bei den Fremdenverkehrsämtern vorab zu informieren.

A Garda/La Guarda

PLZ 36780
i Oficina de Turismo, Centro Cultural, Tel. 9 86 61 18 50 (Sommer)

Sehenswürdigkeiten

Oberhalb des Seehafens an der Miñomündung liegt auf dem **Monte Santa Tecla** eine **keltische Siedlung** mit Rundhäusern, zwei davon sind bereits restauriert, Zufahrt tgl. 9–21 Uhr. **Museo Monográfico del Castro de Santa Tegra,** 11–14 u. 15–19 Uhr, Tel. 9 86 61 00 00 (März–Nov.)

Unterkunft

** Convento de San Benito, Plaza de San Benito, Tel. 9 86 61 11 66, Fax 9 86 61 15 17; Hotel in ehem. Benediktinerkloster, historisches Ambiente zum vernünftigen Preis

Altamira

i Oficina de Turismo de Santillana, Plaza Román Pelayo s/n, 39330 Santillana, Tel. 9 42 81 82 51, Fax 9 42 84 02 20

2 km westlich von Santillana del Mar befindet sich die älteste und berühmteste spanische **Höhle** mit altsteinzeitlichen Felsmalereien, großartige Galerie fast lebensgroßer Bisons und Wildpferde. Nur 30 Besucher pro Tag, deshalb je nach geplantem Besuchstermin Wartezeit bis zu einenhalb Jahren. Neues **Museo Nacional y Centro de Investigación de Altamira** mit Replika des großen Höhlensaales, Tel. 9 42 81 80 05, Fax 9 42 84 01 57, Juni–Sept. Di–Sa 9.30–19.30, So/Fei 9.30–17 Uhr, Okt.–Mai Di–So 9.30–17 Uhr, geschl. 01. 01., 1. 05., 28. 06., 16. 08., 24., 25. u. 31. 12. Anfragen zu Besichtigungsterminen für die Höhle über das Museum oder die Touristeninformation Santillana (s. o.). Wer keinen Termin bekommt, kann in in vielen Fällen trotzdem in die Höhle: Regelmäßig werden reservierte Termine nicht benötigt – wer kann schon einenhalb Jahre vorausplanen?

Arantzazu s. Oñati

Astorga

PLZ 24700
i Oficina de Turismo, Plaza Eduardo de Castro 5, Tel. 987 61 82 22, Fax 9 87 60 30 65

Sehenswürdigkeiten

Römische **Stadtmauern.**
Museo Romano Astorga mit Halle »Ergástula« (ehem. Forumsbau), Plaza de San Bartolomé 2, Di–So 11–14 u. 16–18, im Sommer 17–20 Uhr, Tel. 9 87 61 69 37. Die Oficina de Turismo veranstaltet Stadtspaziergänge in die Römerzeit »Ruta romana de Astorga«, Di–Sa 11–12.30 u. 17–18.30 Uhr jeweils zur halben

Tips und Adressen

Stunde, Anmeldung Tel. 9 87 61 82 22. Spätgotische **Kathedrale**, eine der letzten, die errichtet wurden (nach 1471) mit Renaissance-Altarwand des Gaspar Becerra (1558). Im benachbarten **Kathedralmuseum** vor allem Sakralsammlungen, Plaza de la Catedral, Sommer tgl. 10–14 u. 16–20 , Winter Mo–Sa 11–14 u. 15.30–18.30 Uhr, Tel. 9 87 22 96 08/61 58 20. **Bischöflicher Palast** von Antonio Gaudí (1889–93) mit **Museo de los Caminos,** Plaza Eduardo de Castro s/n, Tel. 9 87 61 68 82, zum Pilgerwesen auf dem Jakobsweg, geöffnet wie Kathedralmuseum. **Museo del Chocolate,** Calle José Maria Goy 5, Tel. 9 87 61 62 20, Privat-Museum zur Tradition der Schokoladenherstellung in Astorga, mit Degustation, Di–So 10–13.30 u. 16.30–20 Uhr, Sa nachm. geschl.

Unterkunft/Restaurant

*** **Hotel Gaudí,** Plaza de Castro 6, Tel. 9 87 61 56 54, Fax 9 87 61 50 40; komfortables bürgerliches Hotel (gegenüber Bischofspalast), ausgezeichnetes Restaurant, populäre Bar

Atapuerca

Fundort des Homo antecessor, mehrere laufende Ausgrabungen in der Karstlandschaft. **Archäologischer Park** in Atapuerca. **Museum »Aula Emiliano Aguirre«** in Ibeas de Juarros (15 km südlich), Winter Sa, So/Fei 11–14, Sommer Mi–So 10–14 u. 16–20 Uhr, letztes Wochenende im Monat geschl.; Tel. 9 47 42 14 62 (Mo–Fr 9–14 Uhr) für – zum Verständnis unerläßliche – Führungen durch das Ausgrabungsgelände »Zona Arqueológica«: im Aug./Sept. häufige Termine (bis zu 8 x tgl.), im Winter meist ab Atapuerca 10 und 12, ab Ibeas de Juarros 11 und 15.30 Uhr. Infos über Führungstermine und Reservierung auf www.fundacionatapuerca.com/visitas. htm sowie über Oficina de Información Paleorama, 09199 Atapuerca, Tel. 9 47 43 04 73, Fax 9 47 43 04 84, informacion@paleorama.es

A Toxa/La Toja

PLZ   36991 O Grove
i   **Casino de A Toxa,** Tel. 9 86 73 10 00

Unterkunft

***** **Gran Hotel la Toja,** Tel. 9 86 73 00 25, Fax 9 86 73 00 26; klassischer Luxus, Golfplatz und eigener Strand
**** **Hotel Louxo,** Tel. 9 86 73 02 00, Fax 9 86 73 27 91; komfortables Hotel am Strand, verglaste Balkonfront, immer noch genug Luxus für einen ganzen Urlaub

Avilés

Hafen- und Industriestadt
PLZ   33400
i   **Oficina de Turismo,** Calle Ruíz Gómez 21, Tel. 9 85 54 43 25, Fax 9 85 54 63 15, www.princast.es

Sehenswürdigkeiten

Altstadt mit Adelspalästen, Adelshäusern und Kirche **San Nicolás de Bari** (12./13. Jh.)

Baiona

Fashionables Seebad an der Südwestküste
PLZ   36300
i   **Oficina de Turismo,** Paseo de Ribeira s/n u. Calle Ventura Misa 17, Tel. 9 86 38 50 55

Unterkunft

**** **Parador de Baiona,** Halbinsel Monte Real, Tel. 9 86 35 50 00, Fax 9 86 35 50 76, baiona@parador.es; im ehemaligen Hafenort in einem Park gelegen, höchst exklusiv
** **Hotel Tres Carabelas,** Calle Ventura Misa 72, Tel. 9 86 35 55 41, Fax 9 86 35 59 21; kleines, angenehmes Hotel in zentralem Stadthaus

Baños de Cerrato s. Palencia

Bermeo

Fischereihafenort, bis ins 19. Jh. Provinzhauptstadt (Nachfolgerin Bilbo/Bilbao)
PLZ   48370
i   **Oficina de Turismo,** Askatasun bidea 2, Tel. 9 46 17 91 57, Fax 9 46 17 91 59, www.bermeo.org

Informationen für unterwegs – Von Ort zu Ort

Sehenswürdigkeiten

Museo del Pescador, Plaza Torrontero, informatives Fischereimuseum im Torre Ercilla am Hafen, Di–Sa 10–13.30 u. 16–19.30, So 10–13.30 Uhr, Tel. 9 46 88 11 71

Unterkunft

** **Hotel Txaraka,** Almike Auzoa, Tel. 9 46 88 55 58, Fax 9 46 88 51 64; etwas außerhalb der Altstadt gelegenes, einziges Hotel des Ortes

Betanzos

PLZ 15300
i **Oficina de Turismo,** Calle Emilio Romay s/n, Tel. 9 81 77 19 46

Sehenswürdigkeiten

Altstadt mit Adelshäusern, Kirche **San Francisco** mit bemerkenswertem Sarkophag »o Bó« (1384), Stadtmuseum **Museo das Mariñas,** Calle Emilio Romay 1, Tel. 9 81 77 19 46, Mo–Fr 10–13 u. 16–20, Sa 10.30–13 Uhr

Bilbo/Bilbao

PLZ 48000
i **Oficina de Turismo,** Calle Rodriguez Arias 3, Tel. 9 44 79 57 60, Fax 9 44 79 57 61, www.bilbao.net; Büros auch B.I.T. (Bilbao Iniciativas Turísticas), Plaza Arriaga s/n und am Flughafen, Tel. 9 44 53 23 06, Fax 9 44 53 30 56 und im Museo Guggenheim, Av. Abandoibarra 2

Sehenswürdigkeiten

Eindrucksvolle moderne Bauten im gründerzeitlichen und jüngeren Stadtbild, darunter **U-Bahn** von Norman Foster, **Brücke Zubi Zuri** und **Flughafengebäude mit Kontrollturm** von Santiago Calatrava. **Museo Guggenheim Bilbao,** Abandoibarra Et. 2, Museumsbau von Frank O. Gehry mit Sammlungen zur Moderne und Wechselausstellungen, Di–So 10–20 Uhr, Juli/Aug. tgl. 9–20 Uhr, Tel. 9 44 35 90 00. **Museo de Bellas Artes de Bilbao,** Plaza del Museo 2, mit bedeutender Gemäldesammlung zur europäischen, spanischen und baskischen Kunst und Wechselausstellungen (Di–Sa 10–13.30 u. 16–19.30, So 10–14 Uhr, Tel. 9 44 41 95 36. **Museo Marítimo Ría de Bilbao,** Muelle Ramón de la Sota 1, neues Schifffahrtsmuseum in ehemaliger Werft, auch architektonisch interessant, Originalboote im Außenbereich auf dem früheren Trockendock, Mi und Do 10–18 Uhr, Fr–So 10–20 Uhr, www.museomaritimobilbao.com. **Euskal Museoa** (Baskisches Museum), Calle Cruz 4, Di–Sa 10.30–13.30 u. 16–19 Uhr, So 10.30–13.30 Uhr, Tel. 9 44 15 54 23.

Unterkunft

***** **Sheraton,** Av. L. Leizaola 29, Tel. 944 280000, Fax 944 280080, www.sheraton.com/bilbao; brandneuer, cooler Hotelbau im neuen Viertel Abandoibarra, jeder Komfort.
***** **Hotel López de Haro,** Calle Obispo Orueta, Tel. 9 44 23 55 00, Fax 9 44 23 45 00, lh@hotellopezdeharo.com, www.hotellopezdeharo.com; Luxus nicht nur für Manager
*** **Hotel Conde Duque,** Paseo Campo Volantín 22, Tel. 9 44 45 60 00, Fax 09 44 45 60 66, www.hotelcondeduque.com; gutes Mittelklassehotel Nähe Guggenheimmuseum
* **Hotel Arriaga,** Calle Ribera 3, Tel. 9 44 79 00 01, Fax 9 44 79 05 16; angenehmes, einfaches Altstadt-Hotel

Restaurants

Restaurants, Bars und Pintxos in der Calle Licenciado Poza und Umgebung
*** **Restaurant im Museo Guggenheim Bilbao,** Abandoibarra Etorbidea 2, Tel. 9 44 23 93 33; außergewöhnliche Neue baskische Küche des Martín Berasategui (Küchenchef Vixente Arrieta) Trendiges Ambiente, zwei Michelin-Sterne, besser vorreservieren
** **Gorrotxa,** Calle Urquijo 30 /Licenciado Poza 9, Tel. 9 44 43 49 37; konsequent traditionelle baskische Küche
** **Victor,** Plaza Nueva 2, Tel. 944 15 16 78; Neue baskische Küche an der stimmungsvollen Plaza Nueva in der Altstadt

Tips und Adressen

Boadilla del Camino

Dorf am **Camino Francés** mit großem gotischen **Wegkreuz** vor der Kirche

Burgos

PLZ 09001
i **Oficina Turística de Burgos** (für die Region Burgos-León), Plaza Alonso Martínez 7, Tel. 9 47 20 31 25, Fax 9 47 27 65 29; **Patronato Provinciál de Turismo** (für die Provinz Burgos), Calle Asunción de Nuestra Señora 3, Tel. 9 47 27 94 32, Fax 9 47 27 94 33, www.patroturisbur.es; **Oficina Municipal de Turismo** (für die Stadt Burgos), Paseo del Espolón s/n (Teatro Principal), Tel. 9 47 28 88 51, Fax 9 47 28 88 62, www.aytoburgos.es; **Infobüro** auf der Plaza de San Fernando (gegenüber Kathedrale)

Sehenswürdigkeiten

Stadtbild mit mittelalterlichen, mozarabisch beeinflußten Mauern und Toren, zahlreichen Kirchen und verglasten Balkonfronten. **Casa del Cordón,** prächtiges Stadthaus des kastilischen Gouverneurs (Condestable) mit großem Patio (ab 1487). **Casa Miranda und Museo de Burgos,** Calle Calera 25, Renaissancehaus mit schönem Patio, das Nebenhaus wird als Museo de Burgos genutzt, Di–Fr 10–14 u. 16–19.30, Sa/So 10–14 Uhr, Sa auch 16.45–20 Uhr, an Fei geschl., Tel. 9 47 26 58 75; Sammlungen zur Ge-schichte und Kunst, großartige Frontplatte vom Altar des Santo Domingo de Silos (Limoges? 11. Jh.) und Grabmal des Juan de Padilla von Gil de Siloé. **Castillo,** Ruinen der kastilischen Burg und königl. Residenz (10./11. Jh., später verändert). **Hospital del Rey,** Pilgerherberge, gegründet 12. Jh., heute Teil der Universität. **Kartause Miraflores,** Kartäuserkloster, Grablege Juans II. und Isabellas von Portugal sowie Hochaltar von Gil de Siloé im isabellinischen Stil, Sommer (April–Okt.) Di–Sa 10–13 u. 16–18 Uhr, Winter 10–13.30 u. 15.30–17.30 Uhr, So/Fei ganzjährig 12–13.30 u. 15.30–17.30 Uhr, Tel. 9 47 29 00 33. Gotische **Kathedrale** in mehreren Bauabschnitten (13.–16. Jh.), Westtürme Hans von Köln nach Kölner Vorbild, Süd-, Nord- u. Pilgerportal mit bedeutendem Skulpturenschmuck, durchbrochene Vierungskuppel (Mitte 16. Jh.), Renaissance-Coro und isabellinische Capilla del Condestable mit Grabmal der Stifter von Juan de Borgoña, Goldene Stiege des Diego de Siloé, Kreuzgang, Kapitelsaal als **Museo Catedralico** mit sakralen Sammlungen, tgl. 9.30–13.30 u. 16–19 Uhr, Tel. 9 47 20 47 12; Coro, Capilla Mayor, Kapellen, Kreuzgang und Kapitelsaal nur mit Führer. **Las Huelgas Reales und Museo de Ricas Telas,** Calle Compases de Huelgas s/n, bedeutendes Zisterzienserinnenkloster (12.–18. Jh.), Kirche mit Grablege kastilischer Könige, got. Kreuzgang und Kapitelsaal im roman.-got. Übergangsstil. Im Museo de Ricas Telas bedeutende Textilfunde aus Gräbern, wechselnde Öffnungszeiten, Infos: Tel. 9 47 20 16 30/20 60 45. **San Esteban mit Museo del Retablo,** Calle San Esteban s/n, hochgotische Kirche (14. Jh.) mit Museo del Retablo, Altarwandmuseum mit interessanten Altarwänden (16.–18. Jh.), im Sommer Di–Sa 10.30–14 u. 16.30–19, So 10.30–14 Uhr, übriges Jahr Sa/So 10.30–14, Sa auch 16.30–19 Uhr, Tel. 9 47 27 37 52. **San Gil,** gotische Kirche mit mehreren interessanten Altären. **San Nicolás,** spätgotische Kirche mit Alabasteraltarwand des Francisco de Colonia (465 Figuren), Juli–Sept. Di–Fr 9–14 u. 16–20 Uhr, Okt.–Mai Di–Fr 18.30–19.30 Uhr, Sa/So u. Fei ganzjährig 9.30–14 u. 17–19, an Fei nur bis 18 Uhr

Unterkunft

**** Hotel Corona de Castilla, Calle Madrid 15, Tel. 9 47 26 21 42, Fax 9 47 20 80 42; an der Einfahrt von Süden, am Altstadtrand (gegenüber Hospital de la Concepción), mit Garage im Haus – konkurrenzlos
*** Hotel Mesón del Cid, Plaza Santa María 8, Tel. 9 47 20 59 71, Fax 9 47 26 94 60; schräg gegenüber der Westfassade der Kathedrale, einfach ausgestattet – aber die Lage! Mit Restaurant

** **Hotel Norte y Londres,** Plaza Alonso Martínez 10, Tel. 9 47 26 41 25, Fax 9 47 27 73 75; in der Altstadt gegenüber der Capitanía General, renoviert, gutes Restaurant

Restaurants

Restaurants, Bars und Kneipen im Kathedralenbezirk (eher touristisch) und um die Calle Laín Calvo
** **Bringas,** Calle Laín Calvo 50, Tel. 9 47 20 05 14; eine *Marisquería,* also – vorzügliches! – Meeresfrüchterestaurant, aber auch Fleischgerichte
** **Casa Pancho,** Calle San Lorenzo 13/15, Tel. 9 47 20 34 05; Bar/Restaurant mit der größten Weinauswahl der Provinz (besonders Ribera de Duero, Rioja, Toro, Navarra), vorzügliche burgalesische Küche, Verkostungen im Parterre, Speisesaal im 1. Stock
** **Hotel Norte y Londres,** s. Unterkunft
** **Mesón del Cid,** s. Unterkunft; gutbürgerliche burgalesische Küche mit Anklängen an die Nouvelle Cuisine

Cabo de Ajo

Halbinsel östlich Santander mit mehreren Fischer- und Badeorten und guter Küche

Cabrales

Talschaft mit mehreren Orten, in denen der *Cabrales (*Blauschimmelkäse) erzeugt wird
PLZ 33554

i Oficina de Turismo, Arenas de Cabrales, Carretera General, Tel. 9 85 84 64 84, www.princast.es

Unterkunft

*** **Hotel Picos de Europa,** in Arenas de Cabrales, Ctra. General, Tel. 9 85 84 64 91, Fax 9 85 84 65 45, picos deuropa@fade.es; mit Garten und Schwimmbad

Cambados

PLZ 36630
i Oficina de Turismo, Praza do Cancello s/n, Tel. 9 86 52 07 86

Unterkunft

*** **Parador de Cambados,** Po. Calzada, Tel. 9 86 54 22 50, Fax 9 86 54 20 68, cambados@ parador.es; in einem Pazo (17. Jh.) der Adelsfamilie Bazán

Cañas s. Santo Domingo de la Calzada

Cangas de Onís

PLZ 33550
i Oficina de Turismo, Jardines del Ayuntamiento 2, Tel. 9 85 84 80 05, **Centro de Recepción de Visitantes del Parche Nacional de Picos de Europa,** Casa Dago, Avda. Covadonga 43, Tel. 9 85 84 86 14, Fax 9 85 84 86 99, www.cangasdeonis.com

Sehenswürdigkeiten

Erste Residenz Asturiens mit Kapelle **Santa Cruz** und sogenannter »römischer« **Brücke.** Roman. **Museo-Tesoro de la Santina,** Tel. 9 85 84 60 59
In **Villanueva,** zwischen Arriondas und Cangas de Onís: Kloster **San Pedro de Villanueva** mit Kirche, heute Parador Nacional

Unterkunft

***** **Parador de Cangas de Onís,** Villanueva s/n, Tel. 9 85 84 94 02, Fax 9 85 84 95 20, cangas@parador.es; in grünem Bachtal im ehem. Kloster Villanueva de Cangas, die meisten Zimmer im angeschlossenen komfortablen Neubau
** **Hotel Los Acebos II,** östl. Cangas, Calle Susierra, Tel. 9 85 94 00 22, Fax 98 55 94 00 63; ca. 1 km nördl. der Straße Richtung Covadonga am Berghang: schöne Aussicht

Restaurant

* **Mesón El Puente Romano,** Lokal an der römischen Brücke, Tische unter Bäumen, nicht zu knappe Portionen

Carracedo

Westlich von Ponferrada

Sehenswürdigkeiten

Kloster mit Museum, Tel. 9 08 25 14 50

Tips und Adressen

Restaurant

* **Legado del Bierzo,** Ctra. Nacional VI bei km 397, Tel. 9 87 68 40 25; Restaurant/Bar/Laden in zwei nachgebauten Pallozas in der Nähe der Schnellstraße

Carrión de los Condes

PLZ 34120
i **Oficina de Turismo,** Monasterio de San Zoilo, Tel. 9 79 88 00 50, und Santa Maria s/n, Tel. 9 79 88 09 32

Sehenswürdigkeiten

Kirche **Santa María de la Victoria,** roman. Südportal mit interessantem Skulpturen-programm, tgl. 9–14 u. 16.30–18.30 Uhr. Südfassade der Kirche **Santiago** von 1160 mit herausragendem Skulpturenschmuck. Kloster und Kirche **San Zoilo** mit spätgotisch-isabellinischem Kreuzgang, Di–So 10–13 u. 16–20 Uhr, Tel. 9 79 88 09 02 (im Sommer tgl., im Winter nur Sa/So)

Unterkunft

*** **Hotel Real Monasterio de San Zoilo,** Calle Obispo Souto (am Jakobsweg), Tel. 9 79 88 00 50, Fax 9 79 88 10 90, www.sanzoilo.com; im früheren Kloster San Zoilo, ruhig und komfortabel
* **Herberge der Klarissinnen** im Kloster Santa Clara, Calle Santa Clara s/n, Tel. 9 79 88 01 34; die sehr einfache Herberge nimmt auch Nicht-Pilger auf, 3-er Zimmer
Camping El Edén, Parque El Plantío, Ctra. Logroño – Vigo, km 200, Tel. 9 79 88 11 52; schöner Campingplatz am Fluß, z. T. Baumschatten, modern, ganzjährig geöffnet

Restaurant

** **Las Vigas,** Tel. 9 79 88 00 50; im Hotel Real Monasterio de San Zoilo, kastilische Küche

Castrojeriz

PLZ 09110
i **Oficina de Turismo,** Plaza Mayor 3, Tel. 9 47 37 70 01, Fax 9 47 37 85 20

Sehenswürdigkeiten

Ehemalige Stiftskirche **Virgen del Manzano** mit Hochaltargemälden von Anton Raffael Mengs, Pfarrmuseum, tgl. 10–14 u. 16–19 Uhr, Tel. 9 47 37 70 36 (Pfarramt)

Unterkunft/Restaurant

* **Mesón de Castrojeriz,** Calle Cordón 1, Tel. 9 47 37 74 00; einfache Zimmer über dem Restaurant
Campíng Camino de Santiago, Calle Camarasa s/n, Tel. 9 47 37 72 55

Colombres

PLZ 33590
i **Oficina de Turismo,** Plaza Manuel Ibañez, Tel. 9 85 41 20 04

Sehenswürdigkeiten

Archivo de Indianos in gründerzeitlicher Villa Iñigo Noriega, Sammlungen zu den »Indianos« Asturiens. Nahebei, an der Grenze zu Kantabrien: die Karsthöhle **Cueva del Pindal** mit altsteinzeitlichen Höhlenmalereien in landschaftlich eindrucksvoller Lage über dem Meer, 1. April–30. Sept. Mi–So 9–13 u. 15–17.30 Uhr, Juni u. Sept. erst ab 9.30 Uhr, 1. Okt.–31. März Di–So 10–14.30 u. 15.30–17 Uhr, Tel. 9 08 17 52 84

Combarro

PLZ 36993
i **Oficina de Turismo,** Escola do Campo, Tel. 9 86 77 13 58 (nur im Sommer geöffnet)

Sehenswürdigkeiten

Fischerdorf mit alten **Galeriehäusern** und zum Meer gewandten **Hórreos** (Maisspeichern)

Comillas

Badeort mit Villa von Antonio Gaudí (s. Restaurant)
PLZ 39520
i **Oficina de Turismo,** Calle Aldea 6, Tel. 9 42 72 07 68, Fax 9 42 72 01 61

Unterkunft

*** **Hotel Casal del Castro,** Calle San Jerónimo, Tel. 9 42 72 00 36 Tel. 9 42 72 02 61; in einem Haus des 17. Jh., große Zimmer

Restaurant

** **El Capricho de Gaudí,** Barrio de Sobrellano, Tel. 9 42 72 03 65; baskisch-kantabrische Küche – die kann schon etwas teurer sein, weil in der Gaudí-Villa mit maurischen Räumen

Compludo s. Ponferrada

Corcubión

Hafenort an den Rías Baijas
PLZ 15130

Unterkunft

*** **Hotel el Hórreo,** Calle Santa Isabel, Tel. 9 81 74 55 63, Fax 9 81 74 55 63; angenehmes Hotel auf ausgedehntem Grundstück, das zwei alte *Hórreos* und einen *Cruceiro* in die Anlage integriert hat

Costa da Morte

Wilde, sturmgepeitschte Felsküste mit Riffen und kleinen Sandbuchten zwischen **Cabo Fisterra** und **Cabo San Andrián;** mehrere Fischerorte. Berühmte Meeresprozession zwischen **Camariñas** und **Muxía** zur dortigen Wallfahrtskirche **Virxe de la Barca** am Meeresufer

Unterkunft/Restaurant

****Hostal La Cruz,** 15124 Muxía, A Cruz 126, Tel. 9 81 74 20 84, einfaches, modernes Haus, mit Restaurant

Costa Esmeralda

Östlicher kantabrischer Küstenabschnitt mit mehreren schönen Seebädern und den alten Städten **Castro-Urdiales** und **Laredo**
i   Oficina de Turismo, 39700 Castro-Urdiales, Avda. de la Constitución 1, Tel. 9 42 87 15 12, Fax 9 42 87 13 37; 39770 Laredo, Alameda de Miramar s/n, Tel./Fax 9 42 61 10 96

Costa Verde

Asturiens Atlantikküste, eine Folge steiler Felsenküsten, langer Sandstrandabschnitte und tief eingeschnittener *Rías* mit Fischerhäfen und Hafenorten wie **Ribadeo** (noch in Galicien), **Rinlo, Navia, Luarca, Candás, Ribadesella** u. v. a. In vielen Orten Villen der »Indianos«, der als Reiche zurückgekehrten Auswanderer
i   Oficina de Turismo, 33430 Candás, Baragaña alta, Tel. 9 85 88 48 88
Ribadeo und Ribadesella haben eigene Informationsbüros, s. dort

Covadonga

Asturisch-spanisches Nationalheiligtum, Ort des Beginns der christlichen Reconquista. Höhlenheiligtum **Cueva Santa** in spektakulärer Lage in Berglandschaft, **neo-romanische Kirche**

Covarrubias

40 km südöstlich von Burgos
PLZ   09346
i   Oficina de Turismo, Calle Monseñor Vargas s/n, Tel. 9 47 40 64 61

Sehenswürdigkeiten

Mittelalterliches Ortsbild mit Stadtmauer, Türmen, Toren und Adelshäusern (eines ist Parador Nacional). Kloster und Kirche **Colegiata San Cosme y San Damián** (12.–16. Jh.) mit **Klostermuseum** Calle Rey Chindasvinto 3, Mi–Sa u. Mo 10.30–13.15 u. 16.30–19 Uhr, So/Fei 10.30–12 u. 16.30–19 Uhr, im Winter Mi–Mo 10.30–13.15 u. 16.30–18.30 Uhr, Tel. 9 47 40 63 11

Unterkunft

*** **Hotel Arlanza,** Plaza Mayor 11, Tel. 9 47 40 64 41, Fax 9 47 40 63 59

Cueva del Pindal s. Colombres

Tips und Adressen

Donostia/ San Sebastián

PLZ 20003
i C.A.T. (Centro de Attractión y Turismo – für die Stadt), Reina Regente 3, Tel. 9 43 48 11 66, Fax 9 43 48 11 72, cat@donostia.org, www. paisvasco. com/donostia und www .sansebastianturismo.com

Sehenswürdigkeiten

Fashionables Seebad des Fin de Siècle mit vielen Bauten aus der Zeit; das Große Casino ist heute Rathaus. Altstadt als längste Pintxos- (Tapas-)Bar der Welt. **Club Náutico** von 1929, bedeutendes Bauwerk der modernen Architektur. »Windkämme«, **»Peine de los Vientos«** von E. Chillida, Stahlobjekte im Brandungsbereich des Atlantik. Spätgotische Kirche **San Vincente**. Museo San Telmo, Plaza Zuloaga, mit baskischen (z. B. Zuloaga) und internationalen Sammlungen, Di–Sa 10.30–13.30 u. 16–20, So 10.30–14 Uhr, der Anbau eines Museums des Baskischen Volkes, Euskal Kulturarentzako Museoa, ist in Planung; Infos Tel. 943 42 49 70. **Schiffahrtsmuseum/Museo Naval,** Paseo del Muelle 24, Di–Sa 10.30–13.30 u. 16–19.30, So 11–14, Sommer nachm. 17–20.30 Uhr, Tel. 9 43 44 51. **Aquarium mit Ozeanarium,** Placa Callos Blasco de Imaz 1, tgl. 10–20 Uhr, Tel. 9 43 44 00 99. An der Straße Hernani – Rekalde (ca. 10 km südlich) **Museo Chillida-Leku,** Wohnhaus-Museum des Bildhauers Eduardo Chillida mit Sammlung kleinerer Arbeiten, im umgebenden Park (frei zugänglich) größere Skulpturen

Unterkunft

**** Hotel Abba de Londres y de Inglaterra, Calle Zubieta 2, Tel. 9 44 07 70, Fax 9 43 44 04 91, www.hlondres.com; eines der besten Häuser dieser an guten Hotels reichen Stadt, Blick auf die Playa
** Hostal Alemana, Calle San Martín 53, Tel. 9 43 46 25 44, Fax 943 46 17 71, www.hostalalemana.com; einen Katzensprung von der Playa de la Concha, völlig neu und komfortabel eingerichtetes Hostal in einem Gründerzeitbau, Schallschutzfenster

Restaurants

Restaurants, Sidrerien, Bars und Pintxos in der Altstadt unter dem Monte Urgull
*** Arzak, Alto de Miracruz 21, in der Nähe der Umfahrungsschnellstraße, Tel. 9 43 27 84 65; das seit 1897 existierende Restaurant lebt von der Fama der Familie Arzak, Elena Arzak schließt an das Niveau ihres Vaters Juan Mari an: neue baskische Küche auf höchstem Niveau, teuer
** Beti-Jai, Calle Fermín Calbetón 22, Tel. 943 42 77 37; www.betijai.com; beliebtes Restaurant in der Altstadt, gut und vergleichsweise preiswert
Beliebte und gute Pintxos- (Tapas-) Bars sind z. B.: **Bar Gambara,** Calle San Jeónimo 21, **Bar Martínez,** Calle 31 de Agosto 12 und Bar **Espiga,** Calle Marcial 48, **Bar Haizea,** Calle Aldemar 8; eine gute Bar-Sidreria ist **Amara-Berri,** Calle Isabel Segunda, 4 (probieren Sie *Chorizo en sidra*)

Estella

PLZ 31200
i Oficina de Turismo, Calle San Nicolás 1, Tel. 9 48 55 63 01, oit.estella@cfnavarra.es

Sehenswürdigkeiten

Romanisch-gotische Kirche **San Miguel in Excelsis** mit romanischem Nordportal (12. Jh.). **Palast der Könige von Navarra** (Ende 12. Jh.), seltenes Beispiel romanischer Palastarchitektur, inkorporiert **Museo Gustavo de Maeztu y Whitney,** Calle San Nicolás 1, Maler, 1. Hälfte 20. Jh., Di–Sa 11– 13.30 u. 17–19, So/Fei 11–13 Uhr, Tel. 9 48 54 60 37. Kirche **San Pedro de la Rua** mit romanischem Kreuzgang, der tagsüber frei zugänglich ist
In **Irache/Iratxe,** 3 km südlich von Estella: Benediktinerkloster **Santa María la Real** mit romanischer Kirche und zwei Kreuzgängen, Mi–Fr 9.30–13.30 u. 17–19, Sa/So 8.30–13.30 u. 16–19 Uhr, Tel. 9 48 55 44 64
In **Iranzu,** 13 km nördlich: gotisches **Zisterzienserkloster Iranzu** in grüner Berglandschaft, tgl. 10–18 Uhr, im

Informationen für unterwegs – Von Ort zu Ort

Winter 14–16 Uhr geschlossen, Tel. 9 48 52 00 12

Unterkunft

*** **Hotel Irache,** in Ayegui (3 km südwestl.), Avenida del Prado 7, Tel. 9 48 55 11 50, Fax 9 48 55 47 54; trotz seiner Lage an der Hauptdurchgangsstraße relativ ruhiges modernes Hotel nahe dem Kloster Irache
Kloster Irache, hier entsteht ein Hotel im Kloster, Info über Hotel Irache (s. o.) oder Tel. 9 48 55 44 64
Camping Lizarra, Ordoiz s/n, Tel. 9 48 55 17 33, mit eigenem Restaurant

Restaurants

** **La Cepa,** Plaza de Fueros 18, Tel. 9 48 55 00 32; gutbürgerliches Lokal mit regionaler Küche
* **Fonda el Volante,** Calle Merkatondoa 2, Tel. 9 48 55 39 57; einfache Speisen, bürgerlich, sehr preisgünstig
* **Izarra,** Calle Caldería 20, Tel. 9 48 55 00 24; navarrische Küche
* **Camping Lizarra,** s. Unterkunft; sehr preisgünstig

Eunate s. Puente la Reina

Ferrol (El Ferrol)

PLZ 15400
i **Oficina de Turismo,** Plaza Camilo José Cela s/n, Tel. 9 81 31 11 79

Sehenswürdigkeiten

Spanischer **Kriegsmarinehafen** in enger Bucht

Fisterra/Finisterre

Westlichster Punkt Festlandeuropas an der galicischen Atlantikküste
PLZ 15155

Unterkunft

* **Hostal Cabo Finisterre;** Calle Federico Ávila 8, Tel. 9 81 74 00 00, Fax 9 81 74 00 54; großes Hostal mit stark besuchtem Restaurant

Foncebadón

Verfallener Ort auf dem Jakobsweg mit Häusern im für den Nordwesten Spaniens typischen Palloza-Stil. Auf dem nahen Rabanalpaß das Eisenkreuz **Cruz de Ferro** auf einem von den Pilgern aufgehäuften Steinhaufen

Foz s. Rías Altas

Frómista

PLZ 34440
i **Oficina Municipal de Turismo** (Infos über Stadt und Umgebung), Paseo Central s/n, Tel. 9 79 81 01 80;
Oficina de Informarción Adeco Canal de Castilla (Informationen über den Canal de Castilla), Plaza de Tuy 11, Tel./Fax 9 79 81 07 63

Sehenswürdigkeiten

Kirche **San Martín** (spätes 11./12. Jh.), eine der frühesten und stilreinsten Bauten der Romanik in Spanien mit außergewöhnlichem plastischen Schmuck des Meisters von Frómista, Di–So 10.30–13.30 u. 17–20 Uhr, Tel. 9 79 81 01 44

Restaurant

** **Los Palmeros,** Plaza San Telmo 4, Tel. 9 88 81 00 67; in einem ehemaligen Pilgerhospiz, kastilische Küche

Fuente Dé

Im obersten Hochtalboden der Talschaft Liébana der **Parador Nacional Fuente Dé.** Seilbahn auf die **Picos de Europa:** in eine spektakuläre Landschaft mit großartigen Ausblicken

Unterkunft

*** **Parador de Fuente Dé,** Tel. 9 42 73 66 51, Fax 9 42 73 66 54, fuentede@parador.es; in den Picos de Europa, relativ moderner Bau, phantastische Lage, 5 Min. zur Seilbahn

Gasteiz/Vitoria

Die Hauptstadt des Baskenlandes liegt im Süden der Provinz Alava/Alaba
PLZ 01005
i **Oficina Turistica del Gobierno Vasco** (für die Region

Tips und Adressen

Alava-Araba), Parque de la Florida 34, Tel. 9 45 13 13 21, Fax 9 45 13 02 93; Oficina Municipal (für die Stadt), Calle Dato 11, Tel. 9 45 16 15 98, www.vitoriagasteiz.org/turismo

Sehenswürdigkeiten

Kathedrale **Santa María** (14./15. Jh.). Gotische Kirche **San Miguel**, mehrere Museen (Waffen, Archäologie, Kunst, Naturwissenschaften u. a.), Infos über Oficina Turistica

Unterkunft

*****Silken Ciudad de Vitoria**, Portal de Castilla 8, Tel. 9 45 14 11 00, Fax 9 45 14 36 16, www.hoteles-silken.com; neueres Hotel nahe der Kathedrale, beste Ausstattung mit Gründerzeitanklängen
* **La Bilbaina**, P. Varástegui 2, Tel. 9 45 25 44 00, Fax 9 45 27 97 57; gepflegtes Hotel, Zimmer (Sat-TV) mit Blick zum neuen Kunstmuseum Artium.

Restaurant

* **Sidreria Sayartoki**, Prado 18, Tel. 943 288676; klassische und poluläre Sidreria

Gernika-Lumo/Guernica y Lumo

Ort der baskischen Sonderrechte, im Spanischen Bürgerkrieg von deutschen Flugzeugen zerbombt
PLZ 48300
i Oficina de Turismo, Calle Artekale 5, Tel. 9 46 25 58 92, Fax 9 46 25 32 12, turismo@www.gernika-lumo.net

Sehenswürdigkeiten

Haus der Baskischen Sonderrechte mit Eiche (Casa de Juntas), Calle Allende Salazar s/n, Winter tgl. 10–14 u. 16–18, Sommer 10–14 u. 16–19 Uhr, Tel. 9 46 25 11 38.
Museo de Euskal Herria de Gernika/Gernika Museoa, Baskenlandmuseum, Foru Plaza 1, Mo–Sa 10–14 u. 16–19, So 10–13.45 Uhr, Juli/Aug. Mo–Sa 10–19, So 10–14 Uhr, Tel. 9 46 25 54 51

Gijón

PLZ 33200
i **Oficina de Turismo**, Calle Marqués de San Esteban 1, Tel. 9 85 34 60 46 sowie Paseo de la Infancia 2, Tel. 9 85 34 17 71

Sehenswürdigkeiten

Wiederaufgebaute Altstadt und Fischerviertel. Römische Thermen im **Museo de las Termas Romanas**, Campo Valdés, Öffnungszeiten unter Tel. 9 85 34 51 47. Bauernhausmuseum **Museo Etnográfico Pueblo de Asturias**, La Güelga, Tel. 9 85 33 22 44.
Asturischer Pavillon der Weltausstellung Sevilla 1992 »La Güelga«, Tel. 9 85 37 33 35

Unterkunft

**** **Parador de Gijón**, Parque Isabel La Católica, Tel. 9 85 37 05 11, Fax 9 85 37 02 33, gijon@parador.es; etwas außerhalb in einem Park gelegen

Hecho

Im gleichnamigen Tal im Süden der Pyrenäen (Aragón)
PLZ 22720

Unterkunft

** **Hotel Lo Foratón** und Lo Foraton 2, Urb. Cruz Alta s/n, Tel./Fax 9 74 37 52 47; beste Nächtigungsmöglichkeit weit und breit

Hío

Sehenswürdigkeiten

Vor der Kirche des Dorfes steht einer der größten und figurenreichsten **Cruceiros** (Steinkreuze mit Kalvarienberg) Galiciens

Irache/Oratxe s. Estella

Iranzu s. Estella

Ituren und Zubieta

45 km südlich Donostia/San Sebastian
PLZ 31745, 31746
i Ituren, Plaza Villa s/n, Tel. 9 48 45 03 02; Zubieta, Calle Mayor 20, Tel. 948 45 01 61

Informationen für unterwegs – Von Ort zu Ort

Sehenswürdigkeiten

Der **Karnevalszug** zwischen den beiden Orten ist wohl Spaniens archaischster

Unterkunft

* **Pensión Aurtizko Ostatua**, Ituren, Barrio de Aurtiz, Tel./Fax 9 48 45 04 77

Jaca

PLZ 22700
i **Oficina de Turismo**, Av. Regimiento de Galicia 2/1, Tel. 9 74 36 00 98, Fax 9 74 35 51 65, www.jaca.com

Sehenswürdigkeiten

Kathedrale **San Pedro**, eine der ältesten romanischen Kirchen Spaniens aus dem 11./12. Jh., frühromanische Bauplastik mit bemerkenswerten Kapitellen, www.altoaragon.com/jaca/catedral/capmeri.htm; **Kathedralmuseum**, im Sommer tgl. 10–14 u. 16–21 Uhr, sonst Di–So 11–13.30 u. 16–19 Uhr, Tel. 9 74 35 63 78, www.jaca.com/azor/museo.htm. **San Salvador y San Ginés**, romanische Kirche, Sarkophag der Doña Sancha aus dem 11. Jh.

Unterkunft

*** **Oroel**, Avda. de Francia 37, Tel. 9 74 36 24 11, Fax 9 74 36 38 04; gutes Mittelklassehotel mit vorzüglichem Restaurant
** **Conde Aznar**, Paseo de la Constitución 3, Tel. 9 74 36 10 50, Fax 9 74 36 07 97; Hotel in Altstadtrandlage, gemütlich und ruhig mit gutem Restaurant

Restaurants

** **Casa Paco**, Calle la Salud 8, Tel. 9 74 36 16 18; Wildspezialitäten, gute Weinauswahl
** **La Cocina Aragonesa**, Paseo de la Constitución 3, Tel. 9 74 36 10 50; regionale Jahreszeitenküche
** **Oroel**, s. Unterkunft
* **Conde Aznar**, s. Unterkunft

Javier

5 km südlich der N 240 ab Yesa
PLZ 31411
i **Oficina de Turismo**, Edificio Albergues, Tel. 9 48 88 41 77, Fax 9 48 88 40 36

Sehenswürdigkeiten

Frühmittelalterliche **Grenzburg**, Bergfried, Geburtsort des hl. Franz Xaver mit **Museum**, tgl. 9–13 u. 16–19 (im Winter 18) Uhr, Tel. 9 48 88 40 24

Unterkunft/Restaurant

*** **Xavier**, Plaza del Santo, Tel. 9 48 88 40 06, Fax 9 48 88 40 78; Hotel und Restaurant der Mittelklasse

Laguna La Nava

Geschütztes Feuchtgebiet nahe Palencia (27 km, erreichbar über N 610, in Mazariegos auf Straße nach Fuentes de Nava abbiegen), bedeutendes Zugvogel- und Überwinterungsgebiet. Informationszentrum in Fuentes de Nava Calle Mayor 17. Im Winter (15. Okt.–März) Mi–Fr 17–19 Uhr, im Sommer Mi–Fr 17–20, Sa/So 11–14 u. 17–20 Uhr

Lantz

Sehenswürdigkeiten

Der Ort in den Navarrischen Pyrenäen, 25 km nördlich von Pamplona, feiert eins der berühmtesten **Karnevalsfeste** Spaniens

Unterkunft/Restaurant

* **Hostal Venta de Ulzama**, Ctra. Pamplona-Francia km 31, Puerto de Velate, Tel. 9 48 30 51 38; 15 Zimmer, einsame Lage, gutes Restaurant mit rustikaler Küche

La Oliva s. Tafalla

Las Medulas s. Ponferrada

Leire s. Yesa

León

PLZ 24001-24003
i **Oficina Turistica de León** (für die Region Burgos-

Tips und Adressen

León), Plaza de la Regla 3–4, Tel. 9 87 23 70 82, Fax 9 87 27 33 91; **Patronato Provinciál de Turismo** (für die Region León), Pza. de la Regla s/n, Tel. 9 87 29 21 89, Fax 9 87 24 06 00, ruraleon@aletur.es; **Ayuntamiento de León** (für die Stadt León), Avda. Ordoño II 10, Tel./Fax 9 87 89 55 67, ayturismo@argored.com, www.aytoleon.com.

Sehenswürdigkeiten

Casa de Botines, Stadthaus des katalonischen Architekten Antonio Gaudí (1891–93). **Kathedrale,** hochgotische Kathedrale (nach 1230) im reinen französischen Rayonnant-Stil, Westfront mit dreigeteiltem Portal nach nordfranzösischem Vorbild, mittelalterliche und frühneuzeitliche flämische Buntglasfenster, in Ausmaß und Qualität zu den eindrucksvollsten zählend, die sich in ganz Europa erhalten haben, tgl. 8.30–13.30 u. 16–19 Uhr, im Sommer auch länger. Kreuzgang (14.–16. Jh.), in den Nebenräumen reiche Sammlungen des **Kathedralmuseums,** Plaza de Regla 4, Tel. 9 87 23 00 60, Mo–Sa 9.30–13.30 u. 16–19 Uhr, im Sommer vorm. bis 14 Uhr. **Palacio de los Guzmanes,** Renaissance-Stadtpalast von Rodrigo Gil de Hontañón. **San Isidoro,** Kloster mit Panteón der Könige von León, in Qualität und Ausmaß konkurrenzlose romanische Ausmalung des Panteón 11./12. Jh. Bibliothek mit bedeutenden Manuskripten und Inkunabeln. Schatzkammer mit bedeutenden Objekten, darunter Achatkelch der Königin Urraca und wertvolle Reliquienschreine. Kirche (12. u. 16. Jh.) mit sehr früher romanischer Puerta del Perdón. Kirche zu den üblichen Zeiten (keine Mittagsschließung), Panteón und Sammlungen als **Museo de San Isidoro,** Plaza de San Isidoro 4, Sept.–Juni Di–Sa 10–13.30 u. 16–18.30, So/Fei 10–13.30 Uhr, Juli/Aug. Di–Sa 9–20, So/Fei 9–14 Uhr, Tel. 9 87 87 61 61. **San Marcos,** großes Pilgerhospiz (12./15.–18 Jh.), Kirche mit platereker Fassade von Juan de Badajoz. In Kreuzgang und Sakristei befindet sich das **Museo de León,** Plaza San Marcos s/n, mit archäologischen und Kunstsammlungen, Mai–Sept. Di–So 10–14, Di–Sa auch 16.30–20 Uhr, Okt.–Juni Di–Sa 10–14 u. 16–19 Uhr, Tel. 9 87 23 64 05

Unterkunft

***** **Parador »Hostal San Marcos«,** Plaza de San Marcos 7, Tel. 9 87 23 73 00, Fax 9 87 23 34 58, leon@parador.es; im ehem. Pilgerhospital San Marcos, Artesonado-Holzdecke, exquisites Mobiliar, echter Luxus
*** **La Posada Regia,** Regidores 11, Tel. 9 87 21 31 73; mitten in der Altstadt gelegenes, sehr komfortables und geschmackvoll eingerichtetes Hotel in einem Stadthaus des Spätmittelalters
* **Orejas,** Calle Villafranca 8, Tel. 9 87 25 29 09; kleine Pension im 2. Stock in einer Seitengasse der Avda. de Ordoño II, einfach und sauber, renoviert und vor allem ruhig – die Gasse ist Fußgängerbereich

Restaurants

Restaurants und Bars im Altstadtbereich um die Plaza San Martín, um die Calle del Burgo Nuevo und entlang der Avenida de Ordoño II/Av. Generalísimo
** **Adoníasa del Pozo,** Calle Santa Nonia 16, Tel. 9 87 20 67 68; hervorragende leonesische Küche
** **Bodega Regia,** Regodores 11, Tel. 9 87 21 31 73; ebenfalls hervorragende leonesische Küche

Lerma

PLZ 09340
i Ayuntamiento, Calle Audiencia 6, Tel. 9 47 17 00 20, Fax 9 47 17 09 50

Sehenswürdigkeiten

Im nahen **Quintanilla de las Viñas:** Westgotische Kirche/Einsiedelei **Santa María de Lara,** April–Nov. Mi–So 9.30–14 u. 16–19 Uhr, Okt.–März Mi–So 10–17 Uhr, geschl. am letzten Wochenende des Monats

Unterkunft

*******Parador de Lerma,** Tel. 947 177110, www.parador.es;

Informationen für unterwegs – Von Ort zu Ort

luxuriöser Parador im Herzogspalast, 2003 eröffnet

Loarre

54 km südlich von Puente la Reina de Jaca
PLZ 22809

Sehenswürdigkeiten

Grenzburg des Frühmittelalters, **Burgkapelle** (11./12. Jh.)

Unterkunft

**** **Hospedería de Loarre,** Calle Mayor s/n, Tel. 9 74 38 27 06, Fax 9 74 38 27 13

Logroño

PLZ 26071
i **Oficina de Turismo** (Stadt), Paseo del Espolón, Tel. 9 41 29 12 60, Fax 9 41 29 16 40; **Dirección General Turismo La Rioja** (Provinz), C/Belchite 2, Tel. 9 41 29 11 00, Fax 9 41 29 13 38, www.larioja.org/turismo

Sehenswürdigkeiten

Altstadt mit **Santa María del Palacio** (Hochaltar 16. Jh. von Arnao de Bruselas), tgl. 9–13 u. 17–20 Uhr. **San Bartolomé** mit mozarabischem Turm (12./13. Jh.). Konkathedrale **Santa María de la Redonda** mit barocker Westfassade (1742), Mo–Sa 7.45–13.15 u. 18.30–21, So 8.15–13.15 u. 18–20 Uhr. Kirche **Santiago el Real** mit Matamoros-Portal

Unterkunft

**** **Hotel Meliá Confort Braços,** Calle Bretón de los Herreros 29, Tel. 9 41 22 66 08, Fax 9 41 22 67 54, melia.confort.los.bracos@ solmelia.es; das beste Hotel in der Stadt und bequem genau zwischen Alt- und Neustadt gelegen
* **La Numantina,** Calle Sagasta 4, Tel. 941 25 14 11; schlichte, aber saubere Pension in der Altstadt, Zimmer mit Bad/WC, TV
Camping La Playa, Avenida de la Playa 6, Tel. 9 41 25 22 53, Kat. 1, geöffnet Mai–Okt.

Restaurants

** **La Chata,** Calle Carnicerías 3, Tel. 9 41 25 12 96; Rioja-Küche und Asados (Braten) aus dem historischen Backofen
Viena, Calle Chile 12, Tel. 9 41 20 20 49; Konditorei, sehr gutes regionaltypisches Backwerk

Loiola/Loyola

Zwischen Azkoitia und Azpeitia (Provinz Guipúzcoa)

Sehenswürdigkeiten

Basilika **San Ignacio de Loiola,** barocker Bau um das Geburtshaus des Heiligen, einen spätmittelalterlichen Wohnturm

Los Arcos

PLZ 31210
i **Oficina de Turismo,** Plaza Fueros 1, Tel. 9 48 64 02 31, Fax 9 48 44 11 42

Sehenswürdigkeiten

Kirche **Santa María** mit platereskem Nordportal

Luanco

PLZ 33440
i **Oficina de Turismo,** Paseo Párroco González s/n, Tel. 9 85 88 26 44

Sehenswürdigkeiten

Museo Marítimo de Asturias, Calle Gijón, Winter Di–Sa 11–13 u. 16–18, Sommer Di–Sa 11–13 u. 17–19 Uhr

Lugo

PLZ 27001
i **Oficina de Turismo,** Praza Major, Tel. 9 82 23 13 61

Sehenswürdigkeiten

Vollständig erhaltene römische **Stadtmauer,** Kathedrale **Santa María** (12.–16. Jh.) mit romanischem Nordportal, barocker Capilla de la Virgen de los Ojos Grandes und Kreuzgang mit Kathedralmuseum. **Museo Provincial de Lugo,** Plaza de la Soledad, im ehemaligen Kloster San Francisco mit erhaltener Klosterküche, keltische, römische,

Tips und Adressen

mittelalterliche Sammlung, Azabach-Objekte. Integriert ist das moderne **Museo Nelson Zumel** (zeitgenössische Maler), Mo–Fr 10–13 u. 16–19, Sa 10–14, So 10–14 Uhr (So im Juli/Aug. geschl.), Tel. 9 82 24 21 12. In **Viladonga** unweit Castro de Rei, 25 km nordöstl. Lugo, Ausgrabung eines der größten befestigten Dörfer der **Castro-Kultur** mit **Museo Arqueolóxico do Castro de Viladonga**, tgl. 10–20, (Sommer 21) Uhr, Tel. 9 82 31 42 55, www.aaviladonga.es

Unterkunft

**** Gran Hotel Lugo, Avda. Ramón Ferreiro 21, Tel. 9 82 22 41 52, Fax 9 82 24 16 60, ghlugo@proalsa.es, www.gh-hoteles.com; bestes Hotel der Stadt
* Hostal Parames, Rúa do Progreso 28, Tel. 9 82 22 62 51; einfach, sauber und preiswert, renoviert, mit Restaurant

Restaurant

** Meson de Alberto, Rúa da Cruz 4, Tel. 9 82 22 83 10; klassische und neue galicischer Küche, unten *tapería* mit großer Tapas-Karte

Lumbier

Ort am Foz de Lumbier im Osten Navarras
PLZ 31440
i Centro de Interpretación de los Foces, Calle Mayor 48, Tel. 9 48 88 03 42, Fax 9 48 88 00 10

Sehenswürdigkeiten

Canyon des Río Irati mit **Gänsegeierhabitat**

Llanes

Fischerhafen und pittoresker alter Ort mit prachtvollen Felsbuchten und Sandstränden im Küstenabschnitt Poo, Celorio, Barro
PLZ 33500
i Oficina de Turismo, Calle Alfonso IX, la Torre (in einem Turm im oberen Stadtteil), Tel. 9 85 40 01 64, Fax 9 85 40 19 99

Unterkunft

*** Gran Hotel Paraíso, Pidal 2, Tel. 9 85 40 19 71, Fax 9 85 40 25 90, ampudia@jazzfree.com; gut ausgestatteter Neubau in der Altstadt, auch Appartements

Mansilla de las Mulas

PLZ 24210
i Oficina de Turismo, Los Mesones 14, Tel. 9 87 31 01 38

Sehenswürdigkeiten

Der Ort am Jakobsweg in der Provinz León hat gut erhaltene **mittelalterliche Stadtmauern**

Mondoñedo

PLZ 27740
i Oficina de Turismo, Plaza de la Catedral 34, Tel. 9 82 50 71 77

Sehenswürdigkeiten

Kleiner Bischofssitz mit gotischer **Kathedrale** und spätgotischen Fresken (Bethlehemitischer Kindermord) mit Kathedralmuseum, tgl. 11–13.30 u. 16.30–19.30 Uhr, Tel. 9 82 52 10 06
5 km westlich von **Foz** an der Küste: **San Martín de Mondoñedo**, siedlungsfern gelegene ehemalige Klosterkirche, frühromanischer Bau und Skulpturen

Unterkunft

*** Mirador de Modoñedo, Ctra. Nacional 634, Tel. 9 82 52 14 00, Fax 9 82 52 14 09; mit traumhafter Aussicht, jedoch an der Nationalstraße
* Hotel Montero II, Calle Cándido Martínez 8, Tel. 9 82 52 10 41; restauriertes Stadthaus nahe Kathedrale, stilvoll eingerichtet, hervorragendes Preis-Leistungsverhältnis

Restaurant

O Rei das Tartas, Calle Obispo Sarmiento 2, Tel. 9 82 17 99 67; vorzügliche Konditorei, z. B. Torta de Mondoñedo mit Mandeln, Zimt, Zitrone

Nájera

PLZ 26300

Sehenswürdigkeiten

Kloster **Santa María la Real** mit Grablege (Panteón) navarrischer Könige und romanischem Sarkophag der Doña Blanca von Navarra (12. Jh.), Kreuzgang (1517–28) im Übergangsstil, Di–So 10–13, 16–18 Uhr, Tel. 9 41 36 36 50

Unterkunft/Restaurant

*****Hotel San Fernando,** Paseo San Julián 1, Tel. 9 41 36 37 00, Fax 9 41 36 33 99, www.sanmillan.com; 55 komfortable Zimmer (Bad/WC/Sat.TV) zum niedrigen Preis (trifft auch auf das Restaurant zu)

Nava

Zentrum der Sidraherstellung (Apfelwein) Asturiens

Navarrete

PLZ 26370

Sehenswürdigkeiten

Ruinen der Kirche und Portal des verschwundenen Klosters **San Juan de Acre**

Unterkunft

*** San Camilo, Carretera Fienmayor 4, Tel. 9 41 44 11 11, Fax 9 41 44 11 12, sancamilo@sanmillan.com; Hotel an der Durchgangsstraße mit einigem Komfort, Zimmer mit Sat.TV

Noia

PLZ 15200
i Im Sommer Auskunft im Rathaus (Ayuntamiento), Tel. 9 81 82 01 58

Sehenswürdigkeiten

Versandeter Hafen, **Altstadt** mit engen Gassen, Kirche **Santa María** (14. Jh.) mit Cruceiros, Wehrkirche **San Martiño** (15. Jh.) mit einem romanischen Portal

Unterkunft

* Hostal Sol y Mar, Malecón de San Lazaro, Tel. 9 81 82 09 00; schmuckloses aber preiswertes Hostal gegenüber dem Ortszentrum

O Cebreiro/Cebreiro

PLZ 27670 Pedrafita do Cebreiro

Sehenswürdigkeiten

Im Dorf (1300 m) am Anfang der galicischen Route des Jakobsweges **Pilgerkirche** (ab 9. Jh.) mit Reliquien eines Hostienwunders. **Pallozas, Museo Etnológico,** tgl. 11–14 u. 15–19 (Winter bis 18) Uhr

Unterkunft/Restaurant

** **Hospedería de San Giraldo de Aurillac,** Tel. 9 82 36 71 25, Fax 9 82 36 70 15; im ehemaligen Kloster mit Pilgerherberge, Hostal und für seine Würste bekanntes Restaurant, an Wochenenden von spanischen Tagestouristen überfüllt

In **Pereda de Ancares** (Serra de Os Ancares): **Casa Valle de Ancares** und andere Häuser in traditioneller Bauweise. **Turismo Rural,** S. Gerardo Ovalle Cachón, Tel. 9 87 56 42 84

Olite

35 km südl. von Pamplona
PLZ 31390
i Oficina de Turismo, Galerías de la Plaza Carlos III, el Noble, Tel. 9 48 74 17 03, oit.olite@cfnavarra.es

Sehenswürdigkeiten

Mittelalterliches Stadtbild mit **Stadtmauern.** Ausgedehnte Anlage des **Königlichen Schlosses** des navarrischen Herrscherhauses (14./15. Jh.) mit prachtvollem spätgotischen Maßwerk und Schloßkirche **Santa María la Real;** Öffnungszeiten sind zu erfahren unter Tel. 9 48 74 00 35

Unterkunft

*** **Parador de Olite,** Plaza Teobaldos 2, Tel. 9 48 74 00 00, Fax 9 48 74 02 01, olite@parador.es; im ältesten Teil der königlichen Burg (15. Jh.) – ein Prospekt verspricht als Aktivität »Burg-Abstieg an Steilwänden«, was immer das auch bedeuten mag

Oñati

PLZ 20560
i Oficina de Turismo,

Tips und Adressen

Foru Enparantza 11, Tel. 9 43 78 34 53

Sehenswürdigkeiten

Gebäude der ehemaligen **Universität**
In der Nähe der populäre Wallfahrtsort **Arantzazu**

Oseira

10 km nordöstlich der N 525 Lalín – Ourense ab Cea

Sehenswürdigkeiten

Kloster **Santa María la Real** (12.–17. Jh.) mit prachtvollem isabellinischem Kapitelsaal, Di–Sa 9.30–12.30 u. 15–17.45, So 12.30–17.30 Uhr

Ourense/Orense

PLZ 32000
i **Oficina Municipal de Turismo** (Stadt), Calle Burgas 12 Bajo, Tel./Fax 9 88 25 33 43, **Oficina de Turismo** deOurense (Provinz), Casa do Legoeiro, Ponte Romana, Tel. 9 88 37 20 20, Fax 9 81 21 49 76

Sehenswürdigkeiten

Altstadt mit gotischer Kathedrale, der **Pórtico del Paraíso** (Vorbild: Pórtico de la Gloria in Santiago), Kapelle **Santísimo Cristo** (spätes 16. Jh.), Diözesanmuseum, Tel. 9 88 22 09 92. **Archäologisches Museum,** Rúa Bispo Carrascosa 1, Di–So 9.30–14.30 Uhr, Tel. 9 88 22 38 84, derzeit geschl.

Unterkunft

**** Gran Hotel San Martín, Calle Curros Enríquez 1, Tel. 9 88 37 18 11, Fax 9 88 37 21 38, ghourense@proalsa.es, www.gh-hoteles.com; funktionaler Kasten, aber praktisch gelegen
* **Parque,** Calle Hermanos Vilar 23, Tel. 9 88 22 00 35; einfaches Hotel mit großen Zimmern, zentral, sauber und angenehm

Restaurant

*/** **O Remansiño de Paz,** Calle Juan Manuel Bedoya 45, Tel. 9 88 23 96 87; intelligente galicische Jahreszeitenküche

Oviedo

PLZ 33000
i **Oficina de Turismo**, Calle Cimadevilla (an der Plaza de la Constitución; 2006 wahrscheinlich direkt auf der Plaza), Tel. 9 85 21 33 85, Fax 9 85 22 84 59, www.info-asturias.es und www.asturdata.es; **Oficina Municipal de Turismo,** Calle Marqués de Santa Cruz 1, Tel./Fax 9 85 22 75 86, www.ayto-oviedo.es

Sehenswürdigkeiten

Altstadt und großzügige spätgründerzeitliche Stadterweiterung mit teils prächtigen Bauten (Landtag, Theater). **Cámara Santa,** ehem. Palastkirche der asturischen Könige (8.–11. Jh.) mit historisch und künstlerisch bedeutendsten asturischen und spanischen Reliquien wie dem Cruz de la Victoria (frühes 10. Jh.), Mo–Sa 10–13 u. 16–19 Uhr, Tel. 9 85 20 31 17. Spätgotische **Kathedrale,** Hauptaltarwand in flämischer Gotik, hochgotischer Kreuzgang und Kapitelsaal mit **Diözesanmuseum,** 10–13 u. 16–19 Uhr, im Sommer oft länger, Tel. 9 85 22 10 33. Eingebaut in der Kirche **San Tirso** gegenüber der Kathedrale ist die Westfront der Vorgängerkirche (9. Jh.). **Museo Provincial de Bellas Artes,** Santa Ana 1, Kunstmuseum, Di–Fr 10–13.30 u. 16–18, So 11–13 Uhr, Tel. 9 85 21 30 61. **Monte Naranco** (3 km westl.), Kirche Santa María de Naranco, ehem. Sommerpalast des asturischen Königshauses (9. Jh.), eines der bedeutendsten Bauwerke des asturischen Stils, byzantinische und westgotische Einflüsse. Kirche **San Miguel de Lillo** (9. Jh.) mit Steinschnitt-Fensterfüllungen, Fresken u. Flachreliefs des asturischen Stils; beide Winter tgl. 10–13 u. 15–17 Uhr, Sommer tgl. 10–13 u. 15–19 Uhr. **San Julián de los Prados** (am nordöstl. Stadtrand), Kirche im asturischen Stil (9. Jh.), besonders interessant die erhaltenen Fresken

Unterkunft

*** **Hotel Ciudad de Oviedo,** Calle Gascona 21, Tel. 9 85 22 22 24, Fax 9 85 22 15 99; zentral und modern

** **Santa Cruz,** Calle Marquéz de Santa Cruz 6, Tel. 9 85 22 37 11; gut ausgestattetes Hostal beim Parque de San Francisco

Restaurants

*** **Casa de comidas Laure,** Plaza de Trascorrales 10B, Tel. 985 21 90 44; so *matter of fact* wie der Name »Eßhaus« ist das Menü, aber die Qualität von Zutaten und Zubereitung sind vom Feinsten
* **La Fumarada,** Calle del Aquila 4; eine von mehreren Sidrerías in der für Sidra-Bars und -restaurants bekannten Gasse bei der Kathedrale
** **Restaurante del Arco,** Avda. General Zurillaga, Tel. 9 85 25 55 22; beste asturische und spanische Küche

Padrón

PLZ 15900
i **Oficina de Turismo,** Avda. de Compostela s/n, ohne Telefon, nur im Sommer

Sehenswürdigkeiten

Im Nachfolgerort der Bischofsstadt Iria Flavia steht die spätromanische Kollegienkirche **Santa María** mit Gräbern.

Palencia

PLZ 34001
i **Oficina Turística de Palencia** (für die Region Burgos-León), Calle Mayor 105, Tel. 9 79 74 00 68, Fax 9 79 70 08 22; **Patronato Provincial de Turismo** (für die Provinz Palencia), Plaza Abilio Calderón s/n, Tel. 9 79 71 51 00 (3 26), Fax 9 79 71 51 31, turismo@dip-palencia.es; **Ayuntamiento de Palencia** (für die Stadt Palencia), Plaza Mayor 1, Tel. 9 79 71 81 34, Fax 9 79 74 89 77, tur@aytopalen.es, www.palencia.com/ayuntamiento

Sehenswürdigkeiten

Spätgotische Kathedrale **San Antolín,** Süd- und Nordportal, Trascoro von Simón de Colonia, Juan de Flandes und Gil de Siloé, Kreuzgang, **Kathedralmuseum,** Plaza de la Inmaculada s/n, Tel. 9 79 70 13 47, tgl. 9.30–13.30 Uhr, Mo–Sa auch 16–18.30 Uhr, der Museumsbesuch ist in der Sakristei anzumelden. **Museo Arqueológico (Museo de Palencia),** Plaza del Cordón 1, Tel. 9 79 75 23 28, in der Casa del Cordón (Renaissance) mit sehr guter Sammlung zur Römerzeit, Juni–Sept. Di–Sa 10–14 u. 17–20 Uhr, Okt.–Juni Di–Sa 10–14 u. 16–19 Uhr, So/Fei ganzjährig 10–14 Uhr, Tel. 9 79 75 23 28
Bei **Baños de Cerrato,** 10 km südlich von Palencia: westgotische **Basilica de San Juan de Baños** (von 661), Juli–Sept. Di–So 10.30–13.30 u. 16–19 Uhr

Unterkunft

* **Hotel Colón 27,** Calle Colón 27, Tel. 9 79 74 07 00, Fax 9 79 74 07 00; ruhig gelegenes, einfaches, aber doch angenehmes Hotel in der Altstadt
* **Pensión Gredos,** Valentín Calderón 18, Tel. 9 79 70 28 33; familiäre, einfache Pension nahe Calle Mayor, besonders günstige Vollpension

Restaurants

* **Mesón El Cazador,** Calle Obispo Lozano 7, Tel. 9 79 75 09 12; mitten in der Altstadt (3 Min. bis zur Kathedrale), mit gutgelaunter Clientèle und niedrigen Preisen für gutbürgerliche Küche
* **Taberna Plaza Mayor,** Plaza Mayor 1, Tel. 9 79 74 07 10; Tapas vom Feinsten an der Plaza Mayor, meist gibt es nur Stehplätze und selbst die sind – zu Recht – umkämpft

Pamplona

PLZ 31001
i **Oficina de Turismo** (für die Stadt), Calle Eslava 1, Tel. 9 48 20 65 40, Fax 9 48 20 70 34, oit.pamplona@cfnavarra.es, dort auch O. T. Pamplona Central de Reservas de Alojamientos (Hotelreservierungszentrale), Tel. 9 48 20 65 41, Fax 9 48 20 70 32, central.reservas@cfnavarra.es; **Gobierno de Navarra, Servicio de Turismo** (für die Region), Parque de Tomás Caballero 1–4, Tel. 9 48 42 77 52, turnavarra@cfnavarra.es, www.cfnavarra.es/turismonavarra

Tips und Adressen

Sehenswürdigkeiten

Stadtbild um die **Plaza del Castillo**. **Zitadelle** Philipps II. **Kathedrale** und **Diözesanmuseum**, Winter Mo–Sa 10.30–13.30, Mo–Fr 16–18 Uhr, Sommer (15. Juli–15. Sept.) Mo–Sa 10–19 Uhr, sonst Mo–Sa 10–13.30 u. 16–19 Uhr. **Museo de Navarra**, Cuesta Santo Domingo s/n, Di–Sa 10–14 u. 17–19, So/Fei 11–14 Uhr, Tel. 948 42 64 92

Unterkunft

Während der *Sanfermines* steigen die Preise meist um das Doppelte und ohne Vorausbuchung gibt es keine Quartiere
**** **Hotel Tres Reyes**, Calle Arcadio Larraona 1, Tel. 948 17 32 00, Fax 948 22 29 30, hitel3reyes@abc.ibernet.com, www.hotel3reyes.com; am Rand der Altstadt gelegener Kasten mit modernen Zimmern und jedem Komfort, Hallenbad, Garage
*** **Yoldi**, Avenida San Ignacio 11, Tel. 948 244800, Fax 948 212045, www.hoteloldi.com; renoviertes Hotel am Rand der Altstadt
* **Hotel La Perla,** Plaza del Castillo 1, Tel. 948 22 77 06, Fax 948 22 15 19; direkt an der Plaza del Castillo, eine von Hemingways üblichen Absteigen, man zahlt hier durchaus für den Nimbus
  In **Burlada** (2 km östlich):
** **Hotel Tryp Burlada,** Calle la Fuente 2, Tel. 948 13 13 00, Fax 948 12 23 46; modern, 2003 komplett renoviert, preisgünstig

Restaurants

Restaurants, Bars und Kneipen im Altstadtviertel um Plaza del Castillo und Calle Estafeta
*** **Hartza,** Calle Juan de Labrit 19, eines der besten Restaurants der Stadt, nahe Arena
/* **Don Pablo,** Calle Navas de Tolosa 19, Tel. 948 22 52 99; unweit des Hotels Tres Reyes gelegen, einfallsreiche Variationen zur navarrisch-baskischen Küche, hervorragende *Mariscos*

Plentzia

25 km nördlich Bilbao am Meer
PLZ 48620

Unterkunft

* **Hotel Uribe,** Calle Erribera 13, Tel. 946 77 44 78; familiäre Atmosphäre in einem restaurierten Altbau an der Ría

Picos de Europa

Höchster und spektakulärster Bereich der Kantabrischen Kordillere, zu erreichen auf Straßen von Covadonga und Unquera; s. a. **Fuente Dé**

Ponferrada

PLZ 24400
i Oficina de Turismo, Ayuntamiento, Plaza del Ayuntamiento 1, Tel. 987 41 22 50, und Calle Gil y Carasco 4, Tel. 987 42 42 36

Sehenswürdigkeiten

Castillo de los Templarios, Templerfestung (12. Jh.), Di–Sa 11–13 u. 17.30–19.30, So 11–14 Uhr. Kirche **Nuestra Señora de la Encina** (16./17. Jh.). **Museo del Bierzo,** Calle del Reloj 2, mit ethnologischen Sammlungen des Bierzo, Mai–Sept. Di–Sa 10.30–14 u. 17–20.30 Uhr, Okt.–April abends nur bis 20 Uhr, So/Fei ganzjährig 11–14 Uhr, Tel. 987 41 41 41. Am östlichen Ortsrand: **Santo Tomás de las Ollas**, mozarabische Kirche, Schlüssel im Haus gegenüber
  15 km südlich: **Compludo** mit restaurierter **Eisenschmelze** (19. Jh.), Di–So 10–13 u. Di–Sa 16–19 Uhr
  30 km südwestlich: **Las Medulas**, römische Goldminen in einsamer Berglandschaft, kleines Museum, die gut beschilderten Tagebauanlagen (Seifengold) sind frei zugänglich
  20 km südlich: **Santiago de Peñalba**, mozarabische Kirche in einsamer Berglandschaft, Mai–Sept. Di–So 10–14 u. 17–20, So 10–15 Uhr

Unterkunft

** **Hotel Madrid,** Avda. de la Puebla 44, Tel. 987 41 15 50, Fax 987 41 18 61; gute Mittelklasse mit gutbürgerlichem Restaurant
  In **Espinoso de Compludo:** **Casa de La Iglesia, Casa del**

Informationen für unterwegs – Von Ort zu Ort

Pozo und weitere traditionelle Schieferhäuser mit Holzveranda; **Turismo Rural Compludo,** Tel. 9 87 69 54 39, Fax 9 87 69 54 39

Restaurants

* **Restaurante Embajadores,** Camino de Santiago 38, Tel. 9 87 41 00 74; Bierzo-Küche
In **Medulas:**
* **Hospedería de las Medulas,** Tel. 9 87 42 28 11; einfaches Restaurant mit Küche des Bierzo

Pontevedra

PLZ 6001
i **Oficina de Turismo,** Calle General Mellado 1, Tel. 9 86 85 08 14

Sehenswürdigkeiten

Gut erhaltene **Altstadt** mit engen Gassen und Treppen. Basilika **Santa María la Mayor** mit manieristischer Fassade des Cornelis de Holanda. **Provinzialmuseum,** Calle Pasantería 10–12, Di–Sa 10–14.15 u. 17–20.45, So/Fei 11–14 Uhr, Winter Di–Sa 10–13.30 u. 16.30–20 Uhr, Tel. 9 86 85 14 55

Unterkunft

*** **Parador de Pontevedra,** Calle Barón 19, Tel. 9 86 85 58 00, Fax 9 86 85 21 95, pontevedra@parador.es; in einem Renaissance-Pazo mitten in der Altstadt, Restaurant mit Gartenterrasse

Restaurants

** **Alameda 10,** Calle Alameda 10, Tel. 9 86 85 74 12; traditionelle galicische Küche

Portomarín

PLZ 27170

Sehenswürdigkeiten

Wegen einer Talsperre versetzter Brückenort mit der Wehrkirche **San Juán** (nach 1120)

Unterkunft/Restaurant

** **Pousada de Portomarin,** Avda. de Sarria s/n, Tel. 9 82 54 52 00, Fax 9 82 54 52 70, hpousada@lauder.es; komfortables Landhotel mit Garage, Sat.TV, Föhn
** **Mesón de Rodríguez,** Calle Fraga Iribarne 6, Tel. 9 82 54 50 54; einfaches, aber gut ausgestattetes Hostal (große Koffer passen nicht über die Wendeltreppe in den ersten Stock!) mit gutem Restaurant*

Puente la Reina

PLZ 31100
i **Oficina de Turismo,** Plaza Mena s/n, Tel. 9 48 34 08 45, Fax 9 48 34 08 13

Sehenswürdigkeiten

Mittelalterliche **Brücke** auf dem Pilgerweg. Kloster **Santa María de la Vega y del Crucifijo.** Kirche **Santiago** mit viellappigem Portal, beide Kirchen tgl. 8–20 Uhr
In **Eunate,** 4 km östl. von Puente la Reina: Kirche **Santa María de Eunate,** einsam stehende oktogone Kirche der Romanik, Di–So 10.30–13.30/14.30 u. 16/17–19/20 Uhr, im Dez. geschl., Jan./Feb. Di–So 10.30–14.30 Uhr

Unterkunft/Restaurant

** **Mesón del Peregrino,** Ctra. Pamplona Logroño km 23, Tel. 9 48 34 00 75, Fax 9 48 34 11 90; kleines Hotel in altem Steinhaus im Norden des Ortes (beim Pilgerdenkmal) mit sehr gutem Restaurant
* **Hotel rural Bidean,** Calle Mayor 20, Tel. 9 48 34 04 57, Fax 9 48 34 02 93, www.bidean.com; kleines Hotel mit recht kleinen, aber nicht ungemütlichen Zimmern; direkt an der Sirga, dem durch die Stadt führenden Jakobsweg

Puente Viesgo

PLZ 39670

Sehenswürdigkeiten

Vorgeschichtemuseum **Museo de Prehistoria de Puente Viesgo** im ehem. Bahnhof, Di–Sa 10–13.30 u. 16.30–20, So 10–13.30 Uhr, Tel. 9 42 59 84 71. Gut ausgestattetes Zentrum für den Besuch der kantabrischen **Karsthöhlen** Las Monedas (nur Tropfstein), Las Chimeneas, El Castillo, La Pasiega und anderer mit altsteinzeitlichen Malereien und

Tips und Adressen

Felsritzungen, die Öffnungszeiten der April bis Oktober im Turnus geöffneten Höhlen erfährt man über die Information, wo es auch Erlaubnisscheine für den Besuch gibt

Unterkunft/Restaurant

**** Gran Hotel de Puente Viesgo, Barrio de la Iglesia, Tel. 9 42 59 80 61, Fax 9 42 59 82 61; zum gepflegten Ausruhen nach den Höhlentouren, Spezialität des vorzüglichen Restaurants: Süßwasserfisch

Puerto de Somport

Seit der Römerzeit benutzter Pyrenäenpaß, in der Nähe geringe Ruinen des Pilgerhospitals **Santa Cristina**

Quintanilla de las Viñas s. Lerma

Rada

55 km südlich von Pamplona, westlich von La Oliva. Im 16. Jh. verlassene Stadt über dem Tal des Río Aragón

Rías Altas

Felsküstenlandschaft Nordwestgaliciens zwischen Ferrol und Foz, landschaftlich besonders reizvoll: die **Sierra de Capelada** und **Cabo Ortegal**
i   Oficina de Turismo
27780 Foz, Calle de Lugo 1, Tel. 670 53 60 75

Sehenswürdigkeiten

Wallfahrtsort **San Andrés de Teixido** nördlich Cedeira. Porzellanmanufaktur **Sargadelos** (15 km westlich von Foz). Kloster **San Martín de Mondoñedo** s. Mondoñedo

Rías Baixas

Landschaft Südwestgaliciens mit tiefen Meeresbuchten, *Rías*, Granitfels- und Sandstrandküsten
i   Oficina de Turismo s. Baiona, Noia, Pontevedra und Vigo

Ribadavia

PLZ   32400
i   Oficina de Turismo, Praza Maior s/n, Tel. 9 88 47 12 75

Sehenswürdigkeiten

Mittelalterliche Kleinstadt (Ribeira-Weinort) mit ehem. großer **Judería,** Dokumentation zur jüdischen Vergangenheit im Ethnographischen Museum, Rúa Santiago 10, Tel. 9 88 47 18 43, derzeit geschl.

Unterkunft/Restaurant

* **Hostal Evencio 2,** Avda. Rodriguez Valcárcel 30, Tel. 9 88 47 10 45, Fax 9 88 47 13 11; schlichtes Hostal mit preiswertem Restaurant an der Durchgangsstraße

Ribadedeva

PLZ   33590

Unterkunft

*** **Mirador de la Franca,** Playa de la Franca, Tel. 9 85 41 21 45; Hotel/Appartementanlage an der wunderschönen Playa de La Franca, flacher Sandstrand in einer von Felsküste eingefaßten Bucht

Ribadeo

PLZ   27700
i   Oficina de Turismo, Praza de España s/n, Tel. 9 82 12 86 89

Unterkunft/Restaurant

*** **Parador de Ribadeo,** Calle Amador Fernández 7, Tel. 9 82 12 88 25, Fax 9 82 12 83 46 ribadeo@parador.es; über der *Ría* mit schönem Ausblick sowohl aus den Zimmern als auch dem verglasten Restaurant

Ribadesella

PLZ   33560
i   Oficina de Turismo, El Muelle s/n, Tel. 9 85 86 00 38, www.ribadesella.com

Sehenswürdigkeiten

Tito Bustillo, an der Ría de Ribadesella gegenüber dem Ort: große **Karsthöhle** mit altsteinzeitlichen Höhlenmalereien und Museum, 1. April–

Informationen für unterwegs – Von Ort zu Ort

15. Sept. Mi–So 9.30–12.30 u. 15–17 Uhr, Museum mittags bis 12, nachmittags bis 17.30 Uhr, Tel. 9 85 86 11 18

Unterkunft

**** Hotel Villa Rosario, Calle Dionisio Ruisánchez 6, Tel. 9 85 86 00 90, Fax 9 85 86 02 00, www.hotelvillariosario.com; innen schick gestyltes Hotel in Gründerzeitvilla am Strandboulevard, alle Zimmer mit Internetanschluß

Restaurants

** La Chopera, Calle Collera 46, Tel. 9 85 86 04 45; ruhiges Lokal mit gutbürgerlicher Küche

Roncesvalles

Pyrenäenpaß, der mit der Einrichtung der Spanischen Mark durch Karl den Großen und mit dem Rolandslied verbunden ist
PLZ   31650
i   Oficina de Turismo, Antiguo Molino, Tel. 9 48 76 03 01, oit.roncesvalles@cfnavarra.es

Sehenswürdigkeiten

Abtei von Roncesvalles, Kirche und Kapitelsaal mit Grabmal Sanchos VII. von Navarra (13. Jh.), Sakralsammlung im Museum, Winter tgl. 10.30–13.30 u. 16–18 Uhr, ab Karwoche–Okt. tgl. 10–14 u. 16–19 Uhr, Juli/Aug tgl. 10–14 u. 16–20 Uhr, Tel. 9 48 79 04 80, atz@jet.es

Unterkunft

La Posada, Turismo rural, Tel. 9 48 76 02 25; in altem Pilgergasthof, komfortabel, mit Atmosphäre, erwartungsgemäß viele Pilger als Gäste

Sahagún

PLZ   24320
i   Oficina de Turismo, Ayuntamiento, ohne Telefon

Sehenswürdigkeiten

San Tirso und **San Lorenzo,** spätromanische Backsteinbauten mit Mudéjareinflüssen; San Tirso Di–So 10.30–13.30, Di–Sa auch 16–19 Uhr

Unterkunft

** Hospedería Benedictina, Avda. Dres. Bermeho y Calderón 8, Tel. 9 87 78 00 78; Nächtigung und Frühstück im Kloster der Benediktinerinnen
Pilgerherberge in der ehemaligen Kirche La Trinidad, Calle de Arco 87, Tel. 9 87 78 21 17, sehr stimmungsvoll

Samos

PLZ   27620

Sehenswürdigkeiten

Kloster Samos seit 6./9. Jh., mit gotischen, Renaissance-, barocken und klassizistischen Bauteilen, Kirche (18. Jh.) mit prächtiger Fassade und Treppe, zwei Kreuzgänge,

Mo–Sa 10.30–13 u. 16.30–19, So 12.45–14 u. 16.30–19 Uhr. Nahebei die mozarabische **Kapelle del Salvador** (9. Jh.).

Unterkunft

* Hospedería de los P. P. Benedictinos, Monasterio, Tel. 9 82 54 60 46; Herberge des Klosters, nicht nur für Pilger

Sangüesa

PLZ   31400
i   Oficina de Turismo, Calle Mayor 2, Tel. 9 48 87 14 11, oit.sanguesa@cfnavarra.es

Sehenswürdigkeiten

Mittelalterliches und frühneuzeitliches Stadtbild mit Kirchen und Palästen. Kirche **Santa María la Real** (12./13. Jh.) mit figurenreichem Südportal (12. Jh.). Kloster **San Francisco** mit Kreuzgang. Kirche **Santiago** (12. Jh.)

Unterkunft

** Hotel Yamaguchi, Ctra. de Javier, Tel. 9 48 87 01 27, yamaguchi@interbook.net; moderner, gut ausgestatteter Bau an der Straße nach Javier
In **Sos del Rey Católico** (13 km südöstlich):
*** Parador de Sos del Rey Católico, Calle Arq. Sainz de Vicuña 1, Tel. 9 48 88 80 11; mit Blick auf die Altstadt
In dem aufgegebenen, aber wieder renovierten Ort **Ruesta** an der C 137, oberhalb des Stausees von Leire: Private

Tips und Adressen

Pilgerherberge, Tel./Fax 948 39 80 82, ruesta@encomix.es, www.encomix.es/users/rue sta; es werden auch Nicht-Pilger aufgenommen, Schlafsäle

Restaurants

** **Ciudad de Sangüesa**, Calle Santiago 4, Tel. 9 48 87 10 21; Restaurant mit navarrischer und spanischer Küche **Confitería Aramendía**, Calle Mayor 40, Tel. 9 48 87 01 10; köstliches Backwerk in einer Konditorei direkt am Jakobsweg

San Juan de la Peña

19 km südwestlich von Jaca in der einsamen Berglandschaft der Sierra de la Peña liegt die Klosteranlage (8.–12. Jh.) unter einer Felswand, romanischer Kreuzgang, Kapitelle (11. Jh.), Di–So meist 10–13.30 u. 16–18 Uhr, Infos: Tel. 9 74 36 00 98; Tourismusinformation in Jaca, s. dort

San Juan de Ortega

Östlich Burgos an der Grenze zu Rioja befindet sich das Kloster des Patronatsheiligen, 12.–15. Jh.

Unterkunft

Die **Pilgerherberge** im Kloster ist für ihre Gastfreundschaft berühmt, Tel. 9 47 56 04 38, links neben der Kirche (nebenan Bar/Tienda)

San Martín de Mondoñedo s. Mondoñedo

San Miguél de Escalada

35 km östlich von León und in einsamer Lage: die frühromanisch-mozarabische Kirche, Arkadengalerie mit Hufeisenbögen, Di–So 10.30–13.30, Di–Sa auch 16–19 Uhr

San Millán de la Cogolla

Klosterkomplex des Frühmittelalters im grünen Tal. Alte Anlage **San Millán de Suso** (10./11. Jh.) mit mozarabischen Teilen und jüngere, ausgedehnte Anlage **San Millán de Yuso** (12.–18. Jh.) mit drei Kreuzgängen und Schatzkammer: Elfenbeintafeln vom Schrein des Heiligen (11. Jh.), beide Di–So 10–13.30 u. 16–18.20 Uhr, Tel. 9 41 37 30 49

Unterkunft/Restaurant

**** **Hostería San Millán de la Cogolla**, Monasterio de Yuso, Tel. 9 41 37 32 77, Fax 941 37 32 66, www.sanmillan.com; ja, im Kloster läßt sich sehr gut nächtigen und auch essen!

San Salvador de Valdediós

7 km südwestl. von Villaviciosa: bedeutende asturische Kirche (9. Jh.)

San Sebastián s. Donostia

San Sebastián de Garabandal

Bergdorf 30 km südöstl. von Unquera, nach zahlreichen Marienerscheinungen während der 1960er Jahre volkstümliches Pilgerziel

Santa Cristina de Lena

Bei Pola de Lena, 26 km südl. von Oviedo (A 66, Abfahrt 92)

In den Bergen gelegene Wallfahrtskirche im asturischen Stil (9. Jh.) mit besonders qualitätsvollen Steinschnitt- und Reliefarbeiten, Frühjahr/Sommer 11–13 u. 16.30–18, Herbst/Winter 12–13 Uhr

Santa Cruz de la Serós

13 km südwestl. von Jaca in der Sierra de la Peña

Sehenswürdigkeiten

Im Dorf gibt es zwei **romanische Kirchen**, San Caprasio und Santa Cruz (11. Jh.)

Santander

PLZ 39001
i **Oficina de Turismo** (für Region und Stadt), Plaza Velarde 5, Tel. 9 42 31 07 08,

Fax 9 42 31 32 48, www.
turismo.cantabria.org; (für
die Stadt) Jardines de Pereda
s/n, Tel. 9 42 21 61 20, Fax
9 42 36 20 78, www.ayto-
santander.es

Sehenswürdigkeiten

Krypta der **Kathedrale** (12.
Jh.). Kunstmuseum, **Museo
Municipal de Bellas Artes,**
Calle Rubio 6, mit Gemälden
des spanischen Siglo de Oro,
Winter Mo–Fr 10.15–13 u.
17.30–21, Sa 10–13 Uhr,
Sommer Mo–Fr 11.15–13 u.
17.30–21, Sa 10.30–13 Uhr,
an Fei geschl., Tel. 9 42 23
94 87. Archäologisches
Museum, **Museo Provincial
de Prehistoria y Arqueología,** Calle Casimiro Sainz 4,
mit zahlreichen Funden aus
den kantabrischen Höhlen,
Winter Di–Sa 9–13 u. 16–19,
So/Fei 11–14 Uhr, Sommer
Di–Sa 10–13 u. 16–19,
So/Fei 11–14 Uhr, Tel. 9 42
20 71 09

Unterkunft

***** **Hotel Real,** Paseo de
Pérez Galdós 28, Tel. 9 42 27
25 50, Fax 9 42 27 45 73, real
santander@husa.es; in einem
schönen Bau des Fin de
Siè-cle, die fünf Sterne hat
sich das Haus unbedingt verdient
*** **Hotel Central,** Calle
General Mola 5, Tel. 9 42 22
24 00, Fax 9 42 36 38 29,
www.elcentral.com; Mittel-
klasse-Haus am Puerto
Chico mit Komfort (Sat.TV,
Föhn)

Restaurants

Restaurants und Bars im Sar-
dinero-Viertel und am Puerto
Chico
** **Bodega del Riojano,** Río
de la Pila 5, Tel. 9 42 21 67 50;
alteingesessenes Restaurant
mit kantabrischer und Rioja-
Küche samt den dazugehöri-
gen Weinen!

Santiago de Compostela

PLZ 15705
i **Oficina de Turismo**
(Xunta), Rúa do Vilar 43, Tel.
9 81 58 40 81, Fax 9 81 56 51
78, www.turgalicia.es; **Información Turística Municipal**
(Stadt), Rúa do Vilar 63, Tel.
9 81 55 51 29, www.santiago
turismo.org; im Sommer
auch **Infobüros** im Flughafen, Tel. 9 81 58 04 99 und
im Busbahnhof, Tel. 9 81 57
32 74; Pilgerbüro, Rúa do
Vilar 1, Tel. 9 81 56 24 19,
www.archicompostela.org;
Infos zum Jakobsweg im
Büro Xacobeoi, Avda. A
Coruña 6, Tel. 9 81 57 20 04,
www.xacobeo.es

Sehenswürdigkeiten

**Centro Galego de Arte
Contemporanea,** Rúa Valle
Inclan s/n, interessanter
moderner Bau (Architekt
Siza Vieria) mit Sammlungen
und Wechselausstellungen
zur galicischen Gegenwarts-
kunst, interessante Gartenge-
staltung (Skulpturen von
Eduardo Chillida), Di–Sa
11–20, So 11–14 Uhr, Tel.
98 15 46 61, Fax 9 81 54 66 25,
cgac@mail.xunta.es. **Cole-
gio/Colexio de San Geró-
nimo,** Barockkolleg mit
roman. Portal (13. Jh.), Uni-
versitätsrektorat. **Hostal de
los Reyes Católicos,** Pilgerherberge, gestiftet von den
Katholischen Königen, isabellinisch, heute Luxushotel
(Parador Nacional). **Kathedrale Santiago,** romanische
Kathedrale mit aufwendiger
barocker Schaufassade Obradoiro zum Kathedralplatz,
Vorhalle Pórtico de la Gloria
mit spätroman., figurenreichem Westportal des Meisters
Mateo, roman. Südpforte de
las Platerías, Choreingang
»Puerta santa« wird nur in
Heiligen Jahren geöffnet. Ba-
rocke Capilla Mayor mit
Hochaltar, Standbild des
Santiago, über der Krypta des
Apostels. Seitenkapellen und
Kapellenkranz um Chor mit
bedeutenden Kunstwerken.
Hinweis: Die Kathedrale
war zuletzt (Juli 2005) nur
14–17.30 Uhr für Touristen
geöffnet!
Kathedralmuseen in Sakri-
stei, Kreuzgang, Kapitelsaal,
Bibliothek, dort berühmter
Botafumeiro (Weihrauch-
behälter) und romanische
Unterkirche, Juni–Sept.
Mo–Sa 10–13 u. 16–19.30,
So/Fei 10–13.30 Uhr,
Okt.–Mai Mo–Sa 11–13 u.
16–18 Uhr, Tel. 9 81 58 11 55.
Museo das Peregrinacións,
Rúa San Miguel dos Agros 4,
Pilgermuseum, Di–Fr 10–20,
Sa 10.30–13.30 u. 17–20,
So/Fei 10.30–13.30 Uhr,

Tips und Adressen

Tel. 981 58 15 58. **Museo do Pobo Galego**, Bonaval 3, Museum zur Kultur des galicischen Volkes im Kreuzgang des Klosters Santo Domingo de Bonaval mit Dreifach-Wendeltreppe von Domingo de Andrade, Di–Sa 10–13 u. 16–20, So 11–14 Uhr, Tel. 9 81 58 36 20, www.museodopobo.es. **Pabellón de Galicia**, Avda. de Fernando de Casas Novoa, Pavillon Galiciens bei der Weltausstellung Sevilla 1992, Einführung in Galicien und seine Kultur, Tel. 981 55 73 59, Mo–Sa 10–14 u. 16–20 Uhr. **Palacio de Gelmírez/Pazo de Xelmírez**, erzbischöflicher Palast, hervorragendes Beispiel romanischer Zivilarchitektur mit großem Festsaal, Ostern–Sept. Di–So 10–13.30 u. 16.30–19.30 Uhr, Tel. 981 57 23 00. **Palacio Rajoy/Pazo Rajoi**, klassizistisches Rathaus der Stadt. **San Martín Pinario**, ehem. Benediktinerkloster (Bauten 16.–18. Jh.), heute Teil der Universität, nur Kirche zugänglich: Fassade, riesige Barockaltarwand. **Santa María la Real del Sar/Colexiata de Sar**, romanische Kirche mit Kreuzgang (Bauhütte des Meisters Mateo), Mo–Sa 10–13 u. 16–19 Uhr

Unterkunft

***** **Parador »Hostal dos Reis Católicos«**, Praza do Obradoiro 1, Tel. 981 58 22 00, Fax 981 56 30 94, santiago@parador.es; in der von den Katholischen Königen gegründeten Pilgerherberge im isabellinischen Stil, Luxus, zentral gelegen im besten Ambiente
*** **Hogar San Francisco**, Campillo de San Francisco 3, Tel. 981 57 24 63, Fax 981 57 19 16; im ehem. Franziskanerkloster (17. Jh.), verglaster Kreuzgang, Zimmer rustikalschlicht bis verschnörkelt
* **Hostal Residencia Suso**, Rúa do Vilar 65, Tel. 981 58 66 11; einfache, zentral gelegene Pension
* **San Marcos**, Monte de Gozo, Tel. 981 55 89 42; Hotel im Touristenkomplex Monte de Gozo 5 km außerhalb, **- Komfort zum *- Preis; häufige Busse in die Stadt

Restaurants

Restaurants und Bars im Viertel um die Kathedrale, vor allem in der Rúa do Franco
*** **Toñi Vicente**, Calle Rosalía de Castro 24, Tel. 981 59 41 00; das Edelrestaurant der Stadt, Fisch, Meeresfrüchte!
*** **Coxebre**, Costa de Cristo s/n, Tel. 981 58 22 00; galicische Küche mit guten regionalen Desserts in eigenwilligem Ambiente, zentral gelegen unterhalb des Parador und von diesem geführt
** **Casa Marcelo**, Rúa Hortas 1, Tel. 981 55 85 80; klassisch französisch, galicisch und originelle Ideen in einem sehr modernen Ambiente mitten in der Altstadt
* **Casa Manolo**, Praza de Cervantes s/n (jüngst umgezogen, früher Rúa Travésia), Tel. 981 58 29 50; galicische gutbürgerliche Küche, die Auswahl des Menüs zum Festpreis ist kaum schlagbar
Café Literarios de Mery, Praza da Quintana (Praza Literarios); gemütliches Studentencafé oberhalb der Kathedrale neben Casa de la Parra, gut für eine Besichtigungspause

Santiago de Peñalba s. Ponferrada

Santillana del Mar

PLZ   39330
i   **Oficina de Turismo**, Plaza Román Pelayo s/n, Tel. 942 81 82 51, Fax 942 84 02 20

Sehenswürdigkeiten

Eine der besterhaltenen mittelalterlichen Städte Spaniens mit vielen **Adelspalästen**. Romanische **Collegiata Santa Juliana** und Kreuzgang mit hervorragender romanischer Bauplastik

Unterkunft

***** **Parador de Santillana »Gil Blas«** und *** **Parador de Santillana**, Plaza Ramón Pelayo 11 bzw. s/n, Tel. 942 02 80 28 bzw. 942 81 80 00, Fax 942 81 83 91 bzw. 942 81 83 91, santillanagb@parador.es bzw. santillana@parador.es; in einem Herrenhaus (15.–17. Jh.) in der mittelalterlichen Stadt, direkt am Hauptplatz bzw. (Parador de

Santillana) in modernem, aber an die Architektur des Platzes angepassten Bau
   In **Las Quintas** (1 km in Richtung Quevada): **Posada Las Quintas,** Turismo Rural, Tel. 942 89 03 83; in altem kantabrischen Haus

Santo Domingo de la Calzada

PLZ 26250
i **Oficina de Turismo**, Calle Mayor 70, Tel. 941 34 12 30

Sehenswürdigkeiten

Kathedrale **Santo Domingo** mit weithin sichtbarem Turm inmitten der Altstadt, 12.–18. Jh., im Schiff der berühmte Hühnerkäfig, der an die mit dem Apostel Santiago verbundene Hühnerlegende erinnert, tgl. 10–14 u. 16–18.30 Uhr
   In **Cañas**, 15 km südlich: Zisterzienserinnenkloster **Santa María del Salvador** mit Sarkophag der Doña Urraca (13. Jh.) in der Kirche, Mo–Sa 10–13.30 u. 15.30–18, So 12.30–13.30 u. 15.30–18 Uhr

Unterkunft/Restaurant

**** **Parador de Santo Domingo de la Calzada,** Plaza del Santo 3, Tel. 941 34 03 00, Fax 941 34 03 25, sto.domingo@parador.es; im ehemaligen Pilgerhospital (12. Jh.) neben der Kathedrale, komfortabler geht's nicht

   In **Ezcaray** (14 km südlich von Santo Domingo de la Calzada):
*** **Hotel Echaurren,** Calle Héroes de Alcázar 2, Tel. 941 35 40 47, Fax 941 42 71 33; kleines, sehr schön eingerichtetes Hotel im Zentrum. Das Restaurant** mit baskisch angehauchter Küche gehört zu den besten Spaniens aber keineswegs zu den teuersten

Santo Domingo de Silos

59 km südöstlich von Burgos
PLZ 09610
i **Monasterio,** Tel. 947 39 00 49

Sehenswürdigkeiten

Kloster Santo Domingo mit Kreuzgang (ab 1130), außergewöhnliche Kapitelle und Reliefs des Meisters von Silos, Do–Sa 10–13 u. 16.30–18, Mo, So/Fei 16.30–18 Uhr. Gregorianische Choräle hört man zu den Messen/Vespern: wochentags 9 und 19, So/Fei 12 Uhr, im Sommer auch Do 20 Uhr, Tel. 947 39 00 68

Unterkunft

** **Hotel Tres Coronas,** Plaza Mayor 6, Tel. 947 39 00 47, Fax 947 39 00 65 ; sehr schönes Hotel in einem barocken Adelssitz
* **Tres Coronas Dos,** Plaza Mayor 9, Tel. 947 39 01 25, Fax 947 39 01 24; die Zimmer der Dependance sind fast genau so gut

Santo Toribio de Liébana

4 km westlich von Potes
PLZ 39570 Potes

Kloster (vorwiegend 13. Jh.), Wirkungsstätte des Beatus de Liébana (8. Jh.), der Apokalypsekommentare verfaßte, die in mozarabischen Handschriften überliefert sind

Unterkunft

La Viorna, Carretera Santo Toribio, Tel. 942 73 20 21; 1. Kat., größter von fünf Campingplätzen bei Potes (zusammen über 200 Plätze), April–Okt. geöffnet

Tafalla

32 km südl. von Pamplona
PLZ 31300
i **Oficina de Turismo**, Ayuntamiento, Pza. de Navarra 7, Tel. 948 70 18 11

Sehenswürdigkeiten

Mittelalterliche **Altstadt** mit mehreren Kirchen.
   30 km südöstlich **Kloster La Oliva**, frühgotisches Zisterzienserkloster, Kreuzgang (16. Jh.). Mo–Sa 9–13 u. 15–20, So 9–13.30 u. 16–20 Uhr

Restaurants

** **Túbal,** Plaza de Navarra 2, Tel. 948 70 08 52; seit gut 50 Jahren solide navarrische Küche

Tips und Adressen

Tito Bustillo s. Ribadesella

Torres del Río

Am Camino de Santiago zwischen Los Arcos und Viana

Sehenswürdigkeiten

Kapelle **Santo Sepulcro** (12. Jh.), Zentralbau nach dem Modell des Heiligen Grabes, Schlüssel im Wechsel bei drei Familien (Nachfrage in der Tienda)

Tui

PLZ 36700
i Oficina de Turismo, Puente de Tripes s/n, Tel. 9 86 60 17 89

Sehenswürdigkeiten

Lage über dem Miño, gotische **Kathedrale** mit Wehrkirchencharakter und prachtvoller Westfassade, frühromanische Kirche **San Bartolomé, San Telmo** in lusitanischem Barock

Unterkunft

*** **Hotel Colón Tui**, Tel. 9 86 60 02 23, Fax 9 86 60 03 27, colonho@jet.es; an der Zufahrtsstraße von Norden am Altstadtrand, die komfortablen Zimmer der Rückseite gehen auf das Miñotal, recht preiswert für seine Kategorie *** **Parador de Tui**, Avda. Portugal, Tel. 9 86 60 03 0, Fax 9 86 60 21 63, tui@parador.es; im Stil eines galicischen Pazo am Ortsrand von Tui mit Blick auf die Stadt und über den Miño nach Portugal

Ujué

PLZ 31496
i **Ayuntamiento**, Plaza Municipal 1, Tel. 9 48 73 81 29

Sehenswürdigkeiten

Das Dorf auf einer Bergkuppe beherbergt die Kirche **Nuestra Señora de Ujué**, ein bekanntes Wallfahrtsziel, tgl. 8–20 Uhr

Restaurant

** **Mesón Las Torres**, Calle Santa María 1, Tel. 9 48 73 81 05; gutes Restaurant, sehr gute *Asados*

Viana

PLZ 31230
i Oficina de Turismo, Bajos Ayuntamiento, Tel. 9 48 44 63 02, Fax 9 48 44 62 12

Sehenswürdigkeiten

Kirche **Santa María** mit platereskem Südportal (1570)

Unterkunft/Restaurant

* **La Granja/Casa Armendariz**, Calle Navarro Villoslada 19, Tel. 9 48 64 50 78, Fax 9 48 44 63 45; Pension in einem Adelspalast im Stadtzentrum über dem *-Restaurant Casa Armendariz mit bürgerlicher bis rustikaler navarrischer Küche

Vigo

PLZ 36201
i **Oficina de Turismo** de la Xunta (für Galicien) Estación Marítima de Transatlánticos, Ruas Canovas del Castillo 22, Tel. 9 86 43 05 77; **Oficina Municipal de Turismo** (für die Stadt) Mercado la Pedra s/n, Tel. 9 86 22 47 57

Unterkunft

**** **Meliá Confort Los Galeones**, Avda. de Madrid 21, Tel. 9 86 48 04 05, Fax 9 86 48 06 66, direccion@galeones.com, www.galeones.com; ein echtes Galleonshotel der Meliá-Kette, beste Neustadtlage
** **Hostal Savoy 2**, Rúa Carral 20, Tel./Fax 9 86 43 25 41; einfaches aber korrektes Hostal nahe dem Hafen

Viladonga s. Lugo

Vilalba

PLZ 27800

Unterkunft/Restaurant

*** **Parador de Vilalba**, Calle Valeriano Valdesuso s/n, Tel. 9 82 51 00 11, Fax 9 82 51 00 90, villalba@parador.es; teils in mittelalterlichem Turm (15. Jh.), gutes Restaurant

Vilar de Doñas

Weiler, 1,5 km nördl. der N 547, südwestl. Lugo

Sehenswürdigkeiten

Ehemaliges Nonnenkloster **San Salvadór** (12./14. Jh.) mit romanischem Portal und Sarkophagen

Villafranca del Bierzo

PLZ 24500
i **Oficina de Turismo,** Ayuntamiento, Tel. 9 87 54 00 28

Sehenswürdigkeiten

Ort mit zahlreichen **mittelalterlichen Gebäuden,** Kirche **Santiago** mit romanischer Puerta del Perdón, leider nur Außenbesichtigung möglich

Unterkunft

*** **Parador de Villafranca del Bierzo,** Avda. Calvo Sotelo s/n, Tel. 9 87 54 01 75, Fax 9 87 54 00 10, villafranca @parador.es; in Grünlage mit gutem Restaurant

Restaurants

** **Restaurante Ponterrey,** Calle Doctor Aren 17, Tel. 9 87 54 00 75; mit Küche des Bierzo und bekannt großzügigen Portionen

Villalcázar de Sirga

PLZ 24700

i **Oficina de Turismo,** Plaza de Santa Maria, Tel. 9 79 88 80 41

Sehenswürdigkeiten

Kirche **Santa María la Blanca** (13. Jh.) mit bemerkenswertem Südportal und Sarkophag des Don Felipe (Ende 13. Jh.), eines der bedeutendsten Werke dieses Typs in der spanischen Hochgotik; die Öffnungszeiten sind unter Tel. 9 79 88 80 76 zu erfragen

Villanueva s. Cangas de Onís

Villavelayo

In der Sierra de la Demanda südwestlich von Logroño
PLZ 33300
i **Oficina de Turismo,** Parque Vallina, Tel. 9 85 89 17 59

Unterkunft

Casa Cobarajas, Calle San Roque, Tel. 9 41 37 60 28; Turismo Rural

Villaviciosa

PLZ 33300

Unterkunft

*** **Hotel Alameda,** Calle Ciaño Canto 25, Tel. 9 85 89 10 22, Fax 9 85 89 27 68, alameda@netcom.alameda. com, www.netcom.atodavela. com/alameda; Mittelklassehotel mit guten Zimmern (Sat.TV und Föhn) und Garage
Camping La Ensenada, Playa de Rodiles, Tel. 9 85 89 01 57; Platz der 2. Kat. am Rodiles-Strand 11 km östlich der Stadt, ganzjährig geöffnet

Restaurant

El Roxu, Calle Cervantes 2, Tel. 9 85 89 00 23; Sidrería mit großer Auswahl an *Pinchos*

Vitoria s. Gasteiz/Vitoria

Yesa

PLZ 31410

Sehenswürdigkeiten

4 km nördlich der N 240: **Kloster Leire (Leyre),** Klosteranlage (9.–14. Jh.), monumentale Krypta und Kirche (11. Jh.) mit figurenreichem Portal (12. Jh.), tgl. 10.15–19, So/Fei 10.15–14 u. 16–19 Uhr

Unterkunft/Restaurant

** **Hospedería de Leyre,** im Kloster Leire, Tel. 9 48 88 41 00; näher kommt man an den historischen Jakobsweg kaum heran, mit Restaurant

Zubieta s. Ituren

Tips und Adressen

National- und Naturparks

Mehrere kleine und sehr kleine Schutzgebiete existieren in Galicien, an der Küste sind es vor allem die **Islas Cíes,** die man von Baiona, Vigo und Cangas aus erreicht. Der Zugang ist beschränkt (2200 Personen pro Tag), es gibt einen Campingplatz, aber keine anderen Nächtigungsmöglichkeiten.

Der **Parque Natural de Corrubedo** schützt die Wanderdünenlandschaft gleichen Namens, der Zugang ist jederzeit möglich.

Die **Sierra de Capelada** im Norden des Landes kann z. B. von Cedeira aus auf Fahrsträßchen oder besser zu Fuß erkundet werden.

Im Binnenland Galiciens gibt es mehrere kleinere Schutzgebiete, das interessanteste und größte ist die **Sierra de Os Ancares,** in der sich noch altertümliche Dörfer mit Pallozas finden. Nächtigungsmöglichkeiten z. B. in Pereda oder Piornedo.

In den asturischen Naturparks Fuentes Narxea, Ibias, Somiedo und Redes sowie im asturisch-kastilischen Nationalpark **Covadonga** und **Picos de Europa** leben noch Bären und Wölfe; die höchsten Berge des Küstengebietes sind ein großartiges Wander- und Klettergebiet.

Telefonische Infos erteilt INFOS NATUR unter Tel. 94 25 10 55 45.

Die »Amigos de la Naturaleza (ANA)« für Asturien, die sich u. a. stark für den Schutz der asturischen Bären einsetzen, erreicht man unter ANA, Calle Uria 16, 33003 Oviedo, Tel. 9 85 21 60 06, asturnatura@arrakis.es.

Geführte Wanderungen durch den Nationalpark Picos de Europa werden in Potes angeboten von: Escuelataller de Liébana, Tel. 9 42 73 09 46.

Die Wildtierschutzorganisation FAPAS erreicht man per E-mail unter fapas@quercus.es, die Organisation »Fundación Oso Pardo« zum Schutz der asturisch-kantabrischen Bären unter webmaster.oso@esegi.es.

Eine Anzahl spanischer Umwelt- und Naturschutzorganisationen sind in dem Internet-Umweltforum www.quercus.es/foros zusammengeschlossen, dort Links zu den einzelnen Seiten. »Quercus« ist auch der Name der wichtigsten spanischen Natur- und Umweltzeitschrift, die es im Buchhandel und – in größeren Orten – am Kiosk gibt).

Die **Geierhabitate** in Navarra in den Pyrenäentälern zwischen Valle de Salazar und Valle de Hecho sind z. T. geschützt; in den Talengen Foz de Lumbier und Foz de Arbayun finden sich große Übersichtskarten. Das Instituto Pirenáico de Ecología in Jaca, Avda. Regimiento de Galicia, gibt Auskunft.

Der Jahreszeitensee von **Nava** westlich von Palencia mit seiner riesigen Vogelpopulation wird von der Stiftung »Europäisches Naturerbe Euronatur« mitbetreut. Kontakte über Euronatur, Konstanzer Str. 19, D-78315 Radolfzell, Tel. 0 77 32/ 9 27 20, www.euronatur.org.

Die althergebrachten Weidewege, die **Cañadas** und **Cañadas Reales** (solche, die unter besonderem königlichen Schutz stehen), werden seit einigen Jahren als ökologische Nischen begriffen und teilweise, besonders in Navarra, touristisch genützt. Infos erteilt u. a. die Stiftung Europäisches Naturerbe Euronatur, die sich beim Schutz der Viehtriebwege sehr engagiert hat (Adresse s. o.). Die Gesellschaft ARIC (Asociación para la Recuperación Integral de las Cañadas) setzt sich in Spanien für die alten Viehtriebwege ein, auf ihrer Internetseite findet sich eine Übersichtskarte der Triebwege für Spanien und eine detailliertere für Kastilien-León: ww2.grn.es/fmirall/aric.htm.

Für Navarra gibt es einen Plan sämtlicher Cañadas, der von der dortigen Fremdenverkehrswerbung zum Normpreis (zuletzt 0,62 €) ausgegeben wird: »Cañadas de Navarra. – Los caminos más antiguos«, Hrsg. Gobierno de Navarra, Departemente de Agricultura, Ganadería y Montes.

Urlaubsaktivitäten

Baden und Strände

Der Wechsel felsiger Steilküsten und feiner sandiger Buchten bestimmt die gesamte spanische Atlantikküste. Viele Strände besitzen einen fast reinweißen Sand, obwohl das Gestein dort braun oder rot ist: Das kommt von den Muschel- und Schneckenschalen, die von der Brandung zu Sand zermahlen werden. Das Klima der Küstenregion verhindert aber, außer im Hochsommer, daß man sich an diesen Buchten so recht freut: Es regnet zu viel, es gibt starken Wind und ist oft zu kalt. In Galicien kommt noch der Nebel dazu, dem man sich in keiner Jahreszeit entziehen kann. Wer die Traumstrände richtig genießen will, muß im Westen und Nordwesten geschützte Buchten auswählen, wie die **Bucht von O Grove/A Toja** in den Rías Baixas, die zumindest nach Westen geschützte **Playa de Baldaio** westlich von A Coruña oder die herrlichen Buchten westlich von Llanes in Asturien, so etwa die **Kathedralenbucht** oder jene von **Barro**. Die **Playa von Laredo** in Kantabrien und der Stadtstrand von **Donostia/ San Sebastián** im Baskenland gehören hier genauso dazu wie viele andere.

Die Katastrophe der »Prestige« vom November 2002 und die folgende Ölpest an den Stränden Galiciens und der gesamten Biskaya bis hin nach Frankreich ist alles andere als vergessen, da die Verschmutzung durch austretendes Öl ein Ausmaß erreichte, das durch Reinigungsarbeiten nicht wirklich zu bewältigen war. Schwarze Füße waren an nordspanischen Stränden im Sommer 2003 die Regel und werden es wohl auch 2004 und 2005 noch sein. Noch immer wird Öl in Klumpen an die Strände gespült und in den Leezonen abgelagert – wer sich an einem der Strände niederlassen will, sollte genau prüfen, wohin er sich setzt.

Außer im August, wenn spanische Familien die Strände bevölkern, ist man als Badender ziemlich allein. Auch dann gilt: keinesfalls FKK, aber »oben ohne« wird an manchen Stränden toleriert.

Bergsteigen und Klettern

Pyrenäen und Kantabrische Kordillere sind großartige Bergsteigergebiete; manche Zonen, wie die **Picos de Europa,** bieten auch Kletterrouten. Die Hütten sind allerdings dünn gesät, die Wege oft nicht instandgehalten.

In Spanien gibt es über alle Regionen ausführliche Wanderführerliteratur. In deutsch sind Wanderführer über die Pyrenäen und die Picos de Europa erschienen.

Kanusport, Rafting

Die steil zum Atlantik führenden Täler Kantabriens und Asturiens bieten gute Kanusportstrecken. Berühmt ist der **Descenso** auf dem Sella, schwerere Strecken bietet der durch Cangas de Onís fließende **Cangas.** Von Cangas de Onís und Arriondas aus, die zu einem Aktivsportzentrum geworden sind, werden auch Canyoningunternehmen und Höhlenerkundungen organisiert:

Cangas Aventura
Avda. Covadonga 17
33550-Cangas de Onís
Tel. 9 85 84 92 61
www.asturiasturismo.com/ cangasaventura
Escuela Asturiana de Piragüismo
El Portazgo
33540-Arriondas
Tel. 9 85 84 12 82
www.piraguismo.com
FYM Aventura
33540-Arriondas
Tel. 9 85 84 11 00
www.fymaventura.com

Auch der am Südabhang des Gebirges bietet interessante Touren, etwa die Strecke des Pisuerga-Flusses durch den **Cañon von Mave** (südlich Aguilar de Campoo).

In Galicien besitzen **Miño** und **Sil** gute Kanustrecken,

Tips und Adressen

der Cañón de la Ribeira Sacra des Sil ist besonders beliebt. Infos über: *Turnauga*, Apt. 116, 3740-909 Sver do Vouga, Tel. 9 67 09 20 27, www.turnauga.net.

Radfahren

Radfahren ist – ähnlich wie in Italien – auch in Spanien Nationalsport. Es gibt keinen größeren Ort, wo Sie sich nicht Räder ausleihen können und einen *grupo cicloturista* finden, Bilbao präsentiert sich gar seit kurzem als Radfahrerstadt und hat einen autofreien Tag eingeführt. Radwege existieren in Nordwestspanien jedoch nicht. Wichtig: in Spanien herrscht strikte Helmpflicht!

Für den auch bei Radfahrern immer beliebter werdenen Jakobsweg gibt es mittlerweile einige Literatur im Internet z. B. www.bikeweb.org/ru_camino.htm mit vielen Links (Site nur in Spanisch) oder www.adfc.de/tourismus/einfos/euro/serv spanien, die Seite des ADFC (Allgemeiner deutscher Fahrrad Club) mit Spanien-Radtips (die Adressen sind teils veraltet und fehlerhaft). Zu Büchern vergl. Literaturauswahl S. 339ff., gut brauchbar vor allem der Führer von Brugger und Mayerhofer. Der **Canal de Castilla** ist eine hervorragende Route für Radfahrer. Eine – nicht ausschließlich für Radfahrer gedachte – Broschüre der »Junta de Castilla y León« – »Route des Kanal von Kastilien« gibt nähere Auskünfte und Unterkunftsvorschläge, wie auch die Touristikinformation in Frómista: *Adeco Canal de Castilla*, Plaza del Tuy 11, 34440 Frómista, Tel./Fax 9 79 81 07 63, www.canaldecastilla.org.

Die kostenlose Broschüre »Gebirgswege« des Prinzipado de Asturias (erhältlich bei den Spanischen Fremdenverkehrsämtern) bietet einige gute kommentierte Vorschläge für mittelschwere bis schwierige Mountainbike-Touren in Asturien (mit Routenskizzen).

Reiten

Dieser an Popularität zunehmende Sport wird besonders im Norden von Kastilien und León angeboten, wo sich die Gegend um **Aguilar de Campoo** darauf spezialisiert hat.

Auch **Navarra** hat gute Reitmöglichkeiten in der Tierra Estella, eine Liste bietet www.turismonavarra.com/hipicas. Gelobt wird *Hípica Alto de Meru*, 31179 Bearin, Tel. 9 48 39 50 25.

Wandern

Wandern ist in Spanien im Kommen. Der Jakobsweg ist im Sommer voll mit spanischen Pilgern, die ihn zu Fuß begehen. Da wird es für die Fremden eher eng, sie sollten daher besser auf die Übergangsjahreszeiten ausweichen. Ein Problem sind die Schulklassen, die samt Lehrer Strecken abwandern und jeden Nächtigungsplatz okkupieren. Abseits des Jakobswegs herrscht aber immer noch gähnende Leere, und da bisher noch nicht alle Wege asphaltiert wurden – obwohl das nur eine Frage der Zeit ist –, hat man immer noch die Chance, seine Route selbst zusammenzustellen. Markierungen sind allerdings außerhalb der Pyrenäen und der Picos de Europa (wo sie meist durch Steinmänner ersetzt sind) nicht vorhanden.

Auf dem Buchmarkt gibt es mehrere Wanderführer (so auch von Dietrich Höllhuber, einem der Autoren dieses Buches, s. Literaturauswahl). Die **nördliche Variante des Jakobswegs** entlang der atlantischen Küste *(Camino del Norte)* wird inzwischen ebenfalls begangen, eine Broschüre »Nach Santiago über die Wege des Nordens« informiert darüber (kostenlos in den Spanischen Fremdenverkehrsämtern). Auch über diese Route gibt es bereits deutschsprachige Führerwerke (s. Literaturauswahl).

In der ebenfalls bei den Spanischen Fremdenverkehrsämtern gratis erhältlichen Broschüre »Gebirgswege« des Prinzipado de Asturias sind 37 knapp beschriebene und mit Kartenskizze versehene Wander- und Bergtourenvorschläge für die **Berge Asturiens** zusammengestellt, dazu zehn Vorschläge für Mountainbiketouren.

Kurzinformationen von A bis Z

Ärztliche Versorgung und Apotheken

Wer nicht privat versichert ist, kommt mit seinem Versicherungsschein von der Krankenkasse nicht weit. Man geht direkt in die **Medizinische Ambulanz,** die als *Centro de Salud* in allen größeren Orten besteht. Allerdings muß man sich auf häufig recht lange Wartezeiten einstellen.

Besser ist eine Reiseversicherung mit Krankenversicherung und Rücktransport, die jedes Reiseunternehmen mit der Buchung abschließt. Auch dann kann es sein, daß sich der Arzt zunächst weigert, die Behandlung vorzunehmen und zum *Centro de Salud* schickt.

Spanier sind es gewohnt, in ihren **Apotheken** auch medizinischen Rat einzuholen. Die Medikamente sind billiger als in Mitteleuropa, einige sind im Gegensatz zu Deutschland, Österreich und der Schweiz nicht verschreibungspflichtig.

Autoverkehr

In Nordwestspanien wird eher mitteleuropäisch gefahren, nicht gerade zimperlich, aber rücksichtsvoller als im Süden. Die internationalen Verkehrsregeln werden nicht mehr und nicht weniger eingehalten als zwischen Kiel und Graz.

Tempolimit in Ortschaften ist 60 km/h, auf Nationalstraßen 100 km/h und auf allen andern Straßen 90 km/h. Auf *autopistas* (Autobahnen) und *autovías* (meist kreuzungsfreie Schnellstraßen) sind 120 km/h erlaubt.

Die geringeren Spurbreiten mancher Autobahnen und Autovías sind gewöhnungsbedürftig. Im Gegensatz zu den meist vorzüglichen und schnellen Autovías sind die Autobahnen mautpflichtig mit ziemlich hohen Gebühren.

Tankstellen sind häufig, es gibt praktisch überall Bleifreies Benzin, *gasolina sin plomo.*

Ein großes Problem ist das **Parken** in den Städten. Die blau gekennzeichneten Zonen sind Kurzparkzonen, viele von ihnen sind für Anwohner reserviert, die Parkgebühren sind hoch. Tiefgaragen und private Großgaragen sind ein Ausweg aus der oft mühseligen Parkplatzsuche.

Bahn und Bus

Das **Eisenbahnnetz** ist sehr weitmaschig, in vielen Fällen gibt es nur Pendlerverbindungen. Für die schnellen Züge muß vorreserviert werden. Bahn und Fern- sowie Regionalbus sind weder von den Zeiten noch vom Standort miteinander verbunden, hier gilt: entweder – oder.

Achtung: Es gibt in Spanien *kein Kursbuch,* man bekommt nur Streckenauszüge und die nicht etwa am Bahnhof, sondern nur in den städtischen Büros der staatlichen Eisenbahngesellschaft RENFE. Man besorge sich also vorher das Auslandskursbuch der DB/Thomas Cook.

Die Privatbahn FEVE an der Atlantikküste bietet nicht unbedingt bessere Bedingungen. Diese Gesellschaft hat seit einigen Jahren einen Touristenzug laufen, der San Sebastián mit Santiago verbindet, den *Transcantábrico* mit nur 54 Plätzen (Auskunft unter der Madrider Nummer 9 15 33 70 00).

Sehr viel komfortabler für Reisen von Großstadt zu Großstadt sind die **Busverbindungen.** Die Busbahnhöfe liegen meist zentrumsnah, die Busse für Hauptverbindungen sind gut ausgestattet. In manchen Orten gibt es jedoch keinen zentralen Busbahnhof (wie in Santiago de Compostela), so etwa in Oviedo oder Bilbao (oder Madrid), und man muß sich durchfragen, wo denn ein Anschlußbus abfährt. Kursbücher oder gedruckte

Tips und Adressen

Fahrpläne sind praktisch unbekannt.

Versuchen Sie erst gar nicht, Ziele in kleineren Orten per Bus zu erreichen: Von Burgos gibt es eine Busverbindung nach Santo Domingo de Silos, am Freitagabend hin, am Montagmorgen zurück.

Behinderte

Behinderte werden das Land kaum als behindertengerecht einstufen können, obwohl hier und da ein paar Ansätze vorhanden sind.

Viele Besichtigungen sind wegen der abrupten Niveauunterschiede für Behinderte nicht möglich, das gilt auch für einige Hauptattraktionen wie San Isidoro in León. Die Kathedralen, wie Santiago, haben eigene Behinderteneingänge.

Botschaften und Konsulate

Bundesrepublik Deutschland
Deutsche Botschaft
Calle Fortuny 8
28010-Madrid
Tel. 9 15 57 90 00
Deutsches Honorarkonsulat
San Vincente/
Done Bikendi 8
48001-Bilbo/Bilbao
Tel. 9 44 23 85 85
Deutsches Honorarkonsulat
Fuenterrabia 15
20005-Donostia/
San Sebastián
Tel. 9 43 42 10 10

Deutsches Honorarkonsulat
Avda. de Bilbao 39
39600-Santander-Muriedas
Tel. 9 42 25 05 43
Deutsches Honorarkonsulat
Avda. García Barbón 1
36001-Vigo
Tel. 9 86 43 78 79

Republik Österreich
Österreichische Botschaft
Paseo de la Castellana 91
28037-Madrid
Tel. 9 15 56 53 15
Österreichisches Honorarkonsulat
Calle Club 8
48011-Bilbo/Bilbao
Tel. 9 44 64 07 63

Schweizerische Eidgenossenschaft
Botschaft der Schweizerischen Eidgenossenschaft
Calle Núñez de Balboa 35
28037-Madrid
Tel. 9 14 36 39 60
Schweizerisches Honorarkonsulat
Avda. de Zaráuz 44
20003-Donostia/
San Sebastián
Tel. 9 43 21 64 00

Einkaufen

Tips für den Einkauf von **Kunsthandwerk** könnten einen eigenen Band füllen. Die schönsten Mitbringsel: Korbwaren und Geschirr aus Galicien, Musikinstrumente (Dudelsack, Flöte) aus Galicien, Asturien und Kantabrien, geklöppelte Spitzen von der galicischen Westküste, Azabach aus Santiago de Compostela und echte Baskenmützen aus dem Baskenland und Navarra.

Gute **Souvenirs der eßbaren Art** sind Honig, Hartkäse, *chorizo* (scharf gewürzte Wurst), *jamón serrano* (luftgetrockneter Schinken), Wein, Liköre und Branntweine aus Galicien.

Die **CDs/Musikkassetten** der Gaiteros aus Galicien und Asturien – in Mitteleuropa bis auf wenige Ausnahmen (Carlos Núñez) schlecht zu bekommen – sind weitere gute Mitbringsel.

Feiertage

Gesetzliche Feiertage, an denen Ämter und Geschäfte geschlossen sind:
1. Januar (Neujahr, *Año Nuevo*)
6. Januar (Heilige Drei Könige, *Los Reyes Magos*)
Gründonnerstag *(Jueves Santo)*
Karfreitag *(Viernes Santo)*
1. Mai *(Día del Trabajo)*
Fronleichnam *(Corpus)*
25. Juli (Tag des Apostels Jakobus, *Santiago Apostól*)
15. August (Mariä Himmelfahrt, *Asunción*)
12. Oktober (Nationalfeiertag, *Día de la Hispanidad*)
1. November (Allerheiligen, *Todos los Santos*)
8. Dezember (Unbefleckte Empfängnis, *Imaculada Concepción*)
25. Dezember (Weihnachten, *Navidad*)

Dazu kommen regionale Feiertage.

Feste und Veranstaltungen

Januar
6. 1.: Sangüesa (NA): *Auto des los Reyes Magos*, Umzug der Hl. drei Könige
17. 1.: Viehmärkte und Tiersegnungen zum Festtag des hl. Antonius Erzabt in einigen Orten wie in Las Huelgas bei Burgos, in Gamonal, in Moreda
20. 1.: *Tamborrada*, großes Trommler- und Musikgruppenfestival in Donostia San Sebastián am Tag des Stadtpatrons
22. 1.: *Feria San Vicente* in San Vicente de la Barquera
25. 1: Karneval in Iture und Zubieta (NA) mit *zanopantzarrak*-Masken
28. 1.: Prozession von San Tirso mit Dudelsackpfeifern in Villafranca del Bierzo
30. 1.: *Ofrenda del Cirio a San Lesmes*, Volksfest mit Verteilung von Gebäck (*Panecillos del Santo*) in Burgos
31. 1.: Feste von Zampanar bzw. Cencerros mit maskierten Geisteraustreibern in Ituren und Zubieta

Februar
Karneval mit interessanten und altertümlichen Bräuchen besonders in den Pyrenäen (berühmt ist Lantz), im Bierzo und in Santoña
3. 2.: Fest des San Blas mit Weihe der Speisen und Prozession nach San Nicolás Pamplona
9. 2.: Viehmarkt in Tafalla

März
Palmsonntag (*Domingo de Ramos*): Weihe der Palmwedel und Prozessionen in allen Städten
Karwoche (*Semana Santa*): Umzüge und Prozessionen in allen Städten; Haupttage: Gründonnerstag, Karfreitag
Karfreitag: Prozession *La Ronda* und Prozession der Bildwerke in León
Ostersonntag: Auferstehungsprozession in Fisterra
Di nach Ostern: Fest der bunten Eier in Pola de Siero

April
Zweiter Sonntag nach Ostern: *La Folía*, Meeresprozession der Virgen de la Barquera in San Vicente de la Barquera
25. 4.: *Romería* von Olite nach Ujué
28. 4.: *Feria de San Prudencio* in Gasteiz/Vitoria
28. 4.–2. 5.: Weinfest in Ribadavia
30. 4.: *Romería* der Zwölf Apostel von Tafalla nach Ujué
Letzter Aprilsonntag: *Las Cabezadas*, die Ratsherren von León der Stadt bringen dem hl. Isidoro ihre Opfergaben

Mai
Erster Freitag: *Las Tiendas*, Volksfest zur Erinnerung an die erfolgreiche Abwehr eines maurischen Angriffs im Jahr 760 in Jaca
2. 5.: Prozession der Virgen de la Luz von Cabezón de Liébana nach Santo Toribio de Liébana
Fronleichnam (*Corpus Christi):* In allen Städten Prozessionen; *Ofrenda del Antiguo Reino* de Galicia in der Kathedrale von Lugo mit Prozession

Juni
Dreifaltigkeitssonntag: Bußwallfahrt in Lumbier, eine der ältesten Bußwallfahrten Navarras
13. 6.: Fest des San Antonio mit Prozession und Volkstänzen in Cangas de Onís
23. 6.: *La Fogera de San Xuan*, nächtliches Volksfest in Oviedo in allen Stadtteilen
28. 6.: *Fiesta de Santa Juliana* in Santillana del Mar

Juli
Erster Sa/So/Mo: *Curro de San Lourenzo* in Sabucedo
Erster Sonntag im Juli: *Día de las Peñas* mit Paraden, Musikkapellen in Burgos; *A Rapa de las Bestas* und Pferderennen in Viveiro
6. 7.: *Chupinazo* um 12 Uhr mittags, Beginn der *Sanfermines* (bis 14. Juli Mitternacht) in Pamplona
7. 7.: *Olentzero*, archaisches Tanzfest in Lentzaka
11. 7.: Tag des San Bernabé, die Cofradía del Pez in Lorgoño gibt Fisch, Brot und Wein aus
16. 7.: Meeresprozession zur Nossa Senhora da Barca in Muxía
24. 7.: Feuerwerk auf dem Obradoiro in Santiago de Compostela
25. 7.: Jakobusfest in Santiago de Compostela; Wallfahrt/Prozession zum Santiagüiño do Monte in Padrón
Letzter Sonntag im Juli: Asturisches Almbauernfest in Aristébano

August
Erster Freitag im August: Fiestas mit Tanz auf den Straßen zu Dudelsackmusik

Tips und Adressen

Baile de la Era in Estella
1. Sonntag im August: Santa Marta, Feiern mit Volkstänzen der Maragatería in Astorga
2. Sonntag im August: *Día de Cantabria*, Kantabrientag, in Cabezón de la Sal, Kostüme, Tänze und Musik der Kantabrier
10. 8.: Einbaumregatta zu Ehren des hl. Lorenz in Foz
11. 8.: Fest des Tintenfischs in Carballino
14.–20. 8.: Feste zu Ehren von San Sebastián und der Virgen de la Asunción in Tafalla mit Tanz, Musik, vor allem aber *Encierros* Mitte August: Volksfest *Os Caneiros* in Betanzos; *Encierro del Pilón* in mehreren Orten Mittelnavarras
15. 8.: Mariä Himmelfahrtsfest, Prozessionen und Wallfahrten zu allen Marienheiligtümern
Letzter Samstag im August: *Festa da Istoria*, Fest zur Erinnerung an die jüdische Vergangenheit in Ribadavia

September
Wallfahrtsmonat in San Andrés de Teixido
Internationales Filmfestival in Donostia/San Sebastián
1. Septemberwoche: *Euskal-Jaia*, Fest der Basken in Zarautz
5.–10. 9.: Feste zu Ehren der Virgen de la Encima in Ponferrada
8. 9.: Fest zu Unserer Lieben Frau von Covadonga, wichtigstes asturisches Marienfest Wallfahrt zur Virgen de Roncesvalles
Prozession zur Madonna de Guadalupe oberhalb Hondarribia/Fuenterrabia
8./9. 9.: Wallfahrt zum Blut- und Hostienwunder in Cebreiro
15. u. 29. 9.: Wallfahrt zur Virgen del Camino westlich León
21. 9.: San Mateo mit Erntedankfest und Weindegustationen in Logroño und in anderen Weinorten der Rioja
23. 9.: Wallfahrt zur Santa Tecla in A Garda
2. Septemberhälfte: *Pastoreo de Ganado*, eine Art Almabtriebsfest, in Reinosa, Höhepunkt am 21. September

Oktober
2. Sonntag im Oktober: Erntedankfest der Meeresfrüchte in O Grove

Dezember
31. 12.: *Nochevieja*, Maskenrummel in vielen Städten

Geld

In Spanien gilt der Euro (1 € =1,56 CHF). Mit **ec-/Maestro-Karte** können Beträge bis zu 500 € eingelöst werden, Bankautomaten, die mit Geheimzahl benutzt werden können, gibt es in den meisten, auch kleineren Orten.

Kreditkarten werden zunehmend akzeptiert, wobei Eurocard/Mastercard, Visa die beliebtesten sind, während American Express zusehends an Terrain verliert.

Internet

Abkürzungen:
C   Version in Castellano (Spanisch)
G   Version in Galicisch
B   Version in Baskisch
D   Version in Deutsch
E   Version in Englisch

www.tourspain.es: offizielle Seite der Spanischen Tourismusinformation; D
www.allesueberspanien.com: Städte- und Branchenführer, Hotels, Unterhaltung und Online-Buchungsmöglichkeiten, verstärkt Südspanien; D
www.cybermundi.es/lama/default.htm: umfassender Führer durch das spanische Staatswesen; C
www.xacobeo.es: offizielle Seite des Spanischen Jakobswegs, mehr über Galicien als über die anderen Provinzen am Wege; G+C+E
www.caminosantiago.org: Seite der Gesellschaft der spanischen Jakobswegvereinigungen und -bruderschaften; C
http://caminodesantiago.consumer.es: alles über den *camino frances* (ohne Aragonischen Weg); C
www.geocities.com/friends_usa_santiago: Seite der amerikanischen Gesellschaft »Friends of the Road to Santiago«, viele Tips, aktuelle Neuigkeiten, einige Links, ausführliche Literaturliste (englische Titel); E
www.csj.org.uk: Seite der britischen Jakobusgesellschaft mit vielen u. a. auch für Mitteleuropäer informativen Artikeln, z. B. über neue Pilgerherbergen; E

Kurzinformationen von A bis Z

www.el-camino-de-santiago.com: private Seite mit gut recherchierten Infos; D
www.santiago-compostela.net: hübsche Fotos vom Jakobsweg; E+C
www.renfe.es: Staatsbahnen; C
www.paginas-amarillas.es: spanische »Gelbe Seiten«; C
www.ucm.es/info/paleo/ata/english/main.htm: alles über Atapuerca und die laufenden Recherchen, Detail-Informationen von den beteiligten Universitäten in Burgos, Madrid und Alcalá de Henares; C+E
www.quake-edition.uni-bonn.de/abstracts/a_nickel.htm: Bildkatalog mittelalterlicher Musikinstrumente aus Kirchen am Jakobsweg zum Download; D
www.spaintour.com/_heritage.htm: spanische Stätten des Weltkulturerbes unter UNESCO-Schutz; C+E
www.altoaragon.com: Infos zu Hocharagon (z. B. Jaca: www.altoaragon.com/_jaca/); C
www.caminosantiago.com: kommerzielle Seite über die Navarrischen Jakobswege, bei den Unterkünften werden keine Pilgerherbergen genannt; C+E
www.princast.es: offizielle Seite des Principado de Asturias; C
www.infoasturias.com: touristische Informationen über Asturien; C+E
www.asturiasweb.com: asturische kommerzielle Seiten; C

www.turismo.cantabria.org: touristische Infos zu Kantabrien; C+E
www.gipuzkoa.net/turismo: Tourismusseite der baskischen Provinz Gipuzkoa; C+B+E
www.paisvascoturismo.net: offizielle Tourismusseite des Baskenlandes; C+B+E
www.euskadi.net: Seite der baskischen Regierung; C+B+E+D
www.bizkaia.net/Bizkaia/_Castellano/: Wissenswertes über die Provinz Bizkaya (Bilbao), Sehenswürdigkeiten und Museen; C+B+E
www.turgalicia.es: touristische Infos zu Galicien und Jakobsweg; C+G+D+E
www.cfnavarra.es/turismo-navarra: Navarras Tourismusseite, sehr reichhaltig, mit Querverweisen C+B+E
www.jcyl.es/turismo: Seite der Tourismusinformation für Castilla y León; C+E
www.palencia.com: sehr inhaltsreiche Seite zu Provinz und Stadt Palencia; C
www.larioja.org/turismo: La Rioja, alle touristischen Interessen; C+E
www.redrioja.com: Infos zum Wein-Tourismus in Rioja, vielfältig; C+E
www.riojawine.com: Infos zu den Weinen der Rioja; C+E
www.santiagoturismo.com: touristische Infos zu Santiago de Compostela; G+E+C
www.mcu.es/nmuseos/_altamira/: Homepage des Museo Nacional y Centro de Investigación de Altamira; C+E

www.jaca.com: Stadtführer Jaca; C
www.guialeon.com: Stadtführer für León; C
www.professionalmedia.com/clients/castilla-leon/_museos: Museen in Castilla-León, nicht ganz auf dem neuesten Stand; C
www.ctv.es/USERS/sagasti_belza/navarra/olite.htm: hervorragende Führung durch die Burg von Olite, gute Bilder; C+B+E
www.sanisidoroleon.org/index.htm: vorbildliche Führung durch die Basilika in León mit vielen Bilder, Erklärungen und Plan; C
www.clayhaus.net/burgos.html: Bildergalerie zu Architektur und Kunst in Burgos; E
www.sargadelos.com/es/_sargadelos.html: alles über die Porzellanmanufaktur Sargadelos (Galicien) und ihren Leiter; C

Karten

Eine Übersichtskarte sollte man auf jeden Fall dabei haben, wenn man nach Spanien reist. Die Karten im Maßstab 1:400 000, die man dann benötigt, um entlegene Sehenswürdigkeiten zu finden, sollte man aber erst im Land selbst kaufen.

Optimal, weil detailliert, exakt gezeichnet und regelmäßig nachrecherchiert, waren die nicht mehr aufgelegten Michelin-Karten 441 und 442, der neue Maßstab 1:250 000 zwingt, mehr Kar-

Tips und Adressen

ten (zum höheren Preis) zu kaufen, dabei ist zwar der Maßstab vergrößert worden aber kaum das Detail. Die RV-Karten 1:300 000 sind nun die bessere Alternative.

Leihwagen

Im Prinzip bekommt man in jeder größeren Stadt einen Leihwagen; alle internationalen und einige nationale Firmen sind vertreten. Aus Kostengründen ist es am günstigsten, einen Wagen schon von Mitteleuropa aus zu reservieren. Die Preise können u. U. nur die Hälfte der in Spanien geforderten betragen.

Notruf

Landesweit: **Tel. 0 91**

ADAC-Notruf aus Spanien: **Tel. 00 49/89/22 22 22**

Öffnungszeiten

Regel Nummer 1: Zwischen 14 und 16 Uhr ist nichts offen. Ansonsten:
Banken Mo–Fr 8.30–14, Sa 8.30–13 Uhr
Post Mo–Fr 8–19, Sa 10–14 Uhr
Büros meist Mo–Fr 9–13.30 Uhr
Geschäfte Mo–Sa 9–13.30 und 16.30–20.00 Uhr; jedoch gibt es deutliche Zeichen, daß der Samstagnachmittag sich allmählich zum Feiertag entwickelt. Die Öffnungszeiten werden bis auf die Mittagspause allerdings nicht so strikt eingehalten wie in Mitteleuropa.
Kirchen sind meist 8–13.30 und 16–18 Uhr geöffnet, dies ist jedoch nur ein ungefährer Rahmen.

Pilger

Der Fußpilger wird mit Respekt und Bewunderung gesehen. Das verhindert jedoch nicht, daß er auf den asphaltierten Strecken oft gefährlich lebt. Große Bogen um Fußgänger sind bei Autofahrern nicht beliebt. Die Dichte der Pilgerherbergen auf dem Spanischen Jakobsweg ist relativ eng geworden, man findet am Ende des Tagesmarsches normalerweise eine Herberge. In den offiziellen Herbergen ist der Aufenthalt auf eine Nacht beschränkt. Mehrere in den letzten Jahren erschienene Führer geben in Buchform alle wissenswerten Informationen für den Fußwanderer.

Informationen über die Bedingungen sowie Pilgerbeglaubigung erteilen u. a.:
Deutsche St. Jakobus-Gesellschaft
D-52062 Aachen
Harscampstr. 20
Freunde des Jakobsweges
CH-8702 Zollikon
Schützenstr. 19
Sankt Jakobsbruderschaft
Stangaustr. 7
A-2392 Sulz im Wienerwald

In Spanien gibt es Informationszentren in Madrid, aber auch auf dem Jakobsweg und am Ziel in Santiago de Compostela, die relevante Internetseite ist www.xacobeo.es:
Oficina de Información del Camino de Santiago
Travesia de Palacio
26001 Logroño
Tel. 9 41 24 56 74
und
Monasterio de San Zoilo
34120 Carrión de los Condes
Tel. 9 79 88 09 02
sowie
Avda. A Coruña 6
15701 Santiago de Compostela, Tel. 9 81 57 20 04

Post und Telefon

Post, *Correos* und Telefon, *Telefónica*, sind getrennte Unternehmen. Briefmarken, *Timbres*, gibt es in der Post und in Tabakläden, *Estancos*. Telefonieren geht mit Münzen oder Telefonkarten, die Sie ebenfalls in den Tabakläden bekommen. Nur noch in sehr kleinen Orten muß man in die Bar, um dort den öffentlichen Fernsprecher zu benutzen, anderswo gibt es genug Automaten.

Das Netz für **Mobiltelefone** ist selbst in den Berglandschaften sehr gut.

Orts-Vorwahlen gibt es nicht mehr, sie sind fester Bestandteil der neunstelligen Rufnummern. Handynummern beginnen mit einer 6.

Vorwahl nach Spanien: 00 34

es folgt die vollständige Teilnehmernummer
Vorwahl aus Spanien:
nach Deutschland: 00 49
nach Österreich: 00 43
in die Schweiz: 00 41

Sprache

Mit Spanisch, dem *Castellano*, kommen Sie überall durch. Fremdsprachen allerdings versteht man kaum.

In Galicien ist die Umgangssprache das mit dem Portugiesischen verwandte Galicisch oder **Galego**.

Das Kastilisch von Burgos und León gilt als das klassische Spanisch. Straßen-, Orts- und Verkehrsschilder werden in Galicien oft nur in Galego, im Baskenland und in Navarra in Baskisch und Castellano beschriftet. Wir folgen diesem Usus, indem wir Orts- und Straßennamen in Galicien meist in Galego notieren und die offiziellen zweisprachigen Ortsnamen des Baskenlandes verwenden.

In Teilen von Navarra und im Baskenland wird zumindest auf dem Land das mit dem Spanischen nicht verwandte Baskisch gesprochen.

In Asturien und Kantabrien spricht man die jeweiligen Dialekte, die sich stark vom Castellano unterscheiden.

Strom

220 Volt, die Steckdosen entsprechen mitteleuropäischem Standard.

Trinkgeld

Das Bedienungsgeld ist in Gaststätten und Hotels bereits enthalten, man erwartet darüber hinaus ein Trinkgeld in Höhe von 5–15 %. Sonstige Trinkgelder wie in Mitteleuropa üblich.

Zeit

Spanien hat mitteleuropäische Zeit, es gibt also kein Umstellen der Uhr. Aber Achtung, der äußerste Westen Galiciens hinkt dem östlichen Mitteleuropa mehr als zwei Sonnenstunden nach, die Sonne geht also zwei Stunden später auf, bleibt aber zwei Stunden länger am Himmel als z. B. in Wien.

Zeitungen

Zeitungen aus Mitteleuropa (meist Münchener, Frankfurter, Hamburger und Züricher Blätter) kommen mit einem Tag Verspätung in den großen Touristenorten an. Die beiden spanischen Tageszeitungen *El País* und *El Mundo* haben Regionalausgaben, in denen auch das Theater- und Konzerttagesprogramm angezeigt wird.

Literaturauswahl

(Teilweise sind die Bücher nur noch über Bibliotheken auszuleihen)

Alcaide, V. N.: Vidrería española, Madrid 1998
Anon.: Projekt 2001 – Wegenationalpark in Spanien (Stiftung Europäisches Kulturerbe EURONATUR), Radolfzell 1994
Arias Páramo, Lorenzo: Guía del Arte Prerománico Asturiano, Oviedo 1994
Arsuaga, Juan Luis: El collar del neandertal. En busca de los primeros pensadores; Madrid (Ed. temas de hoy) 1999; die englische Übersetzung erscheint 2004 unter dem Titel: The Neanderthal's necklace: In Search of the First Thinkers
Baroja y Nessi, Pio: Der Baum der Erkenntnis, München 1963 (El árbol

Literaturauswahl

de la ciencia, Madrid 1911)
Baroja y Nessi, Pio: Shanti Andia, der Ruhelose, 1991
Barral y Altet, Xavier: Präromanische und romanische Kunst, S. 82–143 in: Barral y Altet, Xavier (Hrsg.): Die Geschichte der spanischen Kunst, Köln 1997
Bas, Juan: Skorpione im eigenen Saft; Frankfurt/Main, 2003 (Krimi zwischen ETA und Franco)
Bird, D. G.: The Roman Gold-Mines of North-West Spain, Bonner Jahrbücher 172, 1972
Bottineau, Y.: Der Weg der Jakobspilger. Geschichte, Kunst und Kultur der Wallfahrt nach Santiago de Compostela, Bergisch Gladbach 1987
Breuil, Henri u. Lorenzo Sierra: Les cavernes de la Région Cantabrique, 1911
Brugger, Christina u. Alexandra Mayerhofer: Der Jakobsweg von Pamplona nach Santiago de Compostela (Radführer), Weilheim, 2. Aufl. 2002
Cantar de Mio Cid, El: Übersetzt und herausgegeben von Hans-Jörg Neuschäfer (zweisprachig), München 1964
Capitel, Antón u. Wilfried Wang (Hrsg.): Architektur im 20. Jahrhundert. Spanien, München 2000
Carbonell, E., A. Rosas u. C. Diéz (Hrsg.): Atapuerca: Ocupaciones humanas y Paleoecología del yacimiento de Galería, Monografías Archeológicas, Junta de Castilla y León 1997
Carr, Raymond: Spain. A History, Oxford 2000
Castro, Rosalía de: An den Ufern des Sar; Übersetzung von F. Vogelsang, Frankfurt/M. 1991
Caucci von Saucken, Paolo (Hrsg.): Santiago de Compostela. Pilgerwege, Augsburg 1998
Cela Trulock, Camillo José: Der Bienenkorb (La Colmena), München 1990
Clarín (eigentl. Leopoldo Alas y Ureña): Die Präsidentin, Frankfurt/M. 2002 (La Regenta, Madrid 1885)
Coelho, Paulo: Auf dem Jakobsweg. Tagebuch einer Pilgerreise nach Santiago de Compostela, Zürich 1999
Cuentos españoles – Spanische Erzählungen aus dem frühen 20. Jahrhundert, München (DTV zweisprachig) 1996
Cuentos modernos – Moderne spanische Erzählungen, München (DTV zweisprachig) 1993
de Dolmases, Núria: Die Gotik in Spanien, S. 11–201 in: Barral y Altet, Xavier (Hrsg.): Die Geschichte der spanischen Kunst, Köln 1997
Drouve, Andreas: La Rioja – Spaniens Weinregion; Moers 1997
Drouve, Andreas: Spanien per Rad Bd. 1: Norden; Neuenhagen 1997
Durliat, Marcel: Romanisches Spanien, Würzburg 1995
Ebenberger, Elisabeth: Auf halbem Weg – oder: »Warum Santiago de Compostela warten mußte«, Bludenz, 2. Aufl. 2002
Ebenberger, Elisabeth: Sieben Wege bis ans Ende der Welt, Bludenz 2003
Encrucijadas – Las Edades del Hombre; Katalog der gleichnamigen Ausstellung in der Kathedrale von Astorga, 2000, Salamanca 2000
García Castro, Juan Antonio (Hrsg.): Arte Rupestre en España, Madrid (Revista de arqueología) 1987
García Prado, Justiniano: El reino de Nájera, Logroño 1982
González-Hontoria, Guadelupe: Las Artesanías de España, I., Zona Septentrional, Barcelona 1998
Gier, Albert: 12.–14. Jahrhundert: Lyrik, Epik, Roman und Drama in: Christoph Strosetzki (Hrsg.): Geschichte der spanischen Literatur, Tübingen 1991
Güell, Xaviér (Hrsg.): Spanische Architekten der achtziger Jahre, Berlin 1990
Häbler, K.: Das Wallfahrtsbuch des Hermannus Künig von Vach und die Pilgerreisen der Deutschen nach Santiago de Compostela, Straßburg 1898
Hänsel, Sylvaine u. Henrik Karge (Hrsg.): Spanische Kunstgeschichte, Eine Einführung, 2 Bde., Berlin 1991/2
Herbers, K.: Der Jakobuskult des 12. Jahrhunderts und

der »Liber Sancti Jacobi«, Historische Forschungen 7, Wiesbaden 1984

Herrero Carretero, Concha, Museo de telas medievales: Monasterio de Santa María La Real de Huelgas, Madrid 1988

Höllhuber, Dietrich: Wandern auf dem Spanischen Jakobsweg, Köln, 3. Aufl. 2004

Hoinacki, Lee: »El Camino« – ein spirituelles Abenteuer, Freiburg i. Br. 1997

Housley, Norman: The Later Crusades, 1274–1580, From Lyons to Alazar, Oxford 1992

Ibáñez Pérez: Historia de la Casa del Cordón de Burgos, Burgos 1987

Ignatius (von Loyola): Der Bericht des Pilgers, übersetzt und erläutert von B. Schneider, Freiburg i. Br. 1977

Kamen, Henry: Spain 1469–1714. A Society of Conflict, London/New York 1983

Kasper, Michael: Baskische Geschichte in Grundzügen, Darmstadt 1997

Kasper, Michael: Nordspanien: Jakobsweg – Alternativroute, Struckum 1. Aufl. 2004 (geplant)

Kasper, Michael: Nordspanien – Der Küstenweg, Struckum 3. Aufl. 2003

Kasper, Michael: Spanien: Jakobsweg, Struckum 7. Aufl. 2004 (geplant)

Künig, Hermann: Pilgerführer nach Santiago (1495), Solingen (Nink) 2. Aufl. 1998

Lacheras Corruchaga, J. A.: Altamira; León 1996

Lamas, Manuel Chamoso, Victoriano González u. Bernardo Regal: Galice Romane, Saint-Léger-Vauban 1973

McNerney, Kathleen u. Cristina Enríquez de Salamanca (Hrsg.): Double Minorities of Spain. A Bio-Bibliographic Guide to Women Writers of the Catalan, Galician, and Basque Countries, New York 1994

Neuschäfer, Hans-Jörg (Hrsg.): Spanische Literaturgeschichte, Stuttgart-Weimar 2. Aufl. 2001

Nooteboom, Cees: Der Umweg nach Santiago, Frankfurt/M. 1992

Oursel, Raymond u. Claude Jean-Nesmy: Pilgerwege nach Santiago de Compostela durch Frankreich und Spanien, Würzburg 1990

Peña, J.: Los marfiles de San Millán de la Cogolla, Logroño 1978

Plötz, Robert: Der Apostel Jacobus in Spanien bis zum 9. Jahrhundert. Gesammelte Bände zur Kulturgeschichte Spaniens, 1. Reihe, Bd. 30, 1982

Plötz, Robert: Pilger und Pilgerfahrt gestern und heute am Beispiel Santiago de Compostela, Jacobus-Studien 2, Tübingen 1990

Ramírez Martínez, José Manuel: Retablos mayores de La Rioja, Logroño (Diözese Calahorra u. Calzada-Logroño) 3. Aufl. 1998

Reilly, Bernard F.: The Kingdom of León-Castille under King Alfonso VI: 1065–1109, Princeton N. J. 1988

Rispa, Raúl (Hrsg.): Birkhäuser Architekturführer Spanien 1920–1999, Basel 1998

Rohrbach, Carmen: Jakobsweg – Wandern auf dem Himmelspfad, München 2003

Salomon R. Guggenheim Museum New York (Hrsg.): Frank Gehry Architect, New York 2002

Sánchez-Palencia, F. Javier: La zona arqueológica de las Medulas, León/Salamanca 1996

Sarmiento, Martín: Viaje a Galicia (1745) hrsg. v. J. L. Pensado, Salamanca (Acta Salamanticensia), 1975

Schmidt, Peer (Hrsg.): Kleine Geschichte Spaniens, Stuttgart 2002

Unamuno, Miguel de: Nebel (Niebla), München 1975 und (TB) 1996

Unamuno, Miguel de: Wie man einen Roman macht, Literaturverlag Droschl 2000

Valdes Fernandez, M.: Arquitectura Mudéjar en León y Castilla, León 1981

Valle-Inclán, Ramón de: Ádega. Eine tausendjährige Historie, Stuttgart 1998 (Flor de santidad – Historia milenaria; Madrid 1904)

Valle-Inclán, Ramón de: Frühlingssonate. Memoiren des Marques de Brodomin, Frankfurt/M. 1991

Wandler, Rainer: Euskadi; (Ed. Tranvía) 1999

Erläuterungen der Fachbegriffe

Antependium: Frontplatte oder Textilverkleidung eines Altartisches
Arca, Arqueta: Kasten, Kästchen, Schrein (z. B. für Reliquien)
Archivolte: Rahmenleiste an der Stirnseite eines Bogens, auch der Stirnbogen selbst
Arco: Bogen, Tor, Stadttor
Ark(c)osolgrab: In der Wand eingelassenes Grab, meist von einem Bogen überwölbt
Arma Christi: Werkzeuge der Passion Christi
Artesanado: Kassettendecke in mozarabischer Tradition
Azabach, Azabache: Schwarzes, glänzendes Mineral, häufig zur Herstellung von Wallfahrtsandenken verwendet
Bifore: Zweibogiges Fenster, entsprechend Trifore für dreibogiges Fenster
Capilla Mayor: »Größte Kapelle«, Chorhaus in der Verlängerung der Vierung, Chor
Chor: Das Chorhaus in der Verlängerung der Vierung nennt sich im Span. *Capilla Mayor*, während sich der Mönchschor, der *Coro*, im Hauptschiff zwischen Eingangsbereich und Vierung befindet
Chrisma: Christusmonogramm aus ineinandergestelltem X und P, den griechischen Anfangsbuchstaben des Namens Christi

Churrigueresk, Churriguera-Stil: Nach der Architektenfamilie Churriguera benannter, besonders dekorreicher Barockstil
Cimbor(r)io: Laterne über dem Vierungsturm oder allgemein Kuppelgewölbe
Coro: Mönchschor, in spanischen Kirchen im Hauptschiff zwischen Haupteingang und Vierung gelegen
Cruceiro: Steinkreuz mit Darstellung der Kreuzigung oder Kreuzabnahme, besonders in Galicien
Curro: Pferdekral, Einfangen von Wildpferden (Galicien)
Florido-Stil (»Blühende Gotik«), **Flamboyant-Stil:** Spätgotischer Stil, der nach den flammenförmigen, züngelnden bzw. pflanzenblatt- und fischblasenartigen Formen des Maßwerks benannt wurde
Gaita: Dudelsack
Galego: Galicisch, galicische Sprache
Herrera-Stil: Nach dem Architekten Herrera benannter, schmuckarmer Renaissance- und Frühbarockstil
Hórreo: Speicher; in Galicien ein auf Stelzen stehender Maisspeicher
Hufeisenbogen: Unten eingezogener Rundbogen, der einen Dreiviertelbogen beschreibt
Isabellinisch, Isabellinischer Stil: Spätgotischer Mischstil mit Renaissance-

Elementen während der Regierung von Königin Isabella der Katholischen
Mirador: Verglaster Balkon, Erker, Aussichtspunkt
Mozarabisch: Maurisch-arabisches Element im christlichen Kultur- und Kunstbereich
Mudéjar-Stil: Sammelbezeichnung für alle maurisch-arabischen Elemente in der Kunst des christlichen Spanien
Niello: Masse aus Metall (z. B. Kupfer), Schwefel u. a., die in Metallgravuren (meist auf Gold oder Silber) gestrichen wird, um einen schwarzen Effekt zu erzielen
Panteón: Grablege spanischer Königsfamilien
Plateresk-Stil: An flache, gehämmerte Silberschmiedearbeiten (*platería*, Silberschmiedearbeit) erinnernder Übergangsstil zwischen Gotik und Renaissance
Retabel, Retablo: Altaraufsatz, Altarwand, auch Altarblatt
Sagrario: Tabernakel bzw. Schränkchen im Mittelteil der Altarwand, in dem die Hostie aufbewahrt wird
Taifa: Spanisch-islamisches Kleinkönigreich nach dem Untergang des Kalifats von Córdoba (1031)
Torques: Vor- oder frühgeschichtlicher, offener Arm- oder Halsring

Trascoro: Außenwand des Coro (Mönchschors), meist reich dekoriert
Tympanon: Bogenfeld im Portal zwischen Türsturz und Archivolten, mit oder ohne Bauplastik
Viellappiger Bogen: Doppelter Halbkreisbogen, der durch kleine Ausnehmungen in Dreiviertelkreisform gegliedert wird – ein mozarabisches Element
Zanfonía: Drehgeige, archaisches Musikinstrument

Abbildungs- und Quellennachweis

Miguel Gonzales/laif, Köln: Titelbild, Umschlagklappe hinten, S. 1, 7, 13, 20, 21, 22, 32, 34, 35, 37, 39, 40, 45, 56, 60, 63, 64, 65, 67, 69, 71, 77, 78 (2), 79, 80, 87, 89, 92, 94, 95, 97, 98, 99, 102, 103, 107, 109, 110, 113, 114, 127, 128, 129, 130, 135 (2), 137, 138 (2), 140, 145, 148, 149, 150, 152, 154, 156, 163, 166, 171. 176/177, 179, 181, 185, 187, 188, 192, 194, 196, 197, 200/201, 205, 209, 210. 213, 215, 217, 219, 220, 222, 223, 224/225. 226, 227, 229 (2), 231, 232/233, 236, 237, 239, 241, 242/243, 244, 250, 254, 257, 258, 259, 261, 263, 265, 270/271, 276, 279, 282, 284/285, 290, 294, 296

Archiv für Kunst und Geschichte, Berlin S. 16, 29, 48, 50, 51, 272, 286
Museo de Bellas Artes de Bilbao, Archivo fotográfico, Bilbao S. 47, 287
Museo de Navarra, Pamplona S. 84

Guido Schiefer/White Star, Hamburg S. 42
Sigrid Schütze-Rodemann, Halle/Saale Umschlagklappe vorn, S. 74
Spanisches Fremdenverkehrsamt, Düsseldorf S. 160
Staatliche Graphische Sammlung, München S. 8/9
Jörg Steinert/White Star, Hamburg S. 11, 41, 44, 182/183
Ullstein Bilderdienst, Berlin S. 30, 53, 83,
Archiv des Verlags bzw. des Autors S. 54/55, 84, 106, 124/125, 249

Karten und Pläne:
Cartomedia, Karlsruhe © MAIRDUMONT, Ostfildern

Zitate
S. 12: aus Dietrich Höllhuber und Wolfgang Kaul, Wallfahrt und Volksfrömmigkeit in Bayern, Nürnberg 1987
S 41: aus Camillo José Cela, Mazurca para dos muertos (Übers. des Autors)
S. 43 und 252: aus Clarín (Leopoldo Alas), Die Präsidentin, Insel Verlag Frankfurt/M.
S. 83: aus Ernest Hemingway, Fiesta, © 1928, 1947, 1977, Rowohlt Verlag, Reinbek
S. 101: aus J. García Prado, El reino de Nájera (Übers. des Autors)
S. 141: aus Carmen Rohrbach, Jakobsweg – Wandern auf dem Himmelspfad, Goldmann Verlag München
S. 179: aus Roland Breitenbach, hrsg. Klaus-D. Kniffki, Jakobus in Franken, Echter Verlag Würzburg
S. 242: aus Ramón de Valle-Inclán, Ádega. Eine tausendjährige Historie. Aus dem Spanischen von Fritz Vogelsang. © Carlos del Valle-Inclán Blanco. Klett-Cotta, Stuttgart 1986
S. 274: aus R. Drößler, Kunst der Eiszeit, Koehler & Amelang Verlag München
S. 281: aus F. Mowat, Der Untergang der Arche Noah, Rowohlt Verlag Reinbek

Register

Personen

Abd al-Malik, Heerführer 63
Adb al-Rahman I. 84
Abd al-Rahman III. 19, 69
Aemilianus, hl. 103
Aguirre, Isabel 218
Aizpurúa, José Manuel, 295
Alava, Juan de 211
Aldobrandini, Odoardo, Kardinal 132
Alexander VI., Papst 97
Alfonso I. el Batallador, König von Aragón 64, 73, 80, 89, 212, 262
Alfonso II. el Casto (der Keusche), König von Asturien 18, 19, 196, 197, 205, 208, 247, 248, 249, 252, 253, 254
Alfonso III., König von Asturien 19, 178, 197, 205, 242, 251, 252, 260
Alfonso V., König von León 157, 158
Alfonso VI., König von Kastilien und León 12, 21, 101, 104, 105, 120, 144, 153, 185, 186, 251
Alfonso VII., König von Kastilien und León 99, 159, 162
Alfonso VIII., König von Kastilien und León 23, 101, 131, 132
Alfonso X. el Sabio (der Weise), König von Kastilien und León 23, 133, 121, 151, 163, 164, 170
Alfonso, Abt von San Miguel de Escalada 155
Alfonso, Infant, Bruder der Isabella von Kastilien 131
Almansor s. al-Mansur
Alonso de Covarrubias 214
Alonso de Fonseca III., Erzbischof von Santiago 214, 216
Alvar, Juan de 181
Amieva, Xuacu 43
Andrade, Domingo de 202, 208, 211, 213, 218
Andrés de Nájera 101, 107
Apesteguy, Joseph 46
Apfelwein 261
Arfe, Antonio de 167, 213
Arfe (Harff), Künstlerfamilie 167, 198, 223
Arguiñano, Karlos 46
Arias, Juan, Erzbischof von Santiago 216
Arnao de Flandes 117
Arnold von Brüssel (Arnao de Bruselas) 99, 100
Arteta, Aurelio **47f.**, 52, 286
Athanasius, Jünger des hl. Jakobus 196
Augustus, römischer Kaiser 175
Avalle, Leonell de 218
Aznar Galíndez, Graf 60
Azabach 213, 260

Baroja y Nessi, Pío 48
Basken 17, 18
Beatrix von Hohenstaufen, Gemahlin König Ferdinands III. 112
Beatus von Liébana 36, **48**, 197, 267
Becerra, Gaspar 36, 178
Bengoechea, Ambrosio de 295
Beratúa, Martin de 107
Berceo, Gonzalo de 48, 103
Berroeta, Juan de, Bildhauer 70
Berruguete, Alonso 249
– Pedro 135
Blanca von Navarra, Gemahlin König Sanchos III. 102
Borgia, Cesare 97
Botero, Fernando 239
Bourbonen 25
Breitenbach, Roland 179
Breuil, Henri, Abbé 273, 275
Brigitta von Schweden, hl. 23

Calatrava, Santiago 283
Calixtus II., Papst 196, 212
Carlos I., König von Spanien (als deutsch-römischer Kaiser Karl V.) 24, 103, 128, 169
Carlos III., König von Navarra 76, 86, 144
Carlos, Bruder Fernandos VII. 25, 289
Carrero Blanco, Luis 26
Cartailhac, Emilio 275
Casas y Nóvoa, Fernando de 190, 202, 211, 217
Castro, Rosalía de 39, **49**, 231
Castro-Kultur 17
Cathérine de Foix, Königin von Navarra 73
Cela Trulock, Camilo José 30, 49
Cerecedo el Joven, Juan de 247
Childebert, fränkischer König 84
Chillida, Eduardo 31, **49**, 259, 288, 293f.
Christina, norwegische Prinzessin 135, 151

Personenregister

Churriguera, Alberto 116
– Joaquin 165
El Cid Campeador (eig. Rodrigo Díaz de Vivar) 21, **50**, 115, 120, 128, 134, 146, 152
Clarín (eig. Leopoldo Alas y Ureña) **50**, 253
Coello, Francisco 173
Colloredo, Hieronymus, Erzbischof von Salzburg 13
Constanza, Äbtissin von Las Huelgas Reales 133
Cornelis de Holanda 190, 223, 229
Cristina, Tochter des Cid 152

Diego de Castilla 208
Diego de la Cruz 131
Diego de Santillana 118, 167
Diego de Siloé 117, 123, 199, 223
Diego de Torquemada, Bischof von Tui 228
Diego de Valmaseda 102
Dios, José Maria de 269
Domingo de la Calzada, hl. 12, 108
Domingo de Guzmán, hl. 218
Dominikus von Silos, hl. (eig. Domingo Manso) 105, 106, 135, 136, 158, 198
Drake, Sir Francis 198, 237
Duchesne, Louis 198

Eco, Umberto 267
Edward I., König von England 133
Egas, Enrique de 216
Enrique de Arfe s. Heinrich von Harff
Eulogius von Córdoba, hl. 69

Facundus, römischer Legionär 153
Fagildo, Abt von San Pelayo 217
Fávila, König von Asturien 18, 262
Felipe de Borbón, Thronfolger 71
Felipe de Borgoña 107
Felipe, Bruder König Alfonsos X. 135, 151
Felipe, Erzbischof von Sevilla 135, 151
Felix, hl. (San Felices) 103
Fernán Pérez de Andrade o Bó 240
Fernández, Gregorio 181
– Martín 163, 164
Fernández de Matienzo, García 127
Fernando I. (der Große), König von Kastilien und León 21, 104, 108, 136, 158, 159, 162, 197
Fernando II. (der Katholische), König von Aragón 72, 129, 169, 216
Fernando II., König von León 204, 214
Fernando III. (der Heilige), König von Kastilien und León 23, 112, 133
Fernando VI. König von Spanien 240
Fernando, Erbprinz von Aragón 16, 23f.
Fernando González, Graf 20
Fernón Gómez, Graf 128
Flavius Strategius Apion, Konsul 252
Fontana, Carlo 291
Forment, Damián 107
Fortuño, Abt von San Salvador de Leire 69
Foster, Norman 283
Francisco de Colonia s. Franz von Köln

Franco, Francisco 25, 39, 240, 288
Franz I., König von Frankreich 126
Franz von Köln 114, 121, 122
hl. Franz Xaver (San Francisco Jávier, eig. Francisco de Jassu y Xavier) **50**, 71f.
Franziskus, hl. 198
Fruela I., König von Asturien 247

Gallego, José Manuel 239
García I., König von Léon 63, 155
García III. Sanchez (de Nájera), König von Navarra 19, 21, 95, 104, 101, 108, 136
García IV. Ramírez, König von Navarra 78, 89
Garcia, Michel-Ange 273
Gaudí, Antoni 169, 273
Gehry, Frank O. 281, 283
Gelmírez, Diego, Bischof von Santiago de Compostela 212, 216
Gennadius, Bischof von Astorga 184
Gil de Siloé 116, 123, 129, 131, 135, 147
Giralte de Bruselas 248
Godescalcus (Gottschalk), Bischof von Le Puy 198
Gómez de Mora, Juan 114
Gonzalo de Berceo 48f.
Gregor IX., Papst 105
Gudguar, John 214
Guillén de Holanda 107

Hans von Köln (Juan de Colonia) 112, 114, 115, 116, 129, 178
Harff, Arnold von 198
– Heinrich, von (Enrique de Arfe) 167, 223

345

Register

Haya, Rodrigo und Martin de la 115
Heinrich III., König von Navarra (als Heinrich IV. König von Frankreich) 80
Hemingway, Ernest 82
Herodes Agrippa 196
Herrera, Cristobál de 151
Hevia, José Angél 43
Hischam II., Kalif 20
Hontañon, Juan Gil de 148, 169, 214, 247
Hugo, Victor 43

Ibárruri y Gómez (»La Pasionaria«), Dolores 50
Ibarretxe, Juan José 26, 30
Ignatius von Loyola, hl. (Ignacio de Loiola) 50, **51**, 72, 291
Innozenz III., Papst 57
Isabella (I)., Königin von Kastilien 16, 23f., 108, 129, 169, 216
Isabella II., Königin von Spanien 25, 264
Isabella von Portugal, Gemahlin König Juans II. 129
Isidoro, hl. 158
Isozaki, Arata 239

Jakobus d. Ä., hl., Apostel 51f., 196
Jimena, Gemahlin des Cid 50, 115, 120, 134, 146
Jimena, Gemahlin König Alfonsos III. 178, 252
Johanna die Wahnsinnige, Gemahlin König Philipps des Schönen 126
Johannes Paul II., Papst 12
Jorge de Flandes 75
José de la Vega y Verduo, Graf von Alba Real 199
Juan I., König von Kastilien 76, 247

Juan II., König von Kastilien 128, 129
Juan de Alava 214, 216
Juan de los Angeles 223
Juan de Arfe 167
Juan de Badajoz d. J. (gen. »el Mozo«) 162, 163, 167, 168, 169, 170, 214
Juan de Balmaseda 248
Juan de Beaumont 90
Juan Carlos I., König von Spanien 26
Juan de Colonia s. Hans von Köln
Juan de Flandes 148
Juan de Juni 163, 169, 170
Juan de Labrit, König von Navarra 73
Juan de Llanos 102
Juan de Ortega, hl. 12, 99, 108
Juan de Torres 148
Juan de Vallejo 118, 123
Juan de Valmaseda 122

Karl der Große, römischer Kaiser 19, 80f., 84, 196
Karl V., deutsch-römischer Kaiser s. Carlos I.
Karl Martell 84
Kolumbus, Christoph 23, 229
Koons, Jeff 286
Kortazar, Jon 286
Kuonrat 81

Labayen, Joaquín 295
Lemaur, Charles de 190
Leo XII., Papst 13
Leo XIII., Papst 198
Leodegar, Bildhauer 75
Leonor, Gemahlin König Edwards I. 133
Leonor Ruíz de Castro 151
Leonora, Gemahlin König Carlos' III. 86
Leowgild, König der Westgoten 17

Lesage, Alain René 277
Loiola, Ignacio de s. Ignatius von Loyola
Lomme, Janin 86
Lopéz y Lopéz, Antonio 272
Lorblanchet, Michel 273

Macellus, hl. 169
Madrazo, Juan de 165
Maeztu y Whitney, Gustavo 47, **51**
Manrique, Bischof von Léon 163
Manso, Pedro 148
al-Mansur (Almansor), Wesir 20, 87, 157, 158, 205
Manuel de los Mártires, Fray 216
María Rodríguez, Tochter des Cid 152
María Sol, Äbtissin von Las Huelgas Reales 133
Martin von Logrofio 94
Martínez, Ginés 199
Mateo Arnao 208
Mauricio, Bischof von Burgos 112, 115
Maximilian von Österreich, Erzbischof von Santiago 199
Meister Alejo 151
Meister von Carrión de los Condes 277
Meister des Coronería-Portals 118
Meister Engelram (Engelremnus) 104
Meister Enrique 114, 164, 165
Meister Esteban 86
Meister von Frómista 146
Meister von Jaca 61
Meister Mateo 33, 36, 202, 204, 211, 214, 218, 223, 251

Personenregister

Meister Nicolae 129
Meister Redolfus 194
Meister von San Juan de la Peña 64, 75
Memling, Hans 118
Mencía de Mendoza 117, 126
Mendieta, Diego de 129
Menéndez Camina, Francisco 248
Mengs, Anton Raphael 143
Moneo, Rafael 291, 295, 296
Monroy, Fray Antonio 211
Mowal, F. 281
Munuza, arabischer Statthalter 264
al-Mutawid 158

Napoleon Bonaparte, Kaiser der Franzosen 25
al-Nasir, Sultan 23, 133
Navedo, Architekt 165
Nicolás Francés 167
Nicolás de Nájera 101
Nootebom, Cees 111

Ordoño I., König von Asturien 197
Ordoño II., König von León 19, 98, 101, 157, 163
Ortega de Córdoba 123
Osmundo, Bischof von Astorga 180
Oteiza, Jorge **51f.**, 259, 286, 289

Pardo, Isaac Díaz 241
Paterna, Gemahlin König Ramiros I. 255
Paul III., Papst 51
Pedriján, Simón García 248
Pedro de Guadalupe 148
Pedro, Bischof von Pamplona 208
Pedro Fernández de Velasco, Graf von Haro 117, 126

Peláez, Diego, Bischof von Santiago de Compostela 205, 217
Pelayo, Einsiedler 196
Pelayo (Pelagius), Märtyrer 158
Pelayo, König von Asturien 18, 247, 248, 262f.
Peña Ganchegui, Luis 289, 293
Peralta, Enrique 118
Pérez, Juan 165
Pérez de Carrión, Antón 151
Pero Mato 178
Perrín, Miguel 211
Peter I., der Grausame, König von Kastilien 23
Philipp I., der Schöne, König von Kastilien 126
Philipp II., König von Spanien 24, 59, 81, 115, 181
Picasso, Pablo 288
Piombo, Sebastiano del 115
Pompeius, römischer Feldherr 84
Primitivus, röm. Legionär 153

Quinoñes y Guzmán, Juan 169

Raimondo de Monforte 189
Rajoy y Losada, Bartolomé, Erzbischof 217
Ramiro I., König von Aragón 21, 60, 63, 152, 197, 255, 256, 258
Ramón Berenguer III. von Barcelona 152
Rekkeswind, König der Westgoten 18, 149
Rodrigo de Gadea 102
Rodriguéz, Ventrua 86

Roland, bretonischer Markgraf 19, 80f.
Rolandslied 80f.
Romano, Giulio 168

Sancha, Gemahlin König Fernandos I. 158, 159, 162
Sancha, Gemahlin König Sanchos III. 144
Sancha, Tochter König Ramiros I. 63
Sancho I. Garcés, König von León und Navarra 19, 98, 101, 158
Sancho I. Ramírez, König von Aragón (als Sancho V. König von Navarra) 12, 21, 57, 59, 60, 63, 66, 91
Sancho II. Garcés, König von Navarra 63
Sancho III. el Mayor (der Große), König von León und Navarra 20f., 70, 84, 120
Sancho III., König von Kastilien 102
Sancho IV. de Penalén, König von Navarra 60, 70
Sancho V. s. Sancho I. Ramírez
Sancho VI., der Weise, König von Navarra 92, 288
Sancho VII. el fuerte (der Starke), König von Navarra 81f., 84, 87
Sancho, Bischof von Pamplona 80
Sancho Galíndez, Graf 58
Santamaría, Marceliano 126
Sanz de Sautuola, Marcelino 274
Sarmiento, Martín 52
Sauvet, Georges 273

347

Register

Simon von Köln (Simón de Colonia) 116, 117, 122, 129, 147, 175
Sisnando, Bischof von Santiago de Compostela 205
Siza Vieira, Alvaro 218
Subirach, José María 173
Suero de Quiñones, Ritter 174
Sweben 17

Teobaldo II., König von Aragón 73
Teresa, Tochter König Ramiros I. 63
Theodemir, Bischof von Iria Flavia 196, 205, 214
Theodorus, Jünger des hl. Jakobus 196
Thibault I., König von Navarra 84, 92
Toribius, hl. 181, 268
Toro, Peña de 207
Trashumancia 23, **170**

Unamuno, Miguel de 52
Urraca López de Haro, Äbtissin 103
Urraca, Gemahlin Graf Sancho Galindez' 58
Urraca, Gemahlin König Sanchos II. Garcés 63
Urraca, Gemahlin König Alfonsos I. 212
Urraca, Schwester König Alfonsos VI. 248
Urraca, Tochter König Fernandos I. 159, 162

Valle-Inclán, Ramón María del **53** , 92
Vázquez, Juan 189
Vieitez, Virgilio 231
Vigarny, Felipe 107, 114, 115, 117, 123, 148
Viña, Manuel de 208

Westgoten 17
Willesindo, Bischof von Pamplona 69

Ysenbrandt, Adrian 100

Zapatero, José Luis 26, 30
Zuloaga y Zabaleta, Ignacio 53, 286
Zumel, Nelson 192

Orte
A Coruña (La Coruña) 17, 170, 198, **236ff.**
A Garda 41, 228
A Toxa, Insel 231
Agüero 65
Alarcos 23
Altamira 17, 273, **274f.**, Abb. S. 16
Altkastilien 141ff.
Alto Lerga 76
Aniezo 43
Ansó 68
Aragonischer Weg 57ff.
Arantzazu 289
Aristébano 42
Astorga 17, 36, 37, **174ff.**
Asturien 42f., **245ff.**
Atapuerca 17, **108f.**
Aurelia, Höhle 273
Avilés 245f.

Bahía de la Concha 291
Baiona 229
Baños de Cerrato 148
Barro 266
Bermeo 288f.
Betanzos 240
Bilbo/Bilbao 25, 26, 47, 50, 52, 53, **279ff.**
– Guggenheim-Museum 31, **283ff.**
– Museo de Bellas Artes 286f.
Binies-Schlucht 68

Boadilla del Camino 144
Braga 17
Burgos 21, 23, 24, 25, 33, 38, **111ff.**
– Arco de Fernán Gonzalez 120
– Arco de San Martín 120
– Arco de Santa María 128, Abb. S. 32
– Burghügel 38, **118ff.**
– Casa del Cordón 126
– Denkmal des Campeador 126
– Hospital San Juan 126
– Kartause Miraflores 35, **128ff.**
– Kathedrale 31, 33, 35, 50, **112ff.**
– Museum von Burgos (Casa Miranda) 127f.
– Museum Marceliano Santamaría 126
– San Esteban (Museo del Retablo) 122
– San Gil 123
– San Lesmes 126
– San Nicolás 121
– Solar del Cid 120f.
Burgui 68

Cabo de Ajo 278
Cabo de Bares 241
Cabo Fisterra 41, **233**
Cabo Roncudo 234
Cabo Vilán 238
Camariñas 41, 236
Camino Francés 88f.
Camino Portugués 227ff.
Canfranc 58
Cangas de Onís 18, **262**
Cañas 103
Carnota 233
Carrión de los Condes 33, **151ff.**, 169
Castrillo de los Polvazares 179
Castrojeriz 143f.
Castro-Urdiales 273, 278

Personen-/Ortsregister

Cebreiro 41, **186f.**
Cedeira 240
Celorio 266
Chartres 75
Cirauqui 90
Clavijo 178, 197
Coimbra 197
Colombres 267
Combarro 228, **230f.**, Abb. S. 41
Comillas 272f.
Compludo 180
Corcubión 233
Corrubedo-Nationalpark 233
Costa da Morte 234
Costa Smeralda 278
Covadonga 18, 248, **262**
Covarrubias 38, **134f.**
Cruz de Ferro 180
Cudillero 245
Cueva del Pindal 266f.

Donís 186
Donostia/San Sebastián 25, 26, 31, 50, 170, **291ff.**

El Acebo 180
El Pendo, Höhle 273
Estella 21, 52, **91ff.**
– Museum Gustavo de Maeztu y Whitney 94
– Palast der Könige von Navarra 93f.
– San Miguel in Excelsis 92f.
– San Pedro de la Rúa 94
– San Sepulcro 93
Eunate, Santa María de 79

Ferrol 240
Foncebadón 179f.
Foz 243
Foz de Arbayún 68
Foz de Lumbier 68
Frómista 61, **144ff.**

Galicien 186ff.
Galicische Jakobswege 221
Gamonal 38
Gasteiz/Vitoria s. Vitoria/Gasteiz
Gernika-Lumo (Guernica y Lumo) 25, **288**
Gijón 25, 43, 50, **258ff.**, 264
Goa 50, 72
Guernica y Lumo s. Gernika-Lumo

Hornillos del Camino 143
Hospital de Órbigo 174
Hospital del Rey 131
Hospital de Santa Cristina 57
Huesca 66
Husillos 145

Irache s. Santa Maria la Real de Irache (Iratxe)
Iranzu, Kloster 95
Iria Flavia 231
Islas Cíes 229
Itero del Castillo 144
Ituren 45

Jaca **59ff.**, 63
Javier 71ff.
Javierregay 66
Jerez de la Frontera 15, 18, 264

Kantabrien 267ff.
Kantabrische Höhlen 273
Köln 112, 197
Kyoto 72

La Coruña s. A Coruña
La Oliva, Kloster 33, **77f.**
La Pasiega, Höhle 274
La Tercia 172
Labacolla 193
Laguna de Nava 149f.
Laguna de Pitillas 77
Lalín 41

Lantz 46
Laredo 278
Las Chimeneas, Höhle 274
Las Huelgas Reales, Abtei 38, **132ff.**
Las Medulas 17, 175, **184**
Las Monedas, Höhle 274
Las Navas de Tolosa 23, 82, 133
Laza 41
Leire 68ff.
León 19, 20, 21, 23, 31, 38, **157ff.**, 172
– Kathedrale Santa María la Reál 36, **163ff.**
– Panteón de los Reyes 159ff.
– Pilgerhospital San Marcos 33, 34, 35, **169**, Abb. S. 34
– San Isidoro 158, **162**, 268
Lerga 75, 76
Lesaca 45
Llanes 266
Loarre 61, **65f.**
Logroño 12, 23, **99f.**
Loiola 51
Los Arcos 33, **96**
Luarca 245
Lugo 17, 31, 41, **189ff.**

Madrid 171
Malpica 236
Mansilla de las Mulas 155
Maragatería 179
Miraflores, Kartause 35, **128ff.**
Mondoñedo 243
Montearagón 66
Montes de Oca 108
Mor-Hio-Halbinsel 229
Murillo el Fruto 75
Muros 233
Muxía 235

Nájera 19, 21, **101ff.**
Naranjo de Bulnes 272

349

Register

Nava 261
Navarrete 100f.
Navarrischer Weg 80ff.
Noia 232
Nuestra Señora de Iguácel, Kirche 58

O Castro 242
Olite 76
Oña 120
Oñati 289, 290
Ourense 33, 35, **222f.**
Oviedo 18, 19, 25, **247ff.**
– Cámara Santa 247ff.
– Kathedrale 251f.
– Museo de Bellas Artes 253
– San Julián de los Prados 253ff.
– San Miguel de Lillo 256f.
– Santa María de Naranco 255f.

Padrón 41, 196, **231**
Palencia 35, 38, **146ff.**, 175
Pamplona/Iruña 18, 19, 21, 45, **82ff.**
– Ciudadela (Zitadelle) 85
– Diözesanmuseum 87
– Hospital Nuestra Señora de la Misericordia (Museo de Navarra) 87f.
– Kathedrale 86f.
Paris 72
Pedrafita-Paß 186
Perdón, Berg 75, 88
Perje 186
Picos de Europa 48, **264f.**
Piornedo 186
Playa de Castro 245
Pola de Siero 43
Ponferrada 180f.
Pontevedra 229f.
Poo 266
Porto 22
Portomarín 192
Puente Castro 172
Puente la Reina 88

Puente Viesgo 273
Puerto del Perdón 88
Puerto de Rabanal 180
Puerto de Somport 57

Quintanilla de las Viñas 134

Rabanal del Camino 179f.
Rada 78
Redecilla del Camino 108
Regensburg 197
Rías Altas 240
Rías Baixas 228
Ribadavia 223ff.
Rinlo 245
Roncal, Tal von 68
Roncesvalles 19, **80**, Abb. S. 22

Sahagún 35, **153ff.**
Saint-Denis 113
St-Jean-Pied-de-Port 80
Samos 187ff.
San Andrés de Teixido 241
San Juan de Baños, Kirche 148f.
San Juan de Ortega, Kloster 108
San Juan de la Peña, Kloster 63, 69
San Julián de los Prados, Kirche 255f.
San Martín de Mondoñedo, Kirche 242
San Martín de Unx 76
San Miguel de Escalada, Kirche 35, **155**, Abb. S. 20
San Miguel de Lillo, Kirche 256f.
San Millán de la Cogolla, Kloster 48, 56, **103f.**, 136
San Millán de Suso, Kloster 20, **105**
San Millán de Yuso, Kloster 104f.
San Pedro de Arlanza,

Kloster 134
San Pedro de la Cadeña, Kloster 134
San Pedro de Dueñas 153
San Salvador de Leire, Kloster **68ff.**
San Salvador de Valdediós, Kirche 260
San Sebastián/Donostia s. Donostia/San Sebastián
San Sebastián de Garabandal 269
San Vicente de la Barquera 43, **272**
San Zoilo, Kloster 33, **153**
Sancian, Insel 72
Sangüesa 35, **73ff.**
Santa Cristina de Lena 247f.
Santa Cruz de la Serós 62
Santa María de Eunate, Kapelle 79
Santa María de Lara, Einsiedelei 134
Santa María de Naranco, Schloß, Kirche 255f.
Santa María la Real de Irache (Iratxe), Kloster 91, **95f.**
Santa María la Real de Oseira, Kloster 221
Santa Tecla 39, 228
Santacara 77
Santander 277f.
Santiago de Compostela 21, 22, 26, 41, 50, 81, 137, **195ff.**
– Casa de la Conga 218
– Casa del Cabildo 218
– Colegio de San Jerónimo 216
– Colegio Mayor de Fonseca 216
– Galicisches Zentrum für zeitgenössische Kunst 218

Ortsregister

- Hostal de los Reyes Católicos 216
- Kathedrale 20, 33, 35, 36, 61, 174, **199ff.**
- Museo das Pelegrinacións 218
- Pazo de Xelmírez 217
- Pazo Raxoi 217
- San Martín Pinario, Kloster 217
- San Pelayo, Kloster 217ff.
- Santa Mará la real de Sar 218
- Santo Domingo de Bonaval, Abtei 218

Santiago de Peñalba 184, Abb. S. 35
Santillana del Mar 275ff.
Santiván, Grotte 273
Santo Domingo de la Calzada 12, **105ff.**
Santo Domingo de Silos 135ff., Abb. S. 7
Santo Tomás de las Ollas, Kirche 181ff.
Santo Toribio de Liébana, Kloster 43, 48, **267**
Santoña 278
Santuario de San Ignacio de Loiola 291
Sargadelos 241

Sarria 189
Segura de León 172
Sevilla 202
Sierra de Capelada 240
Sierra de la Demanda 103, 105
Sierra de Gredos 172
Sierra de Leire 68
Sierra de la Peña 65
Sierra de O Ancares 186
Sierra de O Barbanza 232
Sierra do Rañadoiro 186
Somport s. Puerto de Somport

Tafalla 45, **76**
Tardajos 142
Tierra de Campos 144, **150ff.**
Tito Bustillo, Höhle von 266
Toledo 17, 21, 120
Torres del Rio 96
Toulouse 205
Tours 206
Trabadelo 186
Trujillo 172
Tui 41, **227f.**

Ujué 76

Valle de Ansó 66

Vía de la Plata 221ff.
Viana 33, 45, **96f.**
Vigo 229
Viladonga 17, 189
Villafranca del Bierzo 34, **185**
Villafranca Montes de Oca 108
Villalcázar de Sirga 35, **150f.**
Villamayor de Monjardín 96
Villanueva 262
Villar de Doñas 193
Villavelayo 105
Villaviciosa 260
Villorello 186
Virgen del Camino, Kirche 173
Virgen de Muxía (Virxe da Barca) 41, 235
Vitoria/Gasteiz 50, **288f.**
Viveiro 241

Yecla-Klamm 136
Yesa, Stausee von 66

Zaragoza 19
Zubieta 45
Zumaia 52

351

Impressum

Umschlagvorderseite: Santiago de Compostela, Westfassade der Kathedrale
Umschlagklappe vorn: Olite, Portal der Burgkirche Santa María
Umschlagklappe hinten: Bilbao, Guggenheim-Museum
Umschlagrückseite: Lagekarte; Blick auf Puente la Reina; Grundriß der Kathedrale von Palencia; Tympanon der Porta Speciosa in Leire
Vignette S.1: León, Muscheln an der Fassade des Hospital San Marco

Über die Autoren: Dr. Dietrich Höllhuber, geb. 1943, studierte Geographie, Geschichte und Germanistik an der Universität Wien; 1980–82 Professur an der Universität Erlangen; seit 1983 freier Schriftsteller und Studienreiseleiter. Zahlreiche Publikationen, u. a. Reisebücher über Südeuropa, die Mittelmeerländer und die arabischen Staaten. Im DuMont Reiseverlag erschienen außerdem von ihm in der Reihe DuMont Aktiv »Wandern auf dem Spanischen Jakobsweg«, »Wandern im Nationalpark Hohe Tauern West«, »Wandern im Nationalpark Hohe Tauern Ost« und »Wandern am Gardasee« sowie der Band »Richtig Reisen: Kroatien« und das Reise-Taschenbuch: »Kroatische Adriaküste«.
Dr. Werner Schäfke, geb. 1944, studierte Geschichte, Kunstgeschichte, kath. Theologie und Geographie in Köln, Bonn und Mainz. Er ist Direktor des Kölnischen Stadtmuseums und veröffentlichte u. a. die DuMont Kunst-Reiseführer »Köln«, »Der Rhein von Mainz bis Köln« und »Die Normandie«.

Die Autoren bedanken sich für die freundliche Hilfe und die vielen Anregungen, die sie von regionalen und lokalen Ämtern und Touristeninformationen Nordwestspaniens erhalten haben. Stellvertretend seien hier die liebenswürdige Mannschaft der Oficina de Turismo in Palencia und die Umweltabteilung der Diputación Provincial, ebenfalls in Palencia, genannt, die viel mehr über die Laguna von La Nava zu berichten wußte, als in diesem Buch vermittelt werden kann, sowie die Auskunft der Stadtbücherei von Burgos.
Für die freundliche Unterstützung bedankt sich der Fotograf dieses Bandes beim Spanischen Fremdenverkehrsamt.

5., aktualisierte Auflage 2006
© DuMont Reiseverlag, Ostfildern
Alle Rechte vorbehalten
Graphisches Konzept: Ralf Groschwitz, Hamburg
Satz und Druck: Rasch, Bramsche
Buchbinderische Verarbeitung: Bramscher Buchbinder Betriebe